KB069455

영화치료의 이론과 실제

The Theory & Practice of Cinematherapy

심영섭 저

학지사

머리말

'영화가 세상을 보는 거울' 이라면 '영화치료는 영혼에 놓는 주사' 라고 미디어 심리학자 스튜어트 피쇼프Stuart Fischoff는 말했다. 영화가 국적과 시공을 초월하여 만국의 사람에게 어필할 수 있는 경계를 뛰어넘는 예술치료 분야의 새로운 도구라는 의미일 것이다. 영화는 언어와 문화 장벽이 있는 다문화가족, 성매매 여성, 비행청소년들에게 가장 효과적이고, 문화적 · 사회적 틀을 넘어 치료에 접근하게 만드는 일종의 심리적 다리라 할 수 있다. 또한 영화는 어린이와 여성, 가족과 부부의 상담 또는 정신과 환자의 재활과 중독 상담의 교육 도구로도 효과적으로 활용될 수 있다. 2005년부터 매해 출간되고 있는 전 세계 영화치료 관련 논문들은 영화치료와 영화를 활용한 상담의 효용성과 성과를 다시 한 번 확인해 주는 단계로 새롭게 영화치료를 이끌고 있는 상황이다.

이 책은 국내에서 최초로 시작된 영화치료 세미나를 거쳐 3년 전부터 필자가 대표로 재직하고 있는 한국영상응용연구소KIFA의 60여 차례에 걸친 '영화치료 5단계 워크숍' 의 산물로, 대략 1,000여 명의 수강생들이 이 워크숍을 거쳐 갔다. 영화치료 저서 하나 변변히 없는 국내의 실정에서, 필자와 영상응용연구소 연구원들은 전 세계의 영화치료 자료와 논문들을 모으고 공부하는 과정에서 수많은 시행착오와 개작을 거쳐 이 책을 내놓게 되었다. 그 태생 자체가 자연발생적인 필요에 의해 만들어졌으므로 책 내용에는 부족한 점이 많다는 점은 양지해 주시기 바란다.

이 책은 영화치료의 사전과정부터 시작하여 영화수첩 만들기, 영화와 상담의 결합 시 주의할 점, 대상별 영화치료와 대표적인 세 가지 접근법, 영화치료의 특별한 기술들, 그리고 영화 만들기 치료의 소개를 포괄하고 있다. 그러나 영화치료의 이론과 그 근간이 되는 심리학 이론들의 소개, 영상공학과 영화치료, 영화감상 치료와 영화 만들기 치료의 비교 연구, 다양한 영화치료 만들기의 실제, 텍스트를 활용하는 데 있어서 독서치료와 영화치료의 비교 연구 등 산적한 영화치료의 궁금증은 아직 미개척 영역으로 남겨 두고 있는 상태다. 특히 책 중반부의 집단영화치료의 실제, 의식적 자각하에 영화 보기, 부정적 신념 다루기, 필름 매트릭스 만들기 장의 경우 필자가 번역한 비르기트 볼츠Birgit Wolz의 『시네마테라피 Emotion Picture Magic』(2005)에서 원문을 가져오거나 필자의 사례와 결합하고 재정리했음을 미리 밝혀 둔다. 영화치료 교과서의 필요성과 그 수요에 대한 다급함으로, 또 앞으로 수많은 개작과 수정 과정을 거쳐 지속적인 노력을 경주하겠다는 약속을 드리는 것으로 그 부족함을 메우고자 한다.

국내에서 처음 발간되는 영화치료 분야의 진지한 교과서라는 감회를 뒤로 하고, 필자는 지난 5년간 연구소를 통해 영화치료 발전에 이바지하신 모든 분에게 감사의 인사를 드린다. 먼저 책 발간에 도움을 주신 김준형 박사님께 감사의 뜻을 표한다. 현재 영상치료학회에서 활동하고 있는 임원들과 각 지부의 지부장님들에게도 감사의 말씀을 드리고 싶다. 그분들의 노력이 없다면 영화치료는 지금과 같은 열매를 맺지 못했을 것이다. 워크숍 진행을 도와준 김은하, 소희정, 신은하, 주순희, 이지영 연구원에게도 마음속 깊이 우러나오는 감사를 전한다. 이 밖에 연구소의 온갖 궂은일을 도맡아 해 준 간사들의 노고에도 고마움을 표하고 싶다. 오늘의 성과가 국내 영화치료의 확산에 한 발 더 다가설 수 있다면 그 공은 모두 이분들의 것이다.

마지막으로 영화치료의 시작부터 함께해 주었으며 영상공학 분야와 영상편집 분야에 지속적인 도움을 주고 있는 동료이자 남편인 남완석 교수, 상우와 유진 두 아이에게도 깊은 사랑과 감사의 말을 전한다. 영화치료 워크숍과 각종 회의가 주말에 개최되었음에도 나의 활동을 묵묵히 지켜봐 준 가족에게 그들의 존재야말로 내가 생을 살아가는 근본적인 동력이라는 말을 이 자리를 빌려 전해 주고 싶다.

2011년 안식월에
암사동 연구소에서
심영섭

차 례

제8장 필름 매트릭스 만들기 281

제9장 CIA 기법 302

3부 영화치료와 다른 치료법의 통합

제10장 메타포를 활용한 영화치료 325

제11장 영화를 활용한 내면아이 치유 347

제12장 역할극을 활용한 영화치료 365

제13장 스토리텔링을 활용한 영화치료 395

4부 표현 영화치료

제14장 비디오 다이어리 429

영화 만들기 치료 461

DOMINICA
CARIBBEAN
ST PETER
ST ANDREW
ST JOSEPH
ST PAUL
ROSEAU
ST GEORGE
ST LUKE
REFERENCE

1부 \ 영화치료의 기초

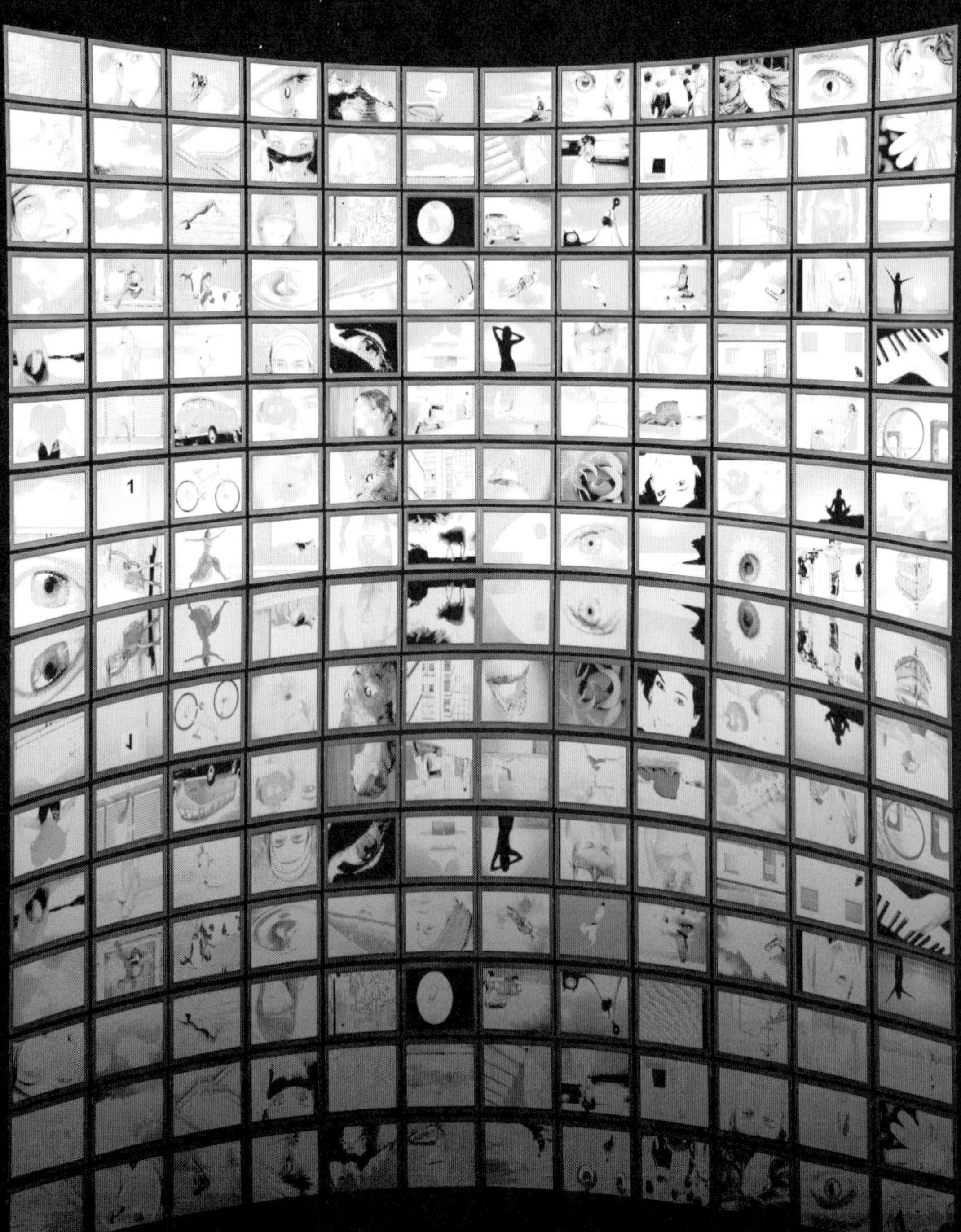

제1장
영화치료의 개요

1. 영화, 심리학과 만나다

1) 영화의 발명

1895년 12월 28일, 프랑스 그랑 카퓌신 가에 있는 그랑 카페의 어두컴컴한 지하 살롱에는 단 몇 십 명의 사람들이 모여 뤼미에르Lumière 형제가 호언장담했던 '영화'라는 것을 보기 위해 기다리고 있다. 움직이는 사진을 보여 주겠다는 뤼미에르 형제의 선전에 대다수 사람은 콧방귀를 뀌었고, 특별히 초청한 기자들은 단 한 사람도 나타나지 않았다.

탁탁거리는 시끄러운 기계와 그 시한폭탄같이 타들어 가는 기계음을 감추기 위한 피아노 소리가 울려 퍼졌고, 사람들은 멀리서부터 기차 한 대가 점점 자신들을 향해 다가오는 것을 보았다. 이에 의자 뒤에 숨는 사람이 있는가 하면 비명을 지르는 사람도 있었다. 플랫폼에서 대기하고 있는 여행객들을 뒤로한 채 화면 왼쪽으로 사라지는 기차를 보며, 사람들은 너나없이 짙은 흥분에 들뜨곤 하였다.

관객들에게 뤼미에르의 영화 〈공장문을 나서는 노동자들La Sortie des ouvriers〉(1895)과 〈시오라 역에 도착하는 기차L'arrivée D'un train à la ciotat〉(1895)는 일종

의 충격이었다. 며칠 사이에 사람들이 하나둘 모여들었고, 20분간 10편의 영화를 본 그들은 거리로 나가 아는 사람들을 모두 이끌고 카페로 다시 몰려왔다.

사람들은 움직임이 있는 영상, 즉 동영상을 처음 보았으며, 더 나아가 삶의 모습이 반복될 때마다 죽음이라는 불멸의 적을 물리친 양 의기양양하게 화면을 다시 쳐다보곤 했다. 게다가 그 대가는 고작해야 1프랑! 태어날 때부터 서커스의 곡마단처럼 상업적이고 센세이셔널한 매체인 '영화'가 발명된 것이다.

▶ 당대 관객들의 반응

- 움직임이 있다는 것 자체에 대해 신기해함
- 죽음이라는 것의 극복, 영속적인 기록매체에 대해 신기해함
- 현대의 관객이 보면 주목할 만한 대상이 아닌 우연적인 작은 부분—아기가 아침을 먹고 있을 때 그 배경에서 나뭇가지가 가볍게 흔들리는 모습, 배가 항구를 떠날 때 바닷물에 너울거리며 비치는 햇살 등—인 살아 있는 사물의 움직임이 기록되는 것에 열광함

2) 정신분석의 시작

프로이트Freud는 무의식의 발견자로서 흔히 콜럼버스에 비유되어 왔다. 프로이트의 죽음을 전하며 《뉴욕 타임스》는 사설에서 다음과 같이 적고 있다.

인류는 이제까지 세 번에 걸친 커다란 변혁을 경험해 왔다. 먼저 코페르니쿠스에 의해 우주에 대한 지구 중심의 꿈이 여지없이 깨져 버렸고, 다음으로 인간은 원숭이로부터 진화했을 뿐이라는 다윈의 주장이 신의 아들이라는 인간의 자존심과 그 환상을 송두리째 앗아가 버렸다. 그리고 프로이트는 인간이 스스로 자아를 통제할 수 없을 뿐만 아니라 '무의식'에 의해 철저히 지배당하는 가엾은 동물에 지나지 않음을 밝혀냄으로써 인류에 세 번째 의식의 변혁을 가져왔다.

프로이트는 39세가 되던 1895년에 수많은 증례를 모아 브로이어Breuer와 함께 『히스테리 연구Studien uber Hysteria』라는 책을 썼으며, 이것이 정신분석의 시작이었다. 프로이트는 환자의 과거 기억에서 심리적 손상을 준 사건들을 찾아내는 데 집중했는데, 신경증을 일으키는 손상은 대부분 성적인 흥분과 관계되어 있다고 주장했다. 프로이트는 히스테리의 원인이 성욕에서 기인한다고 생각했기 때문에 범성욕주의자로 불리기 시작했다.

3) 영화와 정신분석의 공통점

영화와 정신분석학은 모두 근대성modernity이라는 힘에 의해 형성된 공통의 역사적, 사회적, 그리고 문화적 배경을 공유하고 있다(아래 내용 참조). 그럼에도 영화가 정신분석과 심리학을 받아들여 영화이론을 정립한 것은 대략 1960년대이고, 반대로 심리학이 영화를 받아들여 영화치료를 시작한 것은 1990년대였다. 1895년에 태동한 두 분과는 근 60년 이상이 지난 후에야 서로 조우하였고, 예술치료 분야에서 서로 만나기까지는 약 100년 정도가 걸렸다.

▶ 영화와 정신분석의 학문상 유사점

- 꿈과 영화는 시각과 청각을 동원
- 영화의 디졸브dissolve(화면 겹침); 슈퍼임포지션superimposition(이중인화); 슬로 모션slow motion 등과 같은 특수한 기법들은 꿈꾸기의 본성에 부합하는 유사한 감각 형태로 인간에게 수용된다.
- 꿈의 내용과 개인적으로 감정을 불러일으키는 영화에는 개인 욕망의 투사가 들어가 있다.
- 프로이트는 자신의 이론을 기술하기 위해 영화언어에 의존했다. 진실의 기억을 은폐하기 위해 만들어진 기억을 '스크린 기억'이라 칭한 것, 거세이론에서 여성 성기의 클로즈업에 의해서 각인된 충격이라고 주장한 것 등이 그 예다.

4) 영화치료의 시작이 늦어진 이유

영화를 감상하든 제작하든, 영화치료에는 비디오 기기와 카메라, 편집기, 조명기 같은 테크놀로지의 문제가 늘 개입되기 마련이다. 그런데 이러한 테크놀로지의 문제는 1990년대 들어와서야 점차 해결되었다.

우리나라의 경우는 1988년 88올림픽 이후 거의 모든 가정에서 비디오 기기를 구비하였으며, 인근 동네에 산재한 비디오 가게는 일종의 비디오 도서관처럼 사람들이 영상자료에 접근하기 쉽도록 새로운 미디어 환경을 구축해 놓았다. 학교나 도서관 등 거의 모든 공공시설에 프로젝터, 스피커, 전자칠판 등이 갖춰진 것은 2000년대 이후다. 이는 영화치료가 미디어 환경의 구비와 밀접한 연관이 있다는 사실을 입증하는 역사적 사실이기도 하다.

영화치료의 또 다른 어려움 중 하나는 영화를 만드는 데 있어 필름 값과 제작 경비 같은 경제적 부담이 있는 점과 조명, 미술, 의상, 배우 등 많은 스태프의 도움이 필요한 점 등 개인치료로 채택하기에는 절차상의 난점이 많다는 것이었다. 그러나 최근 디지털카메라의 보급, 인터넷의 발달 등이 영화 관련 편집과 촬영의 문제를 상당 부분 간편하게 해결해 주고 있다. 이에 따라 영화 만들기 치료과정에서도 점차 만드는 과정이 간소화 · 효율화되고 있어 향후 영화치료와 연관된 다양한 발전 가능성이 높다 할 수 있다.

따라서 영화치료가 1990년대 이후에 시작되었지만 그것이 늦어진 것은 미디어 환경과 연관된 기술적인 걸림돌 때문이었지 결코 영화 자체가 덜 치유적인 매체였기 때문은 아니라는 것을 명심할 필요가 있다.

2. 예술치료 역사

1) 예술치료의 시작

예술치료art therapy라는 용어는 1942년 에이드리언 힐Adrian Hill이 처음으로 사용하였다. 그는 영국의 킹 에드워드 7세 병원에서 결핵 환자들을 대상으로 그림 그리기 작업을 하였는데, 곧 이 작업이 환자들에게 단지 시간을 보내는 데 유용한 것일 뿐 아니라 그들의 불안과 심리적 외상을 드러내는 도구가 될 수 있다는 것을 알아냈다.

1950년대에 걸쳐 다양한 매체로 확산된 예술치료는 병원 시스템에서 기존의 언어치료에 반응하지 않은 환자들(예 만성적 정신병이 있는 환자)에게 가치 있는 표현적 도구가 될 수 있다는 인식을 불러일으켰다. 이후 분석심리학이나 대상관계 이론가들이 예술매체를 심리치료에 활용하게 되었고, 1970년대 들어서는 미국에 불어 닥친 다양한 형태의 집단상담 열풍에 힘입어 이 분야에서도 집단 형태의 예술치료가 발전하게 되었다.

2) 예술치료의 종류

예술치료는 크게 표현 위주의 치료법과 감상 위주의 치료법으로 나누어진다. 전자인 **표현예술치료**의 경우 음악 · 미술 · 무용 등을 개별적으로 사용할 수도 있고, 개인의 신체 · 정서 · 인지를 통합하기 위하여 복합 모형의 예술과정을 사용함으로써 표현예술과 심리치료를 통합할 수도 있다. 음악 · 미술 · 무용 같은 각 예술매체를 개별적으로 사용하든 통합적으로 사용하든, 표현예술치료의 본질인 놀이와 상상은 일상적으로 억압되었던 심리적인 문제를 표출하고, 정서적 고통을 치유하며 일상을 넘어선 경험의 적극적인 변용을 중요시한다.

반면, 후자인 **감상예술치료**는 주어진 예술매체를 관람 혹은 감상하고 그것을 심리치료에 응용하여 자신의 문제를 깨닫고 대안적인 문제해결 방식을 습득하는 예술치료 방법을 통칭한다. 자신과 타인에 대한 정서적 통찰에 예술 감상을 활용하는 대표적인 치료법으로는 독서치료와 음악감상치료 등이 있다.

3) 독서치료의 시작

이 중에서도 영화치료와 밀접하게 연관을 맺고 있는 독서치료bibliotherapy는 1937년 정신과 의사인 칼 메닝거Karl Menninger가 《메닝거 클리닉 블레틴》에서 독서치료의 교육적 방법을 처음 기술하면서 소개되었다. 메닝거에 따르면 독서치료는 환자에게 즉각적인 정서적 만족과 대인관계에 있어 대안적인 행동에 관한 정보의 원천을 제공해 준다.

책을 읽는다는 것은 자신 밖의 어떤 관심거리에 투자함으로써 외부 현실과 접촉하도록 환자들을 고무하는 것이다. 그리고 그것은 문제에 대한 통찰로 이끈다. 파덱과 파덱(Pardeck & Pardeck, 1993)은 독서치료가 문제에 대한 정보와 통찰을 제공하고, 문제에 관한 토론을 자극하며, 환자들이 새로운 가치와 태도 및 문제 해결책을 배울 수 있게 한다고 하였다. 또 다른 독서치료자인 돌Doll 부부는 독서치료의 장점을 다음의 일곱 가지로 정리하였다.

① 독자에게 자기 자신에 대한 통찰력을 키워 준다.
② 독자에게 정서적 카타르시스를 경험하게 한다.
③ 독자에게 그들이 겪는 일상적인 문제를 해결할 수 있도록 돕는다.
④ 타인과 상호작용하는 데 있어 태도를 변화시킨다.
⑤ 다른 사람과의 효과적이고 안전한 관계를 촉진시킨다.
⑥ 청소년이 그들의 또래와 헤어지는 특수한 문제 상황에 직면할 때 유용한 정보를 제공한다.
⑦ 독자에게 독서의 즐거움을 제공해 준다.

대부분의 환자들은 직면한 문제에 대한 사전 지식이나 개인적인 경험에 한계가 있다. 따라서 독서치료는 환자들의 감정적인 문제를 취급하는 데 있어 유용한 통찰력을 제공할 수 있을 것이다(Doll & Doll, 1997).

3. 영화치료의 정의와 역사

영화치료Cinematherapy는 상담과 심리치료에 영화 및 영상 매체를 활용하는 모든 방법을 지칭하는 것으로 이 용어는 1990년에 버그-크로스Berg-Cross 등에 의해 처음으로 사용되었다. 영화치료는 필름치료filmtherapy, 릴치료reeltherapy라 불리기도 하고, 최근에는 영화치료와 별도로 동영상을 활용한 치료를 비디오치료videotherapy, 비디오 워크videowork라 부르며 영화치료와 구분하는 경향이 있다. 영화치료나 사진치료 같은 치료들은 흔히 이미지를 치료 및 상담에 활용하기 때문에 비언어적인 치료nonverbal Therapy라 불리기도 하고, 사진, 영화, 동영상, 방송, 만화 같은 매체를 상담 및 치료에 활용하는 다매체 치료Multimedial therapy의 하위 분야가 되기도 한다.

역사적으로 영화치료는 1990년대 초 미국에서 사회복지, 간호, 임상심리학의 전문가들이 집단상담이나 부부상담 등에 영화를 활용하는 방법을 모색하면서부터 싹이 트기 시작했다. 일례로 대표적인 영화치료의 주창자 중 한 명인 미국의 노스리지 병원Northridge Hospital의 월터 제이콥슨Walter E. Jacobson 박사는 영화치료를 통해 환자들이 영화 속 인물과 자신을 동일시하면서 비슷한 상황을 이해하고 극복하는 데 도움을 받았다고 주장했다. 캘리포니아 주립대학교 심리학과의 스튜어트 피쇼프Stuart P. Fischoff 교수도 '영화란 영혼에 놓는 주사' 라며 영화를 통해 환자의 심리 상태를 보다 쉽고 정확하게 파악할 수 있었다고 하였다.

1990년대 초부터는 의미치료 분야에서 영화 속 주제를 하나의 메타포로 삼아 실존적인 혹은 인본적인 관점에서 상담에 응용하기 시작했다. 1992년 핀크Finck는 의미치료의 관점에서 〈시민 케인Citizen Kane〉(1941)을 분석하였고(삶의 의미가 점점 없어져 가는 케인의 점증하는 감정의 차원에서), 2000년 페이든Paden과 레비Levy는 〈인생은 아름다워La Vita E Bella〉(1997)를 의미치료에 이용하였다. 그리고 1993년 마운티어Mounteer는 종교적인 영성적 관점에서 SF를 평가하기도 했다. 영화치료는 비디오 기기의 보급이 보편화된 1990년대 후반부터 미국이나 유럽에서 독서치료를 대치하거나 보완하는 새로운 예술치료법의 하나로 그 연구가 활발히 진행되고 있다.

이때부터 도서목록을 작성하듯 영화를 치료에 이용하는 관련 서적들이 등장하기 시작했다. 여기에는 우울이나 슬픔 같은 부정적인 기분을 전환하기 위한 자기조력적 영화치료 목록을 작성한 웨스트West와 페스크Peske의 『영화치료: 기분전환을 위한 여성들의 영화 가이드Cinematherapy: The Girl's Guide to Movies for Every Mood』(1999), 솔로몬Solomon의 『영화 처방전The Motion Picture Prescription』(1995) 등이 포함된다.

최근 영화치료는 자기조력적인 방법으로 영화목록을 작성하는 방식을 떠나 다양한 심리치료에 통합되어 사용될 수 있는 체계적인 치료법, 그리고 독서치료와는 다른 영화치료만의 가능성을 활발하게 논의하는 방향으로 발전하고 있다. 일례로 현실요법 창시자인 글래서Glasser와 버티노Bertino

는 영화가 치료의 핵심을 보여 주고 토론을 활성화시킨다고 지적하면서 현실요법과 영화치료를 통합하는 방법을 소개하고 있다.

4. 영화치료의 장점

1) 영화매체를 상담에 활용 시 장점

(1) 순응성 Compliance

상담받기를 싫어하거나 회피하는 내담자나 청소년에게 영화를 활용하여 상담할 경우, 영화 관람 자체가 하나의 강화제가 되므로 상담 요구에 더 잘 순응하고 상담을 받을 기회를 높인다.

(2) 접근성 Accessibility

영화치료는 독서치료보다 시간이 절약되고, 더 대중적인 매체이며, 관람하기 쉽다는 면에서 다양한 사람들이 상담에 접근할 수 있게 해 준다. 일단 아무리 길어도 2시간이면 관람이 충분하므로 문자 해독력이 약하거나 지능이 낮은 환자나 아동 · 청소년도 접근하기 쉽다. 영화치료는 대중에게 공통적인 영상 문자를 매개로 하므로 언어의 이해와 표현의 문제나 문화적 이질감의 문제 또한 비교적 쉽게 극복할 수 있게 한다. 그러므로 국내에 이주한 외국인 노동자 집단이나 국제결혼을 한 커플의 상담에 쉽게 활용할 수 있다.

(3) 활용 가능성 Availability

영화는 상담에서 교육 및 연수까지 그 활용 가능성이 광범위하다. 책과 영화는 모두 생각을 확장하고 재구성하며 상식화하고 교육하는 데 이용할 수 있다. 그러나 영화는 내담자의 생각을 바꾸거나 자신의 생각에 거리감을 두고 보는 데 있어 주인공의 행동을 모델링할 수 있는 시각적 이미지와 최적의 생생함을 제공한다.

(4) 호기심 Curiosity

다른 어떤 형태의 예술보다 영화는 핍진성verisimilitude(수용자가 텍스트를 그럴듯하고 있음직한 이야기로 받아들이는 정도)이 강하고, 청각과 시각, 문자언어 모두를 동원하므로 수용자의 지각에 강력한 영향을 주는 장점이 있다. 내담자는 흔히 현실을 잊은 채 영화를 보는 내내 다음 줄거리를 예상하고 감독과 일종의 게임을 벌인다. 또한 관객들은 영화 속에서 어떤 반전이 있을지 기대하고, 이러한 호기심이 영화를 지속적으로 보게 만든다. 마찬가지로 상담에서 영화를 활용하면, 내담자는 다음번 영화로는 어떤 것을 볼까, 어떤 주인공이 나오는 어떤 영화일까를 지속적으로 생각하게 되어 상담에 호기심을 가질 수 있게 된다.

(5) 지지 Support

영화치료에서 등장인물은 또 다른 보조 치료자이거나 훌륭한 모델이라 할 수 있다. 영화를 같이 본 내담자들은 영화의 주제에 대해 토론하고 내담자의 삶에 적용할 수 있게 만듦으로써, 내담자는 자신만이 그 문제를 안고 있는 것은 아님을 알게 된다. 또한 역경을 극복하는 주인공을 자신과 비교함으로써, 자신의 내적인 심리적 자원을 파악하고 더 나은 미래에 대한 희망과 용기, 심리적 위로를 받게 된다.

(6) 정서적 통찰 Emotional Insight

김수지(2005)는 박사학위논문에서 영화가 인지 · 행동 · 정서의 영역에서 인지적 및 행동적으로도 많은 도움을 주지만, 특히 정서적 통찰의 영역에서 매우 유용하다는 주장을 하였다. 영화를 보는 동안 관객들은 정서적 정화의 경험을 하고 자신의 정서를 그 어느 때보다도 극대화시킨다. 이러한 경험을 통해 내담자는 자신의 삶에서 의미를 부여하고 가치의 우선순위를 매길 수 있게 된다.

(7) 라포 및 커뮤니케이션 Rapport & Communication

치료자와 내담자는 영화 관람이란 공통의 경험을 함으로써 커뮤니케이션 수준을 높일 수 있다. 영화치료 과정은 치료자와 내담자, 혹은 부부나 부모 간에 비슷한 경험을 하게 함으로써 친화력을 높일 수도 있다(Heston & Kottman, 1997; Solomon, 1995). 버그-크로스 등은 영화가 내담자

〈표 1-1〉 영화를 상담에 활용 시 얻을 수 있는 7가지 장점

1. 순응성(Compliance)
2. 접근성(Accessibility)
3. 활용 가능성(Availability)
4. 호기심(Curiosity)
5. 지지(Support)
6. 정서적 통찰(Emotional Insight)
7. 라포 및 커뮤니케이션(Rapport & Communication)

의 고뇌angst와 치료자의 공감empathy 사이에 이해의 다리를 놓음으로써 치료적 동맹력을 창출한다고 주장했다(Sharp, Smith, & Cole, 2002; Wedding & Niemiec, 2003 재인용).

영화 관람은 내담자 간에 또는 치료자와 내담자에게 공통의 화젯거리를 제공하고, 이는 초기 상담 시 집단의 응집력을 높일 뿐 아니라 치료자와 내담자가 치료 계획을 수립하고 라포를 형성하는 데 많은 도움을 준다. 영화치료에 참석한 모든 사람에게 영화를 같이 보는 과제를 줌으로써 혹은 내담자 모두에게 치료 회기 동안에 할 일을 줌으로써 치료의 효과를 높인다.

2) 집단상담 시 영화 활용의 장점

영화치료는 특히 집단상담의 형태를 띨 때 대인관계상에서 많은 효과를 지니게 된다. 영화치료뿐 아니라 교육 장면에서도 영화는 집단에게 에너지를 주고(Koch & Dollarhide, 2000), 대집단에서도 토론을 활성화시킨다(Anderson, 1992).

영화는 매체 특성상 10여 명 이상의 다수의 대인관계도 짧은 시간 동안 압축적 · 상징적으로 보여 줄 수 있고, 어느 한 주인공을 중심축으로 주변 사람들의 다양한 반응을 보여 줌으로써 대인관계의 상대성과 왜곡을 한눈에 조망하게 할 수 있는 특징이 있다.

실제로 던컨, 벡과 그래넘(Duncan, Beck, & Granum, 1986) 등은 정서적으로 불안한 11~17세가량의 22명의 청소년들을 집단 상담하는 데 영화를 활용하여 좋은 효과를 얻었다. 그들은 〈보통 사람들Ordinary People〉(1980)이란 영화의 슬립을 가지고 8회기에 걸쳐 집단상담을 진행하여 가족 문제에 대해 논의했는데, 22명의 내담자 중 19명이 가정이나 보육원 시설에 돌아가서 그곳에서 6개월 이상 적응을 하는 성과를 얻었다.

5. 영화치료의 심리기제에 관한 네 가지 관점

1) 정신분석적 접근

바바라 크리드Babara Creed나 크리스티안 메츠Christian Metz 같은 영화학자들은 영화 관람이 결국 성적 차이나 자율적 자아 혹은 주체성의 취득과 연관된 무의식적 과정을 반복하고 있다고 주장한다. 예를 들면, 고전 할리우드 영화에서 남성 주인공이 온갖 역경을 극복하고 마침내 사회적인 인정을 받고 나아가 아름다운 여인까지 얻게 되는 경우를 다반사로 보게 되는데, 이것이 다름 아닌 오이디푸스 콤플렉스에 기초한 오이디푸스 궤적Oedipal trajectory 또는 오이디푸스 드라마가 되는 셈이다. 그리고 남성 관객이 그 영화를 보고 은연중에 주인공을 동일시하고 따라 한다면, 영화 관람의 행위란 주인공의 오이디푸스 궤적을 반복하는 것이고 일종의 오이디푸스 시기로의 퇴행을 감행하는 것이라고 볼 수 있다(Creed , 2008).

정신분석적 접근에서는 영화치료의 핵심을 영화의 내용이나 의미에 대해서 말하는 것이 아니라고 할 것이다. 즉, 영화는 독서치료가 아니라 마치 꿈 작업을 하듯이 영화의 어떤 장면이나 시퀀스가 어떻게 관람자에게 영향을 주었는지 알아내고, 기저에 있는 전치과정을 밝히려 든다. 마치 시 작업에서 은유적인 시어에서 표현된 겉으로 드러난 구체적인 의미

보다 시의 진짜 메시지를 찾고 시적인 전치를 파악하는 것처럼 말이다. 이에 관해 휴고 뮌스터베르크Hugo Münsterberg는 1916년 이미 다음과 같이 주장했다. "영화는 바깥세상을 기억, 상상, 주의집중, 감정이 포함된 마음의 기제로 바꾸어 놓는다."

사실 영화는 심리적으로 매우 안전한 매체다. 영화 속의 배우가 내담자에게 직접 말을 걸거나 혹은 스크린 밖으로 튀어나오는 것도 아니다. 게다가 내담자가 영상 텍스트가 형성하는 맥락 내에서 자신의 역할에 대해 객관적으로 볼 수 있도록 자신의 문제에서 충분히 떨어져 있을 수 있다. 영화를 볼 때 우리는 자궁 같은 깜깜한 극장에 앉아서 구강적 욕구를 만족시키는 팝콘을 먹는다. 이때 스크린은 거울처럼 현실에서 완전히 차단된 잉여 현실을 마련하고, 관객들은 배우에게 일방적인 시선을 부여하는 시선의 권력을 가지게 된다. 즉, 영화 관람을 일종의 훔쳐보기라고 한다면, 이러한 관음증을 만족시키는 영화 관람의 기제는 심리적으로 매우 위축되어 있거나 평소 대인관계에서 불안 수준이 높은 내담자들에게 상당한 안도감을 주면서 자신의 무의식을 마음껏 스크린에 투사시키는 환경을 조성하게 된다.

이러한 면에서 정신분석학자들은 영화를 보고 내담자들이 치유 경험을 하는 것에는 어떤 정신역동적 심리기제가 들어가 있기 때문이라고 주장할 것이다. 즉, 영화가 치유적이라면 거기에는 내담자가 주인공과 자신을 동일시identification하는 기제, 자신의 금기의 욕망과 정서를 주인공에게 투사projection하는 기제, 영화 속의 주인공의 행동을 모방imitation하는 기제, 영화 속 주인공을 롤모델로 이상화idealization하는 기제가 들어 있기 때문이다.

이미 영화를 보면서 영화 속 어떤 인물을 보며 '저 사람처럼 되고 싶다.' 거나 '저 사람처럼 되기 싫다.' 고 하는 식의 동일시 감정은 뿌리 깊은 오이디푸스적 경험의 반복이라 할 수 있다. 우리의 무의식적 욕망과 숨겨진 갈등이 스크린 속 주인공에게 투사되면, 관객들은 알 수 없는 정서적 흥분이나 강렬한 정서적 경험을 하게 되고 해당 영화나 해당 장면을 반복해서 보려고 할 것이다. 혹은 해당 영화에 대해 과장된 비판이나 알 수 없는 비호감의 감정을 표현할 수도 있다. 이때 내담자의 무엇이 충족(혹은 불만)되는지, 내담자의 숨겨진 판타지는 무엇인지 의식화하고 이를 언어화하는 과정은 마치 꿈 분석이 그러하듯 내담자의 내면에 관한 아주 유용한 재료를 제공할 것이다.

2) 대상관계적 접근

대상관계이론에 입각하여 영화치료의 과정을 보면 어떤 모순에 봉착하게 된다. 아무도 영화치료를 위해 영화를 보지 않는다. 대부분의 관객은 영화가 '재미있어서' 본다. 즉, 영화 보기에는 '놀이적인 속성playfulness'이 있다. 거기에는 현실 지향적인 학습과정과 달리 시간과 장소의 인과론을 허무는 어린아이 같은 즐거움이 존재한다(Kramer, 1998).

대상관계 이론가들에 의하면 이러한 놀이와 연관된 심리적 공간은 이미 어린 시절 대상관계가 발달하면서 어머니의 품에 들어갈 때부터 생긴 공간으로, 도널드 위니캇Donald Winnicott은 이를 잠정 공간potential space이라 이름 붙였다. 외부 현실과 아동 자신의 주관성 사이의 중간 영역인 이러한 잠정 공간에서 예술, 창조성, 종교적 경험 등이 유래된다는 것이다. 예술을 향유하고 창조하는 인간은 이 잠정 공간에서 현실을 마음대로 조정할 수 있는 것으로 상상하면서 만족감을 얻고, 이 잠정 공간은 궁극적으로 현실세계를 준비하도록 하는 기능이 있다(Winnicott, 1971).

영화를 보든 만들든, 영화는 내담자들에게 이러한 잠정 공간으로 데려다 주는 기쁨을 준다. 여기서 영화는 내담자로 하여금 현실을 회피하게 하고, 놀이의 재미를 주는 동시에 고통을 치유받는 승화의 과정을 통해 현실을 초월하는 상태로 관객을 데려다 놓는다. 기존의 심리치료에 대해 막연한 불안감을 가지고 있던 내담자들도 영화치료에서만큼은 일단 영화를 보거나 만든다는 놀이적 속성 때문에 치료에 대한 자발적 동기가 높아진다. 내담자는 인간적인 모순과 현실을 뛰어넘는 판타지를 담은 마법과 같은 영화의 속성을 경험하면서 자신의 판타지와 현실을 넘나들 수 있게 되고, 현재의 문제와 결부된 감정을 탐색할 수 있게 된다.

3) 인지학습적 접근

인지학습적 접근에서는 영화를 관람함으로써 사람들이 주인공의 행동을 자신의 행동과 비교하고 자신의 행동에 대한 반성과 새로운 인지적 해석을 할 수 있다는 데 주목한다. 내담자는 영화를 관람하면서 자신의 역할에 대해 객관적으로 볼 수 있고, 자신과 비슷하지만 동일하지는 않은 주인공을 보며 자신의 문제에서 충분히 떨어져 있을 수 있다. 특히 치료자가 내담자에게 동일시보다는 탈동일시를 유도하면서 영화를 보고 있다는 자각을 심어 줄 때는 이러한 심리적 거리가 쉽게 확보될 것이다.

때로 치료자는 내담자가 영화를 방어기제로 삼아서 영화 이야기만을 하도록 내버려 두지도 않을 것이다.

영화 관람 후, 관객들은 주인공의 행동에 대한 개인적인 판단을 하고 자신의 의견을 개진할 수 있다. 또한 주인공의 행동을 자신의 변화에 대한 단초로 삼고 주인공의 행동을 모델링modelling할 수도 있다. 이 모든 것이 내담자로 하여금 자신의 행동을 조절하고 세상에 대한 지각의 틀을 바꾸는 새로운 방법을 배우게 한다. 사실 현실에 있는 사람보다 영화 속 주인공의 행동을 평가하는 것은 심리적으로도 부담이 덜 된다. 인지학습적 관점에서 보면, 사람들은 그들과 비슷한 사람, 매력적인 사람, 또는 높은 수준의 전문성을 가진 사람들을 모방하는 경향이 있다. 그러한 점에서 관객이 매력적이고 선과 악이 뚜렷한 영화 속 등장인물을 모델링하는 것은 지극히 자연스러운 일이다.

솔로몬(Solomon, 1995)에 따르면 영화는 부정적인 감정에 도전하고, 사고 · 감정 · 행동을 연결시키는 동안 관객을 즐겁게 한다. 그리고 영화는 참가자에게 그들은 혼자가 아니라는 것을 가르쳐 줄 힘을 가지고 있고, 편한 감각을 제공하여 참가자들을 도울 수 있다. 참가자들은 그들의 지각에 도전 또는 확인하는 방법을 통하여 그들이 갖고 있는 비슷한 문제를 다른 사람들이 해결하는 것을 경험한다. 아울러 영화는 새로운 생각을 부추기고, 부정적 사고방식을 개선하도록 자극하며, 영화 관객은 극중 인물의 행동을 기준으로 하여 무엇이 되어야 할지와 무엇이 되지 말아야 할지를 배울 수 있게 된다.

예를 들면, 분노 통제가 잘 되지 않는 내담자는 영화 속 주인공의 지나친 분노 표현이 주인공의 어떤 해석에서 기인했는지 관찰하고, 주인공의 분노를 일으킨 원인을 자신의 관점에서 대안적으로 해석할 수도 있다. 그리고 분노 상황에서 주인공과 달리 자신처럼 다른 해석을 내린다면 분노가 사그라질 수도 있다는 것을 경험한다. 즉, 사실적인 관찰이 대안적인 해석과 이를 통한 긍정적인 변화를 촉진하는 것이다.

4) 실존주의적 접근

헤스턴Heston과 고트먼Kottman을 비롯한 많은 영화치료자는 영화가 여러 가지 감각 양식으로 작용하는 동시에 어떤 메타포나 상징, 의미를 전달한다고 주장했다. 영화는 새로운 생각과 눈물과 웃음을 자극한다(Dermer & Hutchings, 2000). 영화는 내담자가 부인하는 감정에 도전하고 인지 · 정서 · 행동 사이에 연관을 맺어 준다. 비록 인본주의적이고 실존적인 관점에서 메타포의 가치에 대해서 논했지만, 무어(Moore, 1998)는 비주얼 메타포의 사용이 내담자로 하여금 더 영적인 수준에서 인생의 의미를 발견하고 인생을 더 가치 있고 의미 있는 것으로 경험하게 만든다고 주장하였다.[1] 또한 메타포의 사용이 다른 방식으로 상황을 지각하게 하고, 서로 다른 태도를 받아들이고 선택의 기회를 갖게 함으로써 변화의 계기를 제공한다고 했다.

영화치료를 하는 동안 영화가 제공하는 메타포는 고정되어 있지 않

1) 예를 들면, 〈죽은 시인의 사회Dead Poets Society〉(1989)에 나오는 '오늘을 잡아라Carpe Diem.' 같은 대사와 사진 이미지, 〈스타워즈Star Wars〉의 '포스' 등이 그 예가 될 것이다.

다. 다른 어떤 심리치료에서보다 내담자는 여러 가지 감각 양식을 동시에 받아들이면서 영화의 다양한 상징 속에서 자신의 수준에 맞는 메타포나 치료적 양식을 선택할 자유를 갖는다(Christie & McGrath, 1987). 결국 이러한 과정을 통해 내담자는 삶의 의미를 회복하고, 자신의 행동을 변화시키고 통찰을 촉진시키며, 개인적 이해를 심화한다(Wedding & Niemiec, 2003).

6. 영화의 힘: 힐링 시네마

1) 긍정심리영화Positive Psychology Movie

영화치료의 핵심 중 하나는 내담자를 위한 적절한 영화의 선택과 내담자의 삶과 영화를 연결시키는 여러 가지 기술을 발휘하는 것이다. 그러나 이러한 특별한 내담자-치료자 중심의 관계가 아니더라도, 일반 관객들도 암암리에 영화에서 여러 가지 긍정적인 심리적 영향을 받을 수 있다. 최근 영화의 치유적 힘을 심리학과 접목하려는 시도 중 두드러지는 것 하나가 긍정 심리학 분야에서 일어나고 있다.

예를 들면, 미주리 컬럼비아 대학교 교수인 대니 웨딩Danny Wedding이나 심리학자인 라이언 니막Ryan Niemiec 등은 긍정심리영화Positive Psychology Movie라는 것을 제창하여 인간의 지혜와 지식Wisdom & Knowledge, 인지적인 힘, 용기courage, 정서적 힘, 휴머니티Humanity, 대인관계적 힘, 정의Justice, 시민의 힘, 절제Temperance, 인내와 중용의 힘, 초월Transcendence, 영적인 힘의 6개의 긍정적인 분야와 연관된 영화들을

소개하고 있다(Wedding & Niemiec, 2008).

이들은 긍정심리 영화의 기준을 다음과 같이 제시하고 있다.

- 캐릭터는 창조, 용기, 사랑, 친절 같은 피터슨과 셀리그만(Peterson & Seligman, 2004)이 제시하고 있는 긍정심리학의 24개 특질들을 고루 지니고 있을 것.
- 장애물과 고난 갈등과 투쟁에도 불구하고 캐릭터가 자신의 강점을 극대화하화는 방향으로 나아갈 것.
- 어떻게 고난을 극복하고 자신의 강점을 유지하고 세워나가는지 성격묘사가 들어가 있을 것.
- 영화의 톤과 무드가 영감을 주고 희망을 줄 것.

2) 힐링 시네마Healing Cinema

한국에서도 이 글의 필자인 심영섭 역시 힐링 시네마라는 타이틀로 사람들의 마음을 위무하고 치유해 주는 영화를 치유적인 관점에서 재해석하여 종류별로 나누고, 일반 대중에게 보급하는 일을 하고 있다. 심영섭이 주창한 힐링 시네마의 기준은 다음과 같다.

- 관객에게 '고차원적인 자아Higher Self'를 발견하게 만드는 영화: 정의, 윤리, 도덕의식, 시민정신, 창의성 같은 관객 내면에 있는 긍정적인 심리적 자원을 가진 자아를 발견하게 하고, 이러한 자아를 활용하여 좀 더 나은 도덕적 결단을 내리게 만드는 영화

예 〈워터 프론트On the Waterfront〉(1954), 〈라따뚜이Ratatouille〉(2007), 〈호텔 르완다Hotel Rwanda〉(2004) 등등

- 관객에게 '삶의 의미Meaning of Life'를 생각하고 깨닫게 만드는 영화: 인간이 무엇으로 살아가는지, 무엇 때문에 살아가는지를 질문하고 그것에 적절한 개인적 의미를 부여할 수 있도록 영감을 주는 영화

  예 〈밀양〉(2007), 〈시〉(2010), 〈잠수종과 나비The Diving Bell And The Butterfly〉(2007), 〈아들〉(2007), 〈내 곁에 있어줘Be With Me〉(2007)

- 관객에게 자신의 '인지적 틀Cognitive frame'을 볼 수 있게 하는 영화: 다양한 인간 군상의 세상에 대한 지각과 인식을 보여 줌으로써, 내담자로 하여금 인지적 상대성과 제한점을 깨닫게 만드는 영화

  예 〈시민 케인Citizen Kane〉(1941), 〈매그놀리아Magnolia〉(1999), 〈숏컷Short Cuts〉(1993)

- 관객에게 '위로와 심리적 위안Psychological Support'을 주는 영화: 영화를 통해 자신의 어린 시절과 중요한 타인과의 관계를 상기하게 하고, 주인공의 상실과 슬픔을 통해 심리적 위로와 정서적 승화를 얻는 영화

  예 〈애자〉(2009), 〈뽀네뜨Ponette〉(1996), 〈러브 레터Love Letter〉(1995), 〈미스 리틀 선샤인Little Miss Sunshine〉(2006)

- 관객에게 '문제 해결력Problem Solving'을 깨닫게 하는 영화: 문제 상황에서도 굴하지 않는 용기를 가지고 다양한 방식으로 문제를 해결하는 주인공을 통해 좀 더 융통성 있고 기발한 틀에 갇히지 않는 문제 해결력을 기르게 하는 영화

  예 〈터미널The Terminal〉(2004), 〈캐스트 어웨이Cast Away〉(2000), 〈행복을 찾

아서The Pursuit of Happyness〉(2006) 등등

이러한 치유적 영화를 관람하게 되면 공히 사람들은 '감동을 받았다.' '인생의 중요한 결단을 내렸다.' '몇 번이고 반복관람을 했다.' '가까운 사람에게 영화를 추천하거나 같이 보러 갔다.' 등등의 표현을 하게 마련이다.

3) 영화적 고양감Cinematic Elevation

결국 특정한 영화들은 내담자에게 영화적 고양감을 일으킨다. 버지니아 대학교의 조나단 하이트Jonathan Haidt는 대학생 집단에게 각각 10분 동안 마더 테레사, 흥미로운 다큐멘터리, TV 코미디 시리즈America's Funniest Home Videos를 보여 주었다. 그 결과 영화 〈마더 테레사Madre Teresa〉(2003)를 관람한 학생들은 가슴 부위에서 따뜻함과 어떤 간지러운 감각을 느꼈고, 다른 사람을 도와주고 더 나은 사람이 되고 싶은 긍정적 감정을 느꼈다고 보고 했다(Haidt, 2003).

하이트가 보고한 이 현상을 대니 웨딩Danny Wedding은 영화적 고양감이라 했는데, 특정한 영화들은 용기, 휴머니즘, 정의 같은 도덕적 아름다움을 깨닫게 하고, 육체적으로 가슴이 열리는 듯한 느낌, 소름이 돋고 몸이 따끈해지는 감각, 즉 감동의 체험을 가능케 한다. 이러한 힐링 시네마를 통해 관객들은 더 높은 가치를 선택하고, 진정한 고차원의 자아를 향해 나아가는 동기 수준이 상승하게 된다.

7. 영화치료의 종류

영화치료의 종류는 영화를 사용하는 방식에 따라, 내담자의 영화 관람 형태에 따라 달라진다.

독서치료의 3대 구성 요소는 독서치료자, 내담자, 텍스트(문학작품)다. 영화치료의 경우는 그 가운데 텍스트가 문자 정보가 아닌 영상과 청각 정보를 포함하는 '멀티 텍스트'라는 점이 특징적이다. 기본적으로 영화치료는 영화치료자와 내담자 그리고 텍스트라는 관점에서 크게 세 가지 유형의 치료방법으로 나눌 수 있다.

〈표 1-2〉 영화치료의 종류

감상 영화치료		표현 영화치료
자기조력적 영화치료		비디오테라피
상호작용적 영화치료	지시적 접근	비디오테라피
상호작용적 영화치료	연상적 접근	영화 만들기 치료
상호작용적 영화치료	정화적 접근	영화 만들기 치료

1) 자기조력적 영화치료

영화치료는 영화 텍스트와 독자의 자발적 작용을 통하여 치료가 일어난다. 따라서 영화치료자의 개입이 없다 해도 일상에서 많은 사람이 영화를 보고 정서적 카타르시스를 경험한다. 1995년 『영화 처방전The Motion

Picture Prescription』을 쓴 영화치료의 선구자 게리 솔로몬Gary Solomon은 우리가 이미 우리의 삶에서 스스로를 돕기 위해 영화를 활용하고 있으며, 따라서 영화치료는 이미 일상에서 이루어지고 있는 자기조력적 영화치료법self-help cinematherapy이라고 주장하였다.

이러한 자가 치료적 경험은 영화를 넘어서 드라마 같은 영상물로 그 치료적 범위를 확장시킬 수 있다. 역사 속에서 영화치료라는 개념을 알지는 못했지만 영화를 통해 흔히 '감동을 받았다.' 거나 인생의 중대한 결심을 했다는 사례는 얼마든지 찾아볼 수 있다. 예를 들어, 《씨네 21》이란 영화잡지의 '내 인생의 영화' 란 코너에는 약 300여 명의 필자들이 자신의 인생에서 가장 중요했던 영화 경험을 토로하고 있다.

많은 내담자가 특정 영화를 하도 많이 보아서 머릿속으로 영화를 돌려볼 수 있다거나 그 대사와 장면을 모두 외운다고 말하기도 한다. 아마도 텍스트가 매체의 저장고에서 이전하여 내담자의 지각 자체에 보존되어 언제든 출력 가능하게 된 경우일 텐데, 흔히 우리가 '잊을 수 없는 장면' 이라고 영화 텍스트의 한 부분을 회상하는 것이 해당될 것이다. 그리하여 영화 영상물의 자기조력적 치료 효과는 지속적이고 강력하다고 볼 수 있다.

막다른 골목에서 만나는 축제

〈허공에의 질주Running on Empty〉(1988)

영화 〈허공에의 질주〉의 대니 가족에게는 삶 자체가 여행이다. 반전 운동 전력으로 여전히 FBI 감시의 표적인 엄마 아빠 덕에 대니(리버 피닉스)와 동생 해리 모두 매번 이름을 바꾸며 위험할 때마다 머물렀던 곳을 떠난다. 어머니가 암으로 돌아가신 것조차 한참 뒤 '암호'로 들어야 하는 대니의 아버지. 잠행과 추적으로 얼룩진 삶, 그러나 그들의 일상은 불안과 우울보다는 유머와 열정으로 가득하다. 조개껍질 목걸이를 생일 선물로 받아도 눈물을 글썽이며 행복해하는 대니의 어머니. 스치는 일터마다 노조와 세미나를 만드는 엄마 아빠에게 어릴 적부터 유쾌한 혁명교육(?)을 받는 아이들. 분명 그와의 마지막 만남을 예상한 '스무 살의 진혼곡' 같은 술자리였지만, 리버 피닉스의 서늘한 눈빛을 따라가던 나는 어느새 옆에 앉은 첫사랑 따윈 잊은 채 '여행 혹은 유쾌한 잠행'만을 생각하고 있었다.

미래를 향한 공포가 일상을 위협할 때마다, 소중한 이에게 간도 쓸개도 덥석 내주고 싶을 때마다 이 영화와 함께해 왔다. (중략) 이 영화를 함께 본 친구들의 머릿수만 합쳐도 마을버스 한 대 정도는 너끈히 채울 터. 얼추 열두 번은 본 것 같은데, 반은 혼자 마음껏 콧물을 훔치며 보았고, 반은 친구들과 포복절도하며 '야부리' 반, '쏘주' 반을 섞어 영화를 함께 들이켰다. 한동안은 '도망자'인 대니의 어머니가 12년 만에 부친을 만나 대니를 맡아 달라며 작은아들이 다 자라면 자수하겠다고 말하는 장면에서 매번 '미리 준비한' 휴지가 콧물 뒤범벅이 되곤 했다.

대니를 보내면 'FBI에 쫓기며 공항에서 몇 분씩'밖에 만날 수 없음을 알지만, 어머니에겐 아들의 예술적 재능이 잠행으로 인해 숨 쉴 수 없는 고통이 더 크다. "우린 조직이야. 조직은 깨지면 안 돼."라고 절규하며 대니의 독립을 온몸으로 거부하던 아버지가 "자전거 내려. 넌 여기 남는다."고 데면데면하게 뇌까릴 때. 가장 사랑하는 것과 의연히 이별할 수 있는 용기.

"가족? 보는 사람만 없다면 버리고 싶다."는 일본 영화감독의 고백에

은밀히 공감했던 내게 그들은 가족 사이에도 동지적 우정이 가능함을 보여 주었다. 가족이 나의 욕망을 억압한 것이 아니라 내게 가족을 친구로 만드는 용기가 없었을 뿐.

– 정여울, 《씨네 21》에서 발췌

2) 상호작용적 영화치료

상호작용적 영화치료interactive cinematherapy에서 상호작용이란 영화치료의 텍스트와 내담자 간 상호작용과 내담자와 영화치료자 간 상호작용 모두를 말한다. 영화 역시 내담자와 영화치료자의 촉진적 상담관계에서 사용하는 것이 가장 효과적이다. 영화라는 텍스트를 사이에 두고 영화치료자가 내담자와 의사소통할 수 있는 방법이 다양해지고, 영화를 내담자의 삶의 특정 측면에 통합하는 데 영화치료자가 도움을 줄 수 있기 때문이다.

상호작용적 영화치료에서는 '어떤 영화를 누구에게 어떻게 보여 줄 것인가?' 하는 문제를 결정하고, 내담자의 문제해결 능력을 북돋아 주고, 영화 속의 다양한 메타포를 이해하도록 돕는 영화치료자의 전문적인 능력이 중요하다. 이를 위해 영화치료자는 영화라는 매체에 대한 이해와 구체적인 상담기술 모두를 습득하고 있어야 한다. 이 치료법에서 영화치료자의 역할은 영화를 보고 내담자의 치료 작용이 활발하게 일어날 수 있도록 개입하는 것이다. 영화치료자는 내담자가 영화를 보는 가운데 동일시, 카타르시스, 통찰, 현실 문제에의 적용 등을 할 수 있도록 상담기술을 발휘한다. 상호작용적 영화치료는 세부적으로 지시적 접근, 연상적 접근, 정화적 접근으로 나눌 수 있는데, 각 접근법에 대해서는 3장에서 상세히 설명할 것이다.

3) 표현 영화치료Expressive Cinematherapy

이 기법은 크게 동영상을 제작하는 비디오테라피Video Therapy와 영화 만들기 치료Cinema Work로 나눌 수 있다. 비디오테라피의 경우 영상편지, 영상으로 일기를 쓰는 비디오 다이어리, 자전적 다큐멘터리, 영상편지, 디지털 스토리텔링 등의 기법을 포괄하고 있다. 영화 만들기 치료의 경우 애니메이션 제작, 셀프 CF, 극 영화 만들기 등등을 포함한다. 동영상이든 영화든 애니메이션이든, 이들 표현 영화치료 기법들은 영상이란 매체를 가지고 창작하고 자신의 감정과 일상을 표현하는 데 주안점을 둔다(자세한 내용은 4부 참조).

8. 영화치료의 기법

내담자가 영화를 보는 데 있어 치료자가 내담자에게 영화와 동일시를 시킬 것이냐, 심리적 거리를 두고 영화를 본다는 의식을 가지고 영화를 보게 할 것이냐에 따라 크게 동일시 기법과 거리두기 기법으로 나눌 수 있다.

동일시 기법identification method을 따르는 영화치료자들은 내담자가 가급적 영화와 봉합(관객이 영화의 경험 속으로 빨려 들어가서 현실을 잊고 스크린 속의 이미지와 자신을 동일시하게 되고 그 이미지를 욕망하는 현상)하여 스크린 속의 등장인물에게 투사와 동일시를 일으키고, 영화 속에 빨려 들어가 깊은 정서를 느끼도록 도울 것이다.

반면, 거리두기 기법distanciation method을 따르는 영화치료자들은 내담자에게 끊임없이 거리를 두고 '내가 영화를 본다.'는 의식을 가지고 영화를 볼 것을 권유하며, 영화를 보면서 일어나는 여러 가지 정서와 생각을 인식하도록 도와줄 것이다. 비록 내담자가 영화를 보는 동안 등장인물에 동일시하여도 영화를 본 후에는 그 이유를 내담자와 곰곰이 따져 볼 것이며, 영화를 활용하여 내담자의 부정적 신념을 깨고, 자신의 지각적 특징을 관찰하며, 영화를 가급적 내담자의 외부에서 객관적으로 보게 만드는 데 활용하려고 노력할 것이다. 각각의 기법들은 이 책의 3부에 자세히 기술되어 있으니 참조하기 바란다.

〈표 1-3〉 영화치료의 기법들

동일시 기법(타 치료법과 병행)	탈동일시 기법(객관적 거리두기 강조)
메타포를 활용한 영화치료	의식적 자각하에 영화 보기
내면아이를 활용한 영화치료	부정적 신념 다루기
역할극을 활용한 영화치료	필름 매트릭스
스토리텔링을 활용한 영화치료	CIA 기법

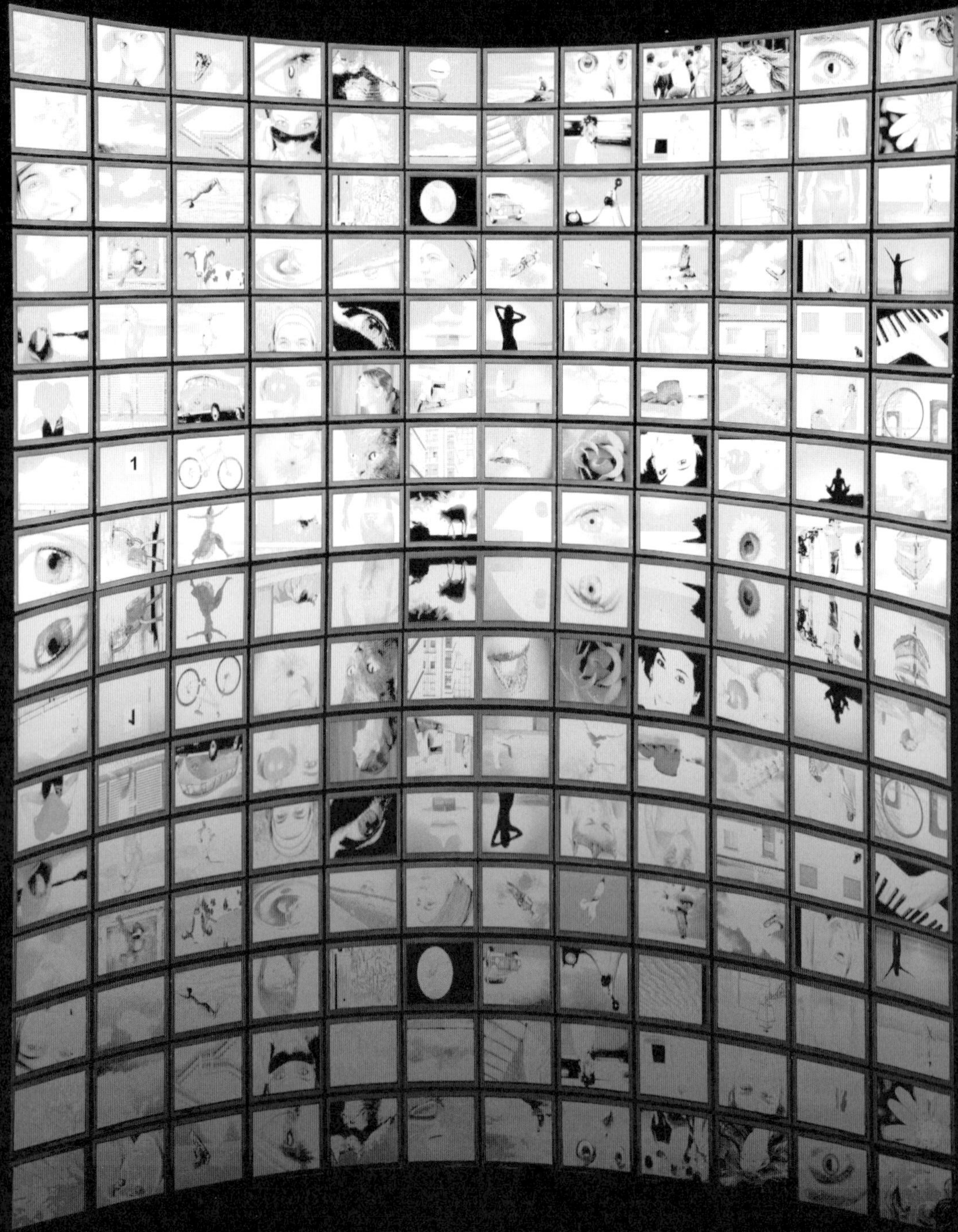

제2장

영화치료의 준비 작업

1. 영화치료를 위한 영화 관람

상호작용적 영화치료를 위해 영화치료자가 맨 먼저 해야 할 일은 영화를 보는 것이다. 영화를 보는 관점을 세 가지로 정리해 보자.

1) 오락적 관람

오락적 관람이란 영화를 보면서 흥미와 재미, 의도된 긴장감이나 정서를 느끼는 가장 전통적인 영화 보기 방식이라 할 수 있다. 보통 관객들은 어떤 영화를 본 후 '재미있다.' '연기가 좋다.' '화면이 멋있다.' 등의 평가를 하는데, 이는 관객들이 스토리, 대사, 배우, 음악에 더 주목하여 보거나 듣기 때문이다. 그들이 이러한 영화적 요소에 더 주목하는 이유는 감독이 그러한 요소를 눈에 더 잘 띄게 배치했기 때문이다.

대개 일반적인 관객들은 영화를 본 후 영화에 대한 간단한 평이나 소감을 나누지만 영화 자체에 대한 깊은 관심과 사색을 보이지는 않는다. 그러나 영화치료자는 사색뿐 아니라 오락적 관람도 등한시해서는 안 된다. 왜냐하면 내담자들이 접근하기 어려운 깊은 사색을 요하는 영화치료용 영화의 경우 자칫 그들이 영화에 지루함을 느끼거나 등장인물에 동일시하기가 어렵게 되기 때문이다.

따라서 영화치료자는 영화치료에 쓰일 영화의 목록을 입수한 후 관련된 해당 분야의 영화들을 미리 오락적으로 관람하면서 영화가 내담자들이 접근하기에 용이한지, 희로애락의 정서를 잘 느끼도록 하는지 등을 주의 깊게 살펴보아야 한다.

2) 비평적 관람

비평적 관람은 영화의 주제, 형식, 내용이나 감독의 스타일 등에 관한 구체적 분석과 영화에 대한 미학적 평가가 주 관심을 이루는 감상법이다. 비평적 관람이 요구되는 사람들은 흔히 일반 관객보다 영화에 대해 관심이 더 많거나 더 많은 지식을 가지고 있는 경우가 대부분이며, 영화 기자나 평론가, 영화 전공자, 영화 관련 교원과 교수들, 인문학적 지식이 풍부한 사람들일 수 있다. 이들은 보통 영화를 본 후 감상문이나 리뷰, 영화에 관련된 논문을 작성한다.

비평적 관람자들은 오락적 관람을 구성하는 영화적 요소 외에도 구도 혹은 미장센, 촬영기법, 편집, 음향 등 영화에서 잘 두드러지지 않는 요소에도 관심을 기울이며 영화를 보는 경향이 있다. 평소 영화 보기에 대한 훈련이 잘 되어 있을 뿐 아니라 많은 영화를 보았거나 영화에 대한 지식이 풍부한 경우가 보통이다.

영화치료자는 비평적 관람까지 할 필요는 없다. 그러나 영화를 보다 폭넓게 이해하고 그렇게 이해한 영화 속 메타포와 여러 가지 의미를 내담자와 심도 있게 논의할 수 있다면, 또 내담자가 그 논의를 흥미로워할 정도로 지적이라면, 비평적 관람은 분명 영화치료를 더욱 풍성하게 만들 것이다.

3) 치유적 관람

(1) 정의

치유적 관람은 영화치료에 필요한 사전 관람의 한 형태로, 관객이 영화를 치료나 교육에 어떻게 활용할지에 주 관심을 두며 관람하는 것이다. 그들은 주로 캐릭터의 심리, 캐릭터 간의 관계, 문제 해결책 등을 살펴보며 영화를 볼 가능성이 높다(〈표 2-1〉 참조).

이러한 관람을 요하는 이들로는 상담과 영화치료 분야 종사자, 영상교육 관련 종사자, 영화를 활용한 연수 종사자들이다.

치유적 관람은 비평적 관람처럼 하루아침에 이루어지는 것이 아니라

〈표 2-1〉 영화를 보는 관점의 차이

관점 / 비교사항	오락적 관람	치유적 관람
초점	줄거리(plot)	인물(person)
왜에 대한 대답	액션(action)	관계(relation)
무엇을 얻는가?	흥미(interest)	통찰(insight)
중요 관심사	결과(result)	과정(process)
누구를 보는가?	배우(player)	자신(self)
무엇을 하는가?	긴장(strain)	분석(analysis)
동일시 방법	무의식적, 정서적	의식적, 언어화

평소 영화를 꾸준히 보고 영화수첩을 작성하며 영화치료자의 기량을 갈고 닦으면서 자연스럽게 이루어진다 하겠다. 치유적 관람은 영화 자체에 대한 지식은 물론 상담과 심리학에 대한 지식이 영화와 어우러지면서 더욱 시너지 효과를 낼 수 있는 방법이다.

캐릭터의 성격, 그러한 성격이 형성된 이유, 문제해결 방법, 이와 연관된 심리학적 구성 개념, 등장인물의 갈등과 관계 등 일반 관객들이라면 무심히 지나치거나 정서적 감화를 받는 데 그칠 영화 속 장면들이 치유적 관점에서는 인간의 행동양식에 대한 하나의 보고寶庫로 비치게 될 것이다.

(2) 치유적 관람의 어려움

영화치료는 오락이 아니다. 따라서 기존의 오락적 관람과는 다른 어떤 것을 봐야 한다. 또한 영화치료는 영화비평이 아니다. 감독의 연출 실력이나 영화 자체의 질은 치료용 영화로 적합한가에 대한 기준을 보장하지 않는다. 다만 영화매체에 대한 기초적 지식은 영화치료자가 영화를 메타포적으로 이해하는 데 상당한 도움을 준다. 마치 신화나 동화, 농담, 우화 등이 그러하듯이 말이다.

치유적 관점에서 영화를 보는 것은 단지 스토리에 관한 것이 아니다. 영화에 관한 글쓰기는 읽는 이에게 영화에 관한 특별한 것—특별한 장면, 특별한 대사, 특별한 카메라 움직임—을 상기시키고, 그럼으로써 영화를 다시 보고 다시 느끼게 한다. 이러한 재해석 과정은 영화치료자로서 영화를 깊이, 그러면서도 다양한 층위에서 해석하고 그 사색과 개인적 느낌을 영화치료에 반영할 수 있게 한다.

그러나 실제로 영화매체를 이해한다는 것은 그리 쉬운 일만은 아니다. 영화에 대한 과잉 정보의 흐름 안에서 이미지를 멈출 수도 없으며, 영화의 어떤 측면을 볼 것인가 하는 점도 많은 문제가 된다. 그럼에도 영화를 치유적 관점에서 본 후 영화수첩을 작성하는 것은 영화치료자와 영화치료에 필수불가결한 요소라 하겠다.

(3) 치유적 관람에서 무엇을 보는가

- 어떻게 활용할 것인가?: 영화를 관람할 때는 활용할 대상, 영화치료의 종류, 또 어떤 장면과 대사를 활용할 것인지 대략의 치료 계획을 세워야 한다. 물론 치료 계획에 몰두하여 영화의 흐름을 방해하지 않는 수준에서 관람하는 것이 중요하다.
- 등장인물 간의 관계는 어떠한가?: 치유적 관람은 인물 내부 혹은 인물들 간 관계의 변화과정에 초점을 맞춘 심리적 관람 형태라는 데 일반적인 영화 관람과 차이가 있다. 치유적 관람에서 가장 중요한 것은 인물 내의 그리고 인물 간의 변화과정이다. 이 과정은 내담자에게 영화 초반에 등장인물들이 어떻게 보이는지, 그들이 직면한 갈등에 어떻게 반응하는지, 그리고 영화 끝에 가서는 그들이 어떻게 달라지는지에 주의를 기울이는 것을 포함한다. 우리는 내담자로 하여금 스토리가 전개되면서 어떻게 관계가 향상되거나 악화되는지, 각 인물들이 어떻게 사건을 더 좋게 혹은 나쁘게 만드는지, 그리고 변화에 대해 어떻게 반응하고 느끼는지에 주목하게 해야 한다.

- 의식적 동일시가 개입되는가?: 오락적 관람과 치유적 관람의 또 다른 차이는 의식적인 동일시[1]를 중요시하느냐에 있다. 영화를 보는 도중 대부분의 사람은 어느 정도 특정 인물에게 동일시한다. 그래서 영화치료에서 내담자에게 자신의 동일시를 말로 표현해 보라고 하는 것은 내담자의 등장인물에 대한 투사[2] 정도와 그 방향성(긍정적인지 부정적인지)을 가늠할 수 있는 가장 중요한 지표가 된다. 그러므로 다음의 질문을 하면서 영화를 관람하는 것이 유용할 것이다.
  - –어느 캐릭터에게 가장 많이 동일시하게 되는가?
  - –가장 덜 동일시되는 인물은?
  - –내담자가 따라 하고 싶은 등장인물의 행동은 무엇인가?
  - –타인과의 관계에서 유용해 보이는 태도는 어떤 것인가?
  - –등장인물이 관여하고 있는 이슈는 내담자와의 이슈와 어떻게 다른가?
  - –등장인물에 관한 내담자의 느낌은 어떤가? 그런 느낌에 익숙한가?
  - –낯설지만 느낌이 긍정적이라면, 내담자는 그 감정에 접근하여 그것을 치료에 활용할 수 있는가?
- 생각을 언어로 표현하는가?: 치유적 관람은 영화치료를 염두에 둔

1) 동일시identification란 타인과의 관계나 영화 속 특정 인물과의 관계에서 상대의 가치와 반응을 받아들여 내재화하는 것이다.
2) 투사projection란 스스로 납득할 수 없는 자신의 욕망이나 감정, 사고 등을 타인에게 있는 것으로 돌리는 무의식적인 마음의 움직임이다.

관람이다. 보통 영화치료에서는 영화를 보고 난 후의 생각을 언어로 표현한다. 물론 우리는 영화를 보고는 친구들과 영화에 대해 이야기할 때가 있다. 그러나 영화치료에서의 영화 관람은 영화로부터 촉발된 자신만의 생각이나 개인사를 자세히 이야기한다는 점에서 매우 다르다. 그렇기에 영화치료에서는 자기 자신의 감정 변화와 생각의 변화가 다른 어떤 영화에 대한 객관적인 사실과 평가보다 더 중요하다. 내담자의 생각을 알아보기 위해 다음의 질문이 유용할 것이다.

–자신의 의견은 가족이나 친구들의 의견과 어떻게 달랐는가?
–그들과 자신의 의견에는 새로운 관점이 들어 있었는가?
–만약 영화가 등장인물로 하여금 그들의 문제를 새로운 방식으로 보게끔 해 준 의사소통과 상호작용을 담고 있었다면 그 메시지는 무엇이었는가?
–자신의 생각은 얼마나 실행 가능한가?
–자신의 생각은 바뀔 여지가 있는가?

- 어떤 심리적 통찰이 들어 있는가?: 등장인물의 행동과 동기를 이해하려고 노력하는 것은 자연스럽게 등장인물의 행동에 대한 이해와 심리적 통찰을 수반할 수 있다. 이 단계는 고도의 훈련과 지식이 필요하다. 영화치료자들은 다른 일반적인 교육자나 관객들과 다르게 영화치료 내에서 논의할 수 있는 새로운 것들을 보아야 한다.

2. 영화치료의 일반적 과정

1) 영화치료의 사전 준비과정

영화치료의 사전 준비과정에서 치유적 영화 관람과 함께 가장 필수적인 것은 영화 목록집을 입수하는 것이다. 영화 목록집은 영화치료의 기본서로 영화치료에 활용되는 수많은 영화를 영화치료의 범주별로 유목화하여 치료용 영화의 선택을 빠르고 손쉽게 할 수 있도록 도와준다. 국내에서는 한국영상응용연구소에서 매해 발간하는 『영화 목록집—KIFA 버전』이 있다. 이 목록집은 한국영상응용연구소(02-6402-4255)에서 최신 버전을 구입할 수도 있다.

영화치료의 사전 준비과정을 요약하면 다음과 같다.

- 영화목록을 입수한다.
- 필요한 영화를 DVD로 구입한다.
- 관련된 해당 분야의 영화를 적어도 일주일에 두 편 정도 오락적 혹은 치유적인 관점에서 관람한다.
- 해당 영화에서 얻은 통찰을 기록하고 영화수첩을 만든다.

2) 영화치료의 본과정

내담자가 상담소를 찾아오면서 영화치료 혹은 영화를 활용한 상담이 시작되면 대부분은 다음의 수순을 밟는다. 영화치료는 크게 세 단계로 나누어져 있다.

(1) 내담자 평가 및 영화선호도 조사

내담자의 문제를 사전에 탐색하고 내담자의 상태를 다각도에서 평가하는 것은 어떤 치료적 개입에서든 치료의 성공을 위한 필수 요건 중 하나다. 영화치료도 예외가 아니다. 영화치료에서 영화의 선정은 반드시 내담자와 그 가족의 취미와 관심, 그리고 치료의 목적을 고려하여 이루어져야 한다. 헤슬리와 헤슬리(Hesley & Hesley, 2001)는 영화를 치료적 목적으로 사용하기 위해서 다음을 평가하도록 제안하고 있다.

- 치료의 목적과 문제 파악하기
- 내담자의 취미, 관심, 활동, 직업 등에서 강점 평가하기
- 영화의 내용을 이해하는 내담자의 능력, 캐릭터와 내담자 간의 유사점과 차이점 결정하기
- 문화, 민족, 사회경제적 지위, 성적 지향, 성별 등에서의 다양성 고려하기
- 평가에 기초하여 영화와 내담자 매치시키기

(2) 시행

일단 적정한 영화가 선택되고 나면, 치료자는 그것을 내담자에게 권한다. 그러나 치료자는 내담자에게 영화를 권하기 전에 반드시 먼저 영화를 보아야 하며, 내담자에게 영화를 봐야 하는 이유를 설명해 주고는

언제 어디서 누구(부부끼리? 아이끼리? 부모끼리? 전 가족이?)와 함께 영화를 봐야 할지 결정한다.

영화를 과제로 부여할 때, 치료자는 '제안'을 하기보다 반드시 '처방'을 해야 한다. 지시는 분명하게 내담자의 말로 전달되어야 하고, 왜 그 영화를 선정했는지 등 영화에 대한 간략한 소개가 곁들여져야 한다. 영화를 보는 횟수와 언제 영화치료를 처방할 것인가는 치료적 상황과 치료자의 치료 스타일에 따라 결정된다.

(3) 보고 및 논의

단순히 영화를 보기만 하는 것은 영화치료가 아니다. 내담자가 영화를 보고 난 후 가능한 한 빨리 치료 회기가 이루어져야 한다. 처음에는 영화에 대한 전반적인 감상에 대해 논의하고, 이후에는 캐릭터나 내담자와의 문제와 연관 지어 논의하여야 한다. 내담자의 보고와 함께, 영화치료의 논의에서는 다음과 같은 질문이 가장 일반적으로 사용된다(그러나 이들 질문은 확정적인 것이 아니며 내담자에게 맞게 변형되고 새로운 질문이 첨가되어야 한다.).

- 영화에 대한 전반적인 인상은 어떠했나?
- 자신의 문제와 연관된 듯 보이는 부분이 있었는가? (있다면 어떤 부분이었나?)
- 당신은 어떤 캐릭터를 좋아했나 혹은 싫어했나?
- 자신과 가장 닮은 캐릭터를 고른다면?
- 캐릭터의 생각/느낌은 무엇인 것 같은가?

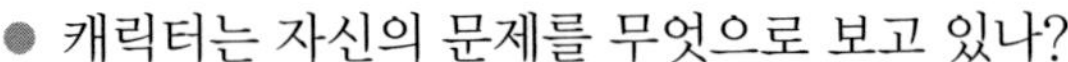

- 캐릭터는 자신의 문제를 무엇으로 보고 있나?
- 캐릭터는 자신의 문제를 어떻게 해결하나?
- 주인공과 다른 등장인물 간의 관계는?
- 그들은 왜 그런 관계가 되었을까?
- 그들은 과거에 어떤 일이 있었던 것 같은가?
- 영화를 보고 나서 떠오르는 자신의 느낌이나 기억이 있다면 무엇인가?
- 만약 그들이 당신의 삶을 영화화한다면 어떤 제목을 붙였을까?
- 만약 당신이 스크린 속으로 들어가 주인공이 된다면 어떤 역할을 맡고 싶은가?
- 만약 당신이 스크린 속으로 들어가 문제를 해결한다면 어떻게 하겠는가?
- 가장 강렬한 인상을 받았던 장면이나 대사는?
- 이 영화에 자신만의 새로운 제목을 붙인다면?
- 영화 속에서 가 보고 싶은 곳이 있는가?
- 영화감독이 되어 영화의 결말이나 인물을 수정할 수 있다면 어떻게 바꾸겠는가?
- 영화 속의 주인공이나 당신이 선택한 사람과 비슷한 인물이 이 집단에 있는가?
- 있다면 그 사람을 통해 주인공이나 당신이 선택한 사람에게 말을 한다고 상상해 보라. 만약 그들이 말할 수 있다면 무엇이라고 말할 것 같은가?

영화치료에서는 영화의 메타포를 이용할 수 있는 심리적 탐색과 함께 내담자들이 느끼고 생각하고 행동을 달리하는 데 도움을 줄 수 있는 정보를 영화 속에서 어떻게 얻었는지가 충분히 논의되어야 한다.

3. 영화목록에서 치료를 위한 영화 선정 및 영화목록 확인하기

영화치료자라면 치료적으로 유용한 영화목록을 작성해 두고, 자주 활용하는 비디오테이프, VCD, DVD 등의 자료를 소장하고 있는 것이 좋다. 그리고 극장에서 최근 상영되는 영화에 대해서도 관심을 갖고 정보를 수집할 필요가 있다. 말하자면 영화치료에 적합한 영화를 고르기 위해 다양한 장르의 영화를 관람하는 데 기꺼이 시간을 투자해야 한다.

모든 내담자를 만족시키는 기적 같은 영화는 없다. 그러나 영화치료자는 각각의 임상적 이슈들을 다루는 데 적합한 몇몇 영화를 미리 알아보는 것이 중요하다. 너무나 많은 영화 중에서 개별 내담자에게 맞는 영화를 선택하는 것은 쉽지 않은 일이다. 영화를 선택할 때 기본적으로 고려해야 할 사항을 살펴보면 다음과 같다.

1) 극장보다는 DVD를 활용하라

치유적인 목적으로 영화를 볼 때는 극장에서의 영화 관람보다는 집에서 DVD를 시청하는 것이 효과적일 수 있다. DVD로 보면 통찰을 얻을 수 있는 특정 장면에서 화면을 멈추고 노트에 기록하거나 파트너와 논의할 수 있다. 또한 여러 영화를 추천할 때 비용 측면에서도 DVD가 효과적이다.

2) 목록 안에 들어 있는 영화를 모두 보라

영화를 상담 중 과제로 부여할 때 치료자는 내담자 개개인의 상황을 고려한다. 그리고 그 영화는 적어도 두 번 이상 본 것이어야 한다. 첫 번째는 오락적 관점에서 관람하고, 두 번째는 치료적 관점에서 본 것이어야 한다. 일단 비디오테이프나 DVD를 구입하기 전에 영화를 먼저 보는 것이 좋다.

3) 내담자들이 끌리거나, 전혀 본 적이 없는 영화를 선택하라

영화에 대한 개인적인 취향은 참으로 다양하기 마련이다. 그러므로 치료자는 내담자가 선호하는 영화들을 가지고 작업하는 것이 치료에 효과가 있을 것이다. 내담자들이 치료자가 선호하지 않는 영화들을 선호할 수도 있는데, 이 경우 내담자의 영화적 기호를 존중해 주는 것이 중요하다. 치료자들이 훌륭한 작품이라고 여기는 영화들이 매우 유용한 통찰을 제공할 수 있지만, 어떤 내담자들에게는 적절하지 않을 수도 있기 때문이다. 물론 치료자가 권유하는 영화를 볼 수 있겠지만, 그럴 경우 내담자들은 종종 열정이 줄어들고 추후 논의에서 활기가 없을 수도 있다.

내담자들이 즐기는 영화를 선정하기 위해서는 우선 그들이 즐기는 영화가 무엇인지 질문하는 것으로 시작할 수 있다. 영화매체에 대한 선호도(영화 자체를 좋아하는지), 일주일 동안의 영화 관람 횟수, 특정 장르의 선호도, 내 인생의 영화나 반복 관람한 영화가 있는지를 물어본다.

가끔 내담자들은 치료자가 전혀 좋아하지 않는 영화를 좋아하기도 한다. 그럴 경우 어떻게 해야 하는가? 예를 들면, 헤슬리는 한 16세 소년과 영화치료를 했는데 소년이 가장 좋아하고 많이 본 영화는 날카로운 손톱 달린 괴물 프레디 크루거가 나온 〈나이트메어A Nightmare〉 시리즈였다. 헤슬리는 이 영화들을 본 적이 없었지만 소년에게 가장 좋아하는 등장인물이 누구인지 물어보았다.

내담자: 전 프레디 크루거가 좋아요. 그는 사람들 머릿속으로 들어가서는 그들이 생각하는 것을 알 수 있거든요. 전 제가 그렇게 할 수 있었으면 좋겠어요. 만약 제가 그럴 수 있다면 더 좋다는 거예요. 전 사람들이 뭔가를 원한다고 생각하는 것을 폭로해서 말썽을 일으키기도 해요. 그렇지 않으면 제가 말하는 것이 사람들을 당황하게 할 거라는 것을 잘 모르고 마구 공격하든가.

치료자: 특히 어떤 사람들에게 그렇죠?

내담자: 거의 엄마한테요. 만약 제가 엄마에 대해 모른다고 생각하는 것을 이야기하면 엄마는 크게 당황하고는 제게서 달아나겠죠. 제가 만약 프레디 크루거처럼 할 수 있다면요.

내담자의 영화에 대한 선호를 진지하게 수용함으로써, 헤슬리는 이 소년의 문제와 가치관으로부터 어떤 통찰을 얻게 되었다. 그것은 소년에게 어머니에 대한 적개심이나 어떤 권위와 권능에 대한 갈망이 있다는 것이다. 영화치료자가 내담자에게 공포 영화를 선정해 주는 일은 드물지만, 내담자가 봤던 영화들은 어떤 것도 치료에 응용할 수 있다.

4) 효과적인 역할 모델이 나오는 영화를 선택하라

역할 모델은 사실상 매력도, 전문성, 진솔함 등 여러 측면을 보여 줄 수 있다. 또한 어떤 측면— 예를 들어, 가족 배경, 생활 경험, 직업, 생활 양식, 그들이 직면한 갈등 등 — 에서는 우리와 유사해야 한다. 역할 모델이 내담자에게 적합한지 그렇지 않은지는 내담자들이 그 캐릭터가 과거에 해 왔던 것이나 지금 하고 있는 것 또는 미래에 할 것에 대해 자신들을 투사시킬 수 있는가에 달려 있다.

(1) 역할 모델 선택하기

내담자를 위한 역할 모델을 선택하는 한 가지 방법은 어떤 이상적인 멘토mentor를 개념화하고 난 다음 그러한 캐릭터를 특징으로 하는 영화를 선택하는 것이다. 예를 들어, 실직 상태에 처한 가장이나 청년실업 상태에 놓인 이들에게, 아내가 떠난 후 아들과 함께 노숙자의 삶을 살지만 자신이 원하는 주식 중개인의 꿈을 향해 성실히 노력하는 〈행복을 찾아서 The Pursuit of Happyness〉(2006)의 주인공 크리스 가드너를 역할 모델로 제시할 수 있다.

우리는 내담자들과 유사한 문제에 대해 고민하고 극복해 나가려는 역할 모델이 등장하는 영화를 추천하면서 역할 모델의 경험을 통해 내담자들이 무언가 배울 수 있으리라 믿는다. 우리는 모두 실수를 하지만 항상 그로부터 배움을 얻게 된다. 그러므로 내담자들은 영화에서의 역할 모델을 통해 교훈을 얻을 수 있다.

(2) 바람직하지 않은 영향에 대해서 안내하기

내담자들은 어떤 허구적인 역할 모델의 긍정적인 특성뿐만 아니라 부정적인 특성에 의해서도 영향을 받을 수 있다. 따라서 영화치료자는 역할 모델로부터 배울 필요가 없는 것에 대해 미리 알려 주어 내담자들의 부적절한 동일시를 예방해야 한다. 또한 치료자는 내담자와 영화 캐릭터 사이의 차이점을 분명히 하고, 영화 캐릭터가 내담자의 세계에서도 변함없이 성공할 수 있는 것은 아니라는 점도 알려 줄 필요가 있다.

5) 치료적 이슈에 맞게 영화 내용을 연결시켜라

영화 속 주인공이 나이나 사회경제적 배경, 교육 정도, 가치관 등에서 내담자와 밀접할수록 내담자는 영화를 보다 더 친밀하게 받아들인다. 영화는 가능한 한 많은 방식으로 내담자를 반영하고 있는 것이 좋다. 또 그러한 캐릭터와 내담자를 연결시켜 주는 것이 치료자의 몫이다.

(1) 친숙한 생활양식

치료자는 내담자의 생활양식에 부합할 수 있는 특성이 드러나는 영화를 선정하는 것이 좋다. 예를 들어, 내담자가 공인회계사 배우자를 두고 있는 아주 보수적인 변호사라면 〈해리가 샐리를 만났을 때When Harry Met Sally〉(1989)에서의 어리고 변덕스러운 커플보다는 〈브리지 부부Mr. and Mrs. Bridge〉(1990)에서의 중산층 커플에게 보다 쉽게 동일시할 것이다. 그러나 대학원 커플이라면 전자의 영화가 더 적합할 것이다. 청소년의 경우라면 동일한 사회집단, 비슷한 옷차림의 또래와의 관계를 반영하는 영화들이 훨씬 더 치료에 성공적일 것이다.

(2) 보편적인 가치 고려하기

때때로 영화와 내담자들 간에 공유된 가치는 인구통계학적인 가치보다 훨씬 더 결정적일 수 있다. 영화 제작자의 윤리 기준이 내담자와 정확히 맞아떨어질 필요는 없지만 그것이 심각한 도덕적인 이의를 야기하지 않도록 주의를 기울일 필요가 있다. 치료자가 내담자들의 가치관을 고려하지 않고 자신의 가치관을 반영하는 영화를 배정할 경우 부적절한 매치가 이루어질 수도 있다. 이런 경우를 대비해 영화를 배정하기 전에 잠정적으로 불유쾌한 측면들(거친 언어, 혼외정사 등의 성적인 장면, 지나친 폭력 등)은 내담자와 논의하는 것이 중요하다.

필자는 분노에 대한 감정을 불러일으키는 영화를 선정하기 위해 집단상담에 한국 영화 〈추격자〉(2008)를 배정한 적이 있었다. 막상 영화를 보고 나자 여성 집단원들 중 일부가 분노보다는 두려움을 느꼈으며 영화 속의 비속어와 여성을 잔혹하게 살해하는 사이코패스 주인공 때문에 기분이 나빴다고 토로했다. 이 경우 사전에 그 장면에 관한 정보를 주고 영화를 볼지 선택할 기회를 주었다면 문제를 피할 수 있었을 것이다. 그럼에도 여전히 특정 내담자나 집단이 〈추격자〉를 보고 싶어 하지 않는다면 다른 대안을 제시한다.

(3) 내담자의 현재 문제에 초점 맞추기

영화는 다양한 문제에 영향을 끼치는 매체다. 예를 들어, 〈남자가 사랑할 때When a Man Loves a Woman〉(1994)는 알코올중독에 관한 것이지만 알코올과 관련해서 문제가 전혀 없는 커플에게도 추천할 수 있다. 왜냐하면 이 영화가 아내의 의존성, 성역할 고정관념, 가족 간의 역기능적 의사소통과 같은 대인관계에서 발생하는 어려움을 효과적으로 그리고 있기 때문이다. 이처럼 영화는 다양한 이슈를 포함하고 있으므로 치료에서 논의될 수 있는 내담자의 이슈가 무엇인지, 가장 도움이 되는 주제가 무엇인지를 개념화하고 영화를 배정해 주어야 한다.

6) 등장인물이 문제를 해결하는 것을 부각시켜라

영화는 문제를 해결하기 위한 이상적인 은유를 내포하고 있다. 영화 속 등장인물은 위기를 겪고, 문제 해결을 위한 많은 시도가 여러 번 좌절되지만 마침내 해결책을 찾아낸다. 비록 내담자들의 삶에 적용할 수 있는 정확한 해결책이 되지는 못하더라도, 그러한 것들은 문제 해결을 위한 새로운 접근에 대해 은유적으로 시사할 수도 있다.

40대 초반의 한 여성 내담자가 막 재혼하여 두 명의 자기 아이와 한 명의 남편 아이와 함께 새로운 혼합가족을 이루는 데 어려움을 겪고 있다고 하자. 이 경우 영화 〈아름다운 비행Fly Away Home〉(1996)을 배정한다면 관람 시 슬프고 화난 아이들을 다루려고 노력하는 어른들의 좌절에 초점을 맞추기보다 그들이 했던 유용한 일들(아이가 이야기하고 싶을 때 경청하기, 아이의 양가감정 수용하기, 아이가 안전하고 허용적인 환경에서 표현할 수 있는 기회

주기 등)에 초점을 맞출 수 있다.

7) 강력한 간접 효과를 활용하라

영화치료에서 간접 효과란 영화의 중요한 주제에 의존하는 것이 아니라 영화의 어떤 작은 측면으로부터 내담자가 얻게 되는 심리적 효과를 말한다. 영화가 의도한 것이 아니더라도, 그런 효과는 내담자의 심리적인 측면 때문에 영화를 본 후에도 오래도록 지속될 수 있다. 간접 효과는 저항이 강하지 않기 때문에 의외로 직접적인 교훈보다 더 강력하게 작용할 수 있다. 치료자는 내담자에게 어필할 수 있거나 혹은 내담자가 논의했던 목표들을 위한 실마리를 제공할 수 있는 영화에서의 특정 이미지, 음향, 색채, 조명 등에 주목하게 하여 간접 효과를 활용할 수 있다.

8) 질문을 던지고 영감을 주는 영화를 선택하라

우리는 때때로 영화를 선택할 때 그 영화가 역할 모델이 될 만한 캐릭터를 포함하고 있거나 내담자들의 문제와 유사한 주제를 다루고 있기 때문이 아니라 영화 전체가 치유 경험을 제공하기 때문에 선택하기도 한다. 이러한 점에서 영화는 스트레스를 줄이거나 우울한 기분을 경감시키기 위해 사용되는 음악과 유사하다. 이런 영화를 보는 것은 더 나은 기분과 우주와 연결된 느낌, 새로운 희망 등을 불러일으킨다. 이미 많은 사람들이 치료자와 함께 혹은 치료자 없이도 이런 방식으로 영화를 이용해왔을 것이다.

특정 주제를 주인공의 입을 빌려 교훈적으로 설교하거나 몇 마디의 대사로 압축해서 전달하는 영화는 오히려 내담자의 반발을 살 수 있다. 영화치료에 있어 가장 좋은 영화는 인생의 어떤 문제에 대한 질문을 던지는 영화다.

치유적인 영화의 경우 특정한 상호작용에 대한 논의를 제공하는 것보다 영화가 촉진하는 치유적인 분위기에 초점을 맞추는 것이 좋다. 주의할 점은 어떤 사람에게는 격려가 되고 치유가 되는 영화가 어떤 사람에게는 단지 감상적인 영화일 수 있다는 것이다. 기분전환을 제공하는 최고의 경험 법칙은 치료자들이 자신들에게 그러한 기분을 촉진해 준 영화를 내담자에게 추천하는 것이다. 흥미롭게도 치료자들이 어떤 영화를 통해 고무적인 느낌을 받으면 내담자들도 그 영화를 통해 종종 그렇게 느낀다. 기분전환은 내담자에 대한 치료자의 영화 처방과 함께 시작된다.

9) 진행 중인 상담의 분위기에 맞는 영화를 골라라

슬픈 영화는 상담의 분위기를 무겁게 하고 좀 더 진지하고 엄숙한 분위기를 만든다. 눈물을 자극하는 영화는 감정의 정화에 신속하게 작용할 수 있다. 웃음을 주는 영화는 심각한 분위기를 일거에 가볍게 만들고, 내담자의 의식에 주의를 모아 현실로 돌아오기 쉽게 만든다. 지금 상담은 어떤 국면으로 진입하고 있는가? 상담의 분위기나 내담자의 정서에 맞추기 위해 어떤 영화를 선택해야 하는가?

10) 영화에 대한 프로가 필요한 것은 아니다

영화치료자는 영화를 활용해 심리치료와 상담을 하는 것일 뿐, 영화비

평가가 되어야 하는 것은 아니다. 영화치료에서 영화를 사용하는 목적은 치료를 촉진시키기 위함이지 영화를 분석하기 위함이 아니기 때문이다.

그럼에도 치료자가 내담자들을 위해 영화치료를 할 때 치료자에게 기본적이고 절대적인 필요조건이 있다. 그것은 치료자가 진심으로 영화를 즐겨야 한다는 것이다.

〈표 2-2〉 영화목록 배정 및 평가하기

1. 내담자들이 이미 본 영화부터 시작하라. 내담자들에게 그들이 좋아하는 영화에 대해서 이야기하게 하고 경청하라.
2. 첫 번째 영화 배정에서는 내담자들이 설명하는 영화와 유사한 영화를 선정하라.
3. 뉘앙스에 민감하라. 어떤 분위기로 상담을 이끌 것인가? 예컨대, 내담자가 코미디물을 보고 망신스러워하지는 않는가?
4. 내담자가 역할 동일시를 잘못할 우려가 있는 영화를 배정할 때는 그 의도를 분명히 하라.
5. 내담자에게 배정된 영화가 너무 싫다면 중간에 관람을 그만둘 수 있다고 말하라.
6. 가능하다면 내담자가 영화를 제안하도록 하라.

4. 영화수첩 만들기

영화치료는 현실과 상상력이 결합되어 영화치료자와 내담자를 자극한다. 치료자는 영화의 내용이 내담자의 상황과 유사하거나 상담에서 풍부한 이야기를 끄집어낼 수 있는 영화를 선택하고 그러한 요소를 봐야 한다. 내담자들은 영화를 볼 때 영화 속 등장인물과 내적인 대화를 한다. 그들은 자신의 관계 형성과 관련하여 반추해 보게 되는데, 자신들의 문제를 해결하기 위해 취할 수 있는 행동에 관해 생각하면서 어떤 통찰이 이루어진다.

그러나 영화의 내용은 제아무리 머리가 좋은 사람일지라도 오랜 시간이 지나면 잊히기 마련이다. 따라서 영화치료자는 영화 관람에서 이루어지는 내적인 통찰과 질문을 영화수첩을 만들어 기록해야 할 필요가 있다. 마치 늘 참조할 수 있는 내용을 담은 간편한 수첩처럼, 영화수첩은 후에 영화치료에서 치유적 영화를 선택하거나 영화치료 계획을 수립하는 데 아주 유용한 자원이 될 것이다(영화수첩은 한국영상응용연구소에서 구입가능-02-6402-4255).

적어도 영화치료자는 영화에 대한 구체적인 정보를 입수하여 영화수첩에 기록하고, 상담에서 적용 가능한 영화치료 대상, 내담자에게 제시해야 할 중요 질문, 전개할 활동이나 과제 등을 생각하면서 영화수첩을 작성해야 한다.

1) 영화수첩 만들 때 주의사항

- 원한다면 기록해 가며 영화를 본다.
- 통찰이 이루어지면 영화 관람을 중단한다. 그 영화가 당신의 상황과 어떻게 들어맞는지에 관해 생각해 본다.
- 중요한 장면은 반복해서 본다.
- 당신의 파트너와 영화를 보게 된다면 끝나고 나서 중요한 부분을 논의하기 위해 잠깐 멈추고 그 장면을 적어 넣는다.
- 당신이 좋아하는 인물뿐 아니라 싫어하는 인물에게도 주목한다. 그리고 그 이유에 관해 적어 둔다.

● 영화가 끝나면 치료에서 논하고 싶은 주요 요점을 기록해 둔다.

2) 영화수첩 작성 시 세부사항: 한국영상응용연구소KIFA 버전

(1) 주어진 틀을 사용하여 내용을 정리한다.

(2) 다음 내용을 3페이지 안에 요약한다.

- 영화제목
- 평가
- 관람 목표
- 영화 정보
- 영화 감상 및 관람의 주안점
- 상담 대상층
- 질문
- 상담 후 연계 활동
- 과제

(3) 글자체와 크기를 통일한다.

왼쪽 주어진 제목: 한컴돋움체 13pt(진하게)

오른쪽 내용: 바탕 9pt(연하게)

단, 영화제목: 한글 제목은 맑은고딕체, 13pt(진하게)

원제목은 ( )에 넣고 맑은 고딕체 11pt

원제목 옆에 제작 연도 넣어 주기

예 키드(Kid, 2003)

(4) 평가란에 한컴돋움체 9pt 하트 모양으로 접근성, 보편성, 치유

성을 표시한다.

예 〈에브리바디 페이머스Everybody Famous!〉(2000)

- 접근성(♥♥♥♡♡) – 영화의 난이도: 영화 관람하기가 얼마나 쉬운지.
- 보편성(♥♥♡♡♡) – 영화의 친밀도: 영화가 얼마나 내 이야기처럼 느껴지는지.
- 치유성(♥♥♥♡♡) – 영화의 지시적 · 연상적 · 정화적 접근 중 하나라도 유용한지.

(5) 관람 목표는 간결한 심리학적 용어로 바꿔 준다.

예 〈키드 Disney' s The Kid〉(2000)

나를 찾아 떠나는 여행은 어떤 모습일까? 어린 시절 상처를 안고 앞만 보고 달려온 어른에게 느닷없이 나타난 어린 시절의 나. 그와 함께 나를 찾아 여행을 떠나 보자.

- 과거, 현재, 미래의 자아 발견 및 이해
- 내면아이 치유

(6) 영화 정보

모든 정보는 한 줄을 넘기지 않는다.

다음의 순으로 작성한다.

1. 제작국(3개국 이하), 제작 연도(개봉일 아님), 장르
2. 상영시간
3. 감독
4. 주연배우는 이름만 써 준다. (한 줄 이내) 배역은 쓰지 말 것

5. 등급

6. 줄거리는 5줄 이내로 축약한다.

7. 줄 간격은 무조건 160, 위아래 한 칸씩 띌 것

예 〈키드〉

1. 제작국: 미국(2000), 코미디

2. 상영시간: 104분

3. 감독: 존 터틀타웁

4. 주연: 브루스 윌리스, 스펜서 브레슬린, 에밀리 모티머

5. 등급: 전체 관람가

6. 줄거리: 이미지 컨설턴트로 성공한 러스는 타인과 인간적인 교류에는 관심 없이 오직 성공만을 추구하면서 살아간다. 어느 날 어린 시절의 빨간 비행기와 여덟 살짜리 모습의 자신이 나타난다. 기억하고 싶지 않고 보고 싶지 않은 자신의 어린 시절과 과거를 생각하게 되고, 성인이 된 자신의 도움으로 어린 시절의 상처를 치유할 기회를 갖게 된다. 잃어버렸던 꿈을 기억해 내고 마흔 살이 된 현재로부터 새로운 삶을 살게 된다. '나는 패배자가 아니다.' 라고 소리치면서…….

(7) 영화 감상 및 주안점은 다음의 순서로 작성한다.

1. 영화 전체 감상 시 주의점

• 주의점이 없을 시에는 주의점이 없다고 쓴다.

2. 편집 시 꼭 들어가야 할 장면

- 10개 이하의 장면으로 구성

3. 상징이나 메타포 4~5개 정도(간단한 설명 필요)
4. 상담 시 내담자와 이야기해 볼 만한 대사
   - 역할 및 대사를 써 줄 것, 영화 속 대사 그대로 써 줄 것

     예 러스 "난 무언가를 잃어버렸어. 나한테 있어서 무언가를 잃은 거지."
     "그리고 어쩐지 내가 그걸 기억해 내면 널 돌려보낼 수 있을 것 같아."
5. 주요 인물의 성격과 추천할 만한 문제해결 방법
   - 주요 인물을 모두 거론한다. 이름(역할)을 병기한다. 주인공의 성격과 본인이 생각하는 문제해결 방법을 가급적 성격 심리학적 용어로 압축해서 서술한다.

     예 〈로맨틱 홀리데이The Holiday〉(2006)
     - 아만다: 모든 일에 자신감, 전문직 여성으로 자기주장이 강함, 워커홀릭, 그러나 친밀감 형성 어려움, 감정적 억압(눈물을 흘리지 못함)과 주지화 방어기제, 타인과 관계 맺는 새롭고 긍정적인 방식, 학습 연습, 자기 내려놓기, 타인 이해하기 연습 필요

     예 〈마빈의 방Marvin's Room〉(1996)
     - 리(엄마): 자녀들에게 통제적, 이중 구속double binding 심함, 지나치게 권위적이고 자신이 아이들을 통제한다는 것을 직면하기 어려워함, 언니인 베시가 아이들을 잘 다루는

것에 질투심과 자매간 경쟁심sibling rivalry 느낌: 자신의 약점을 아이들에게 보여 주기, 통제 포기하기, 감정 코칭 배우기, 아버지를 돌봐 준 언니에게 감사 표현하기

6. 지시적 방법을 쓸 경우 모델링이 될 만한 장면

장면을 비교적 상세히 적어 둔다. 3~4개 정도

예 〈로맨틱 홀리데이〉

- 홈 익스체인지 광고문을 인터넷에 올리는 장면: 아만다와 아이리스가 상대 남자에게 배신감을 경험할 때 반응하는 장면
- 첫 데이트에서 긴장하여 경직된 아만다를 편하게 만들어 주는 그레이엄의 위로
- 변심한 애인을 당당하게 집에서 쫓아내는 아이리스의 분노 표현
- 이별 직후, 뜨겁게 울며 그레이엄에게 돌아가 포옹하는 아만다의 슬픔 표현

(8) 상담 대상층을 결정하여 적는다.

(9) 질문: 상담 시 사용하고 싶은 질문을 / 가장 중요한 질문부터 / 비교적 상세히 / 10개 내외로 / 정말 내담자에게 질문하는 어투로 / 주인공의 이름을 / 써 준다.

예 〈마빈의 방〉

- 베시는 아버지와 고모를 어떻게 생각하는가?
- 아버지와 고모에게 베시는 어떤 존재인가?

- 엄마에게 행크는 어떤 존재인가?
- 엄마는 아이들을 교육하기 위해 아이들을 어떻게 대하는가?
- 리 같은 엄마가 나의 엄마라면 자식으로서 내 마음은 어떨 것 같은가?
- 행크는 불을 내고 감호소에서 반항하고 협조적이지 않다. 이모를 처음 만났을 때, 고모할머니를 만났을 때의 태도는 공손하고 순종적이다. 행크는 어떤 사람이라고 생각되는가?
- 행크가 이모에게 마음을 열게 된 이유는 어떤 점 때문인가?
- 엄마와 이모의 다른 점은 어떤 것들인가?
- 이모는 병원에서 행크에게 왜 화를 냈을까?
- 영화 제목이 마빈의 방입니다. 마빈은 누구인가요?
- 영화 속 가발의 의미는 무엇입니까? 두 자매 모두는 가발을 쓰고 있는데요. 여러분은 대인관계에서 어떤 가발이나 가면을 쓰는 것 같습니까?
- 행크가 엄마에게 정말 바라는 것은 뭐였습니까? 그는 왜 그것을 직접 표현하지 못합니까?
- 리(엄마)가 자신의 분노를 삭이는 방식에 대해 생각해 봅시다. 리는 왜 아이들을 그토록 강하게 통제하려는 것일까요?
- 베시는 어떤 방법으로 행크를 감화시킬 수 있었을까요?
- 베시는 어떤 대화방식을 사용합니까?
- 베시는 죽음이 두려워 커피를 마시지 않습니다. 여러분도 비슷한 방식으로 두려움에 대처한 적이 있나요?

- 리는 왜 급하게 짐을 챙겨 집을 떠나려 했을까요?
- 나는 영화 속의 누구와 가장 비슷합니까? 어떤 대화방식(경고형, 위협형, 설교형, 칭찬형 등)을 사용합니까?

(10) 상담 후 연계 활동

영화치료의 여러 가지 기술 내에서 연계 활동을 찾을 것

집단상담이나 기타 상담기술 내에서 연계 활동을 찾을 것

질문하기와 연계 활동을 혼동하지 말 것

예 〈키드〉

1. 어린 시절 집 그려 보기
   –당신이 살았던 집을 그려 보고 가장 의미 있는 장소는 어떤 곳이었는지 기억해 봅시다.
   –가장 의미 있는 장소는 어떤 곳이었나요? 치료자와 다른 내담자와 토의해 봅니다.
2. 당신의 부모님은 어떤 분이셨나요?
   어린 시절 당신에게 부모님은 어떤 모습으로 기억되나요?
   질문하기임(연계 활동이 아님)
3. 당신 부모에게 당신은 어떤 자녀였나요?
   역시 브리징 멘트(연계 활동이 아님)
   – 오히려 가계도 그리기, 내면아이 치유, 부모님에게 편지 쓰기, 빈 의자 기법으로 부모님과 대화하기 등이 연계 활동이 될 수 있음

(11) 과제: 간단하게, 그러나 심리학적 용어로 서술해 준다.

예 〈마빈의 방〉

하던 일을 멈추고 상대방의 말 들어주기

–필요하다면 하던 일을 멈추고 경청해 주기, 메타 메시지 이해하려고 노력하기

3) 영화수첩 모범안 사례: 〈바그다드 까페 Bagdad Cafe〉(1988)

영화 〈바그다드 카페〉는 미국 라스베이거스 사막을 중심으로, 우연히 바그다드 카페에 들른 독일 여성과 미국 여성의 우정과 연대를 다룬 여성주의 영화 중 하나다. 여기에서는 여성주의 상담 및 대표적인 힐링 시네마로 손꼽히는 〈바그다드 카페〉를 통해 영화수첩의 모범 사례를 제시한다.

다음의 모범안을 자세히 살펴보면서 앞의 영화수첩 작성 시 세부사항이 구체적으로 어떻게 구현되는지 살펴보자.

1. 제작국: 독일 · 미국(1988), 드라마
2. 상영시간: 91분
3. 감독: 퍼시 애들론
4. 주연: 마리안느 제게브레히트, CCH 파운더, 잭 팰런스
5. 등급: 15세 관람가
6. 줄거리: 미국 라스베이거스 부근의 황무지에 있는 허름한 카페 겸 모텔 바그다

드. 여행 중에 남편과 다투고 헤어진 독일 여인 재스민이 혼자서 이곳을 찾아온다. 카페 여주인 브렌다는 재스민을 공연히 의심하며 자신을 떠나간 남편과 아이들 뒤치다꺼리에 지친 화풀이를 그녀에게 한다. 재스민도 흑인이라는 이유로 브렌다를 우습게 여긴다. 뚱뚱한 독일인과 신경질적인 미국인인 두 중년 여성에게 마법 같은 일이 일어나는데…….

영화 제목	바그다드 카페(Bagdad Cafe, 1988)	평가	1. 접근성♥♥♥♡♡ 2. 보편성♥♥♥♡♡ 3. 치유성♥♥♥♥♡
관람 목표	• 타인에 대한 편견 극복하기 • 타인의 장점 인정하고 공존하기 • 소통의 다양한 방법 모색하기		
영화 정보	1. 제작국: 독일 · 미국(1988), 드라마 2. 상영시간: 91분 3. 감독: 퍼시 애들론 4. 주연: 마리안느 제게브레히트, CCH 파운더, 잭 팰런스 5. 등급: 15세 관람가 6. 줄거리: 미국 라스베이거스 부근의 황무지에 있는 허름한 카페 겸 모텔 바그다드. 여행 중에 남편과 다투고 헤어진 독일 여인 재스민이 혼자서 이곳을 찾아온다. 카페 여주인 브렌다는 재스민을 공연히 의심하며 자신을 떠나간 남편과 아이들 뒤치다꺼리에 지친 화풀이를 그녀에게 한다. 재스민도 흑인이라는 이유로 브렌다를 우습게 여긴다. 뚱뚱한 독일인과 신경질적인 미국인인 두 중년 여성에게 마법 같은 일이 일어나는데…….		
영화 감상 및 메모 관람의 주안점	1. 영화 전체 감상 시 주의점 –판타지의 요소가 있으므로 현실감이 부족한 내담자에게는 조심스럽게 적용할 것 –영화 후반부에 반복되고 점증하는 관계의 묘사가 지루할 수 있음 2. 편집 시 꼭 들어가야 할 장면 –남편과 여행하다가 다투고 헤어지는 재스민 –남편과 자식에게 화를 내다가 혼자 눈물 흘리는 브렌다 –브렌다와 재스민의 첫 만남, 서로를 별로 좋아하지 않는 두 여인 –재스민을 보안관에게 신고하는 브렌다		

영화 감상 및 메모 관람의 주안점	–즐겁게 대청소하는 재스민, 크게 화내지만 속으로 만족하는 브렌다 –카페에 온 재스민을 따돌리는 브렌다, 속상해하는 재스민 –브렌다 아들의 피아노 연주를 경청하는 재스민 –재스민의 방에 자녀를 데리러 왔다가 사과하는 브렌다 –재스민을 카페의 가족으로 받아들이는 브렌다 –다시 독일로 돌아갔던 재스민이 돌아오고 두 여성이 서로 포옹하는 장면 –브렌다와 재스민, 온 가족의 마술쇼 3. 영화치료에 사용할 만한 상징이나 메타포는? –사막: 재스민과 브렌다의 황폐하고 건조한 일상 –마술: 삶의 여유와 행복, 삶에서 마법처럼 달라지길 원하는 부분 –로젠하임 보온병: 평범하고 하찮게 보이지만 변화를 시작할 수 있는 자원 –전반적인 영화의 색감: 노랗게 곪았지만 희망과 변화의 가능성을 내포하는 따뜻한 색 –바그다드 카페: 구성원에 따라, 상황에 따라 삭막할 수도 풍요로울 수도 있는 일상 4. 주제를 담은 대사는? –재스민이 마술을 부릴 때마다 하는 말 "매직!": 삶에는 마법이 필요하다는 감독의 주제가 집약된 대사 –영화 마지막 노래 가사 중, "난 한 번도 못 가져 본 걸 원해. 내 인생에 길이 남는 것!" 5. 주요 인물의 성격과 추천할 만한 문제해결 방법 –재스민: 감정이 풍부하고 상상력이 뛰어나다. 남편과의 관계에서 어려움을 겪고 자신의 외모에 대한 콤플렉스가 있는 편이다. 타인의 애정과 관심에 의존하는 경향이 있지만, 타인에 대한 공감 능력과 직관력이 뛰어나며 다양한 소통의 방법으로 바그다드 카페를 바꾸어 놓는다. –브렌다: 의심과 분노가 많고 강인해 보이지만 내면은 여리다. 가족에 대한 책임감을 지나치게 의식하고 감정을 적절하게 통제하지 못하며, 긍정적인 소통의 경험이 부족하다. 6. 지시적 방법을 쓸 경우 모델링이 될 만한 장면 –브렌다 아들의 피아노 연주를 경청하는 재스민 –카페로 들어온 재스민에게 정중하고 따뜻하게 인사하는 브렌다
대상층	1. 타인과 소통하기를 두려워하는 내담자 2. 자신감이 부족하고 의심과 분노가 많은 내담자 3. 가족 해체 상황에서 해결 방안을 모색하는 내담자 4. 자아를 찾기 원하는 중년 여성
질 문	• 바그다드 카페는 브렌다와 재스민의 공간입니다. 때로는 삭막하고 때로는 따뜻한. 여러분의 생활공간에도 이름을 붙여 봅시다. 어떻게 부르고 싶은가요? • 재스민이 말합니다. "매직!" 만약 여러분의 인생에서 마법 같은 일이 일어난다면 무엇이 어떻게 달라지기를 원하나요?

질 문	• 재스민의 보온병과 대청소는 바그다드 카페를 서서히 변화시킵니다. 평범하고 하찮아 보여도 변화를 시작할 수 있는 자원이지요. 사소해 보이지만 중요한 여러분의 자원은 무엇인가요? • 재스민은 손님이었지만 서서히 브렌다의 가족이 됩니다. 옷을 나누고 피아노 연주를 들어 주면서. 여러분은 타인과 친밀해지기 위해서 어떻게 하나요? • 흑인, 뚱뚱하고 차 없는 중년 여성처럼 내가 무조건 싫어하거나 경계하는 유형의 사람이 있나요? 그런 마음을 갖게 된 계기는 무엇이었나요? • 재스민은 브렌다가 좋아할 줄 알고 대청소를 하는데, 브렌다는 불같이 화를 냅니다. 왜 그랬을까요? 여러분은 다시 한 번 기회가 된다면 어떻게 표현하고 싶나요? • 브렌다가 남편에게 정말로 하고 싶은 말은 무엇이었을까요? • 브렌다 남편이 멀리서 브렌다를 망원경으로 관찰하는 것은 무엇 때문일까요?
상담 후 연계 활동	1. 상상화 그린 후 대화하기: 내 인생에서 일어나기 원하는 마법 같은 변화를 그림으로 그려 봅시다. 그림을 그린 후 옆 사람과 이야기합니다. 그림을 그리며 옆 사람과 대화하면서 여러분의 마음에 떠오른 감정과 생각들을 이야기해 봅시다. 2. 긍정적 자원의 목록 만들기: 내가 가진 능력과 가능성을 생각해 봅시다. 평범하고 하찮아 보여도 괜찮습니다. 타인과 더불어 행복하게 살기 위해 내가 가진 긍정적 자원을 적어 봅시다. 3. 역할 바꾸기 게임: 내가 싫어하거나 경계하는 유형의 사람이 되어 봅시다. 내가 그들이 되어 세상 사람들과 소통하는 연습을 해 봅시다. 4. 재연놀이: 내가 가족에게 화내는 장면을 재연해 보고, 옆 사람에게 피드백을 들어 봅시다. 혹시 더 나은 표현방법은 없을까요? 옆 사람과 같이 연습해 봅시다.
과 제	• 가족에게 자신의 감정표현 패턴에 대해 인터뷰하기 • 가까운 이들을 따뜻한 시선으로 바라보며 그들의 말 경청하기 • 평소에 싫어하거나 경계했던 사람이 지닌 미덕이나 인간적인 모습을 하나 이상 찾기 • 싫어하거나 경계하는 유형의 사람에게 정중하고 따뜻하게 인사하기

연습: 〈영화수첩 작성해 보기〉

<table>
<tr><td>영화 제목</td><td>아름다운 세상을 위하여
(Pay It Forward, 2000)</td><td>평가</td><td>1. 접근성♡♡♡♡♡
2. 보편성♡♡♡♡♡
3. 치유성♡♡♡♡♡</td></tr>
<tr><td>관람 목표</td><td colspan="3">•
•
•</td></tr>
<tr><td>영화 정보</td><td colspan="3">1. 제작국: 미국(2000), 드라마
2. 상영시간: 123분
3. 감독: 미미 레더
4. 주연: 케빈 스페이시, 할리 조엘 오스몬트, 헬렌 헌트
5. 등급 : 12세 이상 관람
6. 줄거리:</td></tr>
<tr><td>영화 감상 및 메모 관람의 주안점</td><td colspan="3">1. 영화 전체 감상 시 주의점
–
–
–
–
2. 편집 시 꼭 들어가야 할 장면
–유진 선생님이 학생들에게 세상을 바꿀 수 있는 아이디어를 생각해 보라고 숙제를 내는 장면
–트레버의 가출 후 터미널에서 모자가 상봉하는 장면
–트레버가 구제해 준 노숙 마약중독자 제리가 다리에서 자살하려는 여인을 구해 주는 장면
–유진 선생님이 트레버의 엄마 알렌에게 자기 과거를 말하는 장면
–라스트 엔딩 장면
3. 영화치료에 사용할 만한 상징이나 메타포는?
–
–
4. 주제를 담은 대사는?
–
–
5. 주요 인물의 성격과 추천할 만한 문제해결 방법
–
–
6. 지시적 방법을 쓸 경우 모델링이 될 만한 장면
–
–</td></tr>
</table>

대상층	1. 2. 3. 4.
질 문	• • • • • •
상담 후 연계 활동	1. 2. 3. 4.
과 제	• • • •

감상문 예시: 〈아름다운 세상을 위하여〉

미미 레더 감독의 〈아름다운 세상을 위하여Pay it forward〉(2000)는 단 한 가지 의문으로 시작하는 영화입니다. '세상은 구제 불능일까?' 물론 제목 안에 이미 아름다운 세상을 꿈꾸는 눈동자가 들어 있으니 이 질문에 대한 결론은 예측 가능합니다만, 그렇게 쉽게 속단할 문제도 아닙니다. 이 영화 속에 나오는 사람들은 화상으로 일그러진 얼굴, 매 맞는 아내, 동급생에게 짓밟히는 아이 등 저마다 상처로 일그러진 심장을 가진 사람들이니까요. 사실 이 영화의 제목은 너무 유치해서, 말인즉슨 〈아름다운 세상을 위하여〉라니 이보다 더 호기심 한 방 없는 제목이 어디 있겠습니까. 그러나 바로 고통당하는 그 사람들의 베인 마음의 자국이 너무 선명해서 쉽게 밀칠 수 없는 그런 영화이기도 합니다.

라스베이거스에 있는 어느 중학교의 사회 선생님 유진 시모넷이 중 1 학생들에게 숙제를 내줍니다. 세상을 바꿀 아이디어를 생각해 봐라, 그리고 행동으로 옮겨라! 어떤 아이는 모든 중국 사람을 제자리 뜀뛰기 하게 해서 지구를 움직일 생각을 하고, 어떤 아이는 '너무 어렵다. 짜증난다. 힘들다.' 고 말합니다. 하지만 선생님은 아이들에게 이렇게 질문합니다. "너희는 이 동네 밖에 관심이 있니?" "세상이 너희에게는 어떤 의미니?" "그리고 이 말은 어때?" "가능하다." "가능성의 세계는 어디에 있지?" "각자의 안에. 이 안에 있어." 가능성을 이야기하며 머리를 손가락으로 가리키는 선생님의 눈동자에 아이들의 투정은 잦아들죠.

사실 세상에는 불가능한 것도 있죠. 시모넷 선생님은 매일 아침 다리미를 들고 와이셔츠를 정갈하게 다립니다만, 자신의 얼굴에 난 화상 자국을 말끔히 다림질할 수는 없습니다. 그렇다면 그런 것 말고, 대체 세상을 변화시킬 수 있는 가능한 것은 무엇이란 말입니까?

그러나 자신이 그렇다고 믿으면 정말 그것을 실행에 옮기는, 홀어머니와 함께 사는 소년 트레버는 선생님의 숙제를 하기 위해 우연히 만난 부랑아 제리를 먹여 주고 재워 줍니다. 그러고는 아이디어를 내놓습니다. 세상 사람들 세 명에게 '큰 도움' 을 줄 수 있다면, 즉 피라미드 판매가 아닌 '피라미드 선행' 을 한다면 세상은 변할 수 있다고요.

사실 영화의 배경을 이루는 도시가 라스베이거스라는 사실은 트레버의 선행 안에 많은 의미를 부여합니다. 라스베이거스를 가 본 사람이라면 누구나 느끼겠지만, 이 도시는 왠지 너무 야하고 화려해서 서글프고 우울한 그림자도 짙은 도시 같아 보입니다. 사막 한가운데 덩그러니 놓여 있는 불야성의 화려한 야경은, 그러나 낮이 되면 꼭 화장 지운 창녀의 얼굴을 연상하게 하죠. 그래서 트레버가 다니는 길도, 트레버의 집도 모두 황량한 모래가루가 쓸쓸하게 날립니다. 도시 외곽을 벗어난 집들은 전부 모래 위에 지어져 있고, 24시간 언제나 술을 살 수 있는 도시답게 영화 속엔 알코올중독자들이 우글댑니다. 〈리빙 라스베이거스Leaving Las Vegas〉(1995) 같은 영화처럼, 그 사상누각의 막막함과 쓸쓸함이 주인공의 마음의 상처를 대변해 주는 어떤 지형도 같아 보이기만 하죠. 인생이 고해라면, 라스베이거스는 아마 그 고해의 수도쯤 되는 도시가 아닐까요? 시모넷 선생님이 재직하는 중학교의 창밖은 여느 중학교와 달리 황량한 사막과 산이 가득 차 있죠.

아주 뻔하게 '트레버의 세 명에게 큰 도움 주기'는 어이없는 실패로 돌아가 버리죠. 먹을 것을 주었던 부랑자 제리는 모텔에 취직해 새 생활을 하는 것 같습니다만, 그만 약에 취해 버립니다. 주정뱅이 남편과 결혼한 트레버의 엄마는 일을 두 개 하면서 밤에는 세탁기 속의 술을 마시며 인생도 함께 흘려버립니다. 트레버는 시모넷 선생님과 엄마를 만나게 해 주어 큰 도움을 주려 하지만 그도 쉽지는 않죠. 시모넷 선생님은 거절에 대한 두려움 때문에, 엄마는 언제 들이닥칠지 모르는 남편 때문에 서로의 주위를 빙빙 돌기만 합니다. 그 사이사이 영화는 트레버의 아이디어가 어떻게 사람들에게 영향을 끼치게 되었는지 그 사실을 역추적하는 기자까지 끼어들어 원형 구조를 이루게 되죠.

그러나 〈아름다운 세상을 위하여〉는 후반부를 넘어서면서 선행을 하자라는 뻔한 주제에서 아주 다른 주제, 가족의 상처와 폭력에 대한 드라마로 자리를 옮깁니다. 사실 전 선행보다는 케빈 스페이시, 헬렌 헌트, 그리고 앤지 디킨스가 연기하는 사람들의 마음의 상처에서 흘러나오는 진물과 숨겨진 비밀에 마음이 더 끌렸습니다. 우여곡절 끝에 데이트에 성공한 트레버의 엄마 알렌은 시모넷 선생님에게 하룻밤을 함께 할 것을 제안하면서 주저하는 시모넷 선생님에게 이렇게 이야기합니다. "거부당하는 게 두렵나요? 거부할 기회조차 주지 않으면서." 거꾸로 시모넷 선생님은 그래도 남편은 아이의 아빠이고, 아이는 때리지 않는다며 남편에게 기회를 주고 싶다는 알렌에게 단호하게 말합니다. "당신 남편은 당신을 임신시켰을 뿐이야." "그래, 아이만 때리지 않는다면 당신을 때리는 것은 문제가 되지 않는 거요? 당신에게 마구 대하는 것은 괜찮단 말이요?" "그 남자는 아일 때릴 필요도 없어. 아이를 사랑하지 않으면 되니까." 그러고는 자신의 얼굴에 난 화상이 어떻게 생긴 건지 물어보라고 합니다. 사실 그건 트레버가 시모넷 선생님을 만나자마자 물어본 것이기도 했습니다.

여기서 한 가지만 알아두면 좋을 말이 있습니다. 심리학 용어에 번트 차일드 신드롬burnt child syndrome이란 용어가 있습니다. 'burnt child'는 말 그대로 화상을 입은 듯이 가정 폭력에 데인 아이들이 보이는 일단의 증후군을 지칭하는 것이죠. 심한 무기력감, 우울증, 내가 뭔가 잘못이 있어서 맞았지 하는 노예화된 생각, 극심한 두려움과 치밀어 오르는 분노, 폭발적인 행동화. 시모넷 선생님은 정말 번트 차일드였던 것입니다. 가정 폭력에 데인, 아버지의 학대와 휘발유에 정말 데인 그런 아이였던 것이죠. 그래서 그는 트레버가 어머니에게 대들다 가출했을 때 그를 금세 버스 정류장에서 찾아냅니다. 경험만이 주는 신비. 시모넷 선생님의 어린 시절은 바로 트레버의 지금과도 같은 것이죠. 한편, 트레버의 선행을 역추적하던 기자를 통해 트레버의 엄마 알렌이 선행을 베풀었던 사람들 중의 한 사람인 술주정뱅이 노파의 딸이라는 것을 알았습니다. 그러니

까 알렌은 아마 어려서부터 알코올중독에 빠진 엄마가, 알코올중독에 빠진 자신의 남편이 술을 마시는 것을 보고 지냈을 겁니다. 그리고 자신도 역시 키친 드렁커, 부엌에서 술을 마시는 사람이 되었겠지요.

〈아름다운 세상을 위하여〉는 가정 폭력이나 알코올중독같이 세상사의 험한 일은 세습되는 것임을, 고통이란 끊어 내지 못할 사슬과 같이 원죄처럼 우리 곁에 있음을 알려 줍니다. 그리고 그걸 끊어 내는 어떤 판타지를, 기적을 보여 주고 싶어 하지요. 저는 이 영화가 가족 내 폭력의 희생자들, 가출하고 싶어 하는 청소년들, 아버지에 대한 분노를 숨죽이며 사는 가족들, 특히 매 맞는 아내들에게 도움을 줄 수 있을 거라고 생각합니다. 그들이 그저 주저앉아 있지 않고 결단을 내릴 수 있게, 저는 영화가 세상에서 가장 큰 가위처럼 가정 폭력의 사슬을 끊어 낼지도 모른다는 희망을 갖습니다(하지만 가정 폭력의 상처를 재경험할 수 있다는 점에서 영화를 조심해서 써야 할 것 같습니다.).

*〈아름다운 세상을 위하여〉의 마지막은 그리 썩 훌륭하지는 않습니다. 물론 제자가 여기서 그 결말을 말해 드리고 싶지는 않습니다. 이야기도 과잉이고 마지막 감동을 자아내기 위한 장치도 작위적입니다. 그러나 잊지 맙시다. 앞서 써 내려간 〈아름다운 세상을 위하여〉의 대사는 상처받은 사람들의 속에서 나온 분노의 말, 칭찬의 말, 가능성의 말, 결단의 말로서 '참말'이라는 것을 말입니다.

이 예시를 앞서 자신이 작성한 영화수첩과 비교해 보라.

해답: 〈아름다운 세상을 위하여〉

영화 제목	아름다운 세상을 위하여 (Pay It Forward, 2000)	평가	1. 접근성♥♥♥♥♡ 2. 보편성♥♥♥♡♡ 3. 치유성♥♥♥♥♡
관람 목표	• 인성교육 시 세상을 변화시키는 개인의 힘에 대한 논의 • 정화적 접근을 통한 슬픔의 정서 다루기 • 연상적 접근 시 가족 내 폭력과 학대의 경험 다루기		
영화 정보	1. 제작국: 미국(2000) 2. 상영시간: 123분 3. 감독: 미미 레더 4. 주연: 케빈 스페이시, 할리 조엘 오스몬트, 헬렌 헌트 5. 등급: 12세 이상 관람 6. 줄거리: 라스베이거스의 한 학교에 사회 선생님인 유진 시모넷 선생이 부임한다. 한편, 알렌은 술집 웨이트리스로서 11세인 아들 트레버를 키우며 살아간다. 선생과 학부모로 만난 시모넷과 알렌은 서로에게 상처가 있음을 감지하고 가까워지고, 이 가운데 트레버는 시모넷 선생님이 내준 사회 숙제인 세상을 바꿀 만한 일을 계획하게 된다.		
영화 감상 및 메모 관람의 주안점	1. 영화 전체 감상 시 주의점 –시모넷 선생님의 회상을 통해 전달하는 가정 폭력 장면이 가정 폭력 내담자들에게 미칠 영향을 고려해야 함 –영화의 엔딩이 다소 작위적임. 상담 시 영화 자체의 작위성이 논쟁이 되는 것을 피할 것 2. 편집 시 꼭 들어가야 할 장면 –시모넷 선생님이 학생들에게 세상을 바꿀 만한 아이디어를 생각해 보라고 숙제를 내는 장면 –트레버의 가출 후 터미널에서 모자가 상봉하는 장면 –트레버가 구제해 준 노숙 마약중독자 제리가 다리에서 자살하려고 하는 여인을 구해 주는 장면 –시모넷 선생님이 알렌에게 자기 과거를 말하는 장면 3. 영화치료에 사용할 만한 상징이나 메타포는? –라스베이거스: 전부 모래 위에 지어져 있는 도시 외곽을 벗어난 집들과 불야성을 이루는 도시는 주인공들의 황폐해진 관계와 내면을 대변해 주는 배경 –시모넷 선생님의 화상: 지독한 가정 폭력에 대한 상처의 상징 –시모넷 선생님의 정리정돈: 이러한 상처 밑바닥의 분노를 통제하기 위한 취소 행동 –오아시스 모텔: 라스베이거스란 사막에서도 위로가 되는 관계의 상징 4. 주제를 담은 대사는? –유진 시모넷: 꼭 때리는 것만 상처가 아니에요. 사랑하지 않는 것도 상처예요. –트레버: 처지가 아무리 나빠도 그 처지에 익숙해져 있는 사람들은 상황을 바꾸기 힘든가 봐요. 그래서 결국 포기하고 자신한테 지는 거죠. 두려움 속에서 시간 낭비하지 마세요. 용기를 가지세요.		

영화 감상 및 메모 관람의 주안점	–노숙자: 거리에서 살아 봤어요? (알렌: 거의 그럴 뻔했어.) 살아 보지 않고는 몰라요. 신문을 덮고 자 보면 인생을 망쳤다는 것을 깨닫게 돼요. 당신 아들처럼 누군가 도움을 주면 도움을 받죠. 아이한테서도요. 이 기회를 놓치면 전 죽어요. 5. 주요 인물의 성격과 추천할 만한 문제해결 방법 –유진 시모넷: 가정 폭력의 결과 몸과 마음에 모두 상처를 입었지만, 심리적 외상을 극복하고 그것을 아이들과 사회에 헌신할 줄 아는 이타적인 방법을 알고 있다. 정리정돈을 통해 자신의 분노를 통제하려 들지만 밑면에는 사랑을 주고 받는 것에 대한 두려움이 있다. 화상 때문에 여성을 가까이 하지 않지만, 비슷한 마음의 상처를 입은 알렌과 사랑을 나눈다. –트레버: 생각이 많고 조숙한 편이다. 자신의 이상을 실천할 줄 아는 용기가 있다. –알렌: 겉으로는 명랑해 보이고 자기주장적이지만 역시 가정 폭력의 피해자로 알코올중독을 숨기고 있다. 외아들 트레버에게 헌신적이고 시모넷의 상처를 본능적으로 이해한다. 6. 지시적 방법을 쓸 경우 모델링이 될 만한 장면 –트레버가 가출했을 때 알렌이 정류장에 와서 솔직히 자신이 알코올 문제가 있다는 것을 시인하고 도움을 요청하는 장면 –당신 화상은 상관없다며 알렌이 시모넷 선생에게 진심을 전달하는 장면
대상층	1. 인성교육을 담당하고 있는 일선 교사 2. 가정 폭력을 경험하거나 가출 전력이나 가출 충동이 있는 청소년 3. 주부 알코올 환자들 4. 가정 폭력 피해자
질 문	• 개인의 힘으로 세상을 바꿀 수 있을까요? 바꿀 수 있다면 혹은 바꿀 수 없다면 그 이유는 무엇입니까? • 트레버는 아버지를 싫어합니다. 그가 그 상태로 큰다면 어떻게 되겠습니까? • 알렌은 언제, 왜 부엌 벽장 속의 술을 마시게 되었나요? • 알렌처럼 일한다면 트레버를 잘 돌볼 수 있을까요? • 알렌은 남편에게 폭력을 당하면서도 왜 알코올중독인 남편을 또 받아들이려고 합니까? • 알렌은 어떻게 알코올중독을 인정하고 터미널에서 트레버와 화해할 수 있었습니까? • 시모넷 선생님이 분노에 차서 알렌에게 자신의 과거를 털어놓습니다. 알렌의 대사를 곰곰이 살펴볼 때, 시모넷 선생님의 이 대사는 알렌에게 어떤 영향을 미쳤을까요? • 선한 의도가 다른 사람에게 줄 수 있는 영향을 알렌과 트레버의 경우를 놓고 생각해 봅시다. 알렌의 남편과 시모넷 선생님이 모자에게 끼친 영향을 비교해 봅시다. 여러분에게도 비슷한 일이 있었습니까? • 노숙자의 대사를 다시 한 번 생각해 봅시다. 그토록 절박하고 어린아이한테서라도 도움을 받고 싶은 그런 적이 있었나요?

상담 후 연계 활동	1. 선행 피라미드 그리기: 선행을 베풀기 원하는 세 사람을 선정한다. 그 사람들에게 할 수 있는 일을 결정하고 공개한다. 선택을 받은 사람은 다시 교실 안의 세 사람을 지목하고 위의 과정을 반복한다. 2. 내가 바라고 꿈꾸는 아름다운 세상 그림 그려 보기 3. 영화 속 장면 재연하기 –알렌이 되어 트레버에게, 혹은 노숙자가 되어 트레버에게 도움을 청하는 장면 재연 –유진 시모넷 선생님이 알렌을 따뜻하게 맞이하는 장면 –트레버와 어머니가 만나는 장면 등 –영화 속 인물이 되어 그 기분을 느껴 보고 발표한다.
과 제	• 선행 피라미드를 그린 후 가장 쉽게 실천할 수 있는 일 한 가지를 선정한다. • 일주일 동안 선정했던 행동을 주변 이웃과 가족에게 말없이 실천해 보고 자신의 행동이 주변 사람들에게 어떤 영향을 끼쳤는지, 나는 어떻게 변화했는지 발표한다.

5. 영화치료의 기초 기술

영화치료를 하다 보면 내담자가 영화 이야기를 방패삼아서 자신의 문제를 숨기려 드는 경우도 있고, 상담자가 내담자의 치료를 위해 특정 영화가 좋다고 하지만 내담자는 상담자가 권유한 영화를 싫어하거나 자신의 삶과 연관시킬 수 없다고 토로하는 경우도 있다. 영화를 내담자의 삶을 비추는 거울로 활용하여 성공적으로 영화치료를 하기 위해서, 치료자는 다음의 기술이 필요하다.

1) 셀렉팅 Selecting

내담자의 상황이나 치료 상황에 맞게 영화를 선택하는 치료자의 기술을 말한다. 영화치료의 가장 기본이 되는 기술로, 셀렉팅에 실패하지 않기 위해서는 내담자의 영화에 대한 선호도, 내담자의 문제, 내담자의 심리적 역동이나 다양한 치료용 영화를 경험하는 것 등이 필수적이다. 흔히 영화 셀렉팅은 영화를 먼저 선정하고 내담자에게 영화를 제시하는 순방향 셀렉팅과 내담자의 문제를 파악하고 이에 맞추어 영화를 선택하는 역방향 셀렉팅으로 나눌 수 있다.

(1) 순방향 셀렉팅 Forward Selecting

흔히 치료자가 치료에 도움이 된다고 판단한 영화를 내담자에게 숙제로 내주거나 회기시간에 보고 치료를 하는 경우를 말한다. 치료자는 내담자와 별다른 협의 없이 사전에 영화를 선택한 후에 특정 치료 프로그램이나 영화치료적 접근을 시행하는 경우가 대부분이다. 이때 영화치료자는 치료과정을 미리 기획하거나 숙지하고 있고, 한 회기 내 치료의 특정한 방향성을 갖고 영화치료에 임한다.

예 청소년 영화치료에서 진로상담 기획→청소년 진로와 연관된 영화 〈빌리 엘리어트〉 감상 후 영화치료나 영상 연구 실시

또 한 가지 영화치료에서 순방향 셀렉팅이 중요한 때는 집단영화치료나 영화를 활용한 대집단 연수에서 치료자가 내담자 개개인의 역동이나 문제에 포인트를 맞출 수 없는 경우에서다. 이때 영화치료자는 흔히 집단의 특성을 고려하지만 개인적 고려는 할 수 없으므로 영화를 미리 순방향으로 선택한 후 치료하는 경향이 있다.

순방향 셀렉팅

영화 ----→ 내담자

순방향의 영화 셀렉팅에서는 치료자의 영화를 본 횟수, 영화에 대한 이해, 영화의 활용도 같은 치료적 경험이 중요한 요소로 작용하게 된다. 만약 셀렉팅이 실패할 경우, 뒤따르는 브리징도 함께 실패할 가능성이 높아진다.

(2) 역방향 셀렉팅 Backward Selecting

역방향 셀렉팅의 경우는 내담자의 문제와 내담자의 영화 선호도, 내담자의 심리적 역동을 먼저 파악한 후 그에 맞추어 치료자가 치료용 영화를 선택하는 경우다. 치료자는 영화를 무조건 숙제로 내주거나 영화를 먼저 볼 것을 제안하기보다 내담자와 충분히 라포를 형성하여 내담자에 관한 다양한 정보를 모은 후 영화를 선택한다. 내담자 개인별 맞춤식 고려가 가능하기 때문에, 브리징을 할 때는 보통 역방향 셀렉팅이 영화치료에 훨씬 유리하다. 아주 숙련된 영화치료자라면 한 회기 내에서 내담자의 문제를 듣고 즉석에서 영화 클립을 셀렉팅하여 내담자의 반응을 보며 치료에 임할 수 있는데, 이 경우는 영화치료에 대한 오랜 노하우를 갖추고 각종 영화 클립을 미리 치료자의 개인 노트북에 준비하고 있어야 가능하다.

예 형제간 경쟁이 심하고 열등감이 많은 내담자에게 〈에덴의 동쪽East of Eden〉(1955)을 보여 준 경우

역방향 셀렉팅

영화 ← - - - - - - 내담자

필자의 경험에 따르면 역방향 셀렉팅은 내담자의 영화에 대한 공감을 이끌어 내고 치료적 응집력을 높이는 데 있어 보통 순방향 셀렉팅보다 효과적인 때가 더 많다. 단, 대집단 치료나 영화를 활용한 연수 시에는 적용이 힘든 방법이라 하겠다.

(3) 셀렉팅 실패 시

셀렉팅이 실패하면, 내담자는 이 영화를 왜 봐야 했는가 물어보거나, 영화를 보다가 상담 장면을 떠나거나, 영화를 보고 난 후 할 말이 없다거나 영화 자체가 마음에 들지 않았다고 토로할 것이다. 혹은 치료자가 내심 이야기하기를 원했던 주제와 전혀 엉뚱한 반응을 할 수도 있다. 미국의 영화치료자 비르기트 볼츠Birgit Wolz는 아들을 교도소로 보낸 흑인 어머니가 〈쇼생크 탈출 The Shawshank Redemption〉(1994)을 보고 아들이 교도소에서 잘 지낼 것이라는 마음의 위안을 얻기 바랐지만, 오히려 영화를 본 후 "내가 다 알아요. 그 앤 영화 속에서처럼 성폭행을 당할 거예요. 내가 다 안다고요."라며 큰 소리로 울었다는 일화를 소개한 바 있다.

치료자는 흔히 자신이 다루고 있는 분야의 영화를 충분히 보지 못했거나, 몇 개의 영화만을 영화치료에 반복해서 사용하면서 이럴 때는 '이렇게' 라는 영화의 선택을 공식화하여 융통성을 발휘하지 못할 경우 셀렉팅에 실패할 수 있다. 예를 들어, 한국 영화 〈애자〉(2009)가 영화목록의 가족 부문에 추천되어 있다고 해서 모녀관계를 다룬 이 영화를 중년의 남성 내담자에게 사용한다면 내담자가 어리둥절할 수 있다.

셀렉팅에 실패했을 때 치료자가 할 수 있는 가장 좋은 방법은 자신의 영화 셀렉팅에 뭔가 문제가 있었던 듯 싶다고 내담자에게 사과하고 내담자의 마음에 공감을 표현한 후, 내담자에게 다른 영화를 제안해 보라고 하는 것이다. "그렇다면 이 영화 말고 흥미롭게 봤던 다른 영화를 추천해 주세요."라고 하면 된다. 그럼에도 내담자가 계속해서 영화의 셀렉팅 문제를 거론한다면 내담자의 무엇이 상담자에게 부정적 전이를 일으켰는지 그 자체를 상담에서 논의해야 할 것이다.

2) 브리징Bridging

영화와 내담자의 현실에 다리를 놓는 기술이다. 대부분의 모든 내담자들은 할당받은 영화의 등장인물이나 주제에 몰입하게 되며 의미 있는 결실을 맺게 된다. 그러나 어떤 경우에는 내담자가 영화를 방패삼아 자신의 이야기를 피할 수도 있고, 영화와 자신의 현실 간에 어떤 공통점도 없다고 주장할 수도 있다. 또 영화를 충분히 활용하지 못한 채 영화 관람 따로, 상담 따로 끝을 맺는 경우도 있다. 경우에 따라서는 영화의 치료적 가치에 대한 치료자의 기본 가정과 매우 다른 해석을 하면서 영화 보기를 거부할 수도 있다. 이때 치료자는 부드럽게 내담자의 현실 쪽으로 영화와 현실을 연결시킬 수 있도록 브리징 기술을 발휘해야 한다. 브리징 역시 순방향 브리징과 역방향 브리징이 있을 수 있다.

(1) 순방향 브리징Forward Bridging

순방향 브리징은 내담자가 영화를 방패삼아서 영화의 여러 가지 요소를 언급하며 영화 이야기를 더 많이 하고 자신의 삶에 대한 정보는 거의

순방향 브리징

영화의 요소 ----------> 내담자의 삶

밝히지 않을 때 영화와 삶을 이어 주는 방법이다. 또한 내담자가 특정 영화에 자신의 욕망이나 갈등 등을 투사했음에도 그것이 삶과 연결되지 않고 그냥 지나치게 될 때도 사용할 수 있다. 치료자는 부드럽게 내담자가 상담 장면에서 영화 이야기만을 하고 있다는 것을 깨우치고, 영화에서 보고 느낀 부분을 현실에서 어떻게 경험했는지 일깨워 준다. 보통 다음의 이야기가 순방향 브리징에 도움이 될 것이다.

"이제까지 우리는 영화를 보고 영화 이야기를 많이 했지요. 참 잘하셨어요. 영화에서 많은 것을 보고 느끼셨네요. 그런데 사실 우리는 영화에 대한 수다를 하는 것이 아니라 영화를 통해 상담을 하는 거잖아요. 그래서 이번에는 좀 더 ○○씨의 삶 쪽으로 초점을 맞추어 봅시다.

- 영화 속 주인공 ○○가 경험했던 것과 비슷한 경험을 한 적이 ○○씨 삶에서도 있었나요?
- 영화 속 주인공 ○○가 느꼈던 그 감정을 ○○씨가 실제로 경험한 적이 있나요?
- 영화 속 주인공 ○○에게 일어났던 비슷한 사건이 ○○씨에게도 실제로 일어난 적이 있나요?
- 영화 속 주인공이 했던 그 일을 ○○씨도 해 보고 싶진 않나요?"

예 1) (영화 〈태풍태양〉(2005)을 본 후 청소년 집단상담 중 내담자 A) 영화 그 장면 멋있었는데요. 그냥 형한테 병신새끼라고 한 거요. / (치료자) 음, ○○씨는 형한테 병신새끼야, 이렇게 해 본 적 있어요? / (내담자 A) 없어요. / (치료자) 해 보고 싶은 적은 있었어요? / (내담자 A) 아뇨. / (다른 친구들, 일제히) 거짓말. / (치료자) 다른 친구들은 왜 ○○씨가 거짓말한다고 생각해요?

예 2) (영화 〈광식이 동생 광태〉(2005)를 본 후 대학생 집단상담 중 치료자) 영화를 보면서 괜히 불편한 사람이 또 누가 있을까요? (내담자의 부정적 투사를 알아보는 질문) / (내담자 A) 저는 칵테일바 아저씨요. 칵테일 바 아저씨가 약간 성적으로 되게 노골적으로 구는 것 같아요. '오빠 나 안 들어갈래.' 이런 말도 하고. 그런 말 듣는 것 되게 불편해요. / (치료자) 아, 불편하네요. 그런 말 듣는 것. 혹시 ○○씨는 일상에서 칵테일바 아저씨를 연상시키는 사람이 있나요? 혹은 성적으로 되게 노골적인 말을 들어서 마음이 불편한 적이 있었나요?

순방향 브리징에서 치료자는 내담자의 지적인 방어(위의 예 1의 경우는 형에 대한 적대적 감정을 부정하는 것)를 부드럽게 일깨우고, 내담자의 삶에서 영화에서 경험한 감정과 비슷한 일을 찾아낼 수 있는지 일깨우는 것이 포인트다. 순방향 브리징이 잘 되지 않았을 경우, 영화 따로 상담 따로 식으로 영화와 상담이 병렬적으로 진행되면서 상담에서 영화를 사용한 이유가 불분명해지고 영화치료의 효율성이 떨어질 수 있다.

(2) 역방향 브리징 Backward Bridging

역방향 브리징은 영화를 보았음에도 내담자가 자신의 일상에 대한 이야기만 계속할 때, 비록 영화 이야기를 하지만 별 다른 통찰력 없이 영화 이야기만을 늘어놓을 때, 내담자를 영화 속으로 들여보내 영화치료의 효과를 상승시키고자 사용하는 방법이다. 보통 내담자가 자신의 이야기를 진솔하게 상담자에게 털어놓는 것은 문제될 것이 없다. 그러나 이러한 경우에도 역방향 브리징으로 영화 속 여러 가지 요소와 내담자의 삶을 연결해 준다면 내담자의 감정을 더욱 증폭시키고 내담자가 어떤 주제에

역방향 브리징

대해, 누구에게, 왜 자신을 투사하는지 알아볼 수 있다는 점에서 상담에 유용한 정보를 얻을 수 있다. 보통 다음의 이야기가 역방향 브리징에 도움이 될 것이다.

> "좋습니다. 정말 자신의 이야기를 잘하시네요. 이제 다른 각도에서 ○○씨의 마음을 바라봅시다. 영화 속으로 들어가 주인공 ○○(내담자가 가장 동일시했다고 이야기한 인물)가 되었다고 가정해 봅시다.
>
> – 내가 주인공이라면 어떤 기분이 들까요?
> – 내가 주인공이 되어 새로운 결말을 만들 수 있다면 어떻게 수정을 하겠습니까?
> – 나를 억압하고 때려 주었던 주인공의 아버지에게 나라면 뭐라고 하겠습니까?
> – 주인공은 혹은 영화 속의 다른 인물들이나 사물들은 내게 뭐라고 하나요?"

예 (영화 〈태풍태양〉을 본 후 청소년 집단상담 중 치료자) 자 그랬군요. 형한테 맞고 라면을 사러 갔어요. 그때 ○○씨 마음은 어땠어요? 영화에서 카메라를 발로 찬 애가 만약 카메라를 안 부수고 CF를 끝까지 찍었다면 그 사람 마음은 어떨까요? / (내담자 C) 화가 났죠. 참은 거죠. / (치료자) 그렇군요. 참았군요. 똑같은 상황이 여러분에게 주어졌어요. 주인공처럼 마음에도 없는 CF를 찍어야 해요. 와이어가 여러분 등에 달려 있어요. 자, 지금 어떻게 하겠어요? / (일동 5초 정도 침묵) / (내담자 A) 참고 하죠. / (내담자 B) 참고할 것 같아요. / (내담자 C) 말하는 꼬락서니 보고……. / (내담자 D) 부셔 버려요.

이 예에서는 역방향 브리징을 사용하여 청소년 내담자들의 각기 다른 분노 통제방식이 잘 드러나게 되었다. 동일한 분노 유발 상황에서 내담자 A와 B는 억압의 방어기제를 사용하고 내담자 D는 행동화를 한다는 것을 알 수 있다. 치료자는 역방향 브리징 후 내담자의 각기 다른 분노 통제방식을 깨닫고, 내담자의 특정한 분노 통제방식이 상담의 장에서도 반복되는지 관찰할 수 있을 것이다. 그리고 이러한 과정을 통해 비효율적인 분노 통제가 청소년 내담자 삶과 대인관계에 어떻게 영향을 끼쳤는지 심도 있는 논의를 할 수 있게 된다.

역방향 브리징이 잘 되지 않았을 경우, 순방향 브리징과 마찬가지로 영화 따로 상담 따로 식으로 영화와 상담이 병렬적으로 진행되면서 상담에서 영화를 사용한 이유가 불분명해지고 영화치료의 효율성이 떨어질 수 있다. 또한 만약 치료자가 영화치료를 배우기 전에 다른 예술치료나 상담기법을 배웠을 경우에는 실질적인 영화치료가 이루어지지 않고, 영화치료는 단순 영화 관람이나 영화 수다로 피상적으로 이루어진 채 치료자가 사용하기 편리하고 많이 사용한 치료방법을 주로 상담에 사용한 후 영화치료를 했다고 착각할 수도 있다.

(3) 브리징 실패 시

각기 다른 이유로 치료자는 브리징에 실패할 수 있다. 먼저 치료자의 요인으로 브리징 시기를 놓치거나, 내담자가 영화에 어떤 긍정적 · 부정적 투사를 했음에도 이를 잘 모르고 지나치거나, 특정 치료법에 경도되어 영화치료를 하고 있다는 사실을 잊어버리는 경우다. 반면, 내담자의 요인으로 인해 브리징에 실패하는 경우도 있다. 내담자의 삶과는 전혀 엉뚱한 이야기를 한다든가, 영화 자체를 완전히 다르게 해석했다든가, 내담자의 투사가 너무 강렬하여 특정 주인공에 대해 심한 감정 표현을 하면서 마음의 문을 닫는다든가 하는 여러 가지 상황이 초래된다. 치료자의 요인이라면 가장 좋은 방법은 적당한 영화치료 전문가에게 슈퍼비전을 받는 것이다. 내담자의 문제점으로 인해 브리징이 잘 안 되었을 때는 다음과 같은 지침을 따르는 것이 좋다.

〈표 2-3〉 브리징 실패 시

1. 이유를 물을 것. 내담자는 무엇을 보려고 했고 또 무엇을 보았는가?
2. 영화 속의 어떤 요소가 치료적 가치를 상실하게 만들었는지 물어볼 것
3. 스토리가 내담자의 경험과 어떻게 다른지 물어볼 것. 완전히 다른 영화적 요소를 탐색해 본다.
4. 부인을 가능성으로 여길 것. 만약 내담자가 제안된 캐릭터에 강한 혐오감을 표현한다면 혐오 자체로 인해 내담자가 캐릭터에 부정적 감정을 투사할 가능성이 있다.
5. 영화에 대한 해석이나 지각에 근본적으로 생기는 차이를 살필 것. 만약 영화가 치료자들에게 유용해 보이지만, 내담자가 동의하지 않는다면 치료의 목적과 함께 내담자의 주요 관심을 더 탐색해 본다. 근본적 지각의 차이는 내담자의 더 근본적인 생각과 지각의 왜곡을 말해 준다.

3) 포커싱 Focusing

치료용 영화가 적절하게 셀렉팅되고 영화 내용과 내담자의 삶이 브리징되면, 내담자는 자신의 삶이나 영화에 대해 더 많은 의견을 피력하게

될 것이다. 이 경우 내담자는 영화를 보고 이미 눈물을 흘리거나 기분이 고양되어 있고, 기꺼이 자신의 삶에 대해 이야기하고 싶어 한다. 그러나 가끔 내담자는 영화의 줄거리나 캐릭터의 특성 자체를 이해하지 못하여 갈팡질팡할 때도 있다. 때론 영화 자체가 지나치게 많은 정보와 강력한 정서를 야기하기 때문에 내담자가 이야기의 맥이나 중심을 잃고 두서없이 자신의 이야기를 늘어놓거나 산만하게 영화 이야기를 할 경우가 있다.

포커싱 기술은 영화 이야기나 내담자의 삶의 이야기 중 어떤 포인트를 잡아 치료자가 치료의 맥을 짚어 주는 기술이라 하겠다. 즉, 영화의 내용을 요약해 주고, 주제가 무엇인지 물어보고, 캐릭터에 대해서 설명해 주고, 영화가 던지는 가장 핵심적인 질문을 하는 등으로 내담자가 다시 영화나 자신의 삶에서 가장 중요한 통찰을 할 수 있도록 이끄는 기술이다. 영화치료자가 적절히 포커싱을 할 경우 치료시간은 더욱 단축되고 치료과정은 더욱 효율적이 되며, 내담자 역시 자신의 문제를 좀 더 객관적으로 볼 수 있는 심리적 여유를 가지게 된다.

예 (영화 〈미스 리틀 선샤인〉을 본 후 청소년 집단상담 중 내담자 A) 근데 걔(여기서는 드웨인, 비행사가 될 생각으로 비행 훈련만 하고 가족들과는 말을 안 하고 지냄) 왜 그래요? 벙어리예요? (캐릭터에 대한 이해 자체가 떨어짐) / (내담자 B) 벙어리가 아니라 말을 안 하는 거야. / (내담자 C) 식구들이 뭐가 모자라는 것 같은데, 식구들이 다 그래요. (너무 막연하게 캐릭터에 대해 언급함) / (내담자 D) 삼촌이란 사람도 소심해요. / (치료자) 그래, 다들 각자 문제를 안고 살아가는 것 같지. 마음 한켠에 상처도 있어요. 일단 막내 꼬마부터 이야기를 좀 해 볼까? 막내 꼬마는 어떤 사람인 것 같았어? (한 캐릭터에 포커싱할 수 있게 해 줌) / (내담자 B) 영화의 주인공은 아이가 주인공인 것 같은데, 마지막에 춤을 출 때 마음이 이상했어요. (역시 캐릭터에 대해 막연한 반응) / (치료자) 마음이 이상했구나. 음, 마음이 이상했다. 조금 더 구체적으로 말해 볼까? 영화 속 주인공의 어떤 행동을 보니까 마음이 이상했니? 그리고 마음이 이상하다는 건 어떤 기분이 드는 것일까?

4) 커넥팅 Connecting

영화와 영화 간에 어떤 연관이 있는지, 내담자의 삶과 삶의 사건이 어떤 연관이 있는지 연결시켜 내담자의 통찰력을 더욱 북돋는 기술을 말한다. 흔히 내담자는 영화에 대한 이야기나 자신의 삶에 대한 이야기를 하면서도 그것들이 어떻게 연결되어 있는지 전혀 모른 채 치료에 임하게 된다. 만약 내담자가 자신의 삶과 영화를 브리징하거나 커넥팅할 수 있다면 스스로 자기조력적 치료를 하지, 영화치료자를 찾아오지는 않을 것이다. 대부분의 내담자는 이러한 '치료적 눈', 즉 특정한 통찰력과 심리학적 지식이 부족하다.

따라서 영화치료자는 표면적으로 보기에 전혀 상관없어 보이는 사건을 연결시키는 질문을 함으로써, 내담자가 자신의 내면에 대해 지금-여기에서 here and now 멈춰 서서 다시 한 번 심사숙고할 기회를 주어야 한다.

예 어머니가 일찍 돌아가신 것과 내가 지금 다른 여성 누구와도 의미 있는 관계를 맺지 못하는 것은 어떤 연관이 있을까요? 영화 속 주인공이 지금 여성을 구타하고 막 대하는 것과 자신의 어머니에게 버림받은 경험을 한 것은 어떤 연관이 있을까요? 등

만약 내담자에게 커넥팅 질문을 하더라도 이러한 사건과 사건을 연결시킬 심리학적 자산이나 통찰력이 부족하다면 기회를 보아 적당한 때에 상담자가 적절한 해석으로 커넥팅해 주어야 한다.

예 (영화 〈태풍태양〉을 본 후 청소년 집단상담 중 치료자) ○○씨, '내 집에서

나가죠?' 이 대사가 기억에 남았군요. / (내담자 C) 음, 그냥 저번에 이 영화 이미 봤는데요. 그때도 그 대사만 기억에 남았어요. (이후 아빠에게 집에서 쫓겨난 이야기를 계속함) / (치료자) 그렇군요. 그때 기억이 가끔 나나요? TV나 영화에서 아이들이 그런 장면 있잖아요. / (내담자 C) 네, 생각나요. 비슷한 애들 보면. / (치료자) 그때 어떤 느낌이 들어요? / (내담자 C) 그냥 웃긴데. (내담자의 방어) / (치료자) 그냥 웃긴다. 뭐가 웃긴 걸까요? / (내담자 C) 그냥…… 저는…… 이번에도 웃겼어요. / (치료자) 이번이라니요? / (내담자 C) 제가 동아리 선배들이 하라고 해서 모르는 사람들 앞에서 노래 부른 거요. / (치료자) 어린 시절에 집에서 쫓겨났을 때랑 모르는 사람들 앞에서 노래 부른 거랑 ○○씨에게 공통적으로 웃긴 사건이네요. (내담자의 삶에서 일어난 두 가지 사건을 서로 커넥팅해 줌) / (내담자 C) 듣고 보니 그러네? 흐흐흐 (또 웃음)

Tip 영화치료 시 주의할 점

영화치료 혹은 영화를 활용한 상담이 매우 효과적이라는 사실이 최근 여러 논문을 통해 속속 입증되고 있다. 그러나 언제, 어느 때, 누구에게나 영화치료가 만능으로 작용할 수 있는 것은 아니다. 가령 특정 내담자의 경우 영화의 내용이 내담자의 외상적 경험을 건드릴 수도 있으니 매우 주의해야 한다. 다음과 같은 내담자는 영화치료를 피하거나 혹은 영화치료를 받을 의사가 있는지 미리 보호자나 당사자의 양해를 구한다.

- 특정 망상이 있는 내담자: 특정 망상을 조장하는 내용을 담은 영화는 내담자의 증세를 더욱 악화시킬 수 있다. 그러나 아주 낮은 기능의 환자라도 영화치료가 상담과 재활에 도움이 될 가능성은 있다.
- 아동: 아동의 경우는 영화를 좀 더 지시적이고 놀이적인 방식으로 활용할 필요가 있다. 그러나 가족치료의 일원으로 아동에게 영화치료

를 하는 경우에는 여러 방식이 적용 가능하다.

- 심한 정신적 장애가 있는 내담자
- 가정 폭력, 성폭력 등으로 인한 외상후 스트레스 장애를 지닌 내담자: 영화 속 주인공과 비슷한 사건으로 최근에 심한 외상 경험을 한 환자는 영화 관람 시 자신의 외상적 기억을 재경험할 수 있으므로 영화 선정에 주의하고 내담자의 양해를 구한다.
- 영화를 즐기지 않는 내담자: 실제로 영화를 보자고 할 때 거절하는 내담자는 거의 없다. 그러나 내담자의 영화에 대한 선호도를 미리 조사한 후 영화를 활용하여 상담을 하는 것에 대한 양해를 구한다.

국내 영화치료 연구 현황

2000년대 들어서는 국내에서도 영화를 활용한 상담이나 영화치료가 소개되고 그 치료적 효과에 대한 검증이 이루어지기 시작하였다. 김광진(2000)은 영화의 상담적 기능을 "동일시의 소망 충족, 훔쳐 보기의 소망 충족, 욕망의 소망 충족"으로 정의하고, 영화를 활용한 12주의 가족치료 프로그램을 소개하였다. 박선민(2003)은 중학생들에게 〈TV 동화 행복한 세상〉의 영상자료를 활용하는 것이 자아정체감 향상에 긍정적 효과가 있음을 보고하였다. 또한 김정석(2004)은 피학대 아동을 대상으로 영화치료를 하여 가족 복귀를 도운 사례를 보고하였다. 김준형(2004)은 목회 분야에서 영화를 자아실현과 영성 평가에 활용하여, 통제집단에 비해 영화치료 집단이 자아실현 향상에 효과가 있음을 검증하였다. 김수지와 안창일(2005)은 8회기의 집단영화치료를 실시한 결과 영화치료집단이 통제집단에 비해 한국형 대인관계문제검사KIIP의 원형척도 중 냉담, 사회적 억제, 비주장성이, 그리고 성격척도 중 사회성 부족이 사전에 비해 사후에 유의하게 감소해 영화치료가 대인관계에 긍정적인 효과가 있음을 검증하였다. 이 밖에도 영화치료는 고등학생들의 양성평등의식을 향상시키고 성적 고정관념을 낮추고, 중학교 남학생의 공격성 감소에 매우 긍정적인 영향을 주며, 정신분열증 환자의 경우 대인관계에서 불안감을 감소시키고 사회 복귀에 부분적으로 영향을 준다는 것이 밝혀졌다(최영희, 2008).

The Theory & Practice of Cinematherapy

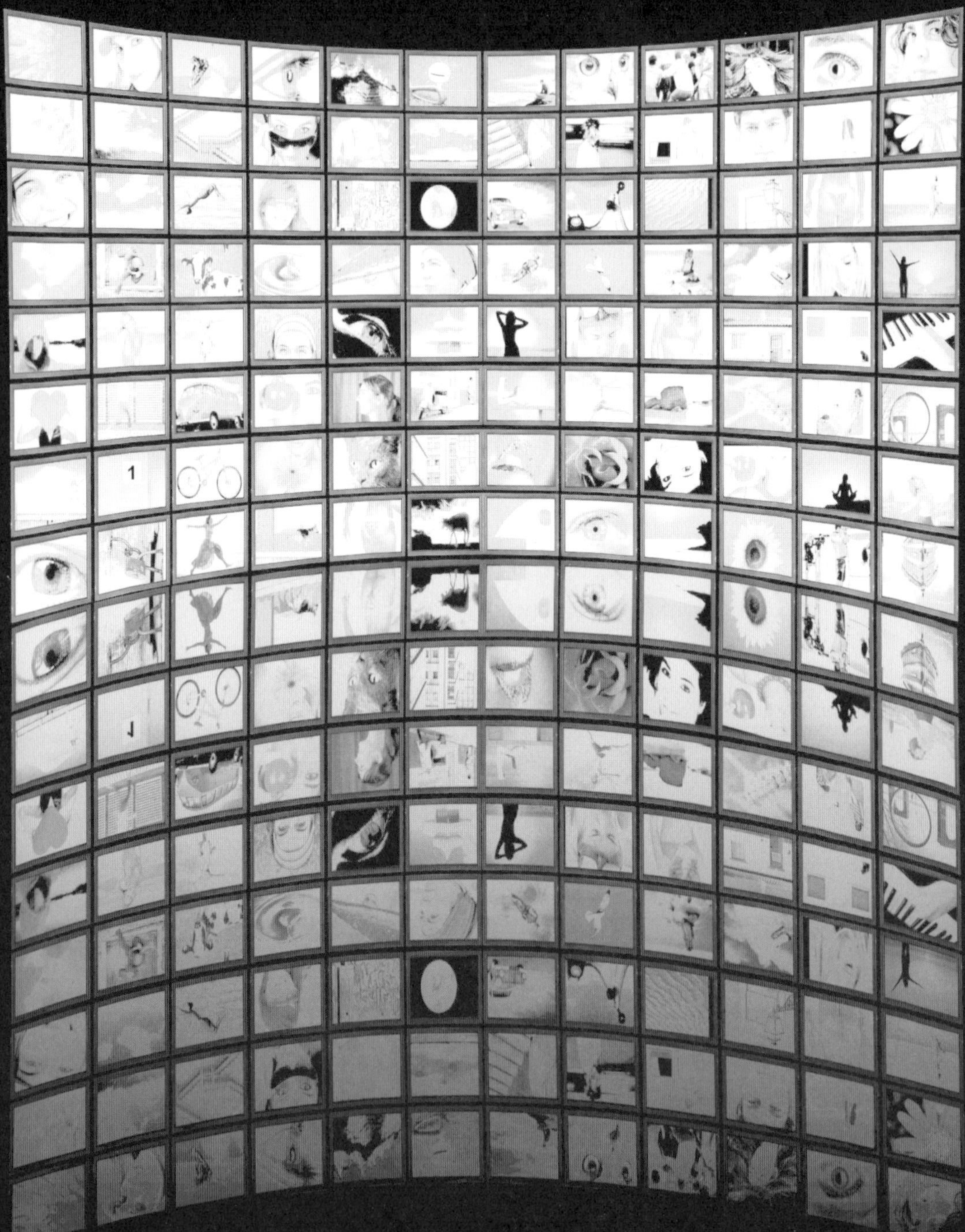

제3장

상호작용적 영화치료의 세 접근법

지시적 접근

1. 지시적 접근

1) 정의

상호작용적 영화치료에서 지시적 접근the prescriptive way이란 영화를 교육적 · 지시적 목적으로 사용하는 것이라고 할 수 있다. 이 접근법에서 영화보기는 서로 다른 태도와 행동을 선택하고 문제해결 과정을 학습하는 관찰학습 및 대리학습의 강력한 도구가 될 수 있다. 내담자들은 자신과 유사한 문제가 있는 등장인물들을 지켜봄으로써 좀 더 객관적으로 자신의 문제를 보고, 실제 상황에 적용할 수 있는 여러 가지 문제 해결책을 배운다.

지시적 접근에서 영화는 시범적인 기능을 하고, 새로운 정보를 제공하며, 관객으로 하여금 스크린 속 인물에 대한 행동을 평가할 수 있게 만든다. 영화는 일종의 교훈이나 모델링을 위한 도구로 가정된다. 내담자의 잠재 능력에 접근하거나 그것을 개발하기 위해 특정 영화가 활용되기도 한다. 모델링 측면에서 영화 속 등장인물은 어떤 일의 잘된 방식을 보여 주기 위한 좋은 모델good model일 수도 있고 잘못된 방식을 보여 주기 위한 부정적 모델bad model일 수도 있다. 내담자들은 영화 속 모델의 문제해결 방안을 관찰함으로써 자신들의 문제 해결책에 대한 논의를 촉진하며, 문제를 극복하고 긍정적인 특성을 강화하는 데 도움을 받는다.

2) 관찰학습

영화를 보는 것 자체가 하나의 학습 효과를 지닌다고 믿는 지시적 접근은 그 이론적 뿌리를 어디에 두고 있을까? 심리학 안에서 지시적 접근의 이론적 토대는 관찰학습 또는 대리학습, 모방학습의 개념으로 유명한 앨버트 반두라Albert Bandura의 사회학습이론에 근거를 두고 있다. 사회학습이론은 인간의 인지과정을 중요시하며, 사람과 환경 그리고 행동의 상호작용에 의해서 학습이 이루어지고 자기조절에 의해서 행동이 결정된다고 본다. 이와 같은 사회학습의 가장 중심적인 개념 중 하나가 바로 관찰학습이다.

관찰학습이란 인간의 사고, 감정 및 행동이 직접 경험뿐만 아니라 간접 경험, 즉 대리 경험에 의해서도 이루어진다는 것이다. 이에 따르면 사회학습은 대리 경험이고, 대리 경험은 관찰에 의한 것이다. 그리고 모델을 관찰함으로써 학습이 이루어진다.

반두라에 의하면 관찰학습은 주의집중 과정, 기억과정, 운동재생 과정, 동기과정의 네 가지 과정을 거쳐 이루어진다. 이 중 하나라도 빠지면 관찰학습은 불완전한 것이 되며, 성공적 모방이 이루어지지 않는다. 여기서 주목할 것은 한두 가지 과정이 때론 다른 과정보다 중요하기 때문에 관찰학습의 모든 영향력이 학습에 동등하게 기여하지는 않는다는 것이다.

3) 지시적 접근의 장점

우선 지시적 접근은 상호작용적 영화치료의 세 접근법 중 가장 널리 활용되고 있다. 현재 지시적 접근은 상담 분야뿐 아니라 영화를 활용한 교육, 기업연수, 심리사회 재활, 정신간호, 복지 등 교육과 상담이 필요한 분야라면 어디든 응용되고 적용되고 있다.

둘째, 지시적 접근에서는 영화를 본다는 것 자체가 하나의 강화가 되고 내담자에게 흥미를 불러일으킨다. 그리하여 내담자는 재미를 느끼면서 동시에 다양한 영화 속 문제해결 방식을 학습할 수 있다.

셋째, 지시적 접근은 정신과 환자, 성매매 여성, 가정 폭력 피해자, 가해자 등 상담 및 교육을 원하는 대상 누구나에게 적용 가능하고, 아동과 청소년 등 연령층을 뛰어넘어 누구에게나 접근 가능하다.

마지막으로 지시적 접근은 굳이 살아 있는 모델을 등장시키지 않고도 영화 속 모델들을 활용하여 내담자의 자기 이해를 돕고, 생각을 가르치거나 재구조화하고 확장시키는 역할을 한다.

2. 지시적 접근의 치유 요인

지시적 접근은 다음과 같은 이유로 치유적 요인을 지닌다.

1) 객관화: 심리적 거리 두기

지시적 접근은 내담자로 하여금 안전한 심리적 거리를 두고 다른 사람의 생각과 행동에 접근할 수 있게 해 주며, 잠시 동안 다른 사람들의 눈을 통해서 세상을 경험하게 해 준다. 그리하여 내담자는 자신의 문제에서 충분히 심리적인 거리를 둔 상태에서 자신의 행동이나 자신이 처한 상황 속에서 어떤 역할을 해야 하는지를 객관적으로 볼 수 있게 된다.

2) 생각과 행동의 명료화

지시적 접근은 내담자로 하여금 자신의 생각을 보다 잘 이해하고 사고와 감정을 언어화 · 명료화하는 것을 도와주며, 자신이 처한 상황에 대해 더 나은 관점을 개발하도록 도와준다. 경우에 따라 기발하기도 하고 합리적이기도 한 영화 속 등장인물의 생각과 행동은 내담자로 하여금 자신의 생각을 영화 속 주요 등장인물의 생각과 비교하고 객관적으로 점검하도록 부추기며, 등장인물의 행동을 기준으로 하여 무엇이 되어야 할지와 무엇이 되지 말아야 할지를 배울 수 있다.

3) 모델링: 관찰을 통한 학습, 실행 능력 기르기

지시적 접근은 내담자로 하여금 영화 속 등장인물들이 자신과 비슷한 문제를 어떻게 해결했는지를 보여 주고, 다양한 문제 해결책을 생각하게 하며, 등장인물의 문제해결 방식을 그대로 모사하거나 일상에 활용할 수 있도록 도와준다. 예를 들어, 〈펀치 드렁크 러브Punch-Drunk Love〉(2002)에서 누나들에게 계속 놀림을 당하다 폭발적으로 화를 내는 주인공을 보며, 내담자는 주변 사람들에게 자신이 화가 났음을 언어화하고 더 이상 조롱하지 말 것을 분명히 의사표현해야겠다는 것을 배운다. 그렇게 함으로써 내담자는 실제 상황에서 발생할 수도 있는 다양한 문제에 대한 판단력과 실행력을 키우게 된다.

Tip 지시적 접근의 부정적 모델링에 대해 고려하기

지시적 접근법을 잘못 활용하게 되면, 치유가 아니라 오히려 영화 속 부정적 모델을 그대로 관찰하는 부정적인 결과를 초래할 수 있다. 일례로 영화 〈두사부일체〉(2007)나 그 밖의 폭력적인 영화, 특히 폭력을 코믹하게 그려낸 영화를 보고 나서 관객들이 자신도 모르게 욕설이 많아지는 현상, 그리고 〈매트릭스The Matrix〉(1999)를 보고 나서 사람을 죽이는 것에 대해 죄책감이 없어져서 많은 사회적 문제를 일으키는 현상에 대해 많은 언론이 지적한 바 있다(연합뉴스, 2003년 11월 25일).

또한 반두라의 고전적 연구에서는 아래 사진에서와 같이 아동의 TV 폭력물 시청이 아동의 공격 행동과 정적인 상관이 있음을 밝혔다.

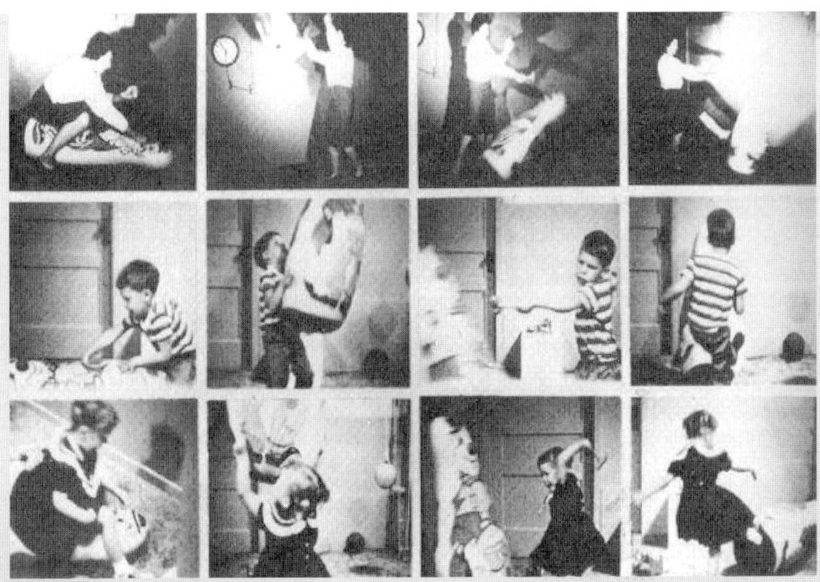

그러나 중요한 점은 영화의 내용이 폭력적이냐 아니냐를 떠나서 영화 속 부정적 모델bad model을 어떻게 활용하고 영화치료 프로그램에 통합하는가 하는 것이다. 최영희(2008)의 최근 연구에서는 청소년의 분노 조절과 연관된 영화를 활용한 상담에서 영화의 폭력적인 내용이 사회에 역기능적으로만 작용하는 것이 아니며, 남자 청소년들에게 상담에 대한 집중력과 참여도를 높이고 타인의 폭력성에 대한 조망 능력을 길러 줄 수 있다는 보고가 있다.

비록 영화에 다소 폭력적인 내용이 들어가 있어 내담자에게 부정적 모델링을 할 위험성을 증가시키더라도, 영화치료의 경험이 많고 영화치료에 대해 잘 알고 있는 상담자가 있다면, 내담자의 연령과 지적 수준에 따라 적절히 잘 통제된 환경하에서 자극적인 영화를 지시적 접근이나 기타 다른 접근법에 활용할 수 있다.

3. 지시적 접근을 위한 영화 선택

지시적 접근의 모델링 효과를 극대화하기 위해서는 특히 내담자의 상황과 처지, 나이, 사회경제적 배경, 교육, 가치 등에 따라 비슷한 영화를 고르는 것이 최선이라고 할 수 있다. 그러기에 치료자는 영화를 선택할 때 풍부한 영화 경험을 가지고 영화 속 인물들의 여러 관계와 갈등 등을 미리 숙지하고 있어야 하며, 내담자의 상황에 알맞은 영화를 선택해 낼 수 있어야 한다.

지시적 접근의 효과를 극대화하기 위해서는 내담자의 눈높이를 고려하고 내담자가 즐길 만한 영화를 선택해야 한다. 너무 어렵고 줄거리 파악 자체에 에너지를 쏟게 만드는 영화는 내담자로 하여금 영화에서 어떤 것도 배울 수 없게 할 뿐더러 영화 보는 것 자체를 기진맥진하게 만들 수 있다.

치료적 영화를 선택할 때는 먼저 영화가 적절한 역할 모델을 제공해 줄 수 있는지를 고려해야 한다. 때로는 흥미 있는 역할 모델을 찾기 위해 내담자의 실생활에서는 발견하기 어렵지만 영화에서는 발견할 가능성이 높은 영화를 선정하는 것도 효과적이다. (예를 들면, 늘 불만투성이에 'No!' 만을 외치는 영화 〈예스맨Yes Man〉(2008)의 짐 캐리 같은 인물이 그렇다. 그는 흥미를 유발하며 비전형적이다. 실생활에서는 그렇게까지 극단적인 행동을 보이는 사람은 드물다.)

지시적 접근이 효과적이기 위해서는 영화치료자 자신이 무엇을 위해 영화를 보는지를 분명히 알고 상담을 구조화하는 것이 좋다. 즉, 영화가 미리 선택되고 내담자의 반응은 어느 정도 예측 가능한 상황에서 상담을

하는 것이다. 예를 들어, 영화 〈마빈의 방Marvin's Room〉(1996)은 '자매애, 미혼모 문제, 가정 폭력, 가족 간 의사소통 방식, 죽음을 앞둔 인간의 존재론적 문제' 등 여러 가지 이슈를 다루고 있다. 만일 영화치료자가 이러한 이슈들 모두를 다루려 들거나, 영화를 통해 드러난 표면적인 이슈들을 산만하게 거론만 하는 수준이라면, 영화치료는 피상적인 토론과 수다에 그칠 수도 있다.

이런 경우 지시적 접근에서는 영화치료자가 모든 이슈를 다 다루기보다 자신이 다루려 하는 이슈를 분명히 정해 두고, 영화 속에서 한두 가지 정도의 이슈만을 집중적으로 토의하는 것이 상담을 더 효과적으로 이끌 수 있다. 일례로 가정 폭력의 문제로 인해 〈마빈의 방〉을 사용한다면 주인공의 어머니가 주인공에게 보이는 언어적 폭력을 더 집중적으로 보고 그에 관해 토의할 수 있을 것이다.

그러므로 필요에 따라 영화 전체를 보지 않고 자신의 이슈와 관련된 부

〈표 3-1〉 지시적 접근에 적절한 영화

1. **교훈적 혹은 교육적 정보를 가지고 있는 영화(혹은 영상물)**
   예 데이트 과정과 데이트 코칭이 잘 담겨져 있는 〈데이트 닥터 히치〉
2. **내담자들이 흥미와 관심을 가지고 쉽게 접근할 수 있는 영화**
3. **문제 해결을 위한 '매력적인, 전문적인 혹은 친근한' 역할 모델(good/bad)이 등장하는 영화**
   예 청소년 또래상담의 모델이 되는 친근감 있는 소년을 다룬 〈찰리 바틀렛〉
4. **좋은 모델과 부정적 모델이 함께 캐릭터화되어 있어 특정 행동이 비교 · 평가 가능한 영화**
   예 의사소통과 관련하여 상반된 좋은/부정적 모델이 등장하는 〈마빈의 방〉
5. **내담자의 부정적 사고에 대해 깨닫게 해 줄 수 있는 영화**
   예 온갖 역경을 이겨 내고 화가로 성공한 크리스티 브라운의 이야기를 다룬 〈나의 왼발〉

분만을 짧게 편집하여 볼 수 있다. 또한 지시적 접근에 유용한 정보를 담고 있다면 광고, 다큐, 애니메이션 등 모든 영상물과 사진을 포괄할 수도 있다.

4. 지시적 접근을 활용한 영화치료 사례

프루에Frueh는 1995년 베트남전쟁 참전으로 인한 정신적 상처로 힘들어하는 병사들에게 베트남전쟁을 다룬 영화 〈디어 헌터The Deer Hunter〉(1978)를 반복적으로 보여 주어 자신의 상처를 수용하고 치유하도록 하는 노출치료를 시행하였다. 그 결과 병사들의 자존감이 높아지는 효과가 있었다.

김정석(2004)은 영화 관람을 통해 분리되었던 가족이 회복될 수 있도록 도움을 주고자 하였다. 예를 들어, 가족의 새로운 출발을 보여 주기 위해서 영화 〈아름다운 비행Fly Away Home〉(1996)을 제시하였다. 이 영화에서 어려운 상황에도 불구하고 가족이 문제를 해결해 나가는 모습을 보며 현재 가족 구성원들이 문제를 해결하고 새로운 시작에 대한 희망을 가질 수 있게 하였다.

최명선(2004)은 병사들의 스트레스 대처방식에 변화를 주기 위해 영화치료를 활용하였다. 예컨대, 영화 〈쇼생크 탈출The Shawshank Redemption〉(1994)을 통해 자유의 제한에 대한 긍정적 해석 및 속박되는 상황에 대한 건강한 대처 방안을 모색하도록 하였으며, 영화 〈인생은 아름다워Life is Beautiful〉(1997)를 통해 긍정적인 인생관과 건강한 방어기제의 모델을 제시하였다.

서정임(2006)은 청소년의 양성평등 교육을 위한 영화치료 프로그램을 구성하였다. 남녀의 차이를 이해하기 위해 〈체인지〉(1997), 성에 대한 고정관념을 깨트리기 위해 〈지 아이 제인G. I. Jane〉(1997), 양성 평등한 직업관을 갖기 위해 〈미스터 주부 퀴즈왕〉(2005), 그리고 완전한 양성평등에 대한 이야기를 나누기 위해 〈올란도Orlando〉(1993) 등을 제시하였다. 그 결과, 〈체인지〉는 비슷한 연령대의 이야기를 소재로 했다는 면에서 호응도가 컸고, 남녀의 몸이 바뀐다는 코믹한 설정이 재미를 증가시켜 꽤 집중력 있게 영화 보기가 이루어졌다. 영화를 보면서 청소년들은 "얌전한 은비가 몸이 바뀐 후 성격도 터프하게 바뀌는 것 자체가 성차별적인 것 같다."라든가 "한 번씩 반대의 성이 되어 보는 것도 재미있을 것 같다. 그러면 상대방을 더욱 잘 이해할 수 있을 것이라 생각한다." 등의 반응을 보임으로써 양성평등 의식이 고양된 모습을 나타냈다.

최영희(2008)의 최근 연구에서는 중학생을 대상으로 영화를 활용한 분노조절 프로그램을 구성하였다. 이 프로그램에서는 영화 〈마스크The Mask〉(1994)를 통해 청소년 자신의 분노 감정에 대한 이해를 높였다. 즉, 주인공의 풍부한 표정 연기를 통하여 감정을 알아맞히고, 부정적 모델을 통한 관찰학습으로 화날 때의 자신의 정서를 이해하도록 하였다. 또한 〈마빈의 방〉에서 좋은 모델인 이모와 부정적 모델인 엄마의 대비되는 의사소통 방식을 통하여 타인에 대해 이해하고 공감하는 법을 알아보았다. 그 결과 중학생들의 공격성이 감소된 것으로 나타나, 향후 영화치료가 상담의 매우 유용한 도구로 활용될 수 있다는 가능성을 보여 주었다.

Tip 지시적 접근 시 주의점

지시적 영화 선택에서 좋은 모델과 부정적 모델 모두를 활용하는 영화가 지시적 접근에 적합하다는 것을 언급하였다. 그러나 때로 등장인물(모델)의 신념과 문제 해결책이 지나치게 이상적인 경우, 내담자는 치료자가 지나치게 높은 수준의 기대를 갖는다고 부담스럽게 여기거나, 등장인물의 행동이 모델링하기에는 지나치게 비현실적이고 실현 불가능하다고 인식할 수 있다. 이런 경우 치료자는 내담자의 일상과 영화를 브리징하는 데 어려움을 경험할 수 있다.

이와 같은 경우 치료자가 다큐나 뉴스 클립 같은 현실적 동영상을 활용하여 등장인물의 문제가 현실에서 일어나는 일임을 환기시키고 실현 가능한 일임을 확인시켜 주는 것이 영화 관람의 지시적 효과를 더 좋게 할 수 있다. 이러한 과정을 통해 내담자는 영화 클립에서 심리적 통찰을 보다 분명히 전달받게 된다. 예를 들어, 영화 〈마빈의 방〉에서 이모가 사춘기 청소년인 행크를 다루는 태도나 의사소통 방식이 지나치게 이상적이라고 느낀다면, 사춘기 아이들을 다룬 다큐나 뉴스 클립, 실제 사례를 함께 살펴봄으로써 영화의 지시적 효과를 극대화시킬 수 있다.

지시적 접근을 효율적으로 사용하기 위해서는 영화 속에서 심리적 통찰을 얻고 심리학적 지식과 영화를 함께 결합시켜야 한다. 이를 위해서는 지시적 클립의 내용이 5분이나 10분 정도의 짧은 것이라 할지라도 면밀한 사전 콘텐트 분석과 프로그램 내용의 구조화가 필수적이다.

연상적 접근

1. 연상적 접근

1) 정의

상호작용적 영화치료의 두 번째 방법은 연상적 접근the evocative way이다. 이 접근은 영화를 하나의 꿈이나 투사를 위한 도구로 가정하고, 마치 우리가 꿈을 꾼 후 그 기억을 활용하여 상담을 받듯이 영화 관람 후 자유연상되는 어린 시절의 기억과 중요한 타인에게 갖는 감정을 상담에 활용하는 것이다.

1장에서 설명했듯이, 영화는 집단적인 꿈과 비슷하다. 영화 속 스타는 현대의 신처럼 대접받고, 우리는 극장이란 제사장에서 영화를 상영하며 공동의 꿈을 꾼다. 어떤 영화가 우리 혹은 우리 사회와 공명할 때, 그 영화는 우리 영혼의 무의식적 영역과 우리 사회의 숨겨진 욕망과 접촉하게 된다.

그러므로 사람들은 어떤 영화를 보고 깊은 감동을 받을 수도 있고, 반대로 영화 속의 등장인물이나 어떤 장면을 보고 불편해하거나 당황할 수도 있다. 한밤중의 꿈을 이해하는 것처럼 말이다. 영화에 대한 정서적 반응과 연상적 기억을 이해하는 것은 무의식으로 가는 창이 되며, 둘 다 우리의 무의식적인 내면세계를 의식적인 수준으로 끌어낸다.

2) 꿈의 기능

꿈은 우리가 우리 자신과 나누는 대화로서 정신의 무의식층과 의식층 사이에서 메시지를 전하는 상징언어를 사용한다. 우리는 자신이 꾸는 꿈의 작가이면서 배우이고, 궁극적으로는 꿈의 의미를 가장 정확하게 감정할 수 있는 자다. 정신분석학자들은 꿈을 이해하려고 노력할수록 알아차리지 못하는 방식으로 자기 자신을 깨닫게 된다고 말한다. 이것이 가능한 까닭은 의식의 확장 자체가 때때로 건강하지 못한 패턴을 인식하여 사라지게 하고 우리의 진정한 자아를 다시 만날 수 있도록 돕기 때문이다. 결과적으로 내담자는 꿈을 통해 성숙을 도모하고 내적 충만함에 도달할 수 있다.

또한 꿈은 창조적 영감의 도구 역할을 해 왔다는 역사적 기록들이 존재한다. 그 기록들은 꿈이 은유와 상징으로 구성된 보편적 언어를 사용하고 있다는 것을 보여 준다. 꿈을 기억하고 기록하여 재조사하려는 노력을 기울일수록 놀라운 통찰력과 창조적 아이디어를 발견하게 되며, 혼란스러운 감정을 더 의식적으로 이해할 수 있게 된다.

꿈의 모든 표현은 하나의 은유적 이미지 안에 우리가 경험한 사실의 다양한 단계나 의미를 함축하고 있기 때문에 애매하고 불투명하게 보인다. 이런 복합적이고 다층적인 꿈의 특징 때문에 우리는 깨어 있는 상태에서 꿈의 의미를 파악하려고 노력할 때 꿈의 은유적 표현에서 충분히 다양한 의미를 파악해 낼 수 있다.

한 예로 어떤 여자 아이가 사촌들과 동생들과 들판으로 소풍을 나간 꿈을 꾸었다. 그런데 다른 아이들의 어깨에서 모두 날개가 돋아나 그녀

혼자만 남겨 두고 하늘로 올라가 버리고 말았다. 그녀는 몹시 심한 두려움에 떨며 들판 주변을 둘러보면서 아이들의 이름을 불렀지만 누구 하나 보이지 않았다. 프로이트를 위시한 정신분석학자들은 이 꿈이 여자 아이가 사촌들과 동생들이 모두 사라져 버려서(혹은 죽어 버려서) 자신만이 부모의 사랑을 독차지했으면 하고 바라는 무의식의 욕망을 반영한다고 보았다.

특히 유난히 기억이 잘 나는 꿈, 너무나 생생한 꿈, 깨고 나서 여러 가지 복합적인 감정을 불러일으키는 꿈 등 독특하고 특별한 '큰 꿈'들은 그것을 기억해 두고 그에 연관되는 연상들을 자유롭게 해 나가면 무의식적 기억의 자극을 받아 기대 이상의 통찰을 얻게 된다고 한다.

3) 연상적 접근의 장점

우선 연상적 접근은 영화를 활용하여 내담자의 어린 시절의 기억에 매우 쉽게 도달하게 만든다. 어떤 내담자들은 어린 시절의 기억이 전혀 나지 않는다거나, 심지어 최근 몇 년의 기억을 빼놓고는 아무것도 기억나지 않는다는 등의 반응을 하는 경우가 있다. 이는 대부분 심한 억압의 결과다. 영화를 활용한 연상적 접근을 할 경우, 영화는 내담자의 오감 모두를 자극한다. 그리하여 영화 자체가 하나의 자유연상을 위한 도구가 되어 잔영처럼 과거의 기억들이 떠오르고, 그 가운데 내담자도 미처 깨닫지 못한 색다른 이미지와 억압된 기억이 떠오를 수 있다.

일례로 한 내담자는 영화를 통한 부정적 신념 다루기 작업에서 타인의 시선을 몹시 의식하고 성격이 소심한 주인공이 나오는 〈사이드 웨이

Side Way〉(2004)란 영화를 보았다. 후속 상담에서 내담자는 '나는 다른 사람의 시선을 견뎌 낼 수 없다.'는 부정적 신념을 쓴 직후 갑자기 자신의 이러한 지나친 수줍음이 자기 형이 동네의 살인사건에 휘말리던 날부터 시작되었다는 것을 깨닫는다. 내담자의 표현에 따르면 그 후로 기억이 갑자기 백지처럼 하얗게 변해 버렸는데, 놀랍게도 20년 전 잊고 지냈던 기억을 영화 관람 후 갑자기 꺼내게 된 것이다.

둘째, 연상적 접근은 내담자로 하여금 방어 수준을 낮추어 어린 시절의 기억을 통해 '퇴행'[1] 하게 만든다. 연상적 접근에서 영화를 보다 보면 정서적 동요가 일어나면서 평상시에는 쑥스러워서 혹은 계면쩍어서 하지 못했던 감정적 퇴행을 하는 경향이 생긴다. 이는 영화가 촉발하는 강력한 정서와 어린 시절의 기억이 일상적인 '방어를 낮추게 만드는 것'이다.

마지막으로 연상적 접근과 심리적 퇴행을 통해 우리는 우리 속에서 상처받았거나 억압된 '내면아이'를 만나게 된다. 그리고 이러한 내면아이를 의식 수준으로 꺼내어 이야기함으로써 그간 억압했던 심리적 외상을 아물게 하고, 상처가 되는 기억을 재해석할 수 있게 된다.

1) 퇴행regression이란 어떤 사람이 심리적 장애를 만나 욕구불만에 빠질 경우 이미 심리적으로 성숙한 발달 단계에 도달했을지라도 정신 발달 이전의 미성숙한 발달 단계로 되돌아가 더 원시적이고 미숙한 행동을 취하는 것을 말한다.

2. 연상적 접근의 치유 요인

1) 의식화

연상적 접근은 무의식적 기억을 스크린이라는 거울을 통해 바라보고 다시 현실로 이끌어 낸다. 무의식에 갇혀 있던 외상적 기억과 불안이 의식의 표면으로 나오게 되면 기억 자체가 재해석되고 축소화될 수 있다. 내담자들은 흔히 자신의 상처와 외상적 기억이 무엇인지도 모른 채 각종 불안을 경험하고 살아간다.

일단 그러한 기억이 의식화되면 자신은 더 이상 어린아이가 아니며 그것을 잘 다룰 수 있다는 것을 깨닫는다. 또한 과거는 단지 과거로 보고 흘려버리거나 수용하는 방법에 대해 배운다. 이것은 마치 자신이 살던 어릴 적 집이 무척이나 커 보였던 아이가 어른이 되어 다시 그 장소를 찾았을 때 기억 속의 집과 달리 실제 집이 매우 작다는 것을 깨닫게 되는 것과 비슷한 심리적 과정이다.

2) 은유화: 메타포를 통한 자기 이해

연상적 기억을 통해 내담자가 언어로 또는 시각적으로 표현한 많은 상징들은 일종의 내담자가 만들어 낸 메타포라 할 수 있다. 예를 들어, 한 여성은 〈사쿠란Sakuran〉(2007)이란 영화를 본 후 자유연상에서 영화에 등장하는 '죽은 꽃'을 연상해 냈다. 그 꽃은 사람들이 너무 많이 만져서 다시는 꽃을 피울 수 없는 것이다. 이것은 내담자가 느끼는 심한 우울감과 자아상의 상처와 균열, 절망감을 드러내는 메타포라 하겠다.

헤스턴Heston과 코트먼Kottman을 위시한 많은 영화치료자들은 영화가 여러 가지 감각 양식으로 작용하면서 메타포 혹은 상징이나 의미를 전달한다고 주장했다. 무어Moore는 비주얼 메타포의 사용이 내담자로 하여금 더 영적인 수준에서 인생의 의미를 발견하고 인생을 더 가치 있고 의미 있는 것으로 경험하게 만든다고 하였다. 연상적 접근법을 적절히 상담에 활용할 때, 내담자는 삶의 의미를 성찰하고 개인적 이해를 심화시킨다.

3. 연상적 접근을 위한 영화 선택

연상적 접근에서 스크린은 교육의 도구가 아니라 내담자의 무의식적 욕망을 반영하는 하나의 거울이라 할 수 있겠다. 그러므로 어떤 영화가 내담자의 무의식에 노크할 수 있을지 치료자가 미리 예측한다는 것은 거의 불가능에 가까운 일이다. 연상적 접근에서는 지시적 접근에서처럼 적절한 영화의 선택이 중요한 것이 아니며, 내담자가 어떤 영화에서 어떻게 강력한 영향을 받는지가 더 중요하다.

이 접근법을 선호하는 치료자들은 영화에 이미 치료적(혹은 치유적) 요소가 있지만 '일반 관객들 중 치료를 위해 영화를 보려는 사람은 없다.'는 것을 강조한다. 연상적 접근에서 치료자들은 일단 내담자가 몇 번씩 반복해서 보거나 내담자에게 매우 강렬한 인상을 남긴 영화(마치 내담자의 중요한 꿈과도 같은 영화)를 더 중요시할 것이며, 그 이유에 대해 알아보는 것에 흥미를 느낄 것이다. 그리고 꿈을 통해 내담자들의 무의식을 분석하듯 이 영화를 통해 내담자의 무의식이나 영화가 내담자의 삶에 갖는 의미에 대해서 분석할 것이다. (만약 치료자가 내담자에게 중요한 영화를 아직 못 봤다면 상담을 위해 오히려 내담자가 지목한 그 영화를 볼 수도 있다.)

연상적 접근에서 특정 영화가 우선시될 수는 없지만, 영화를 도구로 해서 그 밑의 숨겨진 의미와 기억을 명료하게 드러내려고 노력할 때 더 도움이 될 만한 영화 선택의 지침 정도는 마련할 수 있을 것이다. 영화 관람에서 보상받는 내담자의 일관된 발달상의 결핍이나 과잉 혹은 영화와 연관된 아동기의 감정 양식이 드러나게 하기 위해서는 내담자에게 퇴행 기제를 일으킬 만큼 정서적인 뉘앙스가 풍부하고 감동을 주는 영화, 다양한 메타포를 이끌어 낼 만큼 강렬한 시청각적 자극이 있는 영화가 도움이 될 것이다. 또한 가족의 상실이나 애증 등의 양가감정을 다룬 영

〈표 3-2〉 연상적 접근에 적절한 영화

1. 기본적으로 연상적 접근에 적절한 영화란 없으며, 그보다 내담자가 어떤 영화에서 어떻게 영향을 받는지가 더 중요하다.
2. 내담자가 반복 관람하거나 각인된 혹은 잊지 못하는 영화 혹은 장면들
3. 가족의 갈등이나 애증 등의 양가감정 등을 다룬 영화(아동기의 감정 양식을 드러나게 하는)
   예 〈미스 리틀 선샤인〉 〈날아라 허동구〉 〈천하장사 마돈나〉 〈황금연못〉 등
4. 내담자에게 퇴행 기제를 일으킬 만큼 진한 정서와 감동을 주는 영화
   예 각종 뮤지컬, 멜로 영화, 코미디 등
5. 강렬한 시청각적 자극이 있는 영화
   예 〈빅 피쉬〉 〈그랑 블루〉 〈사쿠란〉 〈빈집〉 등

화들도 공통적으로 내담자들에게 자신의 가족관계와 그에 따른 어린 시절의 기억을 되살려 주는 데 많은 도움을 줄 것이다.

4. 연상적 접근 기법

1) 자유연상을 활용하라

근본적으로 연상적 접근의 기법은 정신분석학에서 실시하는 자유연상 기법과 본질적으로 비슷하다고 하겠다. 한 예로 프로이트는 자신의 자유연상이론을 설명하기 위한 모형으로 기차 여행을 들었다. 그는 자유연상을 하기 쉽게 내담자에게 다음과 같이 이야기했다.

> "열차 창가에 앉아서 복도 쪽에 앉은 사람에게 당신이 보고 있는 바깥 풍경이 어떻게 바뀌고 있는지를 설명해 주는 여행객이 된 것처럼 행동하십시오."

이와 비슷하게 우리는 연상적 접근을 시작하면서 내담자에게 다음과 같이 이야기할 수 있다.

> "열차 창가를 하나의 커다란 스크린이라고 가정합시다. 일단 가장 생생한 장면이나 대사부터 시작하세요. 인상적인 주인공을 상상해도 좋습니다. 당신은 복도 쪽에 앉은 사람에게 당신이 지금 보고 있는 영화의 풍경이 어떻게 서서히 바뀌고 있는지 설명해 주는 여행객이 된 겁니다."

2) 영화 속 요소를 연상에 모두 활용하라

연상의 시작은 영화에서 가장 생생한 장면이나 배우의 얼굴, 풍경, 대사, 음악, 조명 등 영화 속 어떤 요소든 상관없다. 영화의 모든 요소를 사용하여 다음과 같이 질문한다.

> "영화 속에서 가장 강렬하게 기억에 남는 사건은 무엇인가요? 가장 맘에 들었던 장소나 인물은? 연상되는 영화 속 등장인물, 배경, 장소 등을 기억해 봅시다. 혹 영화 속에서 외면하고 싶은 대상이나 장소가 있습니까? 그에 연관되어 생각나는 것은 무엇입니까?"

3) 자기 검열이 없도록 배려하라

영화를 본 후 자유연상 끝에 떠오르는 어린 시절 내담자의 기억은 영화의 톤과 영화가 주는 정서에 따라 각양각색일 것이다. 예를 들어, 우리는 인간이기 때문에 관능적인 장면이 등장하는 영화를 보면 그와 연관된 기억이나 성적 욕구를 느낄 수 있다. 이런 경우는 자기 검열 없이 모든 것을 물 흐르듯 이야기하는 것이 가장 중요하다.

연상적 접근에서 영화치료자는 내담자가 내놓은 어떤 이야기도 절대로 비판하지 않는다. 내담자의 기억이 의식적으로 만들어지는 것이 아니라 반사적으로 이루어지도록 배려한다. 자기 검열 없이 내담자의 무의식에 다가가기 위해서는 다음과 같은 언급이 유용할 것이다.

> "우리가 우리의 기억을 떠올릴 때는 자기 검열 없이, 이것은 유치하다 저것은 괜찮다는 식의 판단 없이 어떤 것이든 모두 다 말해도 됩니

다. 당신이 말하는 내용은 밖으로 절대 나가지 않습니다."

4) 기억의 촉진자가 되어라

연상적 방법을 사용할 경우 영화치료자는 내담자의 스쳐 가는 기억들에 귀를 기울이는데, 때때로 내담자의 이야기가 고갈되거나 멈칫하는 경우가 있다. 이는 내담자의 마음속에 어떤 중요한 기억이 떠오르는 징조일 수도 있고, 내담자가 그런 기억이 떠올랐는데도 꺼내 놓기를 주저하는 상황일 수도 있다. 이때 영화치료자는 지긋이 기다려 주거나 "무엇이 더 기억나나요? 말씀해 보세요." "뭔가 중요한 것이 떠올랐나요?"와 같은 질문을 던짐으로써 내담자의 이야기를 중단시키지 않는다.

5) 다양한 방법을 활용하라

때로는 떠오르는 기억들을 꼭 말로 할 필요가 없다. 그림을 그리든 사진이나 영화를 찍든, 내담자가 원하는 다양한 방법으로 영화 속 이미지, 아이디어, 에너지를 표현하도록 내버려 둔다. 눈을 감고 연상을 할 수도 있다. 그 내용이 의외이거나 우습거나 기발한 것들도 환영해 준다. 즐겁고 편안한 분위기에서 상상력에 불을 붙여 생각이 자연적으로 발화하도록 돕는다. 하나하나 이치를 따지는 것이 아니라 즉각적인 연상이 가능한 것이라면 어떤 방법이든 활용해도 좋다.

6) 연상들을 결합시켜라

영화치료자는 하나의 연상에 얽매이지 말고, 가능하면 내담자가 다수의 연상을 내놓도록 격려한다. 치료자들은 때때로 내담자가 표현한 연상들을 결합시켜서 다양하게 만들어 더 풍부한 연상의 덩어리를 만들고, 이런 과정을 가장 중요한 기억(치료자의 판단이든 내담자의 판단이든 상관없이)에 이를 때까지 반복한다. 일례로 내담자가 사과와 기차를 연상했다고 하자. “음, 재미있네요. 사과 기차로군요. 사과로 만든 기차도 좋고 사과 모양 기차도 좋습니다. 무엇이 더 떠오르나요?”

5. 연상적 접근을 활용한 영화치료 사례

1990년에 털리Turley와 드레이든Dreyden은 구조화된 영화치료자들이라면 지나친 폭력의 행동화와 적대적인 태도 같은 부정적 모델링의 영향 때문에 선택하지 않을 공포 영화를 정신분석학적으로 활용하여 13세 비행 청소년의 양부에 대한 애착과 분노, 불안 등을 탐색하고 그 결과를 보고하였다.

심영섭(2007)의 영화치료에서 20대의 남성 내담자는 〈열세살, 수아〉(2007)를 보고 어린 시절에 어머니가 돌아오지 않아 집 밖에 홀로 남겨진 기억을 연상해 내었다. 그는 영화 속 주인공의 경미한 잘못들—외박하기, 학교 땡땡이치기, 일탈 여행, 연예인에 대한 열광—로부터 자신의 어린 시절의 기억을 이끌어 냈고, 돈을 주며 환심을 사려는 엄마 친구나 친해지려고 노력하는 엄마 애인을 ‘불쾌한 어른들’이라고 지칭했다.

그는 수아가 부모에게 체벌을 당하고 친구가 그녀의 비밀을 지키지 못하고 폭로했을 때 '슬픔, 우울, 분노, 외로움, 냉정함' 같은 강렬한 감정을 느꼈다. 그리고 그 장면 이후 깊은 바닷속, 비행기 안, 자신만의 비밀 공간, 화장실, 오래된 집 등을 연상했으며, 결국 어린 시절 집 밖에서 어머니를 기다리며 혼자 있던 자기 자신을 기억해 내었다.

그는 이런 기억을 떠올리게 되자 그 시절로 퇴행하여 어린아이처럼 엉엉 울었고, 집 안에 들어가기 위해 창문에 돌을 던지고 까치발을 디뎠던 기억의 세부까지 점차 의식화하였다. 그다음 그의 기억을 축소화하고 변형시키며 주변 사람들이 친구가 되어 혼자 있던 그와 함께 있어 주는 새로운 심상을 만드는 후속 작업이 이어졌다. 영화치료 후에 그는 이제까지 전혀 기억에 없었던 새로운 기억을 끄집어냈다는 것을 신기해했고, 자신이 혼자 있을 때 그토록 불안에 휩싸였던 원인을 찾아낸 것을 기뻐하였다.

심영섭(2007)의 또 다른 사례에서는 어린 시절 어머니를 여읜 경험이 있는 30대의 여성 내담자가 〈뽀네뜨Ponette〉(1996)를 본 후 차 위에서 미끄럼 타기를 반복하며 우는 아이, 사람들과 대화를 거부하고 인형과 노는 아이에게서 어린 시절 어머니를 상실한 자신의 모습을 보았다. 그녀는 뽀네뜨가 환상 속에서 엄마를 만나고 헤어지는 장면을 필두로 '외톨이, 책상 밑, 손톱 물어뜯기' 등을 연상했으며, 그때마다 강렬한 슬픔과 분노, 그리움, 허전함, 불안함 등을 느꼈다.

많은 후속 상담을 거쳐 그녀는 어머니를 상실한 시절의 기억들을 더 생생히 떠올렸고, 이를 재연하는 역할극을 통해 상실을 재경험 · 재해석하는 과정을 거쳤다.

Tip 연상적 접근 시 주의점

대개의 경우 연상적 접근을 하더라도 자연스럽게 지시적 접근이나 정화적 접근이 통합되어 사용되는 경우가 많다. 특히 어린 시절의 억압된 기억이나 외상적 기억을 떠올린 내담자들은 자연스럽게 그에 따른 강렬한 정서를 경험하게 된다.

이러한 정서를 적절히 다루기 위해 영화치료자는 몇 가지 상담의 기초 기술이 필요할 것이다. 연상적 접근 후에 내담자의 기억을 다루어 줄 수 있는 내면아이 치유나 역할극, 빈 의자 기법, 인형극 활용 등 간단한 상담 기법을 결합시킬 수 있다. 또한 연상적 기법은 영화치료 내에서도 셀프 매트릭스 만들기나 영화 만들기 치료로 가는 징검다리 역할을 하므로 영화치료 내의 다른 심화된 기법들과 결합시킬 수도 있다.

정화적 접근

1. 정화적 접근

1) 정의

상호작용적 영화치료에서 정화적 접근the cathartic way이란 영화 관람을 통해 웃음과 울음, 분노, 두려움 등의 다양한 감정을 경험하고 억압된 감정을 방출함으로써 감정적인 정화와 정서적 고양 상태를 경험하는 것을 말한다.

생각을 재구조화하고 문제를 해결하도록 도와주는 것과 더불어, 많은 영화는 내담자에게 강렬한 정서를 전달해 준다. 내담자는 영화를 통해 울고 웃음으로써 감정을 억압하려는 본능을 중화시키고 정서적 방출을 촉진한다. 관객은 정서를 촉진함으로써 마음의 문을 열고 영화 속의 특정 캐릭터나 그들의 고난과 감정에 동일시하게 된다.

그리하여 감정이 더욱 증폭되고 내면의 억압된 감정이 방출됨에 따라 일시적으로나마 마음이 후련해지는 정서적 환기emotional ventilation가 이루어진다. 동시에 우리의 정신이 고양되고 우울로 고갈된 에너지가 재생되는 느낌을 받는다. 영화를 보며 깔깔거리며 웃는 것은 긴장과 스트레스와 고통을 완화시키는 신체적 작용을 한다. 그리고 신체의 편안함이 증가하면 심리적 상태도 향상된다. 웃음은 공격성과 공포를 감소시킬 뿐 아니라 불안을 완화시킨다.

대니 웨딩Danny Wedding은 용기, 호기심, 사랑 등 긍정적 심리학과 연관된 영화를 감상할 때 **영화적 고양**cinematic elevation 상태를 경험한다고 주장했다. 영화적 고양 상태란 등과 목과 머리에 온기와 떨림 같은 신체적 감각이 전달되면서 스스로 좀 더 가치 있는 윤리적 선택을 하게 되고 자신을 좀 더 나은 사람으로 느끼게 되는 정신적 상태를 일컫는다.

2) 정화/카타르시스

카타르시스는 고대 그리스 시대에 아리스토텔레스가 『시학Poetica』에서 처음 사용한 용어다. 아리스토텔레스는 비극의 정화적 힘을 주장했는데, 그것이 왜곡된 감정을 닦아내고 심리적 외상을 치유한다고 믿었다. 그리스어로 카타르시스catharsis는 원래 순화純化를 의미하며 정화淨化, 처방 등의 뜻을 가지는데, 심리학에서는 억압된 감정이나 놀란 감정을 방출하는 것을 말한다. 아리스토텔레스는 비극이 관객에게 동정과 공포를 불러일으킴으로써 정서 순화의 작용을 하고 인간은 이를 매개로 하여 원인과 결과 간의 필연적 연쇄를 깨닫게 된다는 것을 이미 그리스 시대에 갈파하였다.

정서를 신체적으로 느끼는 대신 주지화하여 인지적으로 처리하는 문화적 관습은 스트레스를 지속시키고 연장시키는 경향이 있다. 이런 경우 정서는 우리의 마음뿐 아니라 몸에도 저장된다. 정화는 전통적으로 내담자의 억압된 정서에 접근하여 그것을 방출할 수 있도록 도와준다. 이는 내담자가 정화를 많이 경험할수록 빠르게 치유의 과정을 밟는다는 가정을 근거로 한다. 특히 고통스러운 정서는 우리 몸에서 스트레스 물질을 만들어 내는데, 정화를 통해 묻혀 있던 감정이 방출되고 스트레스에 맞설 수 있는 힘이 생겨난다. 조물주는 고통을 통과하거나 뛰어넘도록 웃음과 울음 같은 선천적인 정화과정을 주었다.

3) 정화적 접근의 장점

우선 정화적 접근을 활용하면 기존의 언어적 상담을 할 때보다 단기간 내에 다양한 정서를 경험하게 할 수 있다. 영화 자체가 단 2시간 안에 풍부한 정서를 느낄 수 있도록 스토리, 캐릭터, 음악 등 다양한 장치를 배열하기 때문이다. 이렇게 방출된 정서는 자신의 마음 상태에 대한 정보를 제공하고, 자신이 억압했던 정서가 무엇이며 왜 그것을 억압하게 되었는지 생각하게 만든다. 이를 흔히 '영화를 통한 정서적 통찰'이라 일컫는다.

둘째, 정화적 접근에서는 이처럼 방출된 정서가 상담자와 내담자의 친밀감을 높여 주고 라포 형성에 기여한다. 영화를 통해 상담자가 내담자와 비슷한 정서적 경험을 할수록 서로 간에 유대와 응집력이 증대되어 쉽게 신뢰를 쌓을 수 있게 된다.

셋째, 정화적 접근에서 영화 관람 후 방출되는 정서는 내담자와 상담자 간에 일종의 의사소통 기능을 한다. 정서는 주로 표정과 자세, 그리고 목소리의 고저와 빠르기, 톤, 크기 등의 비언어적 형태로 전달되는데, 이를 통해 상담자는 상당히 미묘한 내담자의 마음 상태까지도 감지할 수 있게 된다.

마지막으로 정화적 접근에서는 상담자가 내담자의 정서를 정확히 공감하고 그것의 근원과 이유를 함께 논의함으로써 내담자가 대인관계에서 어떤 문제에 처해 있는지, 그것을 어떻게 해결해야 할지 등에서 도움을 줄 수 있다. 특히 내담자는 자신의 정서를 이해하고 또 이해받는 과정에서 상대방의 감정을 이해할 수 있게 되고, 좀 더 상대방의 정서를 배려하는 법을 배운다. 또한 내담자가 자신의 정서를 적절히 표현하는 것은 문제를 직접적으로 해결하는 데 도움을 준다. 이와 같은 정서의 표현과 이해는 대인관계에서 필수적인 부분이다.

2. 정화적 접근의 치유 요인

1) 감정의 승화

앞서 살펴보았듯이, 정화적 접근에서는 영화를 관람하면서 내담자가 자신의 슬픔, 분노, 갈등, 공격성 등을 밖으로 끌어내어 표현함으로써 억눌린 감정을 승화시키도록 돕는다. 여기서 승화란 정서적 긴장이나 원초적 욕구를 용납될 수 있는 방식으로 변형시키고 적응하도록 도와주는 심리적 기제다.

이러한 정서적 승화는 특정한 욕구나 충동에 대해 무조건 자신의 정서에 따라 행동화하기보다 정서가 환기된 상황에서 보다 성숙한 '판단'을 내릴 마음의 여유를 주는 기능을 한다. 이것이 감정의 승화에 따른 '정화적 판단'이다. 정서적 승화는 행동에 이성적인 요소가 들어오도록 돕는다.

2) 심리적 위로

영화 속 등장인물은 내담자와 마찬가지로 많은 인생의 문제에 대해서 고민하기도 하고 대인관계에서 갈등을 겪기도 한다. 때로 그들은 삶의 문제로 고통을 받는다. 내담자들은 이러한 등장인물을 보면서 자신만이 세상에서 고통받는 존재가 아니라는 것을 직관적으로 이해하게 된다. 예술치료가인 닐Knill의 말처럼, 내담자는 자기 내부에 존재하는 고통이 '존재하고 오기coming-to-be'와 '가버리기passing away'를 수용하고 심리적 위로와 평화를 느끼게 되는 것이다.

3) 대리 만족

적당한 선에서라면 정화적 접근은 내담자로 하여금 고통스러운 현실과 여러 가지 문제로 복잡해진 머리를 식히고 현실적 문제에서 일시적으로 벗어나도록 도와준다. 또한 영화를 보며 내담자는 중요한 어린 시절의 관계를 반복할 수 있고, 자신의 성 정체감이나 결핍, 욕망, 그리고 영웅심리나 관심 끌기 같은 판타지를 대리 만족할 수 있게 된다. 이를 통해 내담자는 내면의 충만감과 만족감이 증가하고, 정서적으로 고양된 상태에서 자신의 판타지와 현실을 오가며 현재의 문제와 결부된 감정들을 탐색할 수 있는 힘을 얻는다.

3. 정화적 접근을 위한 영화 선택 및 기법

정화적 접근의 효과를 극대화하기 위해 영화치료용 영화들은 응당 관객의 주의를 영화에 집중시키고 치료자가 목표로 한 정서를 잘 불러일으켜야 한다. 그런데 한 편의 영화에는 여러 가지 복합적인 정서가 포함되어 있다. 따라서 치료자들은 내담자들에게서 특정 정서를 보편적으로 불러일으키기 위해 어떤 '장르'가 어떤 '정서적 장치'들을 가지고 있는지를 이해하는 것이 필수적이다.

1) 슬픔의 정서

(1) 장르: 멜로드라마

애초에 멜로드라마 장르는 음악melody과 드라마drama가 결합된 이야기 형식에서 출발하였다. 음악이 결국 정서와 직결되듯, 멜로드라마 역시 관객에게서 충만한 감정 상태를 이끌어 내기 위해 만들어진 결혼, 이별, 직업, 가족 이야기 등으로 이루어져 있다.

내러티브 구조상 멜로드라마는 보통 순수한 동기에 의해 사랑에 빠진 커플이 결혼, 직업, 핵가족 문제들과 관련된 억압적이고 불평등한 사회 환경에 의해 희생되는 이야기 구조를 지닌다. 예를 들어, 〈로미오와 줄리엣Romeo & Juliet〉(1968)에서는 불운한 연인의 사랑을 가로막는 가족 간의 원한과 그것을 뛰어넘으려는 연인의 처절한 노력이 이야기의 주를 이룬다. 한국의 멜로 영화 〈약속〉(1998) 역시 두 주인공을 가로막는 것은 여성 의사와 폭력조직의 두목이라는 신분의 차이다.

이와 같은 신분과 사회적 제약 등의 설정으로 멜로드라마는 눈물이 정당화되고 슬픔과 동정이 관련되어 있다. 그리고 그 핵심 문제에는 '인간관계'가 놓여 있다. 멜로드라마의 지배적 정서 반응은 동정과 애정(주인공은 불운한 사람이면서 동시에 타인을 위해 자신을 희생하는 존경 또는 애정의 대상)으로, 관객이 '자기 희생'에 동조하도록 만든다.

(2) 기법

슬픔은 우울, 절망, 분노, 짜증, 좌절 등 다른 종류의 정서적 경험으로 나타날 수 있다. 이러한 감정의 기저에는 보통 우리가 떠나보내고 상실한 것에 대한 상처가 있다. 슬픔은 치유의 과정이고 우리가 깊이 공감하는 마음으로 그 고통을 경험하고 인정하고 표현할 때 변형의 과정이 될 수 있다. 정화적 접근에서 영화치료자들은 슬픔 역시 분노처럼 유용한 기능과 단점이 있다는 것을 내담자로 하여금 깨닫도록 도와야 한다.

영화에서 슬픔의 감정을 느끼고 그것을 현실 생활과 브리징하면 다음과 같은 효과가 있다.

- 슬픔을 유발하는 상황을 피할 수 있다.
- 실패의 이유를 헤아릴 수 있다.
- 타인의 관심과 동정심을 유발한다.
- 타인의 공격성이 일시적으로 누그러진다.
- 타인의 슬픔에 공감하는 능력이 발달된다.

(3) 연습: 공감적인 방법으로 고통(슬픔)과 함께하기

영화 〈굿바이Good & Bye〉(2008), 〈하치 이야기Hachiko: A Dog's Story〉(1987) 등등.

- 영화 클립을 감상한 후 특정 등장인물에 대해 느껴지는 슬픔의 감정을 충분히 이야기하게 한다.
- 다음과 같은 질문을 통해 내담자의 삶과 영화를 브리징한다. 지나간 일 혹은 현재 당면하고 있는 문제와 관련하여 참을 수 없는 슬픔이 일어났던 사건이 있는가? 나는 어떻게 슬픔의 감정을 처리하였나? 그로 인해 얻어진 이익이나 손해(감정적 혹은 물질적)가 있었나?

- 다음과 같은 질문을 통해 슬픔에 대한 정서적 통찰을 할 수 있도록 도와준다. 슬픈 감정을 다른 방식으로 처리한다면 어떻게 바꿀 수 있나? 그로 인해 감정이 어떻게 변화되었는가? (누그러졌나, 충분히 방출되었나, 혹은 더 높은 수준의 감정이 올라왔는가?)

2) 분노의 정서

(1) 장르

장르 불문, 특정 장르 없음

(2) 기법

분노, 화anger는 누구나 느끼는 정서다. 정신건강의 측면에서 우리는 분노를 매우 부정적인 정서로 인식한다. 그러나 때로 분노의 감정을 느끼고 표현하는 것은 정서적 환기에 대단히 중요한 요소가 된다. 정화적 접근에서 치료자는 분노의 유용한 기능과 분노 조절방법을 내담자가 깨우치도록 도와줄 필요가 있다.

영화에서 분노의 감정을 느끼고 그것을 현실 생활과 브리징하면 다음과 같은 효과가 있다.

- 목표 달성에 필요한 에너지 또는 행동의 강도가 증가된다.
- 표현적 기능이 있다.
- 표현을 통해 자원 획득과 생존 능력이 발달된다.
- 불안을 둔감화하고 무력감을 막아 준다.

(3) 연습: 통제 욕구와 분노 탐색하기

영화 〈클로저Closer〉(2004), 〈적과의 동침Sleeping with the Enemy〉(1991) 등 영화 클립을 감상한 후 특정 등장인물에 대해 부정적으로 느껴지는 분노의 감정을 충분히 이야기해 본다.

- 다음과 같은 질문을 통해 내담자의 삶과 영화를 브리징한다. 지나간 일 혹은 현재 당면하고 있는 문제와 관련하여 참을 수 없는 분노가 일어난 사건이 있는가? 나는 어떻게 분노의 감정을 처리하였나? 그로 인해 얻어진 이익이나 손해(감정적 혹은 물질적)가 있었나?
- 다음과 같은 질문을 통해 분노에 대한 정서적 통찰을 할 수 있도록 도와준다. 분노 감정을 다른 방식으로 처리한다면 어떻게 바꿀 수 있나? 그로 인해 감정이 어떻게 변화되었는가? (누그러졌나, 충분히 방출되었나, 혹은 더 높은 수준의 감정이 올라왔는가?)

Tip 적절한 분노 표현을 위한 조언

- 최소한의 불화까지 두려워하지 말고 표현을 감행하라.
- 화를 내려고 시도했다가 그만두지 말고 얼굴 표정과 같은 비언어적인 표현을 사용하라.
- 즉시 화를 푸는 것을 피하고 너무 빨리 화해를 받아들이지 말라.
- 화가 난 것에 스스로 죄책감을 갖지 말고 분노를 정당한 것으로 받아들여라.

Tip 적절한 분노 통제를 위한 조언

- 짜증 유발 요인을 줄여라(소소한 요인들을 쌓아 두지 말라.).
- 우선 과제를 정해 스스로에게 말하라(모든 것을 중요하게 여기지 말라.).
- 상대방의 입장을 고려하라(상대방이 고의로 그랬다고 생각하지 말라.).
- 하룻밤을 고민하라(그 자리에서 대응하지 말라.).
- 상대방에게 의사를 표현할 시간을 주라(상대방의 말할 기회를 막지 말라.).
- 사람을 탓하는 대신 그의 행동에 집중하라(지나간 불만을 떠올리지 말라.).
- 자기통제가 어려울 때는 그 자리를 떠나라(언어, 신체 폭력까지 나아갈 수 있다.).
- 상황을 일단락 지어라(곱씹으면서 같은 상황을 만들지 말라.).

3) 웃음과 기쁨의 정서

(1) 장르: 코미디와 뮤지컬

코미디 장르는 관객에게 '웃음'을 선사한다. 이를 위해 코미디는 의도적으로 리얼리즘이나 관습을 거스른다. 지팡이 하나만 달랑 든 찰리 채플린이 경찰과 숨가쁜 추격전을 벌이다 결국 경찰을 따돌리는 장면은 경우에 따라서는 경찰이라는 사회적으로 인정된 권위를 무시해도 좋다는 감독과 관객들 간의 암묵적인 합의다.

이런 코미디가 사회적인 질서에 위배된다거나 위험한 신념을 관객에게 주입시키려 한다고 생각하는 사람은 거의 없다. 코미디는 사회적으로 억압된 긴장감을 웃음 혹은 유머와 같은 안전한 방식으로 해소할 수 있는 장르의 영화이기 때문에 사회적 · 심리적으로 유용한 기능을 한다.

웃음이 주는 즐거움은 현실적인 문제에서 즉각적으로 벗어나게 함으로써 강력한 정서적 방출을 수반한다. 우리는 명랑한 코미디 영화를 한 편 보면서 한바탕 웃음을 터트리고 나면 즉각 변화된 감정을 느끼게 된다. 주인공들의 실수가 재미있고 가볍게 그리고 너그럽게 묘사되어 있으므로, 코미디 영화에서 관객들은 자신이 저지른 실수나 실패가 돌이킬 수 없는 치명적인 것은 아니라는 위로를 받기도 한다.

뮤지컬은 행복의 복음서이며 결혼과 사회적 대통합을 강조하는 장르다. 뮤지컬 〈사운드 오브 뮤직The Sound of Music〉(1965)을 보면 신에게 서약한 수녀도 결국은 돈 많은 군인 귀족인 남자 주인공과 결혼하게 된다. 뮤지컬에서는 일반적으로 수녀–군인(즉, 휴머니즘–전체주의), 젊은 여자–늙은 남자, 반나치주의자–나치 등의 이항 대립적인 요소를 제기하고, 그로부터 빚어지는 갈등과 웃음을 음악에 녹아들게 하여 그들 간의 이데올로기 차이를 없애는 전략을 택한다.

결국 뮤지컬 장르는 현실에서는 존재하지 않는 음악과 춤을 자연스럽게 결합시킴으로써 가상의 유토피아를 관객에게 제공한다. 그렇기에 고전 뮤지컬은 소읍의 공동체 사이에서 빚어지는 갈등과 그것이 대통합되는 이야기 구조를 취한다. 또한 뮤지컬은 낙천주의, 행동주의, 휴머니즘, 유머, 위트 같은 긍정심리학을 반영하며, 빠른 전개, 로맨틱한 선율, 재즈적인 리듬 감각, 가수의 매력 등으로 관객들에게 기쁨과 즐거움, 안도감을 선사한다.

(2) 기법

영화에서 유쾌함과 기쁨을 느끼고 그것을 현실 생활과 브리징하면 다음과 같은 효과가 있다.

- 다른 사람들을 돕도록 부추긴다.
- 내담자를 보다 창조적인 사람으로 만든다.
- 보다 나은 의사결정을 하도록 돕는다.
- 내담자를 더욱 대담하게 만들어 준다. 이는 다양한 인간관계에서 긍정성을 상승시킨다.

(3) 연습: 기분 좋은, 기쁜 감정 느끼기

영화 〈헤어 스프레이Hairspray〉(2007), 〈메리에겐 특별한 것이 있다There's Something about Mary〉(1998) 등등.

- 영화 클립을 감상한 후 소감을 나눈다. 특정 인물에 대한 기쁘고 긍정적인 감정이 있다면 충분히 이야기해 본다.
- 내면에서 일어나는 정신적 고양과 기쁜 감정을 구체적으로 탐색하고 그 감정에 이름을 붙인다.
- 이후 그 감정을 실생활에서 어떻게 적용하고 활용할 수 있는지 치료자와 논의해 본다. 이를 통해 당면한 심각한 문제에서 한 걸음 물러나 미소 지을 수 있게 된다.

이상에서 제시한 영화 외에도 다음과 같은 영화를 선택하는 것이 정

〈표 3-3〉 정화적 접근에 적절한 영화

1. 풍부한 정서와 치료자가 목표로 하는 정서를 잘 구현하고 있는 장르의 영화
   예 멜로, 코미디, 뮤지컬 등의 장르 영화 및 각종 드라마
2. 삶의 실존적인 고통과 의미를 다루고 있으며 깊은 감동과 정서적 승화를 주는 영화
   예 〈굿바이〉 〈잠수종과 나비〉 등 KIFA에서 뽑은 10대 치유적 영화
3. 용기, 지혜, 호기심, 휴머니즘 같은 긍정심리학의 가치를 주제로 담고 있어서 보고 나면 정서적 고양을 일으킬 수 있는 영화
   예 〈인생은 아름다워〉 〈터미널〉 〈행복을 찾아서〉 〈호텔 르완다〉 등
4. 자아의 변형과 초월을 다룸으로써 좀 더 자신의 삶에 대해 정서적인 성찰을 하게 만드는 영화
   예 〈이끼루〉 〈오거스트 러쉬〉 〈하울의 움직이는 성〉 등

* 정화적 접근에 적합한 영화는 정서가 충만한 등장인물을 보여 주거나, 정서를 통제하는 방법을 가르치는 것이 아니라 내담자로 하여금 정서 자체를 느끼게 만들어야 한다. 예를 들어, 〈성질 죽이기〉는 분노 조절이 잘 되지 않는 주인공에 대한 내용을 담고 있으나 분노 자체를 일으키기보다는 오히려 코믹한 요소가 많다.
* 정화적 접근은 다른 두 접근법과 달리 정서를 일으키기 위해서 영화 관람의 길이가 충분히 길어야 한다(적어도 20분 이상).

화적 접근에 유용할 것이다.

4. 정화적 접근을 활용한 영화치료 사례

정화적 방법은 상호작용적 치료뿐만 아니라 이미 일상에서 이루어지고 있는 수많은 자기조력적 치료에서도 찾아볼 수 있다. 많은 사람이 영화를 보며 정서적 카타르시르를 경험한다. 카타르시스를 통해 방출된 정서를 삶의 새로운 에너지로 재구성하는 예는 다음 인용문에서도 발견할 수 있다.

Tip 정화적 접근 시 주의점

정화적 접근을 위한 영화 클립으로는 정서를 일으킬 만큼 충분히 길고(20분 이상) 클립 내에 어떤 클라이맥스나 기승전결의 과정이 있는 것이 내담자의 정서를 더 쉽게 불러일으킬 수 있다. 또한 내담자의 결핍, 동기, 욕망 같은 무의식을 건드리는 장면일수록 내담자의 정서를 더 깊게 불러일으키는 경향이 있다. 따라서 내담자에 대한 일차 평가과정 후나 상담이 어느 정도 진행된 후에 정화적 접근을 쓰는 것이 상담 초기보다는 더 효과적인 경우가 많다.

정화적 접근법은 잘 쓰면 강력한 효과가 있다. 하지만 내담자와 상담자 간에 라포 형성이 미흡한 경우, 내담자가 억압의 방어기제를 많이 쓰는 경우, 그 밖의 다른 경우에는 내담자가 영화에서 목표로 삼은 정서를 충분히 느끼지 못할 수 있다. 그럴 때에는 당황하지 말고 바로 그 지점에서 상담을 시작하면 된다. 왜 정서를 충분히 느끼지 못했는지, 영화의 어떤 부분 때문에 정서가 반감되거나 정서를 느끼기 힘들었는지 논의하면서 내담자의 내면에 대한 탐색을 시작하는 것이 좋다.

Tip 세 접근의 종합 비교

상호작용적 영화치료의 세 접근은 영화치료 과정에서 서로 밀접한 상관이 있기도 하고, 여러 접근이 동시에 개별 내담자에게 적용되기도 한다. 예를 들어, 대부분의 내담자들은 자신의 어린 시절의 중대 사건을 연상적 접근으로 기억해 내고, 그와 연관된 강렬한 정서를 느끼고 방출함으로써 카타르시스를 느낄 수 있다.

또 드물기는 하나 어떤 내담자들은 지시적 접근으로 영화치료를 시행하는 경우에도 강렬한 정서를 경험하기도 한다. 한 예로 의사소통 기술과 연관된 지시적 접근을 시행하는 과정에서 대학생 집단에게 〈마빈의 방〉에서 어머니가 아들에게 면박을 주고 극심한 통제를 가하는 특정 장면을 보여 주었다. 그런데 한 남학생이 벌떡 일어나 "저 여자 죽이고 싶어."라며 극렬한 분노의 반응을 보였다. 그 남학생은 자신의 어머니와 극심한 갈등을 경험하고 있는 중이었다. 이 경우에는 지시적 접근은 물론이고 어머니와의 관계에 있어 연상적 접근과 정화적 접근 모두가 필요했다.

결국 영화치료자는 세 가지 접근 중 어느 하나를 타깃으로 하여 영화치료를 수행해 나갈지라도 내담자에 따라 언제든 자연스럽게 이 세 가지 기법을 병행하고 통합하며 영화치료를 시행할 준비가 되어 있어야 한다.

〈표 3-4〉 상호작용적 영화치료의 세 접근법 비교

접근법 특징	지시적 접근	연상적 접근	정화적 접근
바탕 이론	인지 및 행동 심리학	정신분석학	정서심리학
치료자의 영화 선택	미리 선택	선택 필수 아님	선택 필수 아님
바탕 기법	모델링	자유연상	카타르시스
상담의 구조화 여부	구조화	비구조화	구조화와 비구조화 모두 가능
내담자 반응	예측 가능	예측 불가능	해당 영화에 따른 정서적 톤 예측 가능
심리기제	관찰학습	투사	동일시
제시되는 영화 분량	짧다(10분 이내)	길이 상관없음	길다(30분 이상)

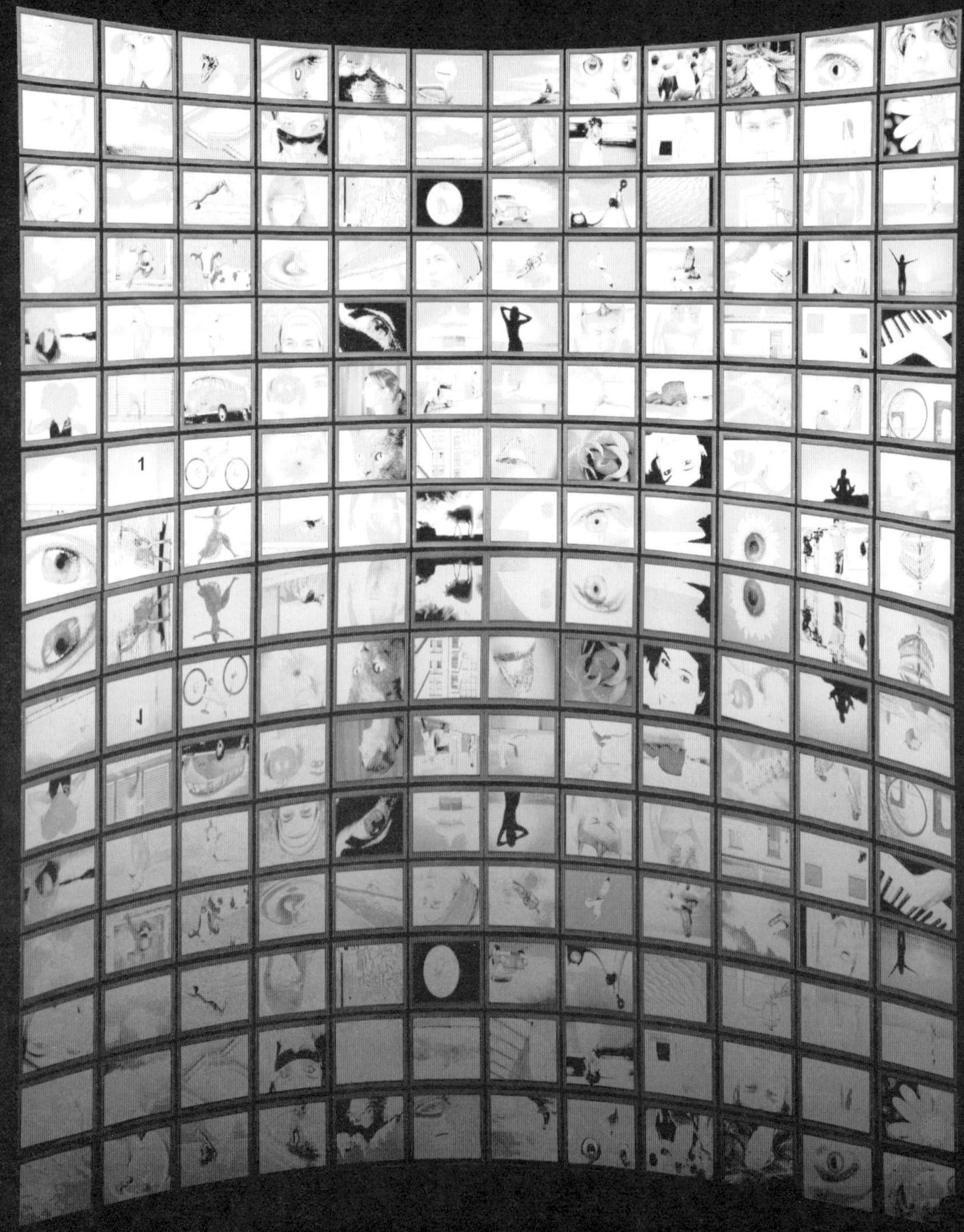

제4장

대상별 영화치료

아동 영화치료

1. 아동상담의 개요

1) 아동의 개념: 아동에 대한 이해

아동이란 학령기에 있는 아이를 말한다. 학령기는 만 6~12세의 초등학교 시기로 유아기와 청소년기를 이어 주는 교량 역할을 한다. 이 시기의 아동들은 생활의 중심이 가정에서 학교로 옮겨 감에 따라 사회적 환경의 변화를 경험하게 된다. 지금까지의 부모와 가족 구성원의 영향뿐만 아니라 교사, 또래 친구 등의 영향을 크게 받으면서 성격적 · 사회적 발달을 이루게 된다(이옥형, 1997).

(1) 신체 발달

아동은 신체 성장 · 발달이 원만하게 진행되며 신체체계가 전체적으로 안정된다. 아동들은 도전을 즐기고 흥분과 신체적 활동을 갈망하며 쉽게 지치는 법 없이 항상 활력이 넘친다. 그들은 다양한 활동과 경험, 특히 집 밖에서의 활동과 경험을 필요로 한다. 특히 학령기 아동은 자신의 신체적 특징과 또래의 것을 비교하여 신체상body image을 형성한다.

(2) 인지 발달

아동은 사고가 보다 질서 있고 조직적이고 논리적으로 되어 가며, 가역적 사고[1]와 탈중심화[2] 경향을 보인다. 가역적 사고는 처음 조작을 반대 방향으로 하면 원래의 결과가 된다고 생각하는 반환성과 두 특성을 상호 비교하여 그 관계를 통합할 수 있는 사고인 상보성의 두 조작 형태로 나타난다. 탈중심화 능력이 발달하면 자기 자신의 시각에서 타인의 시각으로 옮겨서 지각할 수 있어 다른 사람의 입장에서 생각하거나 감정 등을 추론해 이해할 수 있게 된다.

(3) 자아개념 및 정서 발달

초등학교 때는 자아개념을 신체적인 특징이나 겉으로 나타나는 행동 특성으로 묘사한다(남들과 다른 자신에 대해 기술해 보라고 하는 경우). 학령기에 자존감은 매우 중요하며 학교생활과 친구관계에서의 성공 여부와 관련이 있다. 또한 이 시기의 아동들은 자기 억제를 할 수 있지만 쉽게 흥분하여 스스로 인내하지 못한다. 자기의 욕구가 충족되지 않으면 신경질적이 되고 생각지도 않은 엉뚱한 말을 하기도 한다(정옥분, 2005).

(4) 사회성 발달

아동이 초등학교에 입학하게 되면 사회적 관계가 크게 확대되어 또래

1) 가역적 사고reversible thinking란 원 상태로 바꾸어 생각할 수 있는 능력을 말한다. A에서 B까지의 경로에서 다시 B에서 A로 되돌아갈 수 있다면 가역적 사고가 가능하다고 말할 수 있다.
2) 어떤 상황의 한 측면에만 주의를 집중해 다른 측면은 무시하고 비논리적 추론을 하게 되는 것을 중심화centration라 한다면, 탈중심화decentration란 자신과 타인의 관점에서 모든 가능한 측면에 주의를 배분하여 대상으로부터 얻은 정보를 통해 보다 적절한 추론을 끌어내는 것을 말한다.

의 영향이 매우 중요해진다. 이전에는 가족 내에서 지지를 받았지만 이제는 또래 집단을 통해 지지를 받게 되면서 부모보다 친구의 인정을 얻으려는 동기가 더 강해지게 된다. 자신이 또래에게 받아들여진다는 것은 매우 중요하기 때문에 친구의 인정을 얻고 그들 속에서 어울리면서 친밀한 관계를 가지려고 한다(이옥형, 1997).

〈표 4-1〉 아동발달 이론의 비교

구분	발달 단계	특징
프로이트의 심리성적 발달 단계	잠복기 (6~13세)	• 또래관계에 중점을 둠 • 기술 발달 및 관심의 발견 • 심리성적 발달이 없음
에릭슨의 심리사회적 발달 단계	근면성/열등감 (6~11세)	• 학문적, 사회적, 신체적 기술 및 도구 사용 등을 포함한 모든 기본적인 문화 기술과 규범 습득
피아제의 인지발달 단계	구체적 조작기 (7~11세)	• 가역성 개념의 획득을 통한 보존성 과제 수행 • 유목화, 서열화 조작이 가능 • 탈중심화

Tip 아동 행동의 정상성에 대한 발달적 이해

연령에 따라 아동은 행동이나 감정을 다르게 나타내는데, 같은 행동이라도 어떤 연령에서는 정신병리로 고려되고 다른 연령에서는 매우 정상적인 것으로 생각된다. 즉, 아동의 문제는 발달적 변화와 관련지어 판단해야 한다.

예를 들어, 1~2세 아동에게는 고집 부리기(Achenbach, 1982), 2~5세 아동에게는 불복종(Rothbaum & Weisz, 1989), 그리고 5~6세 아동에게는 거짓말(Johnson, Rasbury, & Siegel, 1986)이 아동의 발달적 특성으로 이해되고 있다. 또 또래 공포증이나 거미 공포증 같은 특정 공포증phobia도 2~5세 아동에게는 일반적인 것으로 나타난다(Rothbaum & Weisz, 1989).

2) 아동상담의 정의

아동상담이란 도움을 필요로 하는 아동이 전문적인 훈련을 받은 사람과의 상호작용 가운데 문제를 해결하고 인지적 · 정서적 · 행동적으로 변화하도록 노력하여 과거보다 더 적절한 삶을 자율적으로 살 수 있게 하는 과정이다. 그러므로 상담을 통해 궁극적으로 기여할 수 있는 것은 아동 성장 · 발달의 촉진이다(안영진, 정선철, 2001).

아동상담은 아동이 속한 가정의 틀을 유지하면서 아동 및 가족 구성원의 인지 및 사회 기능과 실행기능을 강화하도록 아동 및 가족 구성원을 직간접적으로 돕는 전문 분야다.

아동의 '문제행동'은 아동의 발달이 지나치게 늦거나 빨라서, 또는 적응에 어려움을 경험하여 행동상의 문제를 보이는 것을 의미한다. 아동상담은 이러한 아동 문제행동의 증상을 예방하고 완화하며 향상시킬 수 있는 방법을 개발하고 적용하는 것이다(최영희, 2009).

Tip 아동상담에 대한 정보를 주는 영화

아버지가 죽은 후 말을 잃은 여자 아이를 놀이치료 하는 영화 〈카드로 만든 집House of Cards〉(1993), 부모의 이혼으로 충격받은 남자 아이를 상담하는 영화 〈식스 센스Six Sense〉(1999) 등이 있다.

3) 아동상담의 특징

첫째, 아동상담에서는 아동의 발달 수준에 맞는 상담기법들을 사용해야 한다(김순혜, 2001). 특히 어린 아동은 언어 능력이 상대적으로 부족하기 때문에 이를 보완할 수 있는 상담적 접근이 필요하다. 성인은 언어를 통해 자신의 심리적 어려움을 표현하고 해결하지만, 아동은 발달 특성상 인지적 · 언어적 기술이 부족하다. 따라서 비언어적 의사소통이 중요하다. 예컨대, 성인이 외상적 경험을 하게 되었을 때 자신의 긴장을 말로 표현하여 해결하는 것처럼 이를 보완할 수 있는 매체의 활용이 필요하다.

Tip 아동의 비언어적 증상 이해하기

새 학기가 시작되면 배나 머리가 아프다고 호소하며 심지어 토하거나 대소변을 제대로 가리지 못하는 아이가 있다. 멀쩡하던 아이가 갑자기 아프다며 학교 가기를 꺼리는 등교거부증은 아이가 부모와 떨어지는 것을 두려워하는 분리불안의 한 형태다. 이런 아이는 놔둘수록 불안이 증폭되며 야단치거나 윽박지르게 되면 역효과를 초래할 수 있다.

둘째, 아동은 계속 발달하는 과정에 있기 때문에 변화 가능성이 매우 높다. 그렇기에 아동상담은 성인상담에 비해 그 효과가 빨리 나타나고 오래 지속되는 편이다(김춘경 외, 2002). 따라서 아동기의 문제를 다룰 때는 장애disorder보다는 성향tendency 또는 어려움difficulties에 초점을 두고, 지금의 상태를 기초로 앞으로의 성장 정도를 판단하고 장애로 발전하는 것을 예방한다는 입장에서 접근하는 것이 바람직하다. 다시 말해, 아동이 성장 중이기 때문에 문제 지향적 상담에서 벗어나 발달상담을 해야 한다.

Tip 발달론적 상담이란

발달론적 상담에서는 내담자를 문제아 내지 부적응자, 정신질환자로 여겨 그들이 갖고 있는 문제행동이나 부적응 문제를 해결하거나 치료하는 것을 주된 상담 활동으로 간주하지 않는다. 대신 내담자가 전인적 발달을 이루도록 도움으로써 여러 가지 발달 과업을 성취하게 한다(이용범, 2006). 따라서 내담자를 진단하고 치료하는 소극적 자세에서 벗어나 적극적으로 개인의 발달 과업 성취에 도움을 주는 상담 활동을 강조하며, 상담의 목적이 문제의 해결에서 예방과 발달로 확장된다.

셋째, 아동상담은 아동 자신 못지않게 부모나 또래 친구와의 관계의 변화가 중요한 비중을 차지한다(이숙 외, 2004). 따라서 아동상담에 부모교육이나 부모상담을 병행하는 것이 적극 추천된다. 이는 부모 자신의 문제가 아동을 위한 상담의 성과에 영향을 미치거나 부모의 변화와 아동의 변화가 병행될 때 치료 효과가 극대화되기 때문이다. 또한 학교생활 적응에 문제가 있는 아동의 경우 또래를 상담의 보조자로 활용하는 것이 효과적일 수 있다.

Tip 아동상담에서 부모의 중요성

아동 문제의 원인에 대하여 최근 들어 강조되고 있는 것은 아동을 둘러싸고 있는 중요한 타인들과의 관계다. 아동기 동안에는 부모가 가장 중요한 환경이기 때문에 부모의 아동에 대한 행동을 변화시킬수록 아동의 문제를 완화하거나 개선할 수 있는 가능성이 커진다. 이러한 점을 감안할 때, 아동상담에서 부모와의 상담은 아동의 문제를 직접적으로 다루는 것과 같은 중요성을 갖는다.

〈표 4-2〉 아동상담과 성인상담의 비교

아동상담	성인상담
• 비언어적 의사소통 방식을 더 많이 요구 • 성장을 위한 상담 • 교육상담	• 언어적 의사소통 방식을 더 많이 요구 • 문제 해결을 위한 상담 • 표적상담

2. 아동상담과 영화치료

1) 영화를 활용한 아동상담의 장점

첫째, 영화는 라포[3] 형성의 효과적인 도구가 될 수 있다. 어른에게 불안감을 느끼고 저항, 의심을 하는 아동의 경우는 영상매체를 활용하여 긴장을 풀고 좀 더 자유롭게 이야기하도록 할 수 있다. 특히 영상세대라고 불리는 현대의 아동들에게는 영화를 활용한 상담이 친숙도와 흥미도가 높다. 영화는 영상과 언어 그리고 음향을 통한 세계의 재현에 근거를

3) 라포rapport란 내담자와 상담자 두 사람이 상호 신뢰관계를 형성하는 것을 말한다.

두고 있어서 아동의 다양한 감각을 자극함으로써 상담 참여도를 높이기 때문이다.

Tip 라포 형성을 위해 영화를 상담에 활용한 사례

김정석(2003)은 가족복귀 프로그램의 첫 영화로 〈월레스와 그로밋Wallace & Gromit〉(1999)을 선정하였다. 그 이유는 이 영화가 3편의 에피소드로 구성되어 있어 자칫 생길지도 모르는 구성원들의 거부 반응에도 즉각 대처할 수 있기 때문이다. 격리 조치된 지 6개월이 지난 가족들인지라 서로 거부감이 발생할 수도 있어, 30분 간격으로 구성된 이 영화의 경우 구성원들의 심리 상태 등을 보아가며 1편, 2편, 반응이 좋으면 3편을 볼 수가 있다. 그리고 첫 시작을 유머러스한 영화로 선택하였는데, 그것이 서먹해하는 가족 간의 관계 회복에 도움이 되기 때문이다. 특히 진흙인형을 한 동작 한 동작 움직이며 촬영하는 클레이 애니메이션은 성인, 아동 모두를 즐겁게 하는 장르로 초기 접근성이 매우 뛰어나다. 이 영화를 통하여 추구하려는 목적은 가족 간 관계의 초기 회복이다.

Tip 아동을 위한 영화치료 전 부모의 동의 얻기

아동을 대상으로 영화치료를 실시하기 위해서는 반드시 사전에 부모에게 동의를 얻는 과정이 필요하다. 즉, 아동에게 영화를 활용하기 위해서는 정해진 양식(이 절 마지막의 '아동 영화치료 참가동의서' 참조)에 따라 보호자의 동의를 받아야 한다. 부모는 저마다 자녀가 영화를 감상함에 있어 무엇이 적합한지에 대한 관점을 가지고 있다. 따라서 동의를 얻기 위해 사전에 보호자에게 왜 그 영화를 아동상담에서 사용해야 하는지를 설명하고 영화의 제목이나 줄거리, 영화치료의 이점 등을 전달할 필요가 있다.

둘째, 영화는 아동이 말로 나타낼 수 없는 감정을 드러낼 수 있게 도와준다. 영화치료는 사물이나 사건에 의미를 부여해 주는 영상을 통하여 아동의 언어 표현의 한계성을 극복하는 데 도움을 준다. 아동은 또한 발달 특성상 자기 내면의 사고와 경험을 정확하게 표현하는 것을 힘들어한다. 그러나 영화의 내용이 감상하는 아동의 문제와 유사할 경우, 아동은 동일시에 의해 자신의 문제를 용기 있게 직면하고 표출할 수 있다. 따라서 영화를 통해 상담자는 아동이 연상이나 적극적 상상을 써서 자신의 경험을 솔직하게 말하도록 이끌 수 있다.

셋째, 영화치료는 아동상담의 교육적 목적으로 유용하게 활용할 수 있다. 영화치료는 영상이라는 이미지를 활용하기 때문에 아동에게 구체적인 경험을 풍부하게 해 주고, 학습 동기를 의욕적으로 유발시켜 학습 능률을 높여 준다. 즉, 다양한 정보의 제공으로 아동의 경험을 풍부히 해 주고, 구체적인 심상을 통한 학습으로 사고를 확장시켜 주며 추상적인 내용의 이해를 도와준다.

Tip 영상매체의 부정적 측면에 대한 고려

아동이나 청소년은 심리적으로 불안정하고 욕구 좌절이 빈번하여 영상매체 속의 바람직하지 못한 모델을 통해 비행이나 모방 범죄를 저지를 위험성이 높다. 따라서 아동 및 청소년 상담자는 이에 대한 각별한 주의가 필요하다. 근본적인 문제가 되는 것은 각종 영상매체 속 바람직하지 못한 모델을 통해 잘못된 가치관을 습득하는 것이다. 감수성이 예민한 아동기에는 역할학습이 매우 중요하므로 건전한 자아관이 형성될 수 있도록 상담자의 노력이 요구된다.

영상매체는 또한 아동의 자율적이고 능동적인 행위가 아닌 허구적이고 수동적인 행위를 조장할 위험성도 다분히 지니고 있다. 아동이 영상매체에 중독증적인 상태가 되어 모든 활동을 중단할 수도 있기 때문이다. 그러나 영화치료는 영화 감상만이 목적이 아니며, 다양한 치료기법들을 가지고 있다. 예를 들어, 아동은 원래 활동성이 풍부하여 놀이를 좋아한다. 따라서 영화를 본 후 영화 내용을 상상해서 그리기, 영화 재상연하기, 영화 내용을 몸으로 표현하기 등의 활동과 연계해 적극적인 현실활동으로 전환할 수 있다. 아울러 표현영화치료와 관련하여 직접 영화를 만들어 보는 활동을 전개할 수도 있다.

넷째, 영화치료를 통해 아동의 창의력, 상상력 등을 증진시킬 수 있다. 특히 애니메이션은 종합예술의 성격을 지니고 있는데, 모든 것을 보여 주지 않고 상상의 여지를 남겨 둠으로써 적극적 사고가 가능하도록 한다. 아직 경험하지 못한 새로운 사실이나 경험을 시지각적으로 제공하고, 동물이나 무생물까지도 의인화하여 감정을 묘사함으로써 정서를 함양시키는 등 모험이나 마법, 요술 등과 같은 주제를 다뤄 상상의 세계를 한층 넓혀 주는 매력적인 요소를 포함하고 있다. 궁극적으로 이러한 감성을 통해 아동은 새로운 생각을 마음껏 표현할 수 있어 창의적 사고력을 신장할 뿐만 아니라 상상력 및 감수성을 증진하게 된다.

Tip 영상과 창의적 사고

생각을 한다는 것은 머릿속으로 무엇인가를 그려 간다는 것을 의미한다. 눈에 보이지 않는 것을 마음속에 영상으로 그려 볼 수 있게 하는 힘이 바로 상상력이다. 많은 학자와 교육 이론가들은 아동에게 상상력을 길러 주라고 강조하고 있다. 그 이유는 상상력의 발달이 곧 창의적 사고로 이어지기 때문이다(이상금, 장영희, 2001). 따라서 영상을 통해 상상력을 신장시키는 것은 창의성에 날개를 달아 주는 것이다.

2) 아동 영화치료 시 주의사항

- 아동들은 주의집중 시간이 짧기 때문에 영화를 30분 정도로 편집하거나 에피소드 형식으로 구성된 영화를 선택하여 끊어 볼 수 있다. 아동의 주의 집중력을 지속시키기 위해서는 아동의 수준과 관

심에 적절한 영화를 선택하는 것이 매우 중요하다.

- 영화의 환상적 속성은 아동의 현실 지각 능력을 떨어뜨릴 수 있다. 따라서 영화를 관람하기 전에 아동에게 영화는 현실이 아닌 환상의 세계임을 주지시킬 필요가 있다.
- 아동 집단상담에서 여아와 남아가 같이 섞여 있을 경우, 영화를 선택할 때 어느 한쪽의 욕구에 맞추어 주기보다 성에 따라 선호도에 차이가 있음을 이해하도록 배려한다. 예를 들면, 여아와 남아가 좋아하는 영화를 돌아가며 보기 등 영화를 통해 다양성을 경험해 볼 수 있도록 격려하는 것이 좋다.
- 발달장애가 있는 아동의 경우는 상담에 영화를 활용할 때 아동 혼자 영화를 보기 힘들 경우, 부모와 함께 대화를 하면서 볼 수 있게 한다. 특히 자극적이고 폭력적인 영상물은 피하며 시청시간에 제한을 둘 수도 있다.

Tip ADHD 아동과 영화치료

발달장애, 특히 ADHD 아동을 영화치료할 때 다음과 같은 사항을 고려해야 한다.

- ADHD 아동은 자신이 좋아하고 선호하는 영화에는 매우 몰두하지만, 조금이라도 영화가 재미없다고 느껴지거나 영화가 어려울 경우 영화에 집중하지 못하고 치료 도중 일어서거나 주변을 서성거릴 것이다. 그러므로 ADHD 아동의 영화 선호도를 철저히 조사하

고 영화치료를 실시한다.

- ADHD 아동이 다른 아동들과 영화치료를 함께할 경우, ADHD 아동으로 인해 영화치료 자체가 어려워질 가능성도 있다. 일단 아동들을 집단으로 영화치료할 경우 아동들의 발달적인 문제를 미리 선별screening하고, 특정 문제가 있는 아동을 개인상담으로 돌리는 과정filtering이 필수적이다. 아동들의 약물치료 여부도 반드시 체크하여, 약물치료 후 영화치료를 하도록 아동을 돕는다.
- 발달적 문제가 있는 아동들이나 저학년 아동들을 집단 영화치료할 때는 아동들의 주의를 환기시키고, 치료자가 소진되는 것을 막기 위해, 가급적 보조 치료자와 함께 team counseling 하는 것이 좋다.
- 발달적 문제가 있는 아동을 영화치료할 경우, 부모 교육을 병행할 것을 추천한다.
- 영화치료 자체가 놀이적이어야 한다. 초심 영화치료자들은 성인 영화치료나 청소년 영화치료와 동일하게, 영화를 다른 치료법과 병행하거나 질문의 도구로 삼는 경향이 있다. 이 경우 발달적 문제가 있는 아동의 경우 단답형의 대답으로 치료자의 진을 빼거나, 거꾸로 치료자가 아동의 부족한 답을 스스로 보충하는 등 여러 가지 어려움이 도래한다. 예를들어, ADHD 남자 아동들과 〈아이언 자이언트Iron Giant〉(1999)를 보고 아동에게 좋아하는 로봇에 대해 끊임없이 질문하고 대답하는 것보다, 영화를 본 후, 종이로 내가 좋아하는 로봇을 만들게 하고 그 로봇과 대화하게 하여, 아동의 마음을 탐색하는 쪽이 더 효과적일 수 있다. 또한 영화의 뒷부분을 만화로

만들게 할 수도 있다. 영화감상과 영화 만들기를 일종의 놀이로 사용하는 창의적 프로그램을 기획해 볼 수도 있다.

- 영화치료와 긍정적 강화를 병합하면 더욱 효과적이다. 영화를 떠들지 않고 잘 보았을 경우, 스티커를 발부하고 이를 모아서 아동에게 상을 주는 등, 효과적인 강화계획을 영화치료와 병행한다. 이는

[그림 4-1] 아동의 상상력 자극하기: 만화로 이야기 만들기의 예

발달장애가 있거나 저학년의 영화치료에 사용하면 좋다.

3) 아동상담을 위한 영화 선택

영화를 활용한 아동상담에서 그 목적과 대상에 적합한 영화를 선택하는 일은 무엇보다 중요하다. 그러므로 아동상담의 효과를 극대화하기 위해서는 다음과 같은 영화 선택의 기준을 고려할 필요가 있다.

첫째, 아동의 눈높이를 고려하여 영화를 선택해야 한다. 상담자가 아무리 영화에서 감명을 받았다고 해도 아동들이 영화에서 재미있어 하거나 관심을 집중하는 부분은 상담자와 완전히 다를 수 있다. 아동들은 발달 특성상 흔히 액션이 포함되어 있으며, 행동화가 가능하고, 주인공이 고난에 빠지거나 위기를 모면하는 장면들을 좋아한다. 따라서 상담자는 항상 영화를 선정하기 전에 영화를 아동의 입장에서 보고 그들의 수준을 고려해서 보는 과정이 필요하다.

둘째, 아동이 보기에 부적절한 장면이 있다면 편집해야 한다. 심한 신체적 · 언어적 폭력이 담긴 장면이나 선정적 내용이 담긴 장면은 아동이 보기에 적절하지 않다. 따라서 영화치료를 위해 선택한 영화가 아동이 관람하기에 적절한지 관람 등급을 확인해야 하며, 사전에 충분히 영화의 내용을 분석하여 부적절한 장면이 있을 경우 삭제하거나 편집하여야 한다.

셋째, 영화뿐 아니라 애니메이션이나 만화, 사진 등의 영상매체를 적극적으로 활용한다. 디지털카메라로 영상일기 쓰기, 애니메이션이나 만화로 이야기 만들기 등([그림 4-1] 참조) 영화뿐 아니라 시각적 이미지를 다루는 매체를 활용한 활동은 넓은 의미에서 아동 영화치료에 포함될 수 있다. 이러한 다양한 활동을 통해 자칫 경직되기 쉬운 상담에 활기를 불어넣고 아동의 상담에 대한 참여도를 높일 수 있다.

Tip 아동상담에 애니메이션을 활용할 때

아동, 특히 저학년 아동을 대상으로 상담에 애니메이션을 활용할 때는 한글 자막으로 처리된 영상보다는 우리말로 더빙 처리된 영상을 보는 것이 효과적이다.

넷째, 아동의 발달적 특성을 고려할 때 아동상담에 활용하는 영화는 영화 속 인물의 활동activity이 많은 것이 좋다. 아동은 주의집중 시간이 짧고 활동적이고 충동적이다. 또한 아동의 문제는 주로 행동적인 형태로 그 증상이 나타나는데, 이는 자신의 욕구를 적당하게 표현하는 방법을 알지 못하기 때문이다. 따라서 영화를 선택할 때에는 정적인 것보다 동적인 것이 적절할 수 있다.

다섯째, 아동상담용 영화는 꼭 주인공이 사람일 필요는 없다. 특히 아동은 동물을 좋아하며 감정이입을 통해 다양한 감정을 깊이 느낄 수 있으니 동물이나 사물 등 다양한 주인공이 등장하는 것이 더 효과적이다.

한 예로 널리 알려진 단편동화 『강아지똥』은 클레이 애니메이션으로도 제작되었는데, 영화 〈강아지똥〉을 비디오로 감상한 후 아동들이 눈물을 손가락으로 닦으며 "선생님, 저도 모르게 눈물이 나왔어요."라는 반응을 보였다.

Tip 왜 아이들은 동물을 좋아할까?

교육 에세이 작가 루스 우드하우스Ruth Woodhouse에 의하면 동물은 살아 있는 존재로 그 크기와 모양이 매우 다양하고 입으로 내는 소리와 하는 행동 등이 아이의 눈을 사로잡는다. 아이들은 세상에 대해 배워 나가는 과정에서 호기심이 매우 강하므로 이러한 동물들의 다양성이 그들을 자극시키고 동물에 대해 더 알며 다가가고 싶다는 마음을 유도한다. 뿐만 아니라 작고 귀여운 동물들을 보호해 줘야 한다는 일종의 책임감도 느껴서 더욱 애착을 갖게 된다(OSEN Fun & Fun, 2009년 1월 3일자 기사에서 발췌).

〈표 4-3〉 아동 영화치료에 적절한 영화

1. 부모님을 이해하기 위한 영화

예 아버지와의 의사소통: 〈비밀의 숲 테라비시아〉(2007)
부모 상실: 〈뽀네트〉(1996)
부모의 능력 및 빈곤으로 인한 어려움: 〈방울 토마토〉(2007)

2. 아동의 자아존중감 증진을 위한 영화

예 〈해리 포터와 마법사의 돌〉(2001), 〈아름다운 비행〉(1996), 〈나 홀로 집〉(1990)

3. 성적 학대를 당한 아동을 위한 영화

예 EBS 〈네 잘못이 아니야〉(지식채널e, 2007. 6. 11.).

4. 아동의 또래관계를 위한 영화

예 〈아홉 살 내 인생〉(2004), 〈피아노의 숲〉(2007)

5. 창의성을 증진하는 영화

예 EBS 〈도넛과 커피 잔은 같다? 오일러의 왼쪽 눈〉(2008. 1. 21.), 〈찰리와 초콜릿 공장〉(2007), 〈에드워드 가위손〉(1990)

6. 특별한 요구를 가진 아동을 위한 영화

예 신체적, 정신적 장애를 가진 아동: 〈날아라 허동구〉(2007), 〈덤보〉(1941)
영재 아동: 〈다섯 번째 계절〉(2005), 〈꼬마천재 테이트〉(1991)

아동 영화치료 참가동의서

친애하는 부모님께

때때로 저는 아이들이 직면하고 있는 여러 상황들에 대해 좀 더 좋은 해결책을 발견하고 그들의 문제점을 보다 잘 이해하기 위해 상담에서 영화와 영화 클립을 보여 주는 것을 좋아합니다. 이 기법은 영화치료로 알려져 있으며, 영화치료는 아이들에게 매우 도움이 될 수 있습니다. 왜냐하면 영화를 활용한 상담은 아이들에게 창조적이고 재미있는 시각적 도움을 제공할 수 있으며 특정한 문제에 대한 아이들의 사고나 감정에 있어 대안적 방법들을 가르칠 수 있기 때문입니다.

저는 아이들에게 이 기법을 사용하고 싶습니다. 그러나 그것을 사용하기 위해서는 부모님의 동의가 필요합니다. 몇몇 영화에는 부모님께서 판단하시기에 아이들이 보거나 듣지 않기를 바라는 정보나 특수한 장면 및 언어들이 포함되어 있을 수 있습니다. 그러므로 아이들을 참가시키기 위해 부모님께서 아래 양식을 작성해 주시기 바라며, 치료기간 동안 아이들에게 적합한 영화 등급을 체크해 주시기 바랍니다.

__________의 부모인 __________는 __________의 직접적인 감독하의 영화치료에 자녀들의 참가를 허락합니다.

__________의 치료기간 동안 나는 나의 판단에 따라 어느 때든 이 동의를 무효화할 수 있음을 이해하며, 나의 자녀들이 아래에 체크한 것을 보는 데 동의합니다.

□ G(모든 관객): 공격적인 언어, 성적인 내용 또는 폭력성이 없음

□ PG(부모 동반): 최소한의 언어 또는 폭력적인 주제가 있음

□ PG13(부모 주의): 언어, 약물중독, 폭력성이 있음

□ R(제한): 성인물 주제, 강력한 언어, 성적인 내용, 강한 폭력성이 있음

보호자 서명 __________ 일자 __________

상담자 서명 __________ 일자 __________

청소년 영화치료

1. 청소년상담의 개요

1) 청소년상담의 정의

청소년상담의 대상은 아동기와 성인기의 중간 시기에 있는 청소년이다. 청소년기의 시작과 끝은 개인마다 신체적 · 정서적 · 인지적 · 사회적 발달 정도가 다르기 때문에 객관적으로 정하기 어렵다. 그렇지만 일반적으로 13~18세를 말한다. 청소년기본법에서는 9~24세인데, 이는 과거보다 신체 발달이 빠르고 대학을 졸업해도 책임 있는 성인이 되지 못하는 사회적 추세 때문이다. 유럽에서는 30세까지를 청소년기로 보기도 한다.

청소년상담은 특정 청소년이 아닌 대부분의 청소년이 건강하게 성장

하도록 돕는 것이다. 청소년은 발달과정에서 공통적인 문제를 겪는다. 그들은 다른 연령보다 신체적 · 정신적 변화가 급격하여 다양한 과도기적 성격을 지니므로 주변인,[4] 질풍노도기[5]라고 표현된다. 아동기보다 융통성 있게 문제 상황에 대처하지만 자아정체감을 형성하는 과정에 있으므로 많은 갈등과 고민을 경험한다. 그러한 경험은 성인으로 성장하는 데 필수적이기도 하다. 따라서 청소년상담은 소수의 청소년을 위한 치료보다는 다수 청소년들의 정상적인 발달과 성장을 돕는 데 의의를 두는 경향이 있다.

청소년상담에서는 진단적 관점보다 발달적 관점이 중요하다. 보통 심리검사에서는 평균보다 2표준편차 이하일 때 문제가 있다고 진단하지만(예 IQ 70 이하), 발달적 관점에서는 시간에 따른 개인의 상대적 변화가 중요해진다. 한 예로 어떤 청소년이 중학교 1학년이 되도록 맞춤법을 틀리다가 중학교 2학년이 되어 틀리지 않게 되었다고 하자. 이는 진단적 관점에서는 기억력이나 학습력에 문제가 있는 것이지만, 발달적 관점에서는 개선이나 발달이 이루어진 것으로 간주될 수 있다.

4) 주변인이란 행동양식이 분명하지 않은 상태에 있는 청소년을 지칭하는 용어다.
5) 질풍노도기란 1770년에서 1780년에 걸쳐 일어난 독일의 문학운동을 지칭하는 용어에서 시작되었다. 청소년기가 정서적 혼란과 기성세대와의 갈등, 정체성 혼란 등으로 꿈과 이상, 실망과 좌절이 교차하는 시기라는 것을 의미한다.

〈표 4-4〉 청소년의 발달적 문제

영역	하위 영역	청소년 상담자에게 필요한 지식
개별성 발달	자아정체감	자아정체감의 발달과정, 미성숙의 원인, 자아정체감을 성숙시키는 방법 등에 관한 지식
관계 발달	교우, 가족, 이성	청소년기 친구들의 중요성, 영향력, 관계 형성과정, 부적응적 관계(집단 따돌림 등)의 발생과 수정, 이성관계의 이해와 조절, 가족관계의 역동, 대화기술 등에 관한 지식
	부모의 이혼 및 죽음	부모의 이혼 또는 죽음, 교우관계의 상실 등으로 인한 상실 경험, 상실 경험의 소화방법 등에 관한 지식
정서 발달	정서	충동성의 발현과 조절 방법, 공격성의 발생과 승화, 분노의 발생과 관리 방법, 스트레스 관리기술, 감정과 정서의 분화 등에 관한 지식
성격 발달	성	청소년기의 신체 발달, 성욕의 발생과 소화방법 등에 관한 지식
학업 발달	학습전략 성취 동기 중퇴자 학업 촉진/방해 요인	학업의 촉진 및 방해 요인, 학습전략, 주변 환경 및 주변 사람과의 관계와 학업 성취 간의 관련성, 성취 동기 육성, 중퇴자의 발생과정 및 조력기술 등에 관한 지식
진로 발달	진로 선택 가치관	청소년 진로 발달 및 선택 과정, 진로 정보, 청소년의 흥미 및 진로 관련 성격, 가치관 명료화 등에 관한 지식
수용 발달	TV/인터넷/게임	TV, 인터넷 과다 의존의 위험 요소 및 보호 요소, 과다 의존의 발달과정, 수정과정 등에 관한 지식

2) 성인상담과의 차이

첫째, 청소년은 자기 문제를 인정하고 해결하는 데 비자발적인 경향이 강하다. 특히 적응 문제를 지닌 청소년일수록 스스로 전문적인 도움을 찾는 경우가 드물고 저항이 크다. 그래서 상담 장면에서 참을성이 부족하고 관용적이지 못해 어느 상담 분야보다 힘들어 청소년상담을 '피 흘리며 싸우는 적대적인 스포츠'라고 표현하는 이들도 있다. 청소년의 상담 동기를 끌어올리는 일은 상담의 시작일 뿐 아니라 청소년상담의 핵심이기도 하다.

둘째, 청소년상담은 개인을 변화시키려는 노력과 함께 사회관계망의 변화를 포함한다. 청소년은 성인에 비해 인간관계의 영향을 결정적으로 많이 받으며, 또래에 대한 동조 경향, 부모의 영향력이 매우 크다. 일례로 청소년은 성 문제보다 친구 문제가 훨씬 중요하다. 또래관계가 중요하므로 사회적 관계 대처 능력이나 의사소통 기술을 향상시키도록 도와야 한다.

또한 청소년 문제는 근래 들어 이혼이 늘어나면서 더욱더 심화되는 경향이 있다. 이혼한 어머니의 경우 경제적인 문제를 먼저 해결해야 하기에 아이가 TV를 보거나 컴퓨터 게임을 하는 시간이 늘어난다. 또한 부모가 아이를 서로 맡지 않으려 하다 보면 아이의 거부감이 커지는 경향이 있다.

따라서 청소년상담은 청소년 개인의 문제를 다루는 것뿐 아니라 청소년에게 영향을 주는 사회관계망 전체를 변화시키려는 노력을 포함하며, 지역사회나 생활 현장(가정, 학교 등)을 기지로 하여 여러 자원들을 통합적으로 활용할 필요가 있다.

셋째, 청소년상담은 대면상담이 힘들거나 상담관계 형성이 어려울 수 있다. 지금의 청소년에게는 사이버 공간을 통한 관계 형성과 의사소통이 훨씬 효과적이다. 그들은 가상세계를 통해 관계를 맺고 정보를 얻고 놀이 문화를 만들며, 자기 주도적이고 변화에 대해 개방적이며 재미없는 것에는 눈길도 주지 않는다. 따라서 대화 중심의 대면상담은 그들에게 지루하고 부담스러울 수 있고, 대화기술이 부족하거나 어른과의 대화를 부담스럽게 느끼는 청소년일수록 더욱 싫어하므로 상담관계 형성이 성인보다 어렵다. 대인관계에 문제가 있는 청소년은 인터넷 중독인 경우가 많은데, 인터넷을 대체할 만한 다른 놀이를 찾는 것도 상담에서 다뤄야 한다.

넷째, 청소년상담은 학업, 진학, 미래의 삶과 연계시키는 것이 좋다. 우리나라의 경우 학업상담은 전 세계 어느 나라보다 중요하다. 학업 성적에 따라 청소년의 가정과 학교에서의 위상과 자아개념이 달라지기 때문이다. 청소년의 학업 수행이 저조한 까닭은 동기 부족이 으뜸이고, 그다음으로 학업기술의 부족, 환경 문제 등이 따른다.

보통 청소년은 성적이 향상되면 진로를 골라서 갈 수 있다. 진로가 발달된 이후의 청소년의 삶은 훨씬 안정적이 될 수 있다. 또한 청소년의 문제들은 진로를 선택하면 답이 보이는 경우가 대부분이다. 청소년을 비행이나 일탈 문제 차원에서 접근하기보다 진로 문제 차원에서 접근하면 의외로 답이 빨리 나오고, 청소년의 자아정체감 형성에도 도움을 줄 수 있다.

그러나 입시 위주의 사회 분위기에서 겉으로 드러나는 행동 문제가 없다면 대부분의 심리적 문제는 대입 이후로 미루어지는 경향이 있다. 학업의 문제가 없는 청소년의 경우 청소년의 인성 형성과 마음의 문제를 무시하면 올바른 진로 선택의 바탕이 되는 자기 이해(흥미, 적성, 자원, 한계 등)가 불가능하다. 이러한 점에서 청소년상담에서는 학업이나 진학뿐 아니라 이러한 문제가 해결된 청소년의 경우에도 미래의 삶과 연계시키려는 노력이 절실하다.

다섯째, 청소년상담은 경우에 따라 지시적일 수 있다. 성인상담과 달리, 청소년상담은 대상 청소년의 사회문화적 배경과 지적 수준에 따라 상담 결과가 몹시 다르게 나타난다. 특히 각종 발달장애가 있는 청소년의 경우는 상담자의 비지시적 상담기법을 이해하지 못하거나 엉뚱하게 생각할 수 있다. 또한 청소년 문제는 대화기술의 부족에서 기인하는 경우가 많고, 특히 남자 청소년은 자신의 정서를 표현하거나 지각하는 데 서툴기 때문에 문제가 발생하는 경우가 많다. 이런 경우 청소년 상담자는 청소년의 발달 수준과 지적 수준에 맞게 상담을 구조화해야 하며, 때로는 비지시적이기보다 구체적인 문제 해결책을 논의하고 현실에 접목시킬 수 있도록 충분히 지시적이어야 한다.

〈표 4-5〉 성인상담과 청소년상담의 비교

성인상담	청소년상담
• 자발적 • 개인의 변화 지향 • 개인의 자기 이해가 목표 • 비지시적	• 비자발적 • 개인 및 사회 관계망의 지향 • 학업 및 진학, 인성의 문제가 포함됨 • 경우에 따라 지시적

3) 청소년상담의 필요성

우선 청소년상담은 청소년의 자아정체감 형성을 돕는다. 청소년기에는 자신의 외모에 많은 관심을 갖고 주관적으로 어떻게 평가하느냐에 따라 신체상과 성적 정체감이 형성되어 행동과 성격에 많은 영향을 준다.

신체상, 성적 정체감, 타인의 평가, 삶의 경험 등이 결합되어 자아정체감[6]이 형성되고, 자아정체감은 이후의 삶에 큰 영향을 미친다. 그러므로 자아정체감은 청소년상담에서 가장 중요한 요소 중 하나다.

청소년상담은 또한 사회인지 능력의 발달을 돕는다. 청소년기에는 자기중심적 경향,[7] 상상적 청중,[8] 개인적 우화[9] 현상이 나타난다. 이들 특성은 청소년 초기에 강하다가 후기로 가면서 약해져서 타인의 입장을 고려하는 사회인지 능력이 발달하게 되는데, 청소년상담은 타인조망 수용 능력의 발달을 촉진할 수 있다.

아울러 청소년상담은 정서 경험에 대처하는 전략을 발달시키는 데 도움을 준다. 청소년은 급격한 신체 변화와 인지 발달 때문에 강렬한 정서를 경험한다. 그런데 이런 강도 높은 정서를 받아들일 수 없어서 실제 경험과 정반대로 표현하거나 사회적 기준에 맞게 조절하려는 방어기제를 무의식적으로 사용하게 된다. 이처럼 자아 구조가 약화되고 감정의 기복이 심하며 자신에 대해 수치심, 굴욕감, 불안감을 경험하기 쉬우므로 정서 경험에 대처하기 위한 적응전략이 필요하다.

6) 자아정체감이란 나는 누구이며 내 인생을 어떻게 살아갈 것인가에 대한 내적 신념을 말한다.
7) 자기중심적경향egocentrism이란 자기 생각에 너무 몰두하여 타인의 생각을 따로 구분하지 못하고 남들도 자신과 똑같이 생각한다고 느끼는 것이다.
8) 상상력 청중imaginary audience이란 자신이 주변에서 끝없는 관심을 받으며 매우 독특하고 특별한 존재로서 상상적 청중 앞의 무대 위에 있다고 느끼는 것이다.
9) 개인적 우화personal fable란 현실의 보편적 측면과 특수한 측면을 구별하지 못하고 자신이 특별한 존재이며 자신에게 능력과 행운이 충분하다고 믿는 것이다.

〈표 4-6〉 청소년상담의 목표

- 대다수 청소년들의 성장 · 발달을 촉진시킨다. 청소년이 발달과정에서 신체적 · 인지적 · 정서적 · 사회적 변화에 적응하도록 돕고, 이때 발생하는 적응 문제를 해결하도록 돕는다.
- 청소년들이 일상생활에서 당면한 문제를 해결하도록 돕는다. 구체적인 문제를 해결하는 데 필요한 적극적이고 직접적이고 전문적인 도움을 제공한다.
- 청소년들의 유능성 발달을 촉진시킨다. 청소년이 성장 · 발달하는 과정에서 자신의 잠재력을 찾아서 발휘하도록 돕고 유능함을 신장시키도록 돕는다.
- 청소년에게 영향을 미치는 환경을 변화시키려고 노력한다. 가정, 또래, 학교, 지역사회 환경을 청소년의 성장 · 발달을 촉진시키는 방향으로 변화시키도록 노력한다.
- 청소년의 자아정체감 발달을 돕는다. 청소년의 가장 중요한 발달 과업인 '자기(self)'를 발달시키도록 돕는다.

Tip 청소년 상담자의 태도와 역할

- 청소년 내담자의 변화에 대해 느긋하게 여유를 갖는다.
- 인간으로서 내담자를 진실하게 대하고 따뜻한 인간미를 지닌다.
- 내담자를 도울 수 있도록 신체적 · 정신적으로 적정한 에너지를 유지한다.
- 내담자를 지지적으로 수용하면서 존재의 소중함을 전달한다.
- 내담자 자신을 비춰 주는 거울 역할을 한다.
- 내담자에게 안심하고 관계를 맺을 수 있는 파트너가 되어 준다.
- 내담자가 미래의 그림을 그리도록 돕고, 적응행동을 하기 위한 계획과 실행을 하도록 돕는다.
- 진학, 진로 등에 대해 내담자가 스스로 정보를 찾을 수 있도록 양질의 정보를 제공한다.

2. 청소년과 영상매체

1) 청소년기 영상의 기능

(1) 청소년과 영화

청소년에게 영화는 인터넷만큼의 영향력을 지니며, 영화라는 매체의 개방성, 오락성, 허구성은 청소년에게 충분히 매력적이다. 그러나 폭력, 과소비, 성 모방심리의 원흉으로 인터넷 게임과 함께 영화가 지적되기도 한다. 미국의 고교 총기난사 사건의 범인들이 평소 폭력적인 영화를 즐겨 보고 주인공을 추앙하며 모방하려 했다는 보도가 있었다. 한국의 조폭영화들은 중고생들에게 한탕주의를 조장했다는 혐의를 받는다. 아울러 조각 같은 미남미녀들만 등장하는 영화들은 외모 차별을 부추기고 신체적 열등감을 불러올 수 있다.

예 영화 〈매트릭스The Matrix〉(1999)의 매력과 위험은 무엇일까?
당신은 영화와 현실을 구분해 내는 청소년의 판단력이 어느 정도라고 보는가?

(2) 청소년과 영상매체

입시 위주의 분위기에서 청소년은 인터넷이나 영화 등의 매체로 스트레스를 해소하는 경향이 있고, 영상의 오락성은 힘든 일상을 버틸 수 있는 힘을 주기도 한다. 하지만 오락성이 선정성과 결합되고 현실에서 도피하고 싶은 일부 청소년들에게 무비판적으로 수용되거나 무조건적인 모방의 대상이 될 경우에는 문제가 심각해진다. 이런 우려에서 시작된 것이 시민운동 차원의 미디어 교육이다.

예 인터넷의 '야동'이 청소년의 성 고정관념에 미치는 영향은 무엇일까?

2) 미디어 교육에서 영화의 활용

(1) 수용자 중심의 시청교육: 미디어를 올바로 활용하는 능력 향상시키기

미디어 교육은 미디어 환경(비디오, TV, 영화 등)의 유해성을 스스로 판단하고 자신에게 유용한 정보를 습득하는 도구로서 미디어를 올바로 활용하는 능력을 향상시키도록 돕는 수용자 중심의 시민운동에서 시작되어(예 YMCA의 좋은 영화 보기, TV 시청 일기 쓰기) 점차 학교로 보급되었다. 교사들은 수업시간에 학습 동기를 높이거나 윤리적 판단력을 키우거나 바람직한 행동을 모델링하도록 하기 위해 영화를 활용하기도 한다.

예 〈프로스트 vs 닉슨Frost/Nixon〉(2008) 활용 역사교육, 윤리 토론, 논술 활용

(2) 생산자 중심의 영화제작 교육: 자신 및 타인과의 새로운 가능성 발견하기

수용자 중심으로 시작되었던 미디어 교육은 디지털 미디어 기기가 대중화되면서 생산자 중심의 영화제작 교육으로 전환되고 있다. 청소년은 자신들의 이야기를 영상물로 제작하는 과정을 통해서 자신과 타인을 새로운 시선으로 바라보고, 창의적 상상력을 발휘하여 영상물을 만드는 과정에서 새로운 가능성을 발견하기도 한다. 그들이 만든 영상물은 자신들의 입장을 세상에 알리는 도구가 되고, 그들 중 일부는 영화전문가로 성장하기도 한다.

예 서울국제청소년영화제, 각 지역의 미디어 워크숍과 발표회

(3) 교육에서 치유로: 심리치료와 상담의 도구로 영화 활용하기

영화는 오락물로 출발했지만(뤼미에르 형제의 실험을 생각해 보라.) 예술이 되었고, 훌륭한 교육의 도구이자 창의력 개발의 도구로 발달해 왔다. 이제 영화는 심리치료와 상담의 도구로 유용하다는 것이 입증되고 있다.

자신의 모습을 있는 그대로 수용하기 어렵고 가상세계로 도피하는 경향이 있는 청소년에게는 가상세계를 통하여 현실을 조망하도록 돕는 영화치료가 유용할 수 있다. 또한 어른과의 대화를 교육이나 훈계와 같은 것으로 여기는 청소년에게는 영화 감상이나 영화 만들기가 심리적 부담을 최소화하면서 자아정체감을 형성하는 데 큰 도움을 줄 것이다. 학업과 진학은 청소년에게 부담스럽고 피하고 싶은 주제이지만, 청소년이 선호하는 매체인 영화를 통해서 접근한다면 그 부담감이 줄어들면서 자신의 미래를 삶의 스크린 위에 구체적으로 그려 볼 수 있을 것이다.

3. 청소년 영화치료의 특징

1) 성인 영화치료와의 차이

(1) 성인 영화치료보다 지시 · 교육적 성격이 강하다

청소년 영화치료의 기제는 성인과 유사하다. 하지만 청소년의 통찰 능력은 상대적으로 부족할 수 있다. 청소년과 성인 내담자들은 영화 속 등장인물과 자신을 동일시하거나 등장인물의 경험과 자신의 경험을 연관 지어 자신의 문제를 새롭게 조망하고, 바람직한 인물을 모델링하고, 감정적으로 해결되지 않은 문제에 대해서는 등장인물을 통해 감정이 정화되는 경험을 한다.

성인의 경우에는 과거와 현재의 연관성, 다양한 상황에서 반복되는 패턴, 그것이 자신에게 미친 영향력을 통찰하는 경험이 중요한 치료 기제로 추가된다. 이에 비해 청소년 영화치료는 좀 더 지시적이고, 연관된 발달 과제(자아정체감 형성, 사회인지 능력의 향상, 정서적 경험의 대처전략 형성 등)를 해결했거나 해결하려고 노력하는 인물들을 자신과 브리징하고 모델링하는 영화치료가 더 도움이 되는 경우가 많다.

예 〈방과후 옥상〉(2006)에서 자신과 분노 표현방식이 똑같은 인물을 찾아본다. 〈찰리 바틀렛Charlie Bartlett〉(2007)에서 타인의 분노에 대처하는 방법을 모델링한다.

(2) 성인 영화치료보다 영화 선택의 범위를 충분히 고려해야 한다

지나치게 모범적인 인물은 반감을 일으키고 파괴적인 인물은 부정적인 동일시의 대상이 될 수 있으므로 조심해야 한다. 나쁜 모델이 필요할 경우도 있지만 그때도 청소년에게 미칠 영향을 고려해야 한다. 그리고 지나치게 폭력적이거나 선정적인 장면은 삼가야 하고, 청소년의 수준에 맞게 편집해야 한다.

예 〈미녀는 괴로워〉(2006)는 어떤 청소년에게 유용할까? 소녀들에게 부정적인 영향이 있다면?

(3) 반드시 청소년의 눈높이에 맞추고 발달 수준과 연관 지어 다뤄야 한다

성인들이 청소년이 보기에 적합하다고 생각하는 영화들을 실제 영화치료 장면에서 활용할 때 청소년들이 냉담한 반응을 보이거나 지나치게 감정적인 반응을 보이는 경우가 있다. 또한 청소년의 지적 수준이나 문화 경험에 따라 영화에 반응하는 질과 양은 크게 차이가 난다. 성인 영화치료에서는 현실적인 문제를 해결하기를 원하고 영화와 적정한 거리를 둘 수 있는 내담자들이 대부분이다. 그러나 청소년들은 그렇지 못한 경우가 많다. 청소년 영화치료에서는 내담자가 호소하며 해결하고 싶어 하는 문제를 주로 다룬다. 그런데 청소년 문제는 내담자의 지적 능력과 문화적 발달 과업과 연관 지어 조심스럽게 선택되어야 하고, 청소년의 맥락과 해당 청소년 집단의 성격에 따라 매우 다른 선택을 해야 한다.

예 〈마빈의 방 Marvin's Room〉(1996)을 청소년에게 보여 줄 때와 성인에게 보여 줄 때의 차이는 무엇일까?
〈스타워즈 Star Wars〉(1977)나 〈반지의 제왕 The Lord of the Rings〉(2001)을 청소년에게 보여 줄 때는 성인과 어떤 차이가 날까?

(4) 동일시 대상이 다르다

일반적으로 성인 영화치료에서의 동일시 대상은 자신의 현재, 과거와 연관된 인물인 경우가 많다. 현재 자신이 경험하는 문제를 재연하는 인물이나 과거에 해결하지 못한 문제를 경험하는 인물에게 감정적으로 동일시되는 것이다. 그러나 청소년의 경우는 판타지 기능이 우세하고, 현실을 무시하고 판타지를 자신의 세계로 더 받아들이는 경향이 있다. 따라서 청소년들은 실제 자신의 모습이 아니라 자신이 갖고 싶은 능력이나 매력을 소유한 인물에게 동일시되는 경우가 많다. 그러므로 영화치료자는 청소년들의 이러한 성향을 거꾸로 활용하여 치료에 적용할 수 있어야 한다.

예 〈우아한 세계〉(2007)를 청소년에게 보여 줄 때, 청소년이 동일시하는 인물은 누구일까?

(5) 영화치료자의 포커싱[10)] 능력이 매우 중요하다

아동보다는 덜 하지만 대부분의 청소년은 성인보다 주의 집중력이 짧고, 영화를 볼 때는 집중을 하다 영화치료가 시작되면 또래와 잡담을 하는 경향이 있다. 이를 예방하기 위해 청소년들의 문제와 욕구를 적절히 반영해야 하고, 단순한 영화교육이나 영상교육이 되지 않도록 주의해야 한다. 또한 적절한 청소년 내담자의 반응에 예민하게 반응해 주고, 영화의 주제나 내용과 내담자의 반응을 적극적으로 브리징하여 내담자가 주의를 지속시키도록 도와주어야 한다.

〈표 4-7〉 청소년 영화치료와 성인 영화치료의 차이

구분	청소년 영화치료	성인 영화치료
특징	• 지시교육적 성격 강함	• 정화, 통찰적 기법을 결합해야 함
영화의 선택	• 지적 능력, 적절성을 반드시 고려	• 영화의 선택 범위가 넓음
치료자 요인	• 포커싱 능력 중요	• 직면과 해석 능력이 상대적으로 중요
목표	• 발달 과업의 해결과 적응, 현실적인 문제의 해결	• 현실적인 문제의 해결, 자아 통찰, 인격적 성숙
동일시 대상	• 자신의 욕구와 판타지를 대리 만족시키는 인물	• 자신의 현재, 과거와 연관된 인물
주요 치료 기제	• 동일시, 모델링, 연상, 정화	• 동일시, 모델링, 연상, 정화 및 통찰

10) 포커싱focusing 기술은 영화에 관한 보고 혹은 내담자의 개인사적 보고가 지나치게 산만하여 핵심이 부족한 경우, 치료자가 내담자의 영화 장면 선택이나 개인사 보고를 구체화하도록 도와주어 치료의 맥을 잡는 기술이다.

Tip 청소년 영화치료의 필수: 상담 동기 수준 높이기

- 부모를 상담에 포함하는 전략
- 또래 집단과 함께 영화 보기: 공통의 영화 관람 자체가 집단 응집력을 향상
- 게임이나 재미를 추구, 상담에 흥미를 느끼게 하는 전략
  (예 진흙놀이, 영화, 실뜨기 등)
- 내담자의 문제 해결을 위한 직접적인 조언과 정보 제공
  (예 이성 친구, 왕따, 진로, 성, 외모 문제 등)
- 활동 수준을 높일 수 있는 영화치료 프로그램 구성(영화 만들기 치료 포함)
- 청소년이 상담 아이디어를 고안하는 전략

2) 청소년 영화치료 시 주의사항

- 영화치료를 시작하기 전에 영화치료에 대한 기대를 현실화하라. 영화치료를 영화만 보면 되는 것으로 생각하는 청소년들이 많다.
- 청소년이 원하는 영화를 먼저 확인하고 그 영화부터 시작하는 것이 라포 형성에 도움이 된다. 아울러 거기서 문제 해결의 실마리가 보일 수도 있다.
- 모델링을 지나치게 강조하면 영화교육이 되기 쉽다. 모델링 이전에 동기를 부여하고 자신의 문제를 인식하는 시간을 충분히 가지도록 해야 한다.
- 좋은 모델과 나쁜 모델을 적절히 대비시켜 모델링의 필요성을 일

깨울 필요가 있다.

- 청소년 영화치료에서 공포 영화나 폭력 영화를 사용하는 경우는 드물지만, 충분히 훈련된 상담자는 문제의 근원적 해결을 위해 그러한 영화를 활용할 수도 있다.
- 영화치료 프로그램에 에너지와 활기를 불어넣기 위해서 반드시 간단한 활동이 들어가야 한다. 그러나 너무 과도하게 활동을 집어넣거나 많은 영화를 선택하게 되면 오히려 상담의 기회가 줄어들고, 자칫 영화치료가 아닌 영상교육이 될 수 있다.

3) 청소년상담을 위한 영화의 선택

청소년상담을 위한 영화는 청소년을 위한 영화라기보다 청소년의 각종 문제와 그 내면을 함께 탐색할 수 있는 영화를 선택하는 것이 중요하다. 청소년의 문제는 바로 청소년 개인의 감추어 둔 욕구와 두려움을 반영하는 하나의 전조일 수 있기 때문이다.

예를 들면, 일반 청소년과 학교 폭력을 일으킨 청소년을 위한 영화의 선택은 상당히 달라야 할 것이다. 상담자의 기대와 달리, 대부분의 학교 폭력을 일으킨 학생들은 죄의식이 없고 충동적인 방식으로 행동화하며 도덕적 관념이 희박하다. 아마도 상담자가 학교 폭력이야말로 내담자인 청소년이 자신의 가정에서 경험한 폭력에 대한 과잉 보상이거나, 한 집단의 위계 다툼에서 나타난 권력적인 속성을 지녔다는 것을 이해한다면 단순히 폭력에만 초점을 맞추어 영화를 선택하지는 않을 것이다.

집단 따돌림, 원치 않는 임신의 경우도 청소년의 자기중심적 경향이

나 상상적 청중, 개인적 우화 등의 개념을 이해한다면 청소년의 내면에 더 쉽게 접근할 수 있게 된다. 케빈 스미스Kevin Smith 감독이 쓴 〈스타워즈 에피소드 2: 클론의 습격Star Wars Episode II: Attack of the Clones〉(2002)의 감상문은 어두운 열정과 세상에 대한 한계적 인식을 지닌 청소년의 내면에 대해 더할 나위 없이 좋은 설명을 제시할 것이다.

> 나한테 새 〈스타워즈〉는 놀랍고 비극적인 자동차 사고와 같다. 많은 평론가들처럼 이 영화가 볼품없다는 뜻에서 그렇게 말하는 게 아니다. 〈스타워즈〉 3부작의 과도한 디지털 작업을 들먹이며 루카스(스타워즈의 감독)가 인간성을 상실했다고 비난하는 데서 쾌감을 느끼는 자들에게 돌을 던질 수도 있겠지만 중요한 건 그게 아니다. 그보다 나는 새 3부작에서 새롭게 선보이는 장치에 집중하고 있다. 바로 다스베이더(아나킨이 커서 우주 제국을 지배할 때의 또 다른 이름)의 비극, 즉 아나킨 스카이워커가 시스(우주를 지배하려는 사악한 세력)의 어두운 마수에 서서히 빠져 들어가는 것이다.
>
> 이 멜로드라마는 〈클론의 습격〉에 더할 수 없이 잘 표현되어 있다. 이 영화에서 우리는 청소년 아나킨을 볼 수 있다. 이 소년이 자라 나중에 자기 딸을 고문하고(솔직히 유머러스하지 않다), 자기 아들의 손을 자른다(이것은 유머러스하다). 시작부터 루카스는 단순한 한 가지 설정으로 내 짧은 상상력을 사로잡았다.
>
> 다스베이더도 십대인 적이 있었다. 이 얼마나 평범하면서도 심오한가! 악도 어디엔가 시발점이 있다! 〈보이지 않는 위험〉에서 아기 아나킨을 반바지 입은 은하계의 히틀러로 등장시켜 그 기원을 확실히 다져 놓은 데서 시작하여, 〈클론의 습격〉에서는 누구나 다 알고 있는 바와 같이

끓어 넘치기 쉬운 고등학생의 열정에 어둠의 핵심이 자리 잡고 있다는 사실을 우리에게 확실히 보여 준다.

처음부터 아나킨은 자기가 알고 있는 것보다 많이 알고 있다고 생각하고 모든 사람들에게 자신이 뛰어나다고 증명하고 싶어 하는 아이로 그려졌다. 내가 다니던 고등학교에도 그런 아이가 있었다. 당연히 그 아이는 누구에게도 깊은 인상을 주지 못했다(아마도 그 아이는 현재 주유소에서 일하고 있을 것이다.). 그렇지만 그 아이의 손에 광선검이 쥐어지고 그가 제다이의 염력을 배우게 되면 사람들은 놀랄 것이다. 〈클론의 습격〉에서 아나킨은 운전면허를 땄지만 집에서는 8시로 정해진 통금시간을 지켜야 하는 고3 학생과 같다. 그 자체로 언제 터질지 모르는 폭탄인 것이다. 자기 여자를 두고 입맛 다시는 현상금 사냥꾼을 잡으려고 비행선에서 뛰어내리는 것은 방황하는 십대가 아니면 할 수 없는 일이다. 자신이 결코 죽지 않을 것이라는 생각(십대가 가진 가장 나쁜 특성)을 바탕에 깔고 자신의 안녕에는 전혀 신경 쓰지 않는 젊은 스카이워커는 인구 밀도가 높은 도시에서 악당을 쫓는다. 결국 스승인 오비완 케노비가 악당을 체포한다. 포스로 가득한 아나킨은 눈이 휘둥그레진 술집 구경꾼들에게 말한다. "제다이 비즈니스. 술이나 드세요." 배짱 두둑한 녀석이다.

아버지 없이 자란 이 이유 없는 반항아(혹은 전문적으로 말해 이유 없는 황제파)는 권력자 팰퍼틴을 아버지로 여기고 조용히 따르게 된다. 팰퍼틴은 "(너는) 가장 위대한 제다이가 될 것이야."라는 말을 아나킨의 머릿속에 주입한다. 고등학생일 때 아버지가 이런 개소리로 머리를 채워 놓은 아이들을 본 적이 있다. 이런 개소리에는 "누가 너한테 입을 함부로 놀리면 그놈 엉덩이를 차버려." 같은 명령이 꼭 뒤따른다. 감수성 예민한 아이를 휘어잡아 다른 아이들을 왕따시키고 괴롭히는 아이로 만들기는 쉽다. 하지만 황제가 될 사람과 그의 추종자라면 일이 더 위험할 수 있다. 게다가 이 아이는 염력을 써서 과일을 공중에 띄울 수 있으며, 광폭한 우주 코뿔소를 마인드 컨트롤하여 로이 로저스(옛날 카우보이 영화의 주인공)의 트리거(로이 로저스의 애마)처럼 부릴 수 있는 능력을 가지고 있지 않은가. 복도에서 쳐다보고 웃었다는 이유로 신입생을 때리는 것과 도둑맞은 무기를 찾는다는 이유로 행성을 파괴하는 것은 완전히 다른 문제다.

부모의 문제라는 진부한 이야기는 제쳐 두자. 아나킨과 그 어머니의 관계는 오이디푸스가 오히려 건강해 보일 정도다. 학생 식당에 앉아 남의 엄마에 대해 짓궂은 농담이나 해대는 떠벌이가 대가를 치르듯, 아나킨의 어머니를 때려 죽인 투스칸 침입자들도 호된 대가를 치른다. 아나킨이 종족 전체에 지옥불을 선사한 것이다. 어머니가 사막에서 사는 종족의 헛간에서 죽어 가는 모습을 봤다면 어느 십대가 남자는 물론 여자와 어린아이까지 그 종족을 몰살하지 않겠는가. **다스베이더의 출발은 거기 있다. 어머니를 여읜 충격에 돌아 버린 십대가 바로 다스베이더의 기원이다. 은하계를 돌아다니느라 너무 바빠서 어머니날에 카드를 못 보낸 건 생각도 말자. 놈들은 어머니를 죽였다. 그러니까 복수를 당해도 싸다. 아나킨이 다스베이더로 타락하는 과정에는 뭔가 달콤씁쓸한 게 있다. 〈클론의 습격〉 이전에는 없었던 것이다.** 어머니가 그저 노환으로 세상을 떠났다면 아나킨은 〈스타워즈: 새로운 희망〉 〈제국의 역습〉 〈제다이의 귀환〉에서 보인 것 같은 극심한 천식을 앓는 존재(다스베이더가 검은 마스크를 쓰고 쉭쉭거리는 소리를 내는 것을 풍자한 것)는 되지 않았을 것이다.

내가 보기에 〈클론의 습격〉에서 가장 무서웠던 순간은 아나킨이 자기가 맹목적으로 사랑하는 아미달라 앞에서, 붕대 같은 옷을 입고 모래나 먹는 쓸모없는 종족을 하이테크 지포 라이터로 모조리 죽였다고 고백한 뒤 주저앉는 장면이다. 내 눈에는 이 장면이 정말 설득력 있었다. 아미달라가 '세상에…… 내가 인간 폭탄을 사랑하고 있어.'라고 말하는 듯한 표정을 지었기 때문이다. 아나킨의 살육에 아미달라가 짓는 슬프고 절망적인 표정을 보자 〈제다이의 귀환〉의 한 장면이 떠올랐다. 루크가 레아에게 어머니가 어떤 사람이었는지 기억하냐고 묻는 장면이었다. 레아(오리지널 스타워즈 3부작에 나오는 공주 이름)는 어머니가 늘 슬퍼 보였다고 회상했다. 이제 20년 가까이 흘러서 레아가 말하는 바를 우리가 직접 보게 됐다.

〈클론의 습격〉에서 내가 가장 감명 깊게 본 것은 아나킨과 아미달라의 저주받은 사랑이다. 평론가들 대부분은 이 두 사람의 관계가 미숙하고 서투른 연기로 표현됐다고 과소평가했지만, 나는 비극적이면서도 아름답게 그려졌다고 생각한다. 나는 두 사람의 관계에 완전히 빠졌으므로 헤이든 크리스텐슨과 나탈리 포트먼에게 후한 점수를 주겠다. **아나킨은 이유도 정확히 모른 채, 아미달라 또한 아나킨이 독약이라는 것을 알면서도 서로에게 빠지지 않을 수 없다. 모두가 자기를 부당하게 대한다고 생각하는, 혼란스럽고 충동적인 증오의 탱크가 되는 작은 소년. 고등학교에서 진짜 인기 있는 여학생은 왕따를 좋아하고 결국 왕따와 결혼한다.** 그러나 이 결혼은 작은 마을에서처럼 사람들의 이야깃거리와 이혼으로 끝나지 않는다. 인간보다 기계에 가까운 아버지로부터 아이들을 구하기 위해 어머니가 은하계 반대쪽에 아이들을 흩어 놓는 일로 끝난다. (중략)

– 케빈 스미스, 『순결한 할리우드Silent Bob Speaks』 중
'신념의 수호자'에서 발췌

Tip 청소년의 이해: 청소년의 자기중심성적 경향

다음의 십대 청소년의 대화는 무엇을 의미하는가?

10세 제니퍼: (테니스를 치다가) 머리카락이 뻗쳐서 여기 있는 사람들이 다 나를 쳐다봐요.

16세 마가렛: 캐서린 이야기 들었니? 임신이래. 내게 그런 일이 생길 수 있겠니?

13세 아담: 아무도, 특히 부모님은 나를 이해하지 못해요. 그들은 내가 겪고 있는 아픔을 절대 경험하지 못했죠.

청소년들의 강조된 자의식은 자신이 그러는 것과 마찬가지로 다른 사람들이 자신에게 관심을 가질 것이라는 생각과 개인적 독특성에 대한 믿음에서 기인한다. 데이비드 엘킨David Elkin은 청소년의 자기중심성을 다음 두 가지로 나누었다.

- 상상적 청중imaginary audience: 주의를 끄는 행동, 주목받고 눈에 띄기를 원하고 무대 위에 있기를 원하는 행동을 포함. 자신이 주인공이고 다른 모든 사람들은 청중임
- 개인적 우화personal fable: 자신의 경험이 너무 독특해서 자신이 어떻게 느끼는지 아무도 알 수 없다는 생각(예 '남자친구와 헤어진 이 아픔을 엄마는 절대 모를 거야.'). 심지어 자신만의 독특성을 지니려고 환상으로 가득 찬 자기 이야기를 만들어 내기도 함. 그리고 스스로 현

실과 동떨어진 그 세계에 몰두함

이러한 믿음이 자신만은 모든 사고에서 괜찮을 것이라는 믿음을 이끌어, 청소년은 오토바이 폭주, 안전사고 위반, 임신 등의 문제를 일으키기도 한다.

〈표 4-8〉 청소년 영화치료에 적절한 영화

1. 왕따

예 〈캐리〉(1976), 〈인형의 집으로 오세요〉(1995), 〈여고괴담〉(1998), 〈릴리슈슈의 모든 것〉(2001), 〈퀸카로 살아남는 법〉(2004)

2. 학업, 진로

예 〈죽은 시인의 사회〉(1989), 〈키즈 리턴〉(1996), 〈빌리 엘리어트〉(2000), 〈발레교습소〉(2004), 〈스윙 걸즈〉(2004)

3. 이성, 친구

예 〈워터 보이즈〉(2001), 〈하나와 앨리스〉(2004), 〈시간을 달리는 소녀〉(2006)

4. 학교 폭력

예 〈방과후 옥상〉(2006), 〈싸움의 기술〉(2005), 〈말죽거리 잔혹사〉(2004)

가족 영화치료

1. 건강한 가족과 역기능적 가족

가족은 혈연으로 결합된 영구적인 집단으로서 개인의 인격 형성에 지대한 영향력을 끼친다. 이에 가족치료에 대한 이해에 앞서 먼저 기능적 가족과 역기능적 가족에 대한 특성을 살펴볼 필요가 있다.

1) 기능적 가족

기능적 가족(건강한 가족)은 가족 규칙에 융통성이 있고 문제를 건설적으로 해결하며 가족 구성원들이 서로를 양육하는 가족이다. 건강한 가족 구성원들은 다른 구성원들에 대해 경청하고 돌봐 주며 그들이 가치 있고 사랑받고 있다는 것을 느낄 수 있도록 도와준다. 가족 구성원들은 애정을 자유롭게 주고받으며 서로 간에 개방적이고 솔직하다. 즐거움과 성취뿐만 아니라 실망, 슬픔, 상처, 분노, 비판 등 어떤 것에 관해서도 서로 이야기 나눌 수 있다. 그러므로 기능적 가족 구성원들은 변화가 불가피하며, 변화를 수용하고, 그것을 창조적으로 사용하기 위한 노력이 필요함을 알고 있다.

2) 역기능적 가족

역기능적 가족은 크게 두 가지 유형으로 살펴볼 수 있다. 첫째, 가족체제의 세대 간 경계선이 혼돈된 가정인 '밀착된 가정'이다. 이는 가족체제의 하위체계 간 경계선이 무너지고 한쪽과 삼각관계를 형성하는 것이다. 하위체제 간에는 분명한 경계선이 있는데 아내가 대부분 자녀들과 시간을 보낸다든지, 남편이 가정의 중요한 사항을 주로 부모님과 상의하여 아내가 끼어들 여지가 없을 때 하위체제의 안과 밖을 구분해 주는 경계선이 붕괴된다. 이것은 가족에게 심각한 문제를 초래할 수 있다.

둘째, 경직된 경계선을 가진 가족인 '분리된 가족'이다. 예를 들어, 부모와 자녀 간에 전혀 대화가 통하지 않고 감정도 나누지 않은 채 부모가 오직 권위로써 자녀를 강압적으로 대하는 가정이 있다. 이런 경우에 자녀는 부모와 감정적으로 단절된 채 지내게 된다.

〈표 4-9〉 기능적 가족과 역기능적 가족 비교

기능적 가족	역기능적 가족
• 감정 표현이 자유롭고 개방적 • 친밀감, 따사로움, 웃음과 기쁨 • 가치 있고 사랑받고 있다고 느낌 • 적극적으로 외부 세계를 탐색토록 격려	• 감정 표현의 제한 • 두려움, 냉랭, 폐쇄적 • 가족 내 희생양으로서 존재 • 외부 세계와의 단절

(1) 역기능적 가족에서 성장한 성인의 모습

- 자주 비난을 받고 자라왔기 때문에 낮은 자아존중감을 가지고 있다.
- 자신을 주변으로부터 고립시키고, 특히 권위적인 사람과의 관계를 매우 불편해한다. 보통 직장 상사(권위체)와의 관계가 원만하지 못하다.

- 자신에 대한 부정적인 평가나 비판에 매우 민감해한다.
- 지나치게 헌신적이고 책임감이 강하거나 반대로 상식 밖의 무책임한 행동을 한다.
- 자신을 돌볼 줄 모른다.
- 희망이 없고 무기력해한다.
- 사람이나 상황을 자기 뜻대로 통제하려 한다.
- 자신의 존재를 수치스럽게 생각한다.
- 충동적인 행동을 한다.
- 칭찬, 인정, 돌봄 받는 것을 어색해한다.

(2) 역기능적 가족에서 볼 수 있는 심리 · 정서적 상처

- 욕구 좌절
- 무관심/방치
- 소홀히 취급당함
- 무시당함
- 학대받음
  - 신체적 학대: 손찌검, 구타, 도구를 이용한 폭력, 성적 학대, 기타
  - 심리 · 정서적 학대: 냉정하고 적개심 있는 시선을 줌, 수치심을 느끼게 함, 굴욕적이게 함, 망신을 줌, 비난함, 농담으로 괴롭힘, 죄책감 들게 몰아침, 비웃음, 조건적인 사랑을 줌, 교묘히 조종함, 거짓말함, 희롱함, 배반함, 잔인함, 차갑게 대함, 얕봄, 협박, 위협함, 심한 벌을 줌, 지나치게 통제함, 계산적인 사랑을 줌, 진

지하게 대해 주지 않음, 불신함, 못마땅해함, 필요와 욕구를 무시함, 일관성 없이 반응함, 억압함, 변덕스럽게 행동함, 절대 용서하지 않음, 열등한 인간으로 취급함

(3) 역기능적 가족의 언어

"조금 더 잘 됐어야 했는데……."

"그렇게 화내면 안 돼!"

"만일 네가 지금보다 조금만 더 낫더라면……."

"못됐구나."

"차라리 널 낳지 말 것을."

"부끄러운 줄 알아."

"나는 너를 위해 희생하고 있다."

"너 때문에 내가 미치겠다."

"내가 약속하마."(지키지도 못함)

"지시하는 대로만 해."

"말대꾸하지 마라."

"절대 실수하지 마라."

"그건 끔찍한 일이야."

"망신당한 줄 알아."

"너 왜 그랬니?"

"다 너 때문이야."

2. 가족 간의 바람직한 의사소통

건강한 가족관계를 유지하기 위해서는 건강한 의사소통이 필수적이라 하겠다. 모든 문제들은 바람직한 '대화'의 기초 위에서 하나둘씩 풀릴 수 있기 때문이다.

1) 가족관계에서 사용해야 할 필수 언어

- 인정하는 말
- 감사의 말
- 칭찬하는 말

칭찬은 '가치를 부여하다' '높여 주다'의 의미를 내포하고 있다. 칭찬을 통해 가족에게 가치와 존경을 부여하는 것은 가족에게 놀라운 변화를 일으킬 수 있는 가장 효과적인 방법이다. 사람들은 자신의 가치를 인정해 주는 사람에게 충실하게 되어 있다. 그러나 허황되고 거짓된 칭찬은 마음에 없는 거짓된 칭찬임을 알기 때문에 오히려 역효과를 가져온다. 그러므로 진정으로 인정하는 마음으로 근거가 있는 칭찬을 해야 할 것이다.

그러나 칭찬하기 위해서는 자기 마음속에 가족의 단점, 약점과 화해하는 작업이 선행되어야 한다. 먼저 자기 쪽에서 이러한 준비가 되어 있지 못하면 거짓된 칭찬을 하거나 일시적으로 칭찬하다가 곧 비난으로 바뀌어 버린다. 가족에 대한 칭찬은 수백 가지로 표현될 수 있으니 창의적으로 생각해 보라. 가족과의 관계를 향상시키기 위해 칭찬하기로 마음먹고 가족의 가치를 높여 주어 자긍심을 세워 주도록 한다.

'가족에게 인정하는 말, 감사하는 말, 칭찬하는 말을 하루에 한 마디씩 해 보라. 말의 놀라운 위력을 체험하게 될 것이다.'

2) 나-전달법

나-전달법은 나를 주어로 하여 나의 상황을 말하는 것이다. 즉, 가족의 행동에 대한 나의 생각이나 감정을 구체적으로 명확하게 표현하여 나에 대한 이해를 증진하는 것이다. 이는 나에 대한 부분을 잘 알릴 수 있어 매우 설득력이 있다.

(1) 긍정적 나-전달법

가족들끼리 서로 긍정적 감정을 주고받는 것은 친밀감과 정서적 유대를 형성하는 데 매우 유익하다. 특히 정서 표현이 부족한 우리나라 가족들에게는 이러한 상호작용이 더욱 활발히 이루어져야 할 것이다. 지속적인 훈련을 통해 긍정적 나-전달법이 가족관계에서 잘 활용될 수 있도록 하라. 다음의 단계에 따라 말하는 연습을 해 보자.

- 단계 1: 기분 좋게 느껴지는 가족의 행동에 대해 이야기한다. 최대한 있는 그대로 사실을 객관적으로 서술한다.
  예 "당신이 집안 청소를 도와주니……."
- 단계 2: 그 행동이 자신에게 어떤 유익(시간, 건강, 돈을 절약하게 된 것, 하고 싶은 것을 할 수 있게 된 것, 신체나 감각을 편안하게 해 준 것 등)을 주

었는지 이야기한다.

예 "빨리 청소가 끝나게 되어……."

- 단계 3: 가족의 행동에 대한 긍정적 감정을 구체적으로 표현한다.

  예 "기분이 매우 좋네요." "당신이 집안 청소를 도와주니 청소가 빨리 끝나 기분이 매우 좋네요."

(2) 부정적 나-전달법

가족에게 부정적 감정들을 잘못 표현하게 되면 심각한 싸움이 될 수 있다. 그러므로 이러한 감정들을 적절히 표현할 수 있는 기술을 가져야 한다. 대부분은 원망과 분노를 참다가 결국 가족에게 폭발하여 심한 싸움으로 확대된다. 그러므로 그때그때 화가 난 감정들을 적절히 표현하면서 문제를 해결해 나가는 지혜가 필요하다.

〈표 4-10〉 가족 간 의사소통

대화 시 피해야 할 사항	대안
• 상대방의 자존심을 깎아내리는 대화 (바보, 병신, 형편없는 등)	• 부정적인 감정 표현방법 숙지, 자신의 감정을 말로 설명하는 대화
• 과거의 사실을 계속 들추는 대화	• 현재에 초점 두기
• '항상' '전혀'의 대화방식은 피하라.	• '대부분' '가끔'으로 바꿔라.
• 상대방의 마음을 읽는 대화 (동기, 태도, 감정 추측은 피하라.)	• 구체적이고 건전한 대안의 제시
• 상대방의 시선을 피하는 대화	• 상호 시선을 맞추는 대화
• '당신은' '너 때문에' 등의 책임 전가	• 자신의 책임감을 인정하는 대화
• 대화 시 기분 나쁜 억양, 표정, 자세	• 원하는 것을 분명히 밝히는 대화
• 인신 공격성의 대화(언어 폭력)	• 구체적으로 상대방의 행동을 지적

3. 가족치료의 정의 및 특징

1) 가족치료의 정의

가족치료란 가족 구성원의 신체적 · 정신적 위기 상황을 극복하기 위해 개인뿐만 아니라 가족 모두를 포함시키는 치료를 말한다. 즉, 개인이나 가족의 문제 해결을 위하여 상담자가 가족을 체계로 보고 가족을 단위로 그 기능, 역할, 관계상의 문제에 대해 실제 개입하는 일련의 조직적인 상담과정을 의미한다.

2) 가족치료의 특징

가족치료는 전통적인 개인치료와 비교하여 다음과 같은 특징을 가진다.

- 전통적인 개인치료에서 문제의 원인을 개인에게 두고 정신 내면의 과정에 보다 많은 관심을 기울여 왔다면, 가족치료에서는 가족체계 속에서 의미 있는 사람과의 역기능적인 상호작용의 결과로 특정 문제가 발생한다고 보기 때문에 개인을 둘러싼 가족에게 관심을 둔다.
- 개인치료에서 일반적으로 개인에게 집중하여 그의 생활을 보다 만족스럽게 변화시키기 위해서 어떻게 할 것인가를 그들의 과거와 현재에서 찾으려고 노력한다면, 가족치료에서는 내담자의 가족체계를 상담 대상으로 삼으며 가족체계의 구성원 모두가 변화에 참가해

야 한다고 믿는다.

- 개인치료에서 일반적으로 개인을 상담의 단위로 삼는다면, 가족치료에서는 체계의 많은 구성원이 상담의 단위가 된다. 가족치료라고 반드시 모든 가족이 다 참석해야 하는 것은 아니다. 그러나 현존하는 문제에 영향을 끼쳐서 그 과정을 바꾸는 데 꼭 필요한 가족성원은 포함해야 한다.
- 개인치료가 개인이 가진 지난날의 경험에 기초한 내면의 갈등을 해결하고자 하기 때문에 비교적 많은 시간을 필요로 한다면, 가족치료는 가족과 관련된 문제의 해결을 위하여 최근 일어난 역기능적인 문제를 중심으로 단기상담을 시도하는 경향이 있다.

〈표 4-11〉 개인상담과 가족상담의 특성 비교

개인상담	가족상담
• 상담 대상이자 단위는 환자 개인, 개인의 내적 · 심리적 요소	• 상담의 대상은 가족, 가족 성원의 관계 및 기능
• 병리에 초점, 즉 문제의 원인이 개인	• 문제의 원인은 개인을 둘러싼 가족
• 개인의 내적인 사건, 정신 구조 등을 분석하여 원인을 찾아내어 변화시킴으로써 증상 해결	• 가족들과의 상호작용 방식을 분석하고 변화를 주어 가족의 기능을 향상시킴으로써 증상 해결

4. 가족치료와 영화

1) 영화를 활용한 가족치료의 장점

첫째, 영화의 사용은 가족 체계 및 역동을 이해하고 의사소통 양식을 파악하는 데 도움을 준다. 가족치료 모델은 가족의 전체 체계과정에 대한 통찰을 강조한다. 가족체계가 어떻게 작용하는가를 이해하는 것이 어떠한 기법보다 더 중요하다고 보기 때문이다. 가족의 전체 체계과정에 대한 통찰을 강조하는 가족치료에서 영화는 매우 유용하게 활용될 수 있다.

거의 모든 영화의 이야기 구조에서 인물과 사건은 매우 중요한 기능을 한다. 우리는 인물이나 사건이 없는 이야기는 상상할 수조차 없다. 가족관계는 영화의 이야기 속 인물들이 맺는 인간관계의 중요한 양상 가운데 하나다. 영화의 이야기 속에 나오는 구체적 인물의 가족관계 분석을 통하여 우리는 가족 전체의 체계과정과 의사소통 양식을 더 잘 이해할 수 있다. 물론 영화에만 가족관계가 있는 것은 아니다. 소설에도, 시에도, 연극에도, 만화에도 가족관계는 있다. 그러나 영화는 여타 장르의 예술과 비교할 때 그 왕성한 형상력으로, 즉 구체적 형상을 가시적으로 제시함으로써 한눈에 가족 역동을 파악하게끔 한다.

가족치료에서는 어떤 개별적인 치료기법보다 가족체계의 역동성을 이해하는 것이 중요하다. 그러나 어떤 심리적 맹점으로 인하여 자신의 가족관계를 파악하기란 결코 쉬운 일이 아니다. 그러므로 가족치료자는 영화를 통해 객관적 거리를 확보하여 가족체계의 역동성을 이해시키는 데 영화를 활용할 수 있다.

내담자는 가족체계의 역동성을 이해하지 못하면 자신의 문제 자체를 이해하지 못하게 되고, 결국 의사소통의 실마리도 찾지 못하게 된다. 영화의 이야기와 그 전개과정에서 형성될 수 있는 가족관계의 양상은 어떤 다른 장르에서 제시되는 것들보다 훨씬 더 효과적으로 가족체계의 역동성을 이해하는 데 기여할 수 있을 것이다.

둘째, 가족들의 방어를 최소화한다. 영화를 활용한 가족치료에서는 내담자 자신의 가족이 아닌 다른 인물의 가족 이야기를 내담자에게 들려주게 된다. 이는 내담자 가족 모두의 저항을 최소화할 수 있다. 다른 가족의 사례 역시 현실이지만 영화 속의 가족 사례는 말 그대로 하나의 가상semblance이기 때문이다. 영화나 소설의 이야기 속 가족들은 누군가 다치거나 죽을 수 있지만 그것이 실제의 사건은 아니다(반면에 다른 가족의 사례에서 누군가 다치거나 죽었다면 그것은 실제 상황이다.). 예술 텍스트를 통하여 구축되는 '세계'의 가상적 성격은 내담자의 욕망과 말할 수 없는 소망 등을

영화에 던지게 하는 '전치 효과'[11]를 훨씬 더 강화해 줌으로써 내담자 자신과 그 가족의 저항을 최소화하는 데 기여할 것이다.

Tip 가족의 문제에 초점을 맞추기보다 문제의 해결을 부각시키기

40대 초반의 한 여성 내담자가 막 결혼하여 두 명의 자기 아이와 한 명의 남편 아이로 이루어진 새로운 복합가족을 형성하는 데 어려움을 겪고 있다고 하자. 이 경우 영화 〈아름다운 비행Fly Away Home〉(1996)을 배정할 수 있다. 상담자는 영화에서 슬프고 화난 아동들을 다루려고 노력하는 어른들의 좌절에 초점을 맞추기보다 영화에서 어른들이 했던 유용한 일들(아이가 이야기하고 싶을 때 경청하기, 아이의 양가감정을 수용하기, 아이가 안전하고 허용적인 환경에서 표현할 수 있는 이벤트를 마련하기 등)에 초점을 맞출 수 있다.

셋째, 지적 체험과 정서적 체험을 융합시킨다. 가족치료에 영화를 도입할 때 주의해야 할 것은 정서적 체험과 지적 체험이 적절하게 융합될 수 있어야 한다는 점이다. 영화를 활용하는 가족치료자인 게린Guerin은 치료과정에서 영화 속의 이야기와 적절한 거리를 두지 못하면 자기 성찰이 전혀 없는 정시적 경험을 하는 데 그치게 될 것이고, 반대로 강의나 설교조의 영화에서와 같이 너무 먼 거리를 두게 되면 정서적인 참여가 결여

11) 전치displacement 효과란 어떤 무의식적 요소가 본래의 모습과는 다른 형태로 변신하거나 자리 바꾸는 것을 말한다. 심리적인 검열을 피해 욕망을 변형시키는 것이다.

되어 그 영향과 효과를 크게 기대할 수 없다고 주장했다.

영화를 활용한 가족치료에서 정서적 체험은 가족이 같은 정서를 느끼게 하는 동화 효과를 발생시켜 카타르시스를 경험하게 만든다. 또한 가족의 의사소통 양식과 역동을 냉철하게 인식하는 데 영화가 도움을 줄 수 있다. 가족은 극적 상황과 일정한 거리를 두고 자신들의 문제를 객관화하여 파악할 수 있게 됨으로써 정서적 경험 사이사이 가족 문제에 대해 생각하는 시간을 갖는다.

Tip 어떻게 하면 가족치료에 남편을 동참시킬 수 있을까

- 아동의 심리검사 결과를 바탕으로 가족의 역기능과 아동의 문제 및 미래가 연관되어 있음을 강조한다.
- '문간에 발 들여 놓기 효과'를 활용한다. 다만 같이 가서 있기만 하자고 권유해 본다.
- 남편이 가족치료에 왔을 때는 적극적으로 지지해 주고 그것을 부인에게 사전에 알려 준다.
- 영화치료 시 남편이 좋아하는 영화를 알아보고 그것을 활용한다.
- 먼저 부인과 상담을 하여 남편과의 문제를 해결하고 의사소통 방식을 변경하도록 코칭한 후, 부부관계가 변하면 남편을 설득하게 한다.

2) 가족치료를 위한 영화 선택

가족 치료 및 상담을 위한 영화를 선택할 때는 다음과 같은 사항을 주의할 필요가 있다.

첫째, 전체 가족 구성원이 모두 볼 수 있는 영화를 선정하는 것이 바람직하다. 그러나 경우에 따라 성인의 눈높이보다는 아동의 눈높이를 먼저 고려하기도 하고, 부인의 눈높이보다 남편의 눈높이를 먼저 고려하기도 한다.

둘째, 성폭력, 가정 폭력, 구타나 학대 등의 문제가 있는 가족을 상담할 경우, 가족의 외상을 직접적으로 상기시킬 만한 영화는 라포가 형성된 이후에 적절한 타이밍을 고려하여 활용해야 한다.

셋째, 부부가 갈등 중인 경우에는 부부가 각자 영화를 본 후 치료에 올 수 있다. 이 경우 상담에서 영화를 보고 느낀 감정과 생각에 대해 부부가 서로 충분히 대화할 시간을 갖는다. 부부 사이에 대화를 나눈다는 자체만으로도 의미가 크기 때문이다. 영화를 보면서 인상 깊었던 인물과 대사에 대해 기록해 오게 할 수도 있다. 또한 같은 영화를 다르게 보는 부부간의 지각 차이를 느끼게 할 수도 있다.

넷째, 영화의 내용이 특정 가족 구성원의 입장을 지지할 경우 논란을 불러일으킬 수 있다. 상담자는 이런 경우를 주의해서 영화를 사용할 필요가 있다. 예를 들어, 치매에 걸린 시아버지의 뒷바라지를 위해 며느리가 직업을 관두는 내용을 담은 영화 〈여인 사십Woman, Forty〉(1994)을 감상할 경우, 시어머니는 며느리가 직업을 관두는 것을 찬성하는 반면 며느리는 그 상황을 찬성하지 않는 경향을 보일 수 있다.

다섯째, 편향된 가치관이나 지나치게 자유분방한 도덕관을 담은 영화는 치료 대신 논쟁을 야기할 가능성이 많으므로 피하는 게 좋다. 이런 경우를 대비해 영화를 배정하기 전에 잠정적으로 영화의 불유쾌한 측면들

(거친 언어, 혼외정사 등의 성적인 상황, 지나친 폭력 등)을 논의하는 것이 중요하다. 일례로 가출 경험이 있는 중학생 아들과 아버지의 가족상담에서 영화 〈태풍태양〉(2005)을 감상하였다. 그 결과, 영화 속 등장인물들이 인라인스케이트를 타는 장면에 대해 아버지는 비행으로 본 반면 아들은 청소년 문화로 받아들였다.

여섯째, 가급적 각 가정에서 경험할 수 있는 일상과 소소한 갈등 등의 섬세한 심리 묘사가 들어가 있는 영화가 좋다. 이와 같이 가장 표준적인 영화를 선택해서 활용할 경우 자신의 가족과 비교하여 다양한 기억과 추억을 끄집어낼 수 있다. 예를 들어, 영화 〈황금연못On Golden Pond〉(1989)은 한 가장과 그 가족들이 여름 휴가 동안 억압된 감정을 내보이면서 오래된 상처를 치유하는 내용을 담고 있다. 이 영화 속 '백플립'(뒤로 다이빙하는 것) 장면은 아버지와 딸의 관계를 되돌아보는 계기를 마련해 준다.

〈표 4-12〉 가족치료에 적절한 영화

1. **가족발달 이론**
   예 〈스텝 맘〉(1998), 〈크레이머 대 크레이머〉(1979), 〈미세스 다웃파이어〉(1993)
2. **체계이론**
   예 〈아메리칸 뷰티〉(1999), 〈가을의 전설〉(1994)
3. **성역할 혼란**
   예 〈박하사탕〉(1999), 〈나의 장밋빛 인생〉(1997), 〈트랜스아메리카〉(2005)
4. **교환론**
   예 〈결혼은 미친 짓이다〉(2001), 〈스토리 오브 어스〉(1999)
5. **갈등론**
   예 〈돌로레스 클레이븐〉(1994), 〈빅 피쉬〉(2003), 〈애자〉(2009)
6. **가족 역동 이해**
   예 〈보통 사람들〉(1980), 〈사랑과 추억〉(1991)

3) 영화를 활용한 가족치료 시 필요한 질문

영화를 활용하여 가족상담 및 가족치료를 할 때는 영화를 감상한 후 다음과 같은 질문을 활용하면 좋다.

- 영화 속 주인공 가족의 갈등 이슈와 의사소통 양식은 어떠한가?
- 주된 삼각관계는 어떤 것인가? 그것이 어떻게 나타나는가?
- 가족들 관계에 대한 당신의 생각은 무엇인가?
- 어머니의 부재나 아버지의 중독 같은 가족 역기능은 자녀에게 어떤 영향을 미칠까?
- 가족 간의 의사소통 양식을 바꾸면 가족 간의 갈등관계가 해소될 수 있겠는가? 어떻게 하면 가능한가?
- 이 가족 내에서 반복적으로 나타나는 심리적 패턴이 있는가? 있다면 무엇이며, 그것은 어떠한 양상으로 나타나는가?
- 가족 중에 한 사람이 변화한다면 누가 그 역할을 할 수 있으며, 어떻게 할 수 있겠는가?
- 가족은 서로에 대해 어떻게 생각하고 있는가?
- 가족 중 누가 착한 사람의 역할을 했고, 누가 나쁜 사람의 역할을 했는가?
- 가족 중 어떤 사람이 악당이고, 어떤 사람이 영웅인가?
- 가족으로부터 내쳐진 사람(가족 내 희생양)이 있는가? 무엇이 그렇게 만들었나?
- 가족의 역할에 순응하지 않은 가족원이 있었는가?

- 가족 중 누가 주로 보살핌을 받았는가? 문제를 일으키는 사람은? 왜 그런가?
- 가족 중 누가 강한 사람으로 보이는가? 약한 사람은 누구인가? 왜 그런가?

4) 가족치료에서 영화 활용의 사례: 영화 〈축제〉(1996) 분석

영화 〈축제〉는 임권택 감독의 1996년 작품으로 할머니의 장례식을 계기로 서로 간에 쌓인 갈등을 풀고 화해에 이르는 가족 구성원들의 이야기를 그리고 있다. 40대의 유명 작가 이준섭(안성기 분)은 5년이 넘게 치매를 앓아 온 시골 노모가 돌아가셨다는 연락을 받고 고향으로 내려간다. 87세 할머니의 죽음은 많은 사람들에게 슬픔과는 다른 감정으로 다가온다. 특히 시집 와서 지금까지 시어머니를 모신 형수는 은근히 그동안의 설움이 복받치고, 잠재돼 있던 가족 간의 갈등은 가출했던 이복조카 용순(오정해 분)의 등장으로 표면화된다.

갑자기 요란한 복장으로 나타난 용순은 거침없는 행동으로 상가를 시끄럽게 만든다. 취재차 준섭을 따라 내려온 기자 장혜림은 용순의 행동이 할머니에 대한 깊은 애정과 할머니를 모시지 않은 삼촌 준섭에 대한 적의에서 비롯되었음을 알게 된다. 갖가지 해프닝을 겪으면서 장례식이 진행되는 동안 가족들의 갈등은 서서히 풀리고, 용순은 장혜림이 건네준 준섭의 동화를 읽고 눈물을 흘린다.

이 영화에서 내담자로 용순을 설정해 보고 가족 내의 역동과 의사소통 양식을 파악해 보자. 용순이는 주인공 이준섭의 이복조카로서 출생

이후 원가족에서 업동이처럼 길러지나 자신의 출생에 대한 원망과 분노가 높아 원가족으로부터 철저히 정서적 단절을 하게 된다. 그녀는 원가족과 접촉함으로써 생기는 불안과 갈등을 줄이기 위해 부모의 집에서 먼 지역으로 이주하거나 부모와 말을 하지 않는 등 부모와의 접촉을 끊는 행위를 시도한다. 이는 곧 역기능적인 의사소통의 단절로 이어진다.

이런 행동을 통해 자녀는 가족과의 끈으로부터 해방되었다고 느끼지만, 사실은 과장된 독립성의 표현일 뿐이다. 정서적 단절을 하는 개인은 오히려 원가족과의 미해결된 갈등을 부인하는 경향이 있다. 높은 융합과 불안은 강한 가족 결속력을 요구하나, 그것이 견딜 수 없는 수준에 이르면 단절이 발생한다.

그렇게 되면 가족원은 매우 피상적이고 간결한 대화를 유지하며 잠깐

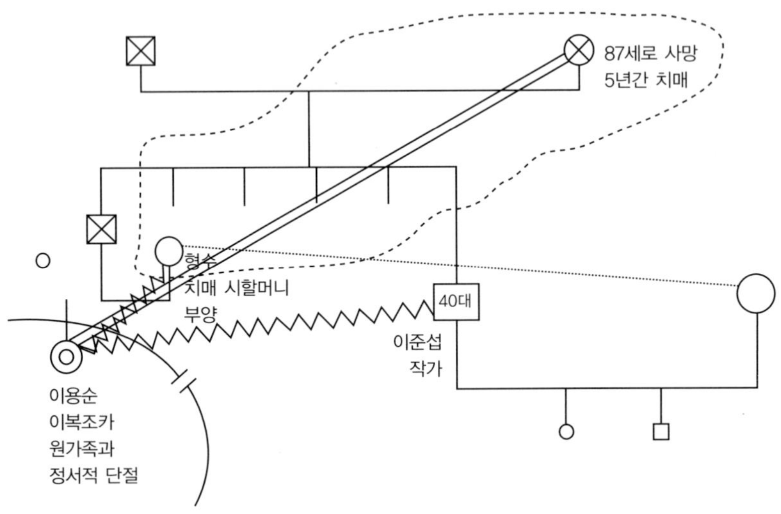

[그림 4-2] 이준섭 가계도: 영화 〈축제〉 예시

의 방문이나 짧은 전화 통화 정도만 하게 되는데, 이 역시 단절의 표현일 수 있다. 잘 만나지 않던 가족이 만나는 추석이나 설과 같은 명절에 가족 간의 다툼으로 인한 사건이 많은 것도 분화 수준이 낮은 가족들이 한자리에 모임으로써 불안 수준이 급격하게 높아지기 때문이다. 의사소통이 단절된 사람은 부모로부터 해방되고 자주 접촉하지 않는다고 자랑을 한다. 정서적 단절 역시 세대 간 전수 가능성이 있다. 조부모와 부모 세대에 정서적 단절이 있었다면 부모와 자녀 세대에서도 단절 가능성이 높다. 정서적 단절을 피할 수 있는 방법은 원가족과 접촉하고 분화를 촉진함으로써 원가족과의 미해결된 애착 문제를 해소하는 것이다.

여성주의 영화치료

1. 여성주의 상담의 개요

1) 여성주의 상담의 정의

여성주의 상담은 여성주의의 정치적 철학과 분석, 그리고 다양한 문화의 여성주의 학문에서 여성과 성차[12] 에 관한 심리학에 근거하는 상담을 말한다(Brown, 1994).

여성주의 상담은 또한 전통적인 성역할과 남녀에 대한 성역할 고정관

12) 성차gender란 생물학적 성sex이 아닌 사회문화적으로 학습된 성을 말한다.

념이 여성 문제의 중요한 원인이라고 보고, 여성이 자신의 문제가 여성 개인 내적인 것뿐만 아니라 사회 구조적인 것에서부터 비롯됐다는 것을 깨닫게 하여 성을 초월한 한 인간으로서의 자신을 개발하고 이해하도록 돕는 것이다.

여성주의 상담은 남성과 여성으로 이분화하는 고정관념, 즉 지배와 복종, 남성성과 여성성이라는 고정관념에서 벗어나 성차별을 배제하고 성평등에 기초하여 여성을 통합된 인간으로 보는 관점이다. 따라서 여성주의 상담은 성 평등적 관점이며, 기존의 남성 중심적인 시각에서 탈피하여 여성과 남성 내담자의 문제 해결에 도움을 제공하는 과정이다.

〈표 4-13〉 성 개념의 비교

성(sex)	성차gender)
• 생물학적 성	• 사회문화적 성: 문화적으로 학습된 남성다움, 여성다움을 의미
• 행위 중심의 성(having sex)	• 성에 대한 가치나 신념
• 남성과 여성을 구분하는 개념	• 총체적인 성

성과 성차를 비교할 수 있는 영화

〈핫칙The Hot Chick〉(2002), 〈스위치Switch〉(1991), 〈체인지〉(1997), 〈이츠 어 보이 걸 씽It's A Boy Girl Thing〉(2006) 등과 같이 남자와 여자의 몸이 바뀌는 영화를 감상한 후 반대 성이 되었을 때의 느낌 상상해 보기를 통해 남녀의 생물학적 성sex과 사회문화적 성차gender의 다름을 이해할 수 있다.

2) 여성주의 상담의 특징: 전통적 상담과 여성주의 상담의 비교

여성주의 상담을 이해하기 위해 전통적 상담과 여성주의 상담의 특성들을 살펴보면 다음과 같다.

(1) 전통적 상담의 특징

첫째, 전통적 상담자들은 여성과 남성이 정형화된 성역할에 적절한 방식으로 행동해야 한다고 믿는다. 예를 들면, 남편에게 학대받고 있는 내담자에게는 결혼생활을 계속하고 남편의 스트레스를 더 이해하는 것을 배우도록 격려한다.

둘째, 전통적 상담자들은 여성 내담자들에게 차별적으로 진단을 내린다. 예를 들어, 여성 내담자를 히스테릭hysteric이라고 진단한다면, 똑같은 특성을 가진 남성 내담자는 반사회적antisocial이라고 진단한다(Ford & Widiger, 1989).

셋째, 내담자들의 문제가 내적 요인에 있다고 강조함으로써 실제로는 사회적으로 야기된 문제임에도 내담자를 비난하게 된다(Greenspan, 1983).

넷째, 여성적인 시각과 특성에 비하여 남성적인 시각과 특성들에 더 높은 가치를 부여한다. 예를 들면, 직관적이고 정서적으로 표현하는 능력보다 분석적이고 논리적인 능력에 더 높은 가치를 둔다.

(2) 여성주의 상담의 특징

여성주의 상담은 여성주의 이론과 방법을 상담에 도입한 것으로 그 특징은 다음과 같다(Enns, 1997; Greenspan, 1983).

첫째, 여성주의 정체성을 향상시킨다. 여성주의 상담은 여성 중심적 시각에서 가치를 평가한다. 이는 성 개념을 재구조화하는 것으로, 여성의 정형화된 특성들이 남성과 여성 모두에게 가치 있고 중요한 인간의 특성이라고 재평가하는 것이다. 남성과의 관계, 자녀와의 관계 그리고 가정과의 관계에서 부여된 여성의 역할로부터 벗어나 자신을 한 인간으로서의 여성으로 재정의하도록 돕는다.

Tip 여성주의 정체성이란

여성주의 정체성feminist identity은 여성이나 남성이 고정적인 성역할에서 벗어나 여성과 남성을 서로 차별하지 않고 각각 독립된 인간 존재로서 자신을 인식하는 것이다.

둘째, 내담자의 문제는 개인적이고 정치적인 것이다. 내담자 자신의 문제의 원인들을 성역할 사회화, 제도화된 성차별주의 등의 사회문화적, 외적 원인들과 개인 내적 원인들로 구별할 수 있게 함으로써 그들이 환경에 적응하도록 돕기보다는 환경을 바꾸는 데 초점을 둔다. 즉, 내담자가 자신의 능력 개발과 기회를 저해하는 사회적 제약을 인식하도록 하여 성차별적 사회 구조와 현실적으로 가능한 여성의 개인 능력 간의 차이를 변별하도록 돕는다.

셋째, 내담자의 특정한 가치를 다루고 명료화한다. 여성주의 상담에서는 상담을 가치 개입적인 일로 본다. 따라서 여성주의 상담자는 자신의 가치관을 분명히 밝히는 동시에 내담자에게도 그렇게 하도록 격려한다. 즉, 그들은 여성주의를 자신의 상담에 통합시키기 때문에 내담자에게 자신의 정서를 표현함과 동시에 바람직한 행동의 모델이 되는 것, 자신의 의식화 과정에 내담자를 참여시키기 등을 중요하게 생각한다. 그리하여 성역할 기대, 성적 행동, 분노, 의존성 등과 관련된 가치들이 상담의 과정을 거쳐 명료화된다.

Tip 여성주의 상담은 남성 내담자에게도 효과적일까

여성주의 상담은 남성 내담자에게도 효과적일 수 있다. 여성만큼 남성도 가부장적 체제로 억압받고 있어 사회를 변화시키는 데 기여할 수 있다(Brown, 1994). 특히 학대하는 남성이나 난폭한 집단의 남성을 대상으로 여성주의 상담을 할 수 있다. 여성주의 상담에서 남성 내담자에게 적용할 수 있는 부분에는 친근감을 향상시킬 수 있는 대화방식 배우기, 정서 표현하기와 자기 드러내기의 학습 등이 있다(Corey, 2003).

넷째, 상담자와 내담자가 평등한 관계를 갖는다. 권력에 대한 관심이 여성주의 상담에서 핵심적이기 때문에 치료적 관계는 권한 찾기와 평등주의에 근거한다. 따라서 상담자가 내담자가 가진 역량을 적극적으로 강조하고 내담자와의 관계를 균형 있게 함으로써 상담은 협력적인 과정이 된다. 이처럼 여성주의 상담은 전문가-내담자 관계가 아닌 동료, 파트너의 관계에서 이루어지며, 특히 상담자는 외부인이 아닌 공동체의 일원이 된다.

2. 여성주의 상담과 영화치료

1) 영화를 활용한 여성주의 상담의 장점

첫째, 자기조력적 효과를 적극적으로 활용한다. 여성들의 이야기를 들으면서 여성이 스스로를 치유하도록 하기 위해 영화치료의 자기조력적 효과가 효율적으로 이용될 수 있다. 여성 내담자가 가진 문제와 비슷한 문제를 지닌 주인공이 그것을 극복하고 자립하는 영화를 선택하여 함께 관람할 때, 여성은 스스로 상담자가 되어 자신의 이야기를 진정으로 이해하고 고통과 분노에 직면하고 용기를 내어 자신의 상처를 치유할 수 있는 효과를 얻을 수 있다. 이러한 동일시 과정을 통해 내담자는 주인공과 같이 어려운 상황을 극복하고 사건을 해결하는 능력을 갖게 된다. 예를 들면, 이른 나이에 결혼을 해 아이를 둔 주부가 뒤늦게 검정고시를 본다든가 사회적 성취를 위한 열망이 있을 경우, 이와 유사한 주인공이 나오는 〈라이딩 위드 보이즈Riding in Cars with Boys〉(2001)를 관람하고 용기를 내어 새로운 인생 설계를 할 수 있다.

둘째, 정화적 접근을 적극적으로 활용한다. 가부장적 제도 속에서 존재하고 있으나 가치로운 존재로 취급받지 못했던 여성의 분노를 발견하고 표출하도록 영화치료가 도움을 줄 수 있다. 영화 속 주인공이 갖고 있는 정서적인 문제나 갈등 등을 해결하고 발산하는 장면을 보고 주인공의 슬픔과 고통을 공감하면서, 내담자들도 같은 정서적인 경험을 하게 되고 자신의 문제를 이해하게 되며 마음속에 있던 부정적 감정들을 발산하게 된다. 즉, 영화는 내담자의 정서를 무의식 깊은 곳으로부터 해방시키는 촉매가 되어 카타르시스를 유발한다. 이처럼 영화를 감상하고 자신이 느낀 점에 대해 표현하는 과정을 통해 자신의 문제를 통찰하게 하여 카타르시스와 함께 자기 표현을 촉진하는 데 특정 영화가 사용될 수 있다. 예를 들면, 남편의 바람으로 인해 자신의 삶을 되돌아보고 혼자의 삶을 결심하는 영화 〈밀양〉(2007)을 통해 내담자들은 충분한 정서적 환기와 정서 표현의 기회를 얻을 수 있다.

Tip 영화를 활용한 여성주의 상담 사례(자기조력적, 정화적 접근의 활용)

앨리스는 인생의 가장 어두운 시점에 있다. 어제 그녀는 남편과 또다시 크게 싸웠다. 오랫동안 잘해 보려고 애써 왔지만, 남편과의 결혼생활은 곧 끝날 것이 확실하다. 너무나 슬픈 나머지 직장에서는 큰 실수를 저질러 질책을 당했다. 앨리스는 긍정적 사고의 힘에 대해 들었던 것을 떠올리고 자신을 격려하고자 노력했지만, 그럴 때마다 앞이 캄캄해졌다. 결국 그녀는 몹시 슬플 때마다 울어 버리면 기분이 훨씬 나아진다는 사실을 떠올렸다. 그러나 오늘은 어쩐지 눈물이 막혀 있는 것처럼 느껴지고, 어떤 정서적 해방도 찾을 수가 없다.

앨리스는 슬픈 영화를 빌려 보는 것이 감정의 배출구를 열어 줄 것이라고 생각했다. 그녀는 몇 년 전 영화 〈삼나무에 내리는 눈Snow Falling on Cedars〉(1999)을 보고 울었던 것을 기억하고는 그 영화를 다시 빌렸다. 슬픈 장면을 보면서 눈물이 흐르기 시작했다. 우는 것이 기분 좋게 느껴지면서 다소 기운이 솟아났다. 현재 상황이 더 이상 처량하게 보이지 않았고, 터널의 끝에서 빛이 비추는 듯한 느낌이 들었다. 처음으로 그녀는 결혼생활이 곧 끝날지도 모른다는 사실을 받아들였고, 슬픔의 시간이 지나면 다시 행복해질 것이라는 생각이 들었다.

– 비르기트 볼츠, 『시네마테라피』에서 발췌

셋째, 개인과 사회의 문제를 동시에 부각시킬 수 있다. 많은 여성영화들은 여성의 의식 고양이나 여성의 문제가 개인적인 측면에서뿐만 아니라 정치적인 측면에서도 함께 이해될 수 있다는 점을 보여 준다. 이를 통해 여성들은 자신을 둘러싼 가족제도, 특히 가부장제 사회의 모순을 발견하고는 자신의 문제가 단순히 개인적인 것만이 아니라 함께 개선해 나아가야 하는 것임을 알게 된다. 즉, 영화는 개인적인 것이 정치적인 것이라는 점을 깨닫게 하는 데 도움을 준다. 예를 들면, 〈델마와 루이스Thelma and Louise〉(1991), 〈앨리스는 이제 여기 살지 않는다Alice Doesn't Live Here Anymore〉(1974), 〈안개 기둥〉(1986) 등의 많은 영화들은 여성들이 이 사회에서 받는 차별과 편견, 버림받는 것에 대한 두려움, 재활의 어려움 등을 다루고 있다.

넷째, 여성적 관점에서의 문제 인식 및 통찰의 획득을 도와준다. 여성 특유의 문제를 다루고 있는 영화들은 여성의 정신병리적인 문제에 대한 생생한 정보를 주는 동시에 남성적 관점이 아닌 여성적 관점에서 여성의 문제를 인식하게 하는 데 도움을 줄 수 있다. 영화 속 여성에 대한 풍부한 지식과 정보 등이 내담자에게 구조화되어 있지 않은 상태의 자기 문제나 원인, 환경을 구조화시켜 줌으로써 문제 해결과 행동 변화를 가능하게 한다, 예를 들면, 여성의 임신중절을 다루고 있는 〈더 월If These Walls

Could Talk〉(1996), 성폭력과 관련된 내용의 〈피고인The Accused〉(1988), 거식증을 다루고 있는 〈미스 먼데이Miss Monday〉(1998) 등과 같은 영화는 여성적 관점에서 여성의 문제를 다루고 있다.

다섯째, 여성 연대의 가능성을 획득할 수 있다. 여성들이 연대하여 스스로의 삶을 개척하고 도와줄 수 있다는 메시지를 가진 여성영화들은 이제까지의 암묵적인 교육과는 달리 여성들에게 자율감의 중요성을 일깨워 줌과 동시에 그것을 여성들끼리 연대함으로써 획득할 수 있다는 믿음을 심어 준다. 또한 비슷한 문제로 주인공이 고통을 당하는 영화를 함께 관람하면서 체험을 공유하고 서로 공감을 해 주면 자기 문제가 자신에게만 있다는 데서 오는 외로움이나 고독감에서 벗어나 정상화의 과정에 동참하게 된다. 이처럼 영화는 여성이 연대하여 일상의 많은 문제들을 해결할 수 있음을 학습하고, 구체적인 문제해결 기술을 습득할 수 있도록 자기 인식을 북돋아 준다. 예를 들면, 양로원에서 만난 80세 여성 노인과 삶의 의욕을 잃어버린 중년 여성의 우정을 그린 〈프라이드 그린 토마토

Fried Green Tomatoes at The Whistle Stop Cafe〉(1992), 교통사고로 인해 하반신 불구가 된 여배우와 그를 돕는 흑인 하녀의 관계를 그린 〈패션 피쉬Passion Fish〉(1992)와 같은 영화는 여성적 연대와 구체적인 문제 해결책을 강조하고 있으며 이러한 작업에 적합한 내용을 가지고 있다.

2) 여성주의 영화치료 시 주의사항

- 여성주의 영화를 감상할 때 남성이 집단원으로 참여할 경우 남성이 가해자로 느껴지지 않도록 배려해 줄 필요가 있다. 여성주의 상담에서 남성이 제외되는 것은 아니다.
- 폭력 피해자가 내담자일 경우에 영화의 폭력 장면에 대한 적절한 환경적 통제가 필요하다.
- 여성 문제에 대한 사회성을 너무 강조함으로써 내담자의 개인성이 소홀해지지 않도록 해야 한다.
- 여성을 너무 피해자로 몰아가기보다는 여성으로서의 에너지를 응집할 수 있도록 도와주는 것이 좋다.

3) 여성주의 상담을 위한 영화 선택

영화를 활용한 여성주의 상담을 위해서는 그 목적과 대상에 적합한 영화를 선택하는 일이 무엇보다 중요하다. 그러므로 여성주의 상담의 효과를 극대화하기 위해서는 다음과 같은 영화 선택의 기준을 고려할 필요가 있다.

첫째, 내담자가 현재 처한 상황 및 수준에 맞는 영화를 선정해야 한다. 폭력과 같은 특별한 사건이나 문제를 내용으로 하는 영화들은 특정 내담자에게 깊은 영향을 줄 수 있지만, 그런 영화가 효과를 거두려면 영화치료 내담자가 그 내용에 맞는지를 잘 판단해서 선정해야 한다.

둘째, 내담자의 문제 상황에 대한 해결책을 여성주의적 관점에서 제시하는 영화를 선택해야 한다. 예를 들어, 성에 대한 태도, 남녀의 특성, 가정 및 성폭력, 성평등에 관한 적절한 지식과 내용을 담고 있으며 성역할 정체감을 균형 있게 지도할 내용을 갖추고 있는 것이 적절할 것이다.

셋째, 내담자의 경험에 대한 동일시 및 카타르시스 그리고 통찰을 위해 분노에 찬 내용이나 부정적인 내용을 다룰 수도 있지만, 내담자의 장점을 강화시켜 주고 자아존중감을 증진시킬 수 있도록 돕기 위해서는 긍정적인 내용이 포함된 영화를 선택하는 것이 매우 중요하다. 내담자 자신의 삶, 특히 바꿀 수 없는 현실 생활을 좀 더 창의적으로 영위할 수 있도록 도와주는 주제의 영화가 바람직하다. 그러나 긍정적인 주제가 중요하다고 해서 지나치게 낙천적으로 묘사된 영화는 적합하지 않다.

넷째, 내담자의 문제 또는 상담 유형에 따라 융통성 있게 선정해야 한다. 예를 들어, 개인상담에서는 내담자의 개인적 수준이나 문제 유형에 따라 영화를 선정하고, 집단상담에서는 여러 사람이 함께하기 때문에 보편적인 수준에 맞게 영화를 선정한다.

〈표 4-14〉 여성주의 영화치료에 적절한 영화

1. 일하는 여성을 주제로 하는 영화
   예 〈악마는 프라다를 입는다〉(2006), 〈올드 미스 다이어리〉(2006)
2. 맞는 아내 또는 가정 폭력을 주제로 하는 영화
   예 〈로망스〉(2006), 〈펀치레이디〉(2007)
3. 성폭력을 주제로 하는 영화
   예 〈우리들의 행복한 시간〉(2006), 〈301 302〉(1995)
4. 성차별을 다루고 있는 영화
   예 〈웨일 라이더〉(2002), 〈소년은 울지 않는다〉(1999)
5. 중년 여성의 위기를 다루고 있는 영화
   예 〈두 번째 사랑〉(2007), 〈매디슨 카운티의 다리〉(1995), 〈20 30 40〉〉(2004)
6. 여성 연대 및 여성 홀로서기에 대한 내용이 있는 영화
   예 〈델마와 루이스〉(1991), 〈비커밍 제인〉(2007), 〈사쿠란〉(2007), 〈팩토리 걸〉(2006)
7. 미혼모에 대한 내용을 다루고 있는 영화
   예 〈더 차일드〉(2005), 〈소년 천국에 가다〉(2005), 〈주노〉(2007)
8. 여성의 외모 및 신체상에 대한 주제를 담고 있는 영화
   예 〈내겐 너무 가벼운 그녀〉(2001), 〈미녀는 괴로워〉(2006)

The Theory & Practice of Cinematherapy

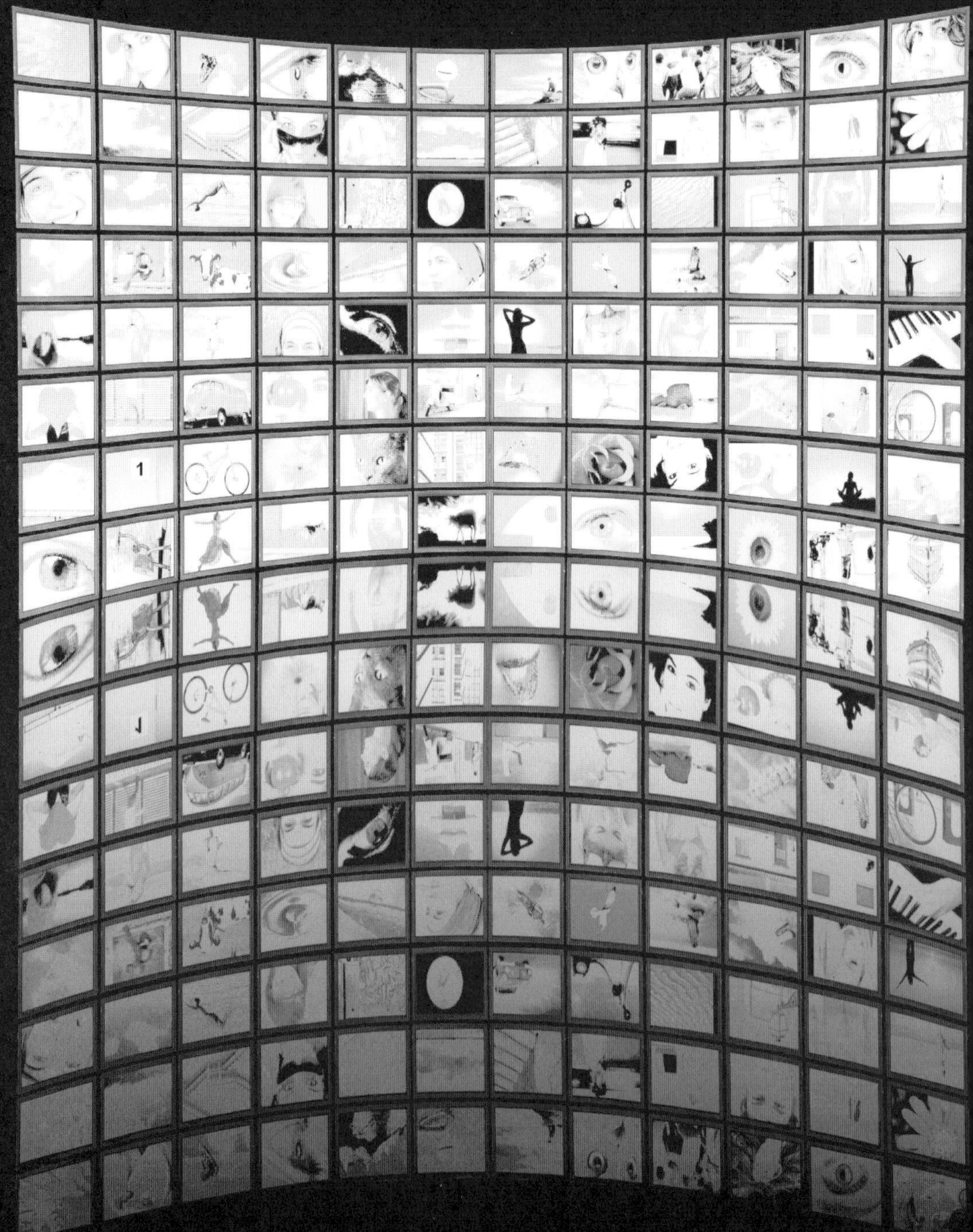

제5장

집단영화치료의 실제

1. 집단영화치료의 시기별 특징

집단영화치료에서 영화를 사용할 때는 반드시 집단의 시기별로 영화의 선택과 활용이 달라져야 한다.

1) 초기: 집단 응집력에 도움을 주는 영화 선택

집단적 영화 보기는 개인적 영화 보기와 차이가 있다. 기본적으로 영화치료는 치료에 참석한 모든 사람들에게 영화를 같이 보는 기회를 제공함으로써 작은 이벤트의 공동 참여자가 되게 한다. 이는 치료자와 내담자, 혹은 부부나 부모 간에 비슷한 경험을 하게 함으로써 그 어떤 집단치료적 방법보다 집단의 응집력을 높이는 데 도움이 된다. 교육 장면에서 영화는 집단에게 에너지를 주고(Koch & Dollarhide, 2000), 대집단에서도 토론을 활성화시키며(Anderson, 1992), 집단과 리더 사이에 라포를 증가시켜 집단의 응집력을 높인다(Forney, 2004).

2) 중기: 영화를 통해 집단원들의 관찰/투사 기제를 적용

집단영화치료group cinematherapy의 중기에 들어서면 영화는 보조치료자 혹은 또 하나의 교육자가 된다. 즉, 이때의 집단영화치료는 참가자가 느낌, 생각과 믿음에 대한 시작, 변화, 유지, 종결의 단계를 거치는 일종의 실험과 같이 적용한다. 대체로 우리는 우리의 내면 역동에 대해 잘 알지 못한다. 치료자는 영화를 하나의 보조치료자나 교육자처럼 사용함으로써 반응→투사→동일시→부정→변화→해결→내사와 토론의 양식을 영화치료에 활용할 수 있다.

영화치료 집단은 집단 상호작용을 통하여 참가자가 자신이 원하는 것만 보고 나머지는 보지 못하는 심리적 경향성을 극복하도록 하는 데 도움이 된다. 집단원의 관찰과 피드백을 통하여 자신이 미처 인식하지 못했던 자신의 새로운 면을 발견할 수 있다는 것이 매우 중요하다. 또한 영화의 일반적인 분위기는 때때로 집단원들 사이의 분위기로 나타난다. 이를 통하여 집단원은 우리가 얼마나 외부 환경에 쉽게 영향을 받는지도 배울 수 있다.

집단원들은 종종 먼저 다른 집단원들의 투사 방어기제를 인식하는데, 이는 자신들의 무의식적 반응을 알아차리게 하는 다리로써 활용할 수 있다. 집단원들이 이러한 통찰을 일상생활에도 적용하게 되면 자신을 좀 더 이해하고 더 심미적이고 진솔하게 될 수 있다.

3) 말기: 문제 해결책을 논의하고 일상에 적용하도록 촉진

집단영화치료의 말기에 배정하는 영화는 등장인물이 자신의 문제를 깨닫고, 문제 해결책을 찾고, 그것을 실행에 옮기는 내용을 담고 있는 것이 좋다. 이러한 과정을 통해 집단원들은 서로에게 맞는 문제 해결책을 논의하고, 이제까지 쌓아온 라포를 바탕으로 서로의 문제 해결책에 대한 진솔한 피드백을 줄 수 있다. 또한 이러한 문제 해결책을 일상에 적용했을 때 발생하는 문제점과 보완점을 함께 의논할 수 있다.

이 외의 집단영화치료의 특징 및 장점은 다음과 같다.

첫째, 대집단치료의 가능성을 높여 준다. 집단영화치료는 교육적인 목적을 위해서라면 30~50명 정도의 인원도 교육 가능하다. 특히 영화는 매체의 특성상 10여 명 이상의 다수의 대인관계도 짧은 시간 동안 압축적으로 상징적으로 보여 줄 수 있고, 어느 한 주인공을 중심축으로 주변 사람들의 다양한 반응을 보여 줌으로써 대인관계의 상대성과 왜곡을 한눈에 조망하게 할 수 있는 특징이 있다. 실제로 던컨, 벡과 그래넘(Duncan, Beck, & Granum, 1986)은 정서적으로 불안한 11~17세의 청소년 내담자들을 집단상담하는 데 영화를 활용하여 좋은 효과를 얻었다. 그들은 〈보통 사람들Ordinary People〉(1980)이란 영화의 클립을 가지고 8회기에 걸쳐 집단상담을 진행하면서 가족 문제에 대해 논의하였는바, 22명의 내담자 중 19명이 가정이나 보육원 시설에 돌아가서 6개월 이상 적응을 하는 성과를 얻었다.

둘째, 집단원들에게 희망과 용기를 준다. 집단영화치료는 집단원에게 혼자가 아니라는 느낌, 즉 위안의 느낌을 준다. 영화를 같이 본 집단원들이 영화의 주제에 대해 토론하고 그것을 그들의 삶에 적용할 수 있게 됨으로써 자신만이 그 문제를 안고 있는 것이 아님을 알고 희망을 갖게 된다. 또한 영화는 집단원들에게 시간 조망을 주고 현실세계에 다리를 놓아준다(English & Steffy, 1997).

2. 영화치료 집단 구성 시 지침 및 주의점

1) 회기와 회기당 소요시간을 결정하라

대체적으로 주 1회, 10~12회기를 진행하는 것이 가장 효과적이다. 반드시 추수 회기를 고려해야 한다.

2) 집단의 구성을 논의하라

영화치료자는 아주 창의적으로 집단을 구성할 수 있다. 예를 들면, 치료자가 시작을 알리면서 모두의 초점을 모으기 위해 한 집단원에게 모든 집단원을 이끌며 짧은 명상을 하게 할 수 있다. 집단원들과 집단을 어떻게 이끌 것인가를 사전에 논의하고 일정한 규칙을 정해 둔다.

3) 비밀 유지에 대해 강조하라

다른 집단원들이 자신에 대해 이야기한 것을 존중하고 지켜주도록 한다. 자기 자신에 대해 새롭게 얻은 통찰은 집단 밖의 배우자나 친구들과 공유할 수 있다. 그러나 다른 집단원들의 과정에 관한 것은 설령 집단이 친구들로 구성되었다고 할지라도 밖에서 이야기하지 않도록 약속한다.

4) 집단원 선정에 세심한 고려를 하라

전문가가 촉진하지 않는 집단이라면 심각한 정신장애인은 제외시켜야 한다. 실제로 그런 사람의 참여는 누구에게도 도움이 되지 않는다. 때때로 비슷한 패턴의 억압, 부정, 자기의심을 가진 사람들이 집단에 함께 참여하여 영화 이야기만 실컷 한 후에 자신에 관한 도전적 메시지를 피하려는 집단원과 결탁하는 것으로 끝을 맺는 경우가 있다. 이러한 강압적인 잠재적 집단 결탁이 일어나지 않도록 다양한 내담자를 배치할 수도 있다.

이런 경우 집단에 새로운 집단원을 추가하는 것 또한 고려할 수 있다. 비슷한 배경과 경험을 공유하지 않은 새 집단원은 집단에 생기를 불어넣고 특정 이슈를 피할 목적으로 결탁한 것을 깨는 데 도움이 될 것이다. 혹 기존 집단원이 새 집단원에 대해 개방하고 환영하지 않는다면 집단은 영화에 관해 다시 이야기하기 전에 그 역동에 대해 논의할 필요가 있다.

5) 집단원들의 다양성을 존중하라

집단원들은 생활양식과 성격이 각자 다르기 때문에 영화의 분위기, 의미, 상징, 주인공에 대해서도 다르게 반응할 것이다. 이런 차이점을 존중하는 것이 집단에서 모두가 다른 사람들로부터 배우고 정서적 안정감을 찾는 데 도움이 된다.

6) 집단원들 간의 공유 작업sharing에 끼어들거나 지나치게 조언하지 말라

결코 '독선적인' 태도를 취하려는 의도가 없었다 할지라도, 치료자가 내담자에게 조언을 하는 것은 독선적으로 보일 수 있다. 집단상담에서 치료자는 내담자의 말을 지지적으로 들어주는 것이 더 유용할 때가 많다는 것을 상기한다.

7) 늘 시간을 고려하라

외향적인 사람들이 모임을 독점하지 않도록 할 필요가 있으므로, 전반적으로 모두에게 대략 똑같은 시간이 주어져야 한다. 내향적인 집단원들은 사람들 앞에서 말을 하기 전에 어느 정도 시간이 필요하다는 것을 알고 존중해 준다.

8) 관람 형태를 결정하라

영화를 보고 나서는 집단원들이 자신의 경험을 공유해야 한다. 그러나 이러한 형식은 오랜 시간을 필요로 하기 때문에 항상 용이하지는 않을 수 있다. 그래서 때로는 같은 지침을 가지고 각 집단원들이 모임 전에 영화를 보고 올 수 있다. 혹은 집에서 격주로 다른 영화를 보고, 이어지는 2회 모임에서 영화가 불러일으켰던 느낌뿐만 아니라 각자의 배움과 치유 경험에 대해 이야기할 수도 있다.

극장에서의 단체 관람 경험은 영화의 정서적 효과를 극대화할 수 있다. 그러나 이 또한 항상 실용적인 것은 아니다. 우선 영화 선택이 최신 영화로 제한되고 특정한 장면을 되돌려 볼 수가 없다. 또 어떤 사람은 집처럼 안전한 곳에서 더 쉽게 정서적이 되기 때문에 극장에서의 영화 관람을 불편해한다.

3. 집단영화치료 시 영화 선택

집단원들이 돌아가면서 모두가 함께 볼 만한 영화를 고른다. 상담자가 미리 고를 수도 있고, 집단원들이 합의해서 고를 수도 있다. 선택한 영화를 공지하기 전에 비디오 가게나 인터넷에서 쉽게 찾을 수 있는지 확인하는 것이 좋다.

1) 집단적 이슈에 맞는 영화를 선택하라

기억을 통해 영화를 선택하는 것이 가장 좋다. 어떤 영화도 떠오르지 않는다면 『영화 목록집』을 참고하여 기억을 상기시켜 본다. 집단은 자막이 있는 외화를 포함시킬 것인지 결정한다.

그 후 집단적 이슈—즉, 중독, 삶의 도전을 극복하고 성장하기, 열정을 추구하기, 취약성 가운데 존재하는 강점 찾기, 분노와 용서, 삶의 의

미 찾기 등—와 같은 것으로 집단에 맞는 영화를 선택한다. 단, 이러한 매칭은 기계적인 것이 아니다. 가령 알코올중독 내담자에게 산드라 블록이 주연한 〈28일 동안28 Days〉(2000)을 보여 준다고 해서 알코올중독 자체가 치유되는 것은 아니라는 것을 명심할 필요가 있다.

2) 보편타당하고 비유적인 메시지가 들어 있는 영화를 선택하라

모든 집단원을 만족시킬 수 있는 영화는 없다. 그러나 보편적인 주제들—인간의 상실, 새로운 의미 찾기, 실패 극복하기 등—은 대체로 집단원의 내면 여행에 도움이 된다. 또한 집단원이 추구하는 특정 치료적 목적을 달성하는 주인공을 그린 영화도 좋다. 마찬가지로 주인공이 실패의 본보기가 되기 때문에 어떤 영화를 선택하기도 한다. 집단영화치료에서는 집단원들에게 골고루 혜택이 돌아갈 보편타당한 주제와 비유적 메시지가 들어가 있는 영화를 선택한다.

3) 집단원의 자기 발견을 도울 수 있는 영화를 선택하라

집단영화치료는 기본적으로 집단원의 자기 발견을 도와주기 위해서 실시하는 것이다. 따라서 집단원이 영화를 통해 집단에서 자신을 드러냄으로써 다른 집단원들에게 자신을 더 잘 이해시킬 수 있는 기회를 제공하는 영화를 선택해야 한다. 개인영화치료와 달리, 집단영화치료에서 집단원들의 반응은 놀랍도록 다양하다. 그에 따른 집단 작업은 서로에 대한 수용과 이를 통한 자기 발견의 장이 된다.

4) 집단이 무엇을 할 것인가에 따라 선택할 영화의 길이와 성격을 고려하라

때로는 집단상담 시간을 줄이기 위해 단편이나 중편을 사용할 수 있다. 또한 영화치료자가 그 집단에 '투사, 정서, 모델링 중 무엇을 일으킬 것인가' 에 따라 선택할 영화의 길이와 성격은 달라진다.

투사적 사용을 위해서라면 주인공의 성격이나 관계가 모호한 영화 클립도 얼마든지 사용할 수 있다. 예를 들면, 시아버지의 축첩 문제로 골머리를 앓던 중년의 여성 내담자는 싱가포르 영화 〈내 곁에 있어줘Be with Me〉(2005)에서 유령이 되어 할아버지 곁에 남아 있는 할머니를 보고 할아버지의 첩일 것이라 추측하기도 했다(영화에서 할머니는 한 마디 말도 하지 않고, 할아버지와 어떤 관계인지 수수께끼로 남아 있다.).

정서적인 통찰과 자각, 정서적 표현을 목표로 삼는다면 다소 긴 영화 클립을 적어도 40분 이상 상영하는 것이 좋겠다. 이 경우 너무 짧은 시간의 관람은 충분한 정서적 환기와 정서적 자극을 저하시킬 수 있기 때문이다.

그리고 인지적 모델링이나 정보를 제공해야 한다면 심리적 구성 개념이 구체적으로 잘 드러나 있고 등장인물이 치료자가 목표로 삼은 행동을 가시화할 수 있는 영화가 좋을 것이다.

4. 집단영화치료 시 주의사항

1) 이론과 영화를 집단영화치료 내에서 통합하라

이때 영화는 특정 상담이론을 지지하는 보조 역할을 할 수도 있고, 거꾸로 영화치료의 틀 안에서 특정 상담이론이 보조 역할을 할 수도 있다. 게다가 영화치료는 정신분석, 행동치료, 현실치료, 청소년상담, 부부치료, 노인상담, 정신분열증 환자 등의 치료에 효과적이라는 많은 연구 결과가 존재한다. 따라서 영화를 활용할 때는 어떤 이론이나 상담적 접근과도 쉽게 결합시킬 수 있다. 기존 프로그램에 맞는 영화를 선택할 수도 있고, 반대로 기존 이론에 의거하여 새롭게 집단영화치료 프로그램을 구성할 수도 있다.

2) 영화와 특정한 집단상담 기법을 통합하라

때로는 영화와 특별한 집단상담 기법을 통합할 수 있다. 일례로 〈황금연못 On Golden Pond〉(1981)을 본 후 아버지에 대해서 이야기하고 싶은 내담자에게 빈 의자 기법을 쓸 수 있다. 영화를 본 후 다양한 가치관을 드러내어 의견이 충돌하는 집단원들에게는 가치관 경매를 실시할 수도 있다. 이 외에도 영화를 본 후 자기에게 편지 쓰기, 역할극, 심상 활용하기 등 다양한 집단상담 기법을 집단영화치료에 통합할 수 있다.

3) 영화를 보는 시간을 적정히 배분하라

영화를 보는 시간은 적정히 배분되어야 한다. 이론적으로 1시간 영화를 본다면 1시간 집단상담을 하는 것과 비슷한 효과를 내야 한다. 그러나 이는 실질적으로 매우 힘든 일이다. 일단 영화를 보는 시간을 적절히 안배하고 1시간 이내로 편집해 보여 주어야 한다. (이때 핵심 장면은 다 담겨 있는 것이 좋다.) 영화치료 집단에서 개개인의 이야기를 하는 것이 어려울 경우에는 2인 1조로 소규모 상담을 한 후 다시 집단상담에서 그것을 정리하는 방식으로 인원과 시간을 적절히 활용할 수 있다.

4) 영화를 논평하는 데 매이지 말라

집단영화치료의 함정인 영화를 논평하는 데 빠져 버리는 것은 집단원들이 자신을 드러내기에는 집단이 정서적으로 충분히 안전하지 않다고 느낀다는 증거가 될 수 있다. 집단원들이 지나치게 영화에 대한 이야기에 매여 있다면 다음과 같은 질문으로 영화에서 개인 내면으로 관심을 옮겨 보자.

- 이 영화가 나에게 긍정적으로 혹은 부정적으로 와 닿았는가?
- 영화가 나에게 특별한 의미를 주었다면 그것은 무엇인가?
- 영화가 새로운 행동에 대한 어떤 아이디어를 주고 있는가?
- 영화를 보면서 건강과 온전함, 내면의 지혜 또는 더 고차원의 자아 higher self와 연관되는 어떤 것을 경험했는가?

5) 집단상담의 규칙은 영화치료 집단에서도 그대로 적용될 수 있다

영화의 인물에 대해 느끼는 감정을 어떻게 집단 안으로 끌어들이고 실제 사람을 통해 드러나게 할 것인가? 긍정적 전이, 부정적 전이, 즉시성[1] 등은 영화치료 집단에서도 여전히 중요한 집단상담의 역동이다. 집단상담에서와 마찬가지로, 집단영화치료에서도 최대한 집단원 간의 역동을 이용해야 한다.

6) 영화에 대한 집단원들의 다양한 반응에 늘 마음 문을 열고 있어라

집단원이 치료자가 원하지 않는 반응이나 뜻밖의 반응을 하더라도 놀랄 필요는 없다. 집단원들은 동일한 영화에 대해 다른 기분과 다른 의미, 다른 상징들을 이끌어 내고 다른 캐릭터를 볼 것이다. 그리고 이를 통해 그들은 서로에 대해 이해하고 대인관계의 다양성을 배울 수 있다.

7) 집단원의 공감적 이해, 기다림은 가장 중요한 상담기법이다

영화는 집단원들이 서로에게 라포를 형성하는 데 걸리는 시간을 빠르게 단축시켜 주고, 쉽게 내담자를 퇴행하게 만든다. 집단 응집력이 높아지는 시간, 집단원 사이에서 심리적 과정이 일어나는 시간을 충분히 배려하라. 늘 안전감,[2] 내담자의 정서에 적응하기emotional tunning, 공감 그리고 기다림은 중요하다.

1) 즉시성은 집단에서 발생하는 대인관계가 현실에서도 드러난다는 상담의 원칙이다.
2) 안전감safety이란 내담자가 집단에서 배제되지 않고 자신의 사생활이 밖으로 새어 나가지 않을 것이라는 믿음과 안도감이다.

2부 \ 탈동일시 기법

제6장 의식적 자각하에 영화 보기

제7장 부정적 신념 다루기

제8장 필름 매트릭스 만들기

제9장 CIA 기법

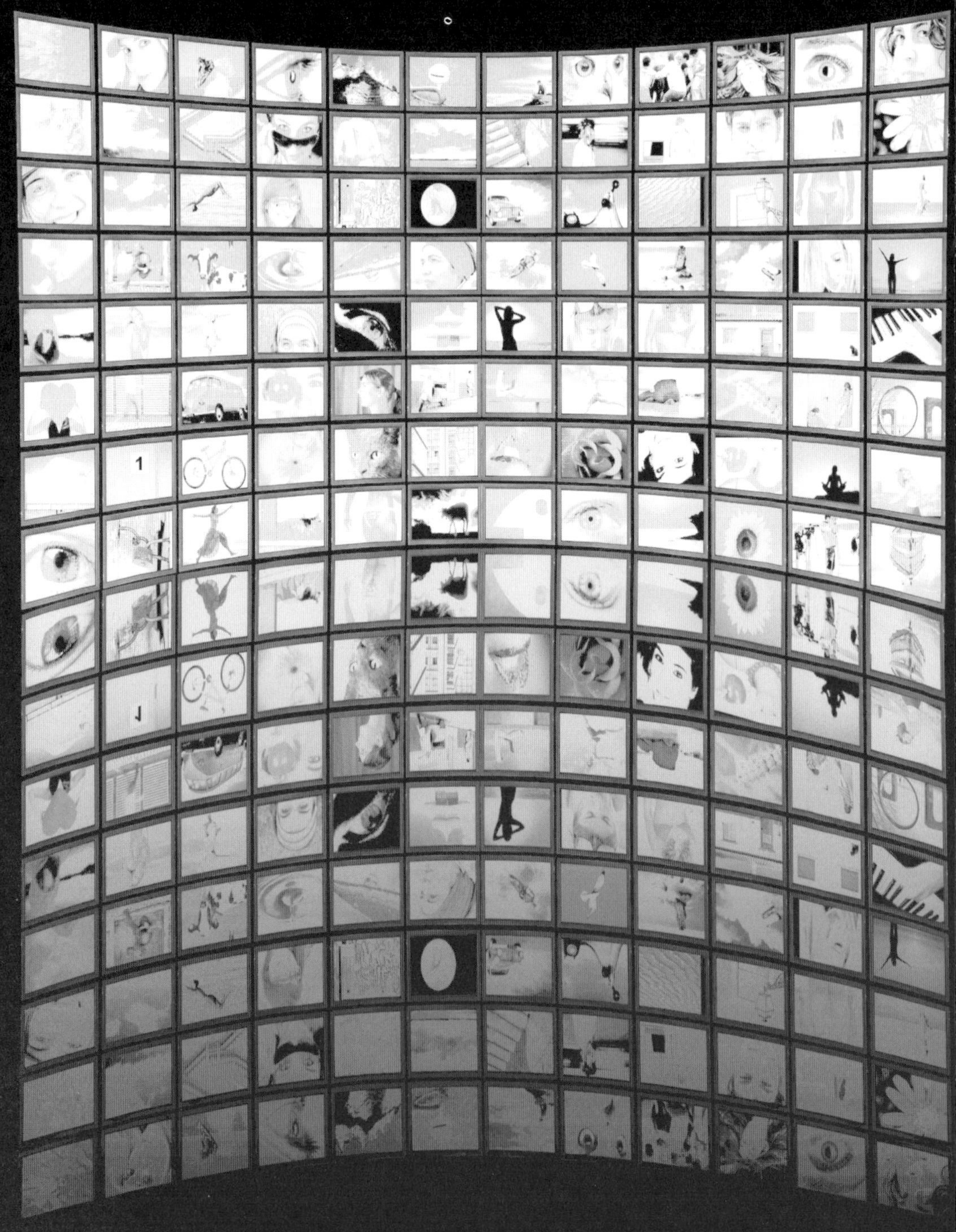

제6장

의식적 자각하에 영화 보기

1. 의식적 자각이란 무엇인가

1) 의식적 자각의 정의

의식적 자각이란 자신의 의식세계, 자신의 신념체계들을 탐색해 나가면서 진정한 자신을 발견하고 그 모든 것과 합일되는 순수 의식적 자각 awareness 상태를 경험하는 것이다. 다시 말해, 자기 자신에게 집중하며 외적인 자극과 상념을 떨치고 있는 바로 그 순간에 접하는 것들을 내면적으로 이해하는 것을 말한다.

2) 영화치료와 의식적 자각 상태

영화치료를 시작하는 데 있어 가장 중요한 점 중 하나는 바로 '의식적 자각'을 가지고 영화를 보는 것이다. 무비판적인 태도로 주의를 집중하고, 호기심을 가지고 현재의 경험 안에서 일어나는 것은 무엇이든 수용하려는 태도를 지닐 때 의식적 자각 수준을 높일 수 있다.

『탈무드』에서는 우리가 본다고 생각하는 것이 보는 것이 아니며, 우리가 지각하는 것은 객관적인 대상이 아닌 우리 마음의 반영임을 지적하고 있다. 미국의 심리치료 전문가인 데이비드 호킨스David Hawkins 박사는 우리의 의식 수준을 체계화하였고, 우리의 의식이 '포스Force' 상태에 있을 경우 우리의 의식이 잠들어 있는 것과 마찬가지라고 갈파하였다. 의식적으로 깨어 있지 않을 경우 우리가 경험하는 모든 것은 우리 마음에 의해 변형되고 변화된다(〈표 6-1〉 참조). 욕망은 우리가 지각하는 것들을 걸러 내고, 정서는 그 지각에 색을 입힌다. 결론적으로 우리의 주의는 지각할 때

〈표 6-1〉 의식적 자각 수준에 관한 표

Power of Force	Lux	의식 수준	감정	순수의식
Power	700~1000	깨달음	언어 이전	순수의식
	600	평화	하나	인류공명
	540	기쁨	감사	축복
	500	사랑	존경	공존
	400	이성	이해	통찰력
	350	포용	책임감	용서
	310	자발성	낙관	친절
	250	중용	신뢰	유연함
	200	**용기**	**긍정**	**힘을 주는**
Force	175	자존심	경멸	과장
	150	분노	미움	공격
	125	욕망	갈망	집착
	100	두려움	근심	회피
	75	슬픔	후회	낙담
	50	무기력	비난	학대
	30	죄의식	비난	학대
	20	수치심	굴욕	잔인함

마다 바뀌는데, 이는 우리가 세상과 우리 자신에 대해서 아는 것이 대개는 부정확하다는 것을 일깨워 준다.

3) 무심과 방심, 마음챙김

불교에서도 위에 제시된 바와 같은 상태를 관찰했는데 그것을 무심mindlessness이라고 한다. 무심이란 흔히 우리가 정신이 멍할 때를 의미하는 방심absentmindedness뿐 아니라 우리의 자각이 혼탁해지는 것, 우리가 영적으로 잠이 든 상태를 포괄하는 말이다. 우리는 무심한 상태에서 진짜 경험들을 습관적 반응들로 바꾸어 버린다. 우리가 넘어섰다고 생각하는 어린 시절의 패턴으로 퇴행하는 것이다. 이처럼 의식적 자각 수준이 낮아진 상태에서 우리의 동기와 정서는 아주 습관적이 되기 쉽다. 그리하여 세부사항을 잊어버리거나 비상식적인 반응을 하기도 한다.

심층의 불편을 대면하는 효과적인 방법은 그것을 우리의 의식으로 끄집어내는 것이다. 하지만 처음에 그렇게 하려 들면 심각한 저항과 부정적인 감정에 마주치게 된다. 이런 반응은 초조, 분노, 우울, 후회, 좌절 등 여러 가지 형태로 나타난다.

일상적으로 우리는 주의집중을 통해 우리가 원하는 어떤 경험들에 초점을 둘 수 있다. 한편으로 의식적 자각은 불교의 마음챙김mindfulness처럼 우리의 경험을 좀 더 민감한 상태로 이끈다. 의식적 자각과 함께 사는 것은 매 순간 존재하며 사는 것이다. 그것은 미묘한 세부사항과 종종 스쳐지나갔던 뉘앙스를 알아채게 하고, 자동항법으로 나아갔던 우리의 삶을 멈추게 하여 우리의 마음과 영혼을 치유한다. 의식적 자각은 우리의 좀 더 깊은 동기를 눈치 채고 다른 사람의 정서를 파악한다. 의식적 자각은 내면의 동기와 타인들의 정서에 좀 더 강력하게 초점을 맞추도록 한다.

4) 의식적 자각의 또 다른 이점

의식적 자각 수준이 높아지면 우리의 감각을 좀 더 민감하게 다듬고, 자그마한 것에서도 기쁨을 증가시키고, 양적인 것에 대한 갈구를 줄이고 질적인 것에 대한 감사의 마음을 증가시킬 수 있다. 그것은 또한 주의집중과 고요함을 마음에 품게 하여 분노, 공포, 좌절과 같은 고통스러운 정서를 불러일으키는 파괴적인 무의식적 역동에서 우리를 해방시킨다. 의식적 자각이 깊어짐에 따라 우리는 우리의 행동뿐 아니라 그 기저의 정서를 자각하고 그것에 힘을 주게 된다. 이러한 기저의 자기 파괴적인 힘이 의식이라는 밝은 빛 속에 노출되면 그것들은 시들어 버려 우리의 삶을 지배했던 힘을 잃게 된다.

2. 왜 의식적 자각하에서 영화를 관람해야 하는가

1) 영화를 통해 의식적 자각에 도달하기

왜 명상보다 '영화'를 통해 의식적 자각을 하기가 더 쉬울까? 영화를 보고 있을 때 우리의 일부분은 우리가 앉아 있고 영화 화면이나 TV를 보고 있다는 것, 즉 '이건 영화다.' 하는 것을 자동적으로 이해한다. 즉, 우리는 영화를 볼 때 스토리에 깊숙이 흡수되어 있다 해도 우리가 무엇을 보고 있는가를 기억한다. 극장 의자에 닿는 팔을 느끼는 것만으로도 우리가 우리 앞에 펼쳐져 있는 스크린을 보고 있다는 의식을 하게 만들 수 있다.

영화를 볼 때 우리가 무엇을 보고 있는가를 기억하면 영화 속 등장인물과 설정에 감정적 거리를 더 많이 둘 수 있게 된다. 이런 더 큰 심리적 거리감이 바로 영화를 관람하는 동안 일상적 상황과 비교해 가며 의식적 자각을 더 쉽게 연습하게 만드는 것이다. 우리는 배우자, 친구 또는 동료들과 같이 지낼 때와 달리 감정적인 소용돌이에 빠지지 않고 무의식 속에서 길을 잃지도 않는다.

이런 효과는 유명한 작가들이 오랫동안 희곡을 쓰고 연극을 제작하는데 사용했던 '심미적 거리'[1]라는 관객 역동과 비슷하다. 연극을 보는 동안 청중은 연극에 너무 몰입해서 자신이 연극을 보고 있다는 사실을 일시적으로 잊을 수 있다. 그러면 작가는 그 사람의 심미적 거리가 '0'이 되었다고 말할 것이다. 어떤 극작가들은 이렇게 심미적 거리가 '0'이 되면 관객들이 연극 자체를 통해서 지적인 사고를 할 수 있는 기회를 잃어버리게 된다고 생각한다. 어떤 극작가들은 관객에게 무대 위 배우를 보면서 '자신이 극장에 있다.'는 사실을 깨닫도록 다양한 기법들을 쓰기 좋아한다.

1) 심미적 거리aesthetic distance란 연극의 현실과 실제 인생의 현실을 구별하는 관객의 의식상의 거리를 지칭하는 용어다.

Tip 심미적 거리를 활용한 사례

베르톨트 브레히트Bertolt Brecht는 좋은 연극은 즐겁고 교육적이어야 한다고 생각했다. 그래서 연극의 교육적인 면을 증진시키기 위해 관객으로 하여금 어느 정도의 심미적 거리를 유지하게 하는 여러 기법을 창안했다. 그 기법 중 하나는 몇몇 감동적인 장면에서 배우들이 무대를 가로질러 걸어가거나 관객에게 말을 걸어 관객으로 하여금 환상을 보고 있다는 사실을 상기시켜 주는 것이었다. 영화에서도 같은 효과가 쓰인다. 영화 〈에쿠우스Equus〉(1997), 〈위트Wit〉(2001)에서처럼 주인공이 관객에게 스크린에서 말을 거는 경우도 있다.

2) 의식적 자각하에 영화 보기의 기능

어떤 영화를 보든지 우리는 심미적 거리를 증가시키고 의식적 자각을 고양시킬 기회를 갖는다. 우리가 영화를 보고 있다는 자각은 우리의 관찰에 대한 지평을 넓히고, 우리의 내면세계에 관심을 두는 데 도움을 준다. 또한 영화와 거리를 둠으로써 영화에 대한 우리의 반응을 관찰하게 되고 우리 자신을 발견하도록 한다. 왜냐하면 무의식은 상징적 이미지를 통해 의식과 내밀한 소통을 하기 때문이다. 영화와 그에 대한 우리의 반응을 공부하면서, 우리는 다양한 상황과 다양한 사람들과 관계하는 방식의 불균형성을 배울 수 있다.

3. 이 과정은 어디로 인도하는가

"느낄 수 없는 것은 치유될 수 없다."
– 존 브래드쇼John Bradshaw

1) 마음을 일으키는 문제 인식

내담자는 의식적으로 영화를 보게 되면서 심리적 문제들과 지나치게 동일시하는 자신을 자각하게 되어 결국 그것을 줄일 수 있게 된다. 마음이 느끼는 것에 그대로 부합하는 것에서 벗어나 마음이 느끼는 것과 자신을 연관시키는 법을 배우게 된다. 이것은 삶 자체에 새로운 차원을 부여한다. 문제들은 마음이 만들고, 현재의 이 순간을 충분히 자각할 때 저절로 사라지게 된다.

2) 부적절한 정서 인내하기

의식적 자각을 가지고 영화를 보게 되면 안전한 환경에서 부적절한 정서를 인내하는 것을 배우게 된다. 그러는 동안 더 이상 정서를 억제할 필요가 없게 된다. 같은 방식으로 더 이상 자신이나 타인에게 대항해서 파괴적인 방식으로 작동하는 감정들을 행동화할 필요가 없다. 영화라는 안전한 환영적인 경험 속에서 내담자는 후에 현실에서 같은 정서가 유발될 때 가치를 발휘할 '힘' 을 키우게 되는 것이다.

Tip 부적절한 정서 인내하기 사례

낸시는 통제되지 않는 분노의 폭발이 결혼생활에 해를 입힐지도 모른다고 걱정했다. 이 문제에 대한 돌파구는 〈체인징 레인스Changing Lanes〉(2002)를 본 후에 시작되었다. 이 영화를 보면서 그녀는 주인공 도일과 동일시를 하였고, 텔레비전에 대고 또 다른 주인공 개빈에게 소리를 질렀다. 그녀는 도일의 반응에 의문을 품고 그의 관점에 거리를 유지하려는 남편과 거의 싸울 뻔했다. 낸시는 남편이 자신에게 무관심하다고 느껴 화가 났다. 그러나 의식적 자각하에 영화를 보게 됨으로써 그녀 안에서 분노가 일어남에 따라 무슨 일이 발생하는지 숙고하게 되었다. 보통 낸시가 분노의 상황에 깊이 빠져 있을 때는 한 발 물러나 생각하는 것이 불가능했다. 이러한 방식으로 맹목화되어 있을 때, 낸시는 영화 주인공의 행동에 대한 남편의 관점을 이해할 수 없었다. 그 결과 이전의 분노 반응이 지금 자신에게 얼마나 어리석게 보이는지 알게 되었으며, 자신이 그 패턴에 얼마나 오래 얽매여 있었는지를 통찰하게 되었다. 의식적으로 자각하게 되자, 낸시는 남편이 하는 말을 좀 더 객관적으로 받아들였다. 그리고 그의 말이 두 주인공의 관점을 포괄하자는 것임을 알게 되었으며 이러한 생각을 수용할 수 있다고 느꼈다(비르기트 볼츠, 『시네마테라피』 발췌).

3) 고차원의 자아와 연결하기

의식적 자각하에 영화를 보는 동안, 내담자는 원하지 않는 감정에 대한 인내를 더 많이 배울수록 현실에서 그런 생각을 억제해야 한다거나 자신 또는 타인에 대해 행동화하려는 강박을 덜 느끼게 된다. 대신에 내담자는 그것에 저항하지 않을 정도로 강해질 수 있다. 의식적 자각하에 영화를 보는 것은 일상에서 잊어버렸던 어떤 가치들, 미덕 또는 능력에 다시 다가갈 수 있게 도와준다.

이 과정은 영화를 의식적으로 보는 이들에게 내면의 지혜와 더 고차원적인 자신을 깨닫게 하는 기회를 제공한다. 가장 성숙하고 건강한 자아의 일부와 다시 연결되고, 또 새롭고 깊은 통찰력으로 어떤 내적 팽창감이나 직관력, 긍정적인 '아하aha' 경험을 깨달을 수도 있다. 어쩌면 새로운 영감이나 씨름해 온 문제에 대한 예기치 못한 답을 안고 극장 문을 나설지도 모른다. 그리하여 자신과 타인에게 점점 수용적이고 연민을 느끼는 것이 더 쉬워지게 됨을 발견할 수 있다.

4. 어떻게 영화를 의식적 자각하에서 보는가

1) 호흡 자각하기

호흡은 신체 각성의 기본으로, 호흡에 집중을 하면 외부에 쏠려 있던 지각을 내면으로 향하게 할 수 있다. 호흡에 대한 자각은 의식적 자각을 증가시키는 중요한 도구다. 우리의 마음이 진정한 경험과 단절될 때라도 호흡은 그대로 남아 있게 마련이다. 때로는 우리의 감정을 감추려고 애를 써도 호흡이 그것을 밖으로 드러낸다. 감정을 숨기려는 최선의 노력에도 불구하고 우리의 호흡이나 보디랭귀지는 우리의 진짜 감정을 모두가 볼 수 있도록 전파하는 것이다. 때때로 우리는 스스로에게 속는 유일한 바보가 된다.

더 위대한 인식의 문을 열기 위한 첫 시작은 무엇이 진정한 감정을 만나게 하는지, 왜 우리의 몸이 여전히 그 감정들과 연결되어 있는지 아는 것에서 출발하는 것이 좋다. 문제는 보통 유아기에 시작된다. 대부분의 아이들은 모든 정서를 다 표현하는 것이 위험하다는 것을 재빨리 배운다. 아이들은 부모, 형제 그리고 세상의 나머지 부분에 대한 바람직하지 못한 감정을 숨기는 것을 배우면서, 그들 자신에게도 그런 감정을 숨기게 된다. 그리하여 아이들은 점점 존재의 진실한 상태를 자각하지 못하게 되고 스스로를 불신하게 된다. 신체적 반응에 대한 자각을 얻는 것, 특히 우리의 호흡에 대한 자각은 묻힌 경험을 드러내어 준다. 다음의 지시문대로 연습해 보자.

지시문: 자, 이제 영화 감상을 준비하기 위해 편안하게 앉습니다. 긴장을 풀고 이완된 상태로 신체에 주의를 기울인 다음 호흡에 집중하십시오. 잠깐 동안 자신의 호흡을 바라봅니다. 어떤 긴장이나 멈춤에 주의를 기울입니다. 긴장을 풀기 위해 긴장을 느끼는 신체 부위로 '숨을 내쉬면서' 느껴 보십시오. (명상 호흡법 실시) 호흡의 얕음과 깊음을 알아차리십시오. 호흡의 속도와 질을 느껴 봅니다. 호흡을 바꾸거나 조절하려 하지 마십시오.

2) 점진적 이완

신체적 이완을 통해 신체를 더욱 편안하게 만들고, 외부 자극에 대해 열린 마음을 갖도록 해 준다. 이는 훗날 의식적 자각하에서 영화를 본 후 자신의 반응을 관찰하고 자신의 신체적 자각 수준을 높이는 기초가 된다. 이를 위해 흔히 전통적으로 신체 이완에 사용하는 점진적 이완방법을 쓰는 것도 좋다. 점진적 이완방법으로 온몸의 근육을 이완시키면서 점차 주변 자극에 대한 감응력, 주의력 등을 높여 나간다.

Tip 점진적 이완을 영화와 접목 시 주의할 점

점진적 이완을 너무 심하게 하면 내담자의 의식이 더 예민해지기는커녕, 오히려 졸음을 불러올 수 있다. 이 방법은 불안을 몰아내고 완벽히 신체가 풀어지는 전통적인 점진적 이완보다 다소 신체의 긴장을 경감하는 간략한 방법을 쓰는 것을 추천한다.

3) 명상이나 최면 상태로 내담자 안내하기

주의를 더 집중하고 의식적으로 명료해지게 되면 내면의 정서적 반응에 더 예민해지게 된다. 다음의 지시문대로 연습해 보자.

지시문 1: 잔잔한 주의력은 당신을 더욱 현재에 머물게 해 줍니다. 내면의 비판이나 평가 없이 스스로를 느껴 보십시오. 과거나 미래에 대해 판단하거나 특정 사물에 대해 판단하거나 생각하는 자신을 지각하게 되면 '지금-여기'에 머무르고 있는 자신에게로 빨리 돌아오십시오.

지시문 2: 이제 당신은 편안한 바닷가나 동굴 속으로 자신을 이끕니다. 따뜻한 바다에 몸을 담그고 있습니다. 아주 구체적으로 주변을 둘러보십시오. 따뜻한 물이 느껴집니다. 갈매기가 끼룩끼룩 날고 있습니다. 하늘에 청명한 구름이 떠 있습니다. 아주 평온합니다. 아주 평온합니다. 아주 안전하고 기분이 좋습니다. 자, 이제부터 제가 하나, 둘, 셋 하면 눈을 뜨십시오. 아무 말도 하지 마십시오. 이제 전과 달리 주의력이 높아져 있고 사소한 자극도 다 눈에 들어올 것입니다. 이 상태로 영화를 봅니다.

보통은 명상이나 최면을 통하면 주의력 자체가 잔잔해지면서 의식이 더욱 현재에 머물게 된다. 이 경우 내면의 비판이나 평가 없이 스스로를 느낄 수 있고, 과거나 미래에 대해 혹은 사물에 대해 판단하거나 특정 사물에 대해 생각하는 자신을 지각하게 되면 '지금-여기' 에 머무르고 있는 자신에게로 더 빨리 되돌아올 수 있게 된다.

4) 의식적 자각하에 영화 보기

편안하고 주의력이 집중되면 영화를 보기 시작한다. 절대로 말을 하지 말 것을 당부한다. 영화를 보기 전 최면 상태에서 다음과 같은 암시를 통해 영화가 더욱더 투명하게 내담자에게 흘러 들어올 수 있게 만든다.

지시문: 당신은 이제 이야기와 자기 자신에게 주의를 기울이게 됩니다. 무엇에든지 연민을 느끼는 목격자가 될 수 있습니다. 영화를 보면서 어떻게 영화의 이미지, 아이디어, 대화와 인물들이 당신의 신체적 감각에 영향을 미치는지 관찰해 보십시오. 영화를 보면서 현재에 머무르고 깨어 있으십시오. 흥미를 가지고 호기심을 지닌 채 거리를 두고 자신의 반응을 바라보십시오. 전반적인 신체적 자각(느껴진 감각)도 더 잘 기억될 겁니다. 때때로 특정한 감각이나 정서적 반응을 잘 알아차리게 됩니다. 영화를 보는 동안 어떤 것도 분석하지 마십시오. 자신의 체험에 완전히 머무르기 바랍니다.

Tip 강렬한 정서를 유발할 경우

의식적 자각하에 영화를 보게 되면 영화의 정서나 감각이 너무 투명하고 강도 높게 내담자에게 흘러 들어와, 어떤 영화나 영화 장면은 과거의 외상적 경험을 상기시키고 감당할 수 없을 정서나 우울 같은 강렬한 정서를 유발하는 경우가 있다. 그럴 경우의 대처방법을 살펴보면, 우선 명상 단계에서 내담자의 안전성을 강조한다. 이제 안전한 곳에 있기 때문에 외상을 자극하는 영화를 보더라도 안전하게 감당할 수 있다는 암시를 높여 준다.

혹은 내담자에게 이렇게 말한다. “자, 스스로에게 관대해지십시오. 그리고 확실히 자신을 잘 보살피십시오. 만약 영화를 계속 보는 것이 당신을 다시 상처받게 한다고 느낀다면 영화관을 나오거나 TV를 끄십시오. 나는 당신의 경험에 대해 더 깊은 개인상담을 받을 것을 제안합니다."

5. 관찰 기록하기

의식적 자극을 갖고 영화의 이미지, 아이디어, 대화와 인물이 자신의 호흡에 어떤 영향을 미치는지 관찰한다. 그러나 영화를 보는 동안에는 어떤 것도 분석하지 않는다. 다만 자신의 체험에 완전히 머무른다. 영화를 본 후에 다음을 곰곰이 생각해 본다. 직접 답을 적어 보는 것이 도움이 될 수 있다.

① 영화를 보는 동안 느꼈던 당신의 감정과 감각들을 기억합니까? 또는 당신의 호흡에 변화가 있었는지 기억합니까? 당신의 신체에 변화가 있었습니까?

② 왜 이런 신체 감각을 느꼈을까요? 왜 이런 감정을 느꼈을까요?

③ 영화 속 누구에게 어떤 동일시를 하였기에 이런 감정을 느꼈을까요?

④ 내면의 정서가 평상시보다 더 강렬해졌다면 이제까지 억압해 왔던 것들과 관련이 있습니까?

⑤ 당신은 영화를 보면서 혹은 본 직후에 어떤 가치나 미덕, 능력, 내면의 지혜를 발견했나요?

⑥ 발견한 지혜를 좀 더 나은 자신과 연결 또는 재연결시킬 수 있었습

니까?

⑦ 영화가 당신을 감동시켰습니까? 어떤 캐릭터나 장면이 당신을 감동시켰다는 사실은 잠재의식을 통해 치유와 온전함에 도달하게 되는 어떤 정보가 드러났음을 알려 주는 것입니다. 꿈도 같은 능력이 있습니다. 그 '메시지'는 과연 무엇일까요?

⑧ 의식적 자각하에서 영화를 본 후, 현재 나의 의식 수준은 어떤 상태에 도달했습니까?

의식적 자각하에 영화를 보는 것은 더 나은 관찰자가 되도록 도와주고, 관찰은 한 걸음 더 물러나 더 큰 그림을 확연히 볼 수 있게 해 준다. 이러한 연습을 하면 삶이라는 큰 영화 속에서 자신과 타인을 더 깊이 이해하고 자신과 세상을 좀 더 객관적으로 볼 수 있다.

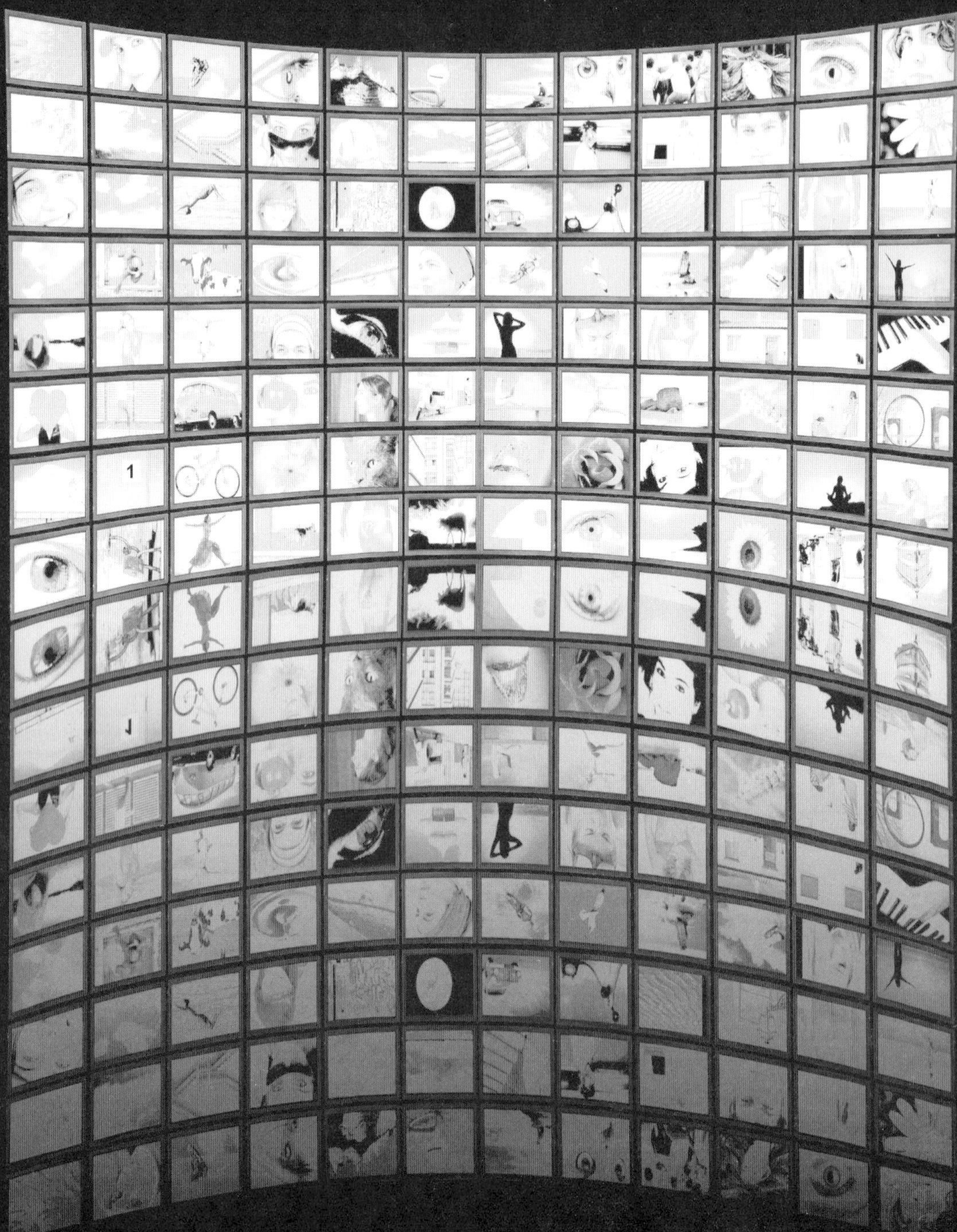

제7장
부정적 신념 다루기

1. 봉합과 무의식적 신념

영화이론에서 '봉합' 이란 관객이 영화 속으로 꿰매어 밀려 들어가 현실을 잊어버리고 어떻게 스크린에 몰두할 수 있는지를 지칭하는 용어다. 봉합된 관객은 영화를 볼 때 무의식적으로 환영을 '믿기로' 하고, 이미 사실이라고 알고 있는 것과 보고 있는 것을 자동적으로 비교하면서 비판하는 능력, 즉 불신감을 기꺼이 유보한다. 영화를 보면서 우리가 울고 웃고 움츠리는 유일한 이유는 영화의 '현실' 을 '믿기로' 결정했기 때문이다.

Tip 봉합이란

봉합이란 원래 '꿰매기' 혹은 상처가 열린 부분을 외과수술로 묶는 작업을 칭한다. 처음 봉합 개념은 자크 라캉Jaques Lacan에 의해 사용되었다. 그러나 본격적으로 봉합을 주제로 글을 쓴 사람은 그의 제자인 자크-알랭 밀레르Jacques-Alain Miler로, 실재계와 상징계의 관계를 묶어 내는 것으로 봉합 개념을 제시하였다.

봉합 개념을 영화 연구에 적용시킨 사람은 장 피에르 우다르Jean-Pierre Oudart다. 그에 따르면 관객은 자신을 영화 속 등장인물과 동일시하는데, 다시 말해 영화를 바라보는 관객은 거울 앞에선 아이처럼 희열을 느끼는 존재인데, 이런 열망의 결과가 봉합이라는 것이다. 이것은 현실에서도 마찬가지다. 우리는 일반적으로 무의식 상태에서 현실에 대한 우리의 지각을 믿기로 결정한다. 본 것을 믿기로 한 이와 같은 결정은 현실을 깨닫는 것보다 현실을 만드는 것에 훨씬 더 큰 역할을 한다. 우리가 감각에 부여하는 특정한 의미는 어렸을 때 형성한 개념이나 대상에 대한 믿음을 근거로 한다.

그리하여 우리가 대상과 사람에 대해서 가지는 믿음의 네트워크는 '합의된 현실'로 생각된다. 그러므로 우리가 현실이라고 생각하는 것은 매우 편집되고 완전히 여과된 변형일 수 있다. 〈브라질Brazil〉(1985), 〈다크 시티Dark City〉(1998), 〈매트릭스The Matrix〉(1999)와 같은 영화들이 은유하듯이 말이다. 예를 들어, 영화 〈매트릭스〉는 인간의 기억을 지배하는 가상현실인 매트릭스 2199년이 배경이다. 인공두뇌를 가진 컴퓨터artificial intelligence: AI가 지배하는 세계에서 인간을 가축처럼 인공 자궁에서 배양해 에너지원으로 활용하는 끔찍한 시대다. AI에 의해 뇌세포에 매트릭스라는 프로그램을 입력당한 인간은 그 프로그램에 따라 평생 1999년의 가상현실을 살아간다. 인간의 뇌는 프로그램 안에 있는 동안 AI의 철저한 통제를 받는다. 인간이 보고 느끼는 것들은 항상 그들의 검색 엔진에 노출되어 있고, 인간의 기억 또한 그들에 의해 입력되고 삭제된다. 그러나 이러한 가상현실 속에서 진정한 현실을 인식할 수 있는 인간은 없다. 이와 같은 영화적 내용은 우리가 현실이라고 생각하는 무의식적 신념에 대한 은유로 볼 수 있는 것이다.

이처럼 무의식적 신념 가운데 잘못된 신념은 우리가 보는 것을 제한하고, 자신과 자신이 사랑하는 이들에게 최대의 이익을 가져다주는 것에 반하는 행동을 하게 만들 때가 있다. 많은 사람의 딜레마의 이면에는 그들이 형성한 무의식적인 신념이 있는데 그것이 주로 부정적 신념이다.

2. 부정적 신념

지나간 삶을 통해 형성된 수많은 신념의 형태들은 크게 긍정적인 것과 부정적인 것으로 나눌 수 있다. 지금 이 순간 할 수 있다고 믿는 것과 할 수 없다고 믿는 것, 옳은 것과 그른 것, 맞다고 생각하는 것과 틀리다고 생각하는 것 등등. 여기서 부정적 신념이란 스스로의 성장, 건강, 행복한 삶에 방해가 되는 무의식적 신념을 말한다. 부정적 정서가 정서적 차원의 문제라면, 부정적 신념은 인지적 차원의 문제다. 이런 인지적 차원의 문제는 생각이나 사고방식, 가치관, 태도, 신념 등과 관련된다.

이와 같은 부정적 신념은 일종의 부정적 자기 충족적 예언[1)]이 된다. 자기 충족적 예언은 의식을 하든 하지 않든 무의식에 깊이 내재되어 있

1) 자기 충족적 예언self-fulfilling prophecy이란 자신이 믿거나 기대한 대로 행동을 하는 것으로 교육학에서는 자성自成예언, 심리학에서는 피그말리온 효과라고 한다.

기 때문에 개인의 사고, 정서, 행동에 지대한 영향을 미친다.

1) 부정적 신념의 형성과정

일반적으로 부정적 신념은 제한적 결심limiting decision 이후에 형성된다. 즉, 모든 신념은 결심에 따라 생긴다고 할 수 있다. 이러한 결심은 자신과 타인에 대해 그리고 세상에 대한 반응으로 아이에 의해서 이루어지며, 그 메시지는 주로 부모로부터 주어진다.

부정적 신념은 스스로 분별하고 선택할 수 없었던 어린 시절에 주입된 여러 가지 메시지, 부정적 경험이나 사건에 의해 구축된 관념체계, 그릇된 지식이나 교육에 의해 형성된 배타적이거나 이기적인 신념, 가난과 고통에 의해 형성된 집착, 오만, 자존심, 수치심 및 피해의식, 그리고 부모로부터 주어진 금지령 등을 통해 형성된다.

Tip 금지령의 예(Goulding, 1993)

- 존재해서는 안 된다.
- 너는 남자 또는 여자여서는 안 된다.
- 아이들처럼 즐겨서는 안 된다.
- 성장해서는 안 된다.
- 성공해서는 안 된다.
- 하지 마라(아무것도 해서는 안 된다).
- 소속되어서는 안 된다.
- 친근하게 되어서는 안 된다.

- 건강해서는 안 된다(제정신이어서는 안 된다.).
- 생각해서는 안 된다.
- 느껴서는 안 된다 등

2) 부정적 신념의 특징

인간 개개인의 내면에는 살아온 환경과 경험의 차이에 따라 다양한 형태의 부정적 신념체계가 구축되어 있다. 부정적 신념에는 다음과 같은 공통된 특징이 있다.

(1) 인식 가능하지 않다

보통 부정적 신념은 인식 가능하지 않다. 따라서 질문을 할 수도 없다. 일상생활을 하면서 우리가 특정한 감정을 느낄 수 없다고 말하는 경우에 그것은 부정적 신념과 관계된다.

(2) 부정문이나 비교문의 형태를 띤다

부정적 신념은 예컨대 '나는 능력이 없다.' '나는 사랑받지 않고 있어.'와 같은 부정문의 형태를 띤다. 또는 '~보다 더 돈을 못 버는군.' '~는 참 당당해. 그에 비하면 나는 낮은 자아개념을 갖고 있어.' 등과 같은 비교문의 형태를 띤다.

(3) 생리적 증상을 일으킨다

생리적 증상으로 연결되는 많은 문제들은 제한적 결심에 뿌리를 두고 있는 경우가 많다. 여기서 생리적 증상은 병처럼 보이는 모든 생리적 증상을 포함한다. 알레르기 및 대부분의 심인성 또는 신경성 질환들이 그 예다.

(4) 사고나 사건을 일으킨다

개인의 과거에 발생했던 많은 사고나 사건들은 이전에 그가 결심(결정)한 무언가의 결과라고 할 수 있다.

(5) 원인을 알 수 없는 부정적 정서를 일으킨다

이유를 알 수 없는 우울, 슬픔, 모호한 불안 등은 오랫동안 누적된 인식하지 못한 부정적 신념의 결과라고 할 수 있다.

3) 부정적 신념의 부작용

신념은 우리가 중요한 세부사항에 집중하도록 돕지만, 현실과 조화를 이루지 못할 때에는 문제를 일으키기도 한다. 인간의 행동과 감정에 관한 신념, 특히 자신에 관한 신념은 때때로 왜곡된다. 가끔 우리는 강력한 정서를 근거로 해서 모든 증거를 세심하게 검토해 보지 않고 무의식적으로 신념을 형성한다. 따라서 자신 또는 다른 사람들에 관한 우리의 신념은 때때로 믿을 만하지 못하고 객관적인 사실과 일치하지 않는다.

이와 같은 부정적 신념은 우리가 보는 것을 제한하고, 자신과 사랑하는 이들에게 최대의 이익을 가져다주는 것에 반하는 행동을 하게 한다. 왜곡된 신념은 무의식적이기 때문에 문제를 바로잡고자 시도할 때 엉뚱한 것에 집중하는 경향이 있다. 부정적 신념 때문에 문제가 발생했다면 행동을 변화시키도록 노력해야 한다. 우리는 보통 신념이 우리의 삶에 얼마나 영향을 미치는지 알지 못하기 때문에 아무리 변화하려고 애써도 부정적인 신념으로 똑같은 실수를 되풀이할 수밖에 없다.

현실을 관찰할 때, 보는 것은 단지 현실 자체가 아닌 현실의 표상이라는 것을 깨닫는 것이다. 비록 대부분 현실에 대한 지각상이 사물 자체와 매우 유사할지라도, 때때로 신념은 그것을 있는 그대로 보는 것을 방해한다. 우리가 실체에 대해 왜곡된 신념을 가질 수 있다는 사실을 아는 것은 그런 신념에서 벗어나고 그것을 사라지게 만드는 첫 번째 방법이다.

우리가 현실이라고 생각하는 것은 사실 매우 편집되고 완전히 여과된 변형이다.

3. 부정적 신념을 수정하는 영화치료적 접근

1) 내면 영화를 찾아라

우리의 눈과 귀는 세상을 지각하는 카메라와 마이크로폰과 같다. 현실을 직접 목격하는 대신, 우리는 머릿속의 스크린에서 각자의 내면 영화inner movie를 본다. 내면 영화는 우리가 누구인지에 관해 그리고 우리를 둘러싼 세계에 관해 스스로에게 하는 이야기를 상영한다. 비록 내면의 내용이 근본적으로 도저히 있을 수 없는 현실을 반영한다고 해도, 각자의 내면 영화는 자신 안의 깊고 다양한 욕망과 무의식을 담고 있다.

부정적 신념을 수정하기 위한 영화치료적 접근에서는 먼저 이러한 자신의 내면 영화를 찾아야 한다. 내면 영화는 특정한 개인적 요소들을 포함한다. 예를 들면, 우리는 각자 어떤 선천적인 특징을 지니고 태어난다. 그에는 키, 피부색, 왼손 또는 오른손 잡이 등과 같은 신체적 특징이 포함된다. 그러나 개인적 요소에는 또한 어떤 행동을 발달시키는 경향도 포함된다. 어떤 아이는 다른 아이보다 훨씬 흥분하기 쉬운 반면에 다른 아이는 보다 침착하다. 어떤 아이는 본능적으로 직관적인 반면에 다른 아이는 재빠른 반사신경을 가지고 있다. 내면 영화에 대해 논의하면서 이러한 특징이 우리가 가치를 두는 것에 영향을 미칠 수 있음을 기억하는 것이 중요하다. 흥분하기 쉬운 아이는 평화롭고 조용한 것에 가치를 둘 수 있는 반면, 침착한 아이는 매우 활기찬 환경을 좋아할 수 있다. 직관적인 사람은 추리적인 게임을 좋아할 수 있는 반면, 빠른 반사신경을 가진 사람은 기술을 요하는 게임에 좀 더 매혹될 수 있다.

우리의 신체적 상태 또한 내면 영화에서 우리가 보는 것에 영향을 미친다. 질병, 피로, 알코올, 굶주림 등 모든 것은 지각에 영향을 미칠 수 있다. 그러나 우리는 우리의 상태가 지각에 영향을 미친다는 사실을 알고 있다 하더라도 어쩔 수 없을지 모른다. 갑상선 질환을 앓고 있는 사람은 나른함과 초조감이 약을 복용하지 않았기 때문임을 알겠지만, 안다는 자체가 그 증상을 사라지게 하지는 못한다. 여기서 배워야 할 교훈은 누군가가 우리에게 짜증을 낼지라도 그 짜증이 우리와 전혀 상관없을 수도 있다는 것이다.

어린 시절에 받아들인 습관과 대처 기제 또한 우리가 현실을 어떻게 해석하는지에 영향을 미칠 수 있다. 과거로부터 짊어진 짐은 현실을 해석하는 방법을 변화시킬 수 있다. 이는 마치 오래된 가족영화처럼 내면의 극장에서 상영되고 있는 영화 장면 위에 오래된 신념과 습관을 겹쳐 놓는 것과 비슷하다. 이와 같이 우리의 정서적 상태는 내면 영화에 매우 영향을 미칠 수 있다. 분노는 당신의 전체 세계를 '붉은색' 으로, 우울은 '푸른색' 으로 물들일 것이다.

과거의 정서적인 외상 경험은 현재의 정서 상태에 영향을 줄 수 있다. 그리고 우리의 개인적 철학, 편견, 가치 또한 우리가 세계를 어떻게 보는지에 영향을 미친다.

2) 내면 영화의 결과를 확인하라

우리 각자의 내면 영화는 정신적 · 신체적 · 정서적 요소에 영향을 받을 뿐 아니라 자신과 세계에 영향을 주고 또 결과적으로 행동에도 영향을 미친다. 때때로 내면 영화의 플롯은 초기 인생 경험을 근거로 한 세계와 자신에 관한 이야기를 한다. 바람직하지 않은 내면 영화는 연쇄적인 반응을 일으킨다. 현재의 현실에 어릴 적 학대받은 성인의 오래된 가족 영화를 이중으로 인화한다면 그 사람은 자신을 좀 더 부정적으로 생각하고 신뢰할 수 없을 것이다. 그는 때때로 두려움과 의심을 느낄 수 있으며, 이것이 불만족스럽고 건강하지 못한 우정과 대인관계의 원인이 될 것이다. 그것은 또한 건강하지 못한 관계에 관한 부정적인 신념을 강화하여 더욱더 건강하지 못한 관계를 형성할 가능성이 높다.

부정적인 신념을 바꾸기 위해 내면 영화를 이용하는 목적은 어린 시절에 형성된 자기 충족적 예언을 바꾸는 데 내면 영화를 떠올리는 것이 효과적이기 때문이다. 인생과 자신에 관한 근본적인 신념은 일반적으로 여섯 살 이전에 형성된다. 신념이 형성된 이후에 우리는 일정하게 그 신념대로 행동하고, 그래서 기존의 신념에 대한 '현재의 증거'를 만들어 낸다.

3) 내면 영화를 변화시켜라

우리는 되풀이해서 발생하는 원리에 의해 두려움, 분노, 죄의식, 불안, 슬픔 등 인생에서의 부정적인 감정을 경험했을 것이다. 그러한 감정은 실수를 하거나 어떤 사람이 화를 낼 때의 두려움, 어떤 것을 해야 한다는 말을 들을 때의 분노와 같이 특정한 사건이 발생할 때마다 일어날 것이다. 인생 초기의 어떤 시점에 우리는 자극적 사건과 부정적 감정 간에 연합을 형성한다. 우리가 경험하는 원하지 않는 수많은 정서의 원인은 어린아이처럼 생존이 위협받고 있다는 지각 때문이다. 이런 위협에 대한 지각이 없다면 똑같은 사건이 그 정서를 만들어 내지 않을 것이다.

예를 들면, 우리의 내면 영화에는 부모가 우리에게 비판적이었던 어린 시절 동안의 기억뿐만 아니라 무의식에 기록된 오래된 가족영화의 많은 장면이 포함될 것이다. 대부분의 사람에게는 그 영화에서 부모가 우리의 성취를 인정해 준 장면은 단지 몇몇에 불과할 것이다.

대부분의 아이처럼 우리는 '무엇인가 나에게 잘못이 있어.' 라고 결론지을 것이고, 이런 결론은 고정된 신념을 형성한다. 우리는 친구들이 이런 신념이 어리석고 비논리적이라고 생각할지라도 그것을 자신에 관한 진실로 경험한다.

이제 우리는 내면 영화의 연쇄 반응, 즉 우리의 신념에 대한 바람직하지 않은 내면 영화의 영향을 상기하면서 내면 영화가 이미 언급한 영화의 입력 정보에 의해 결정된다는 것을 기억한다. 그리고 이 단계에서는 우리의 부모가 했던 것을 부당하다고 보지 않는다. 대부분의 부모는 자녀를 사랑하고 그들이 할 수 있는 한 최선을 다한다. 그럼에도 불구하고 그들의 외상적 이력이 자녀를 대하는 방식에 해로운 영향을 미친다. 우리가 어린 시절에 정확히 무슨 일이 일어났는지를 확인한다면 부모를 비난하지 않을 것이다. 이것은 손위 형제나 보모, 선생님과 같은 보호자에게도 적용된다.

내면 영화의 연쇄 반응을 변화시키기 위한 기본적인 과정은 부정적인 연쇄 반응을 긍정적인 연쇄 반응으로 변화시키는 것을 목표로 한다.

(1) 부정적인 연쇄 반응

부정적 연쇄 반응에 대한 예를 살펴보면 다음과 같다. 어린 시절 부당한 대접을 받은 경험이 있는 사람(바람직하지 않은 내면 영화 때문에)은 모든

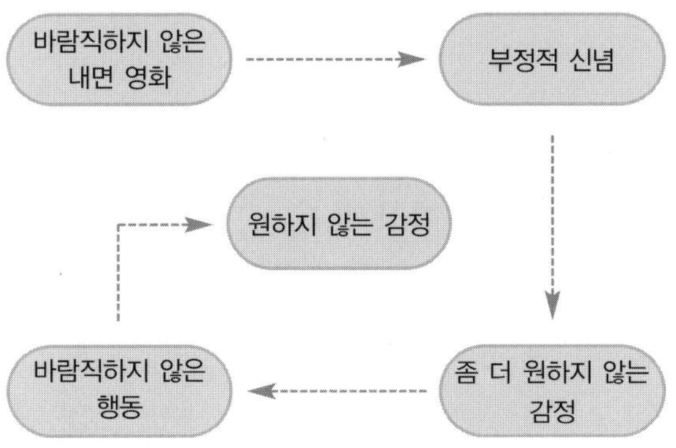

사람이 자신을 부당하게 대한다고 믿을 수 있다(부정적 신념). 그 결과로 때때로 분노와 상처(원하지 않는 감정)를 느끼고, 많은 사람에게 비우호적이고 무뚝뚝해질 것이다(바람직하지 않은 행동). 다른 사람도 그런 그의 반응으로 기분 나쁘게 대할 것이고, 이것이 초기 신념을 재확인시켜 주어 그 사람은 더욱 화가 나고 상처를 받게 된다(좀 더 원하지 않는 감정).

(2) 긍정적인 연쇄 반응

위와 같은 부정적인 연쇄 반응은 다음과 같이 변화시키는 것을 목표로 한다.

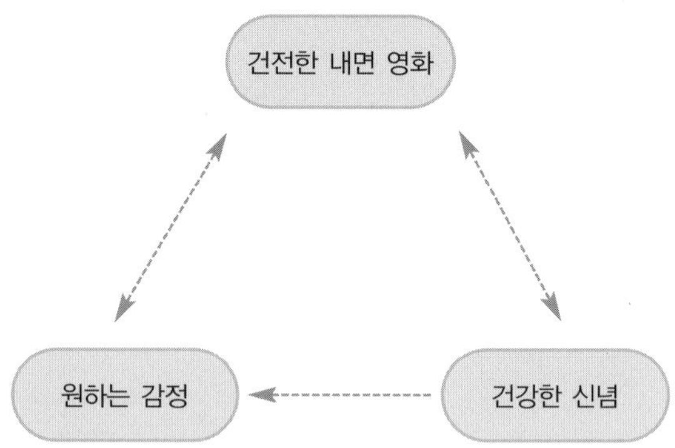

4. 영화로 부정적 신념 바꾸기

다음의 영화들은 제시한 부정적 신념에 의문을 던지고, 내담자의 부정적 신념과 다른 생각을 하거나 부정적 신념에 상반되는 주인공들이 등장한다. 이들 영화를 보면서 나의 오래된 부정적 신념이 내면 영화에 어떤 영향을 주고받았는지 생각해 보자.

1) 자존심과 연관된 부정적 신념

① 나는 너무 특이해서 나 자신을 받아들일 수 없다.

예 〈사랑하고 싶은 그녀The Other Sister〉(1999), 〈갈매기의 꿈Jonathan Livingston Seagull〉(1973), 〈넬Nell〉(1994)

– 연습: 남과 다른 존재라는 것이 진심으로 좋았거나 그에 대해 긍정적인 피드백을 받았던 상황을 기억하십시오.

② 나는 곤경에 빠져 있고 내 상황을 바꿀 능력이 없다.

예 〈사랑의 블랙홀Groundhog Day〉(1993)

– 연습: 어느 날 아침에 깨어났을 때 (기적적으로) 당신에게 상황을 바꿀 수 있는 능력이 생겼음을 알게 되었습니다. 당신은 무엇을 먼저 하겠습니까?

③ 나는 ~로 인해 너무 어려움을 겪어 행복한 삶을 살 수가 없다.

예 〈나의 왼발My Left Foot〉(1989), 〈천 에이커A Thousands Acres〉(1997), 〈샤인Shine〉(1996)

– 연습: 당신의 삶 속에서 짧게나마 어려움에도 불구하고 충만하고 행복했던 시간을 기억하십시오. 한 번이라도 있었다면 다시 경험할 수 있습니다.

④ 나는 인생의 중대한 선택을 할 수가 없다.

예 〈사이더 하우스Cider House Rules〉(1999)

– 연습: 당신이 어려운 선택의 순간에 직면했거나 영화 속 호머처

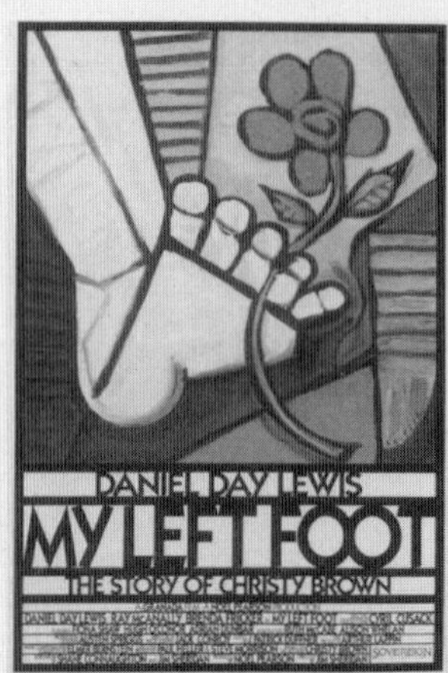

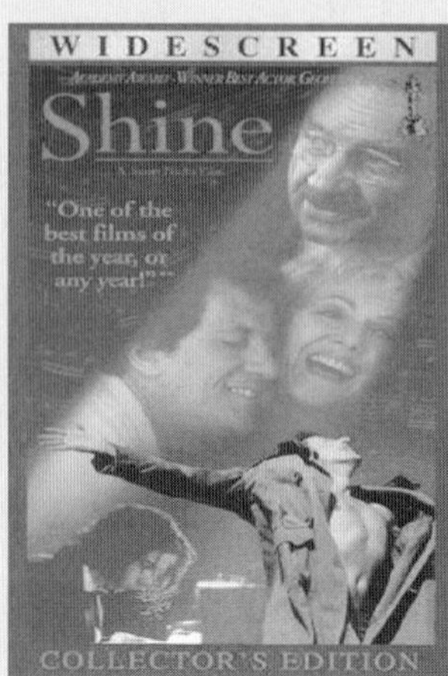

럼 직면할 수 있었던 상황을 기억하십시오. 그것에 대처할 수 있었다면 당신이 필요할 때 다시 그럴 수 있을 것입니다.

⑤ 나는 절대로 치유될 수 없다.

예 〈호스 위스퍼러The Horse Whisperer〉(1998)

- 연습: 인생에서 당신이 바라던 최소한의 변화를 이뤘던 때를 기억하십시오. 가능했다면 당신은 치유되고 변화될 수 있습니다.

⑥ 나의 상황은 지나치게 압도적이다. 나는 결코 그것에 대처할 수 없을 것이다.

예 〈노블리Where the Heart Is〉(2000), 〈마음의 고향Places in the Heart〉(1984)

- 연습: 당신을 압도할 정도로 당신의 삶에 영향을 주었던 것들의 목록을 작성하십시오. 당신에게 인생을 단순화할 만한 약간의 통제력이 있습니까? 아마 그런 통제력은 조금만 연습하면 곤경을

좀 더 다루기 쉽게 만들어 줄 것입니다. 혹은 당신은 그 곤경을 영화 속 노블리나 에드나처럼 맞닥뜨려야 합니까? 그녀를 모델로 삼아 당신 내면의 힘, 용기, 결단력을 찾아보십시오.

⑦ 나는 죄책감을 떨쳐 버릴 수 없다. (여기서 '죄책감' 이란 '죄스러운 감정' 을 언급하는 것이지 심각한 잘못에 근거한 유죄를 말하는 것이 아니다. 이성적으로나 직관적으로, 또는 당신에게 호의적인 친구가 "이것 때문에 죄책감 가질 필요는 없어."라고 말하는 것을 듣는다면 그 차이를 알 수 있을 것이다.)

예 〈보통 사람들Ordinary People〉(1980), 〈바운스Bounce〉(2000)

– 연습: 죄책감을 지울 수 있었던 인생의 한때를 기억합시다. 만약 지금 이 죄책감으로부터 자유로울 수 있다면 어떻게 느낄지 상상해 보십시오.

2) 좌절감을 불러일으키는 부정적 신념

① 나는 내가 믿고 있는 것을 지켜낼 수 없다.

예 〈프라이드 그린 토마토Fried Green Tomatoes〉(1991), 〈에린 브로코비치Erin Brockovich〉(2000), 〈인사이더The Insider〉(1999)

– 연습: 당신이 신념을 지키고자 할 때 느끼는 두려움을 받아들이고, 마침내 이겨내는 모습을 상상해 보십시오. 신념을 지킬 수 있다면 당신의 인생에서 무엇이 바뀌게 될까요?

② 나는 두려움을 자각하고 어떻게든 그것을 이겨 나갈 능력이 없다.

예 〈보리밭을 흔드는 바람The Wind That Shakes the Barley〉(2006)

– 연습: 두려움에 직면해서 이전에는 회피했던 어떤 것을 추구할

수 있었던 인생의 한 상황을 기억해 봅시다. 당신은 그러한 노력을 다시 한 번 해 볼 수 있고, 작지만 다룰 수 있는 것부터 시작할 수 있습니다.

③ 나는 나의 꿈을 추구할 수 없다.

예 〈가타카Gattaca〉(1997)

– 연습: 이룰 수 있는 작은 목표부터 시작합니다. 성취에 필요한 단계를 떠올려 보고 성취했을 때의 느낌을 상상해 보십시오. 이제 영화 속 빈센트처럼 실행합시다. 목표를 이룬 후 같은 방식으로 더 큰 목표로 나아갑니다.

④ 나는 내 삶에서 열정을 실현할 수 없다.

예 〈피아노The Piano〉(1993)

– 연습: 아직도 온전히 실현하지 못한 열정이 있는지 생각해 봅시

다. 결단력을 가지고 추구했던 것이 있었습니까? 영화 속 에이다가 한 것처럼 열정을 추구하기 위해 결정을 내리는 자신을 상상해 봅시다.

⑤ 내가 저지른 중대한 실수를 돌이킬 수 없다.

예 〈이터널 선샤인Eternal Sunshine Of The Spotless Mind〉(2004)

– 연습: 영화에서 트로이의 내면적 투쟁에 연민을 느낄 수 있다면 당신 자신에게도 연민을 느낄 수 있습니다. 자신의 지난 과거를 속죄하려고 노력하는 극중 인물에 주목하고, 당신이 성공하기 위해서 해야 할 것을 채워 봅시다.

⑥ 내 삶은 가치가 없다.

예 〈멋진 인생It' s Wonderful Life〉(1946)

– 연습: 이 영화를 보고 난 후 당신 없는 인생은 어떠할지를 그려 보고, 인생에 대해 당신이 기여한 바가 어떻게 간과되었는지에 주목해 보십시오.

3) 인간관계에 악영향을 주는 부정적 신념

① 내 동료/배우자와 이별하면 나는 폐인이 되고 회복될 수 없을 것이다.

예 〈슬라이딩 도어스Sliding Doors〉(1998)

– 연습: 실연했다가 그로부터 회복되었던 때를 상기합시다. 다시 치유되기 위해 무엇이 도움이 되었습니까? 당신이 영화 속 헬렌처럼 회복될 수 없었다면 그 이유는 무엇입니까?

② 나는 ~에 대한 분노를 절대로 극복할 수 없을 것이다.

예 〈체인징 레인스Changing Lanes〉(2002)

– 연습: 분노가 당신을 이롭게 또는 해롭게 하는지 평가해 보십시오. 당신의 분노가 이 영화와 다른 데서 비롯되었다는 것은 문제가 되지 않습니다. 영화에서 개빈과 도일처럼 분노를 누그러뜨리려면 어떻게 해야 하겠습니까? 그들처럼 '바닥을 칠' 필요가 있을까요? 영화를 보고 이 질문에 대해 생각하면서 당신의 분노에 무슨 일이 생기는지 주목합시다.

③ 나는 나를 속인 동료/배우자를 절대로 용서할 수 없다.

예 〈워크 온 더 문A Walk On The Moon〉(1999)

– 연습: 영화 후반부의 마티와 펄처럼 당신이 배우자와 의사소통할 때 분노를 행동으로 발산하지 않고 그 감정에 머무를 수 있는지 생각해 봅시다. 그렇지 못하다면 어떻게 당신의 의사소통 능력을 향상시켜야 할까요? 의사소통을 잘하면 당신은 '상대의 입장이 될 수' 있고, 따라서 상대의 입장을 이해하고 공감할 수 있습니다. 공감은 분노를 극복하고 실수를 용서하도록 도와줍니다.

④ 나는 너무 특이해서 인간관계를 제대로 맺을 수 없다.

예 〈스토리 오브 어스The Story of Us〉(1999)

– 연습: 영화 속 케이티와 벤보다 의사소통을 잘하는지 스스로에게 물어보십시오. 그렇지 않다면 어떻게 당신의 의사소통 능력을 향상시켜야 할까요? 의사소통은 '상대방의 입장이 되게' 도와주고 이해하고 공감할 수 있도록 합니다. 공감은 사람들의 성격 차이

에 다리를 놓아줍니다.

⑤ 나는 더 나은 인간관계를 맺을 수 없다.

예 〈해리가 샐리를 만났을 때When Harry met Sally〉(1989), 〈콜리야Kolya〉(1996)

– 연습: 시간에 따라 달라진 인간관계를 기억합시다. 영화 속 샐리와 해리, 루카와 콜리야의 관계 변화는 당신과 비슷하거나 다를 수 있습니다. 인간관계의 변화에서 오는 다양한 감정을 감내할 준비가 되었습니까? 당신의 친구나 배우자가 실수를 저지를 때 무엇이 당신을 용서하도록 도와주는지 알 수 있습니까? 이 영화에서처럼 사람을 알게 되면서 정서적으로 상대에게 가까워지는 경험을 해 보았습니까? 아마도 당신은 처음에 상대를 거부할지도 모릅니다. 당신의 인간관계에서 다시 이런 변화가 생기더라도 열린 마음을 갖도록 합시다.

⑥ 내가 미혼인 것은 나한테 무슨 문제가 있음에 틀림없다.

예 〈사랑을 기다리며Waiting to Exhale〉(1995)

– 연습: 영화 속 인물들처럼 독신으로서 즐겁게 지내기 위한 활동, 프로젝트 또는 취미를 시도해 보십시오.

⑦ 나는 나에게 나쁘게 대하는 사람에게 맞서거나 피하지 못한다.

예 〈피고인The Accused〉(1988)

– 연습: 갈등에 대한 두려움이나 당신을 잘 대해 주지 않은 사람과 대면할 때의 상황을 기억합시다. 지금 비슷한 상황에 놓여 있다면 가장 해 볼 만한 사람부터 시작해서 새로운 관계를 다시 시도해 보고 싶어질 것입니다. 만약 누군가에게 학대받는다면 영화

속 루비를 모델로 삼아 문제를 풀어 갑시다. 위협적이고 확신이 서지도 않겠지만 일단 해 보십시오. 그리고 루비처럼 당신을 이끌어 줄 수 있는 정신적 지도자를 찾아보십시오.

The Theory & Practice of Cinematherapy

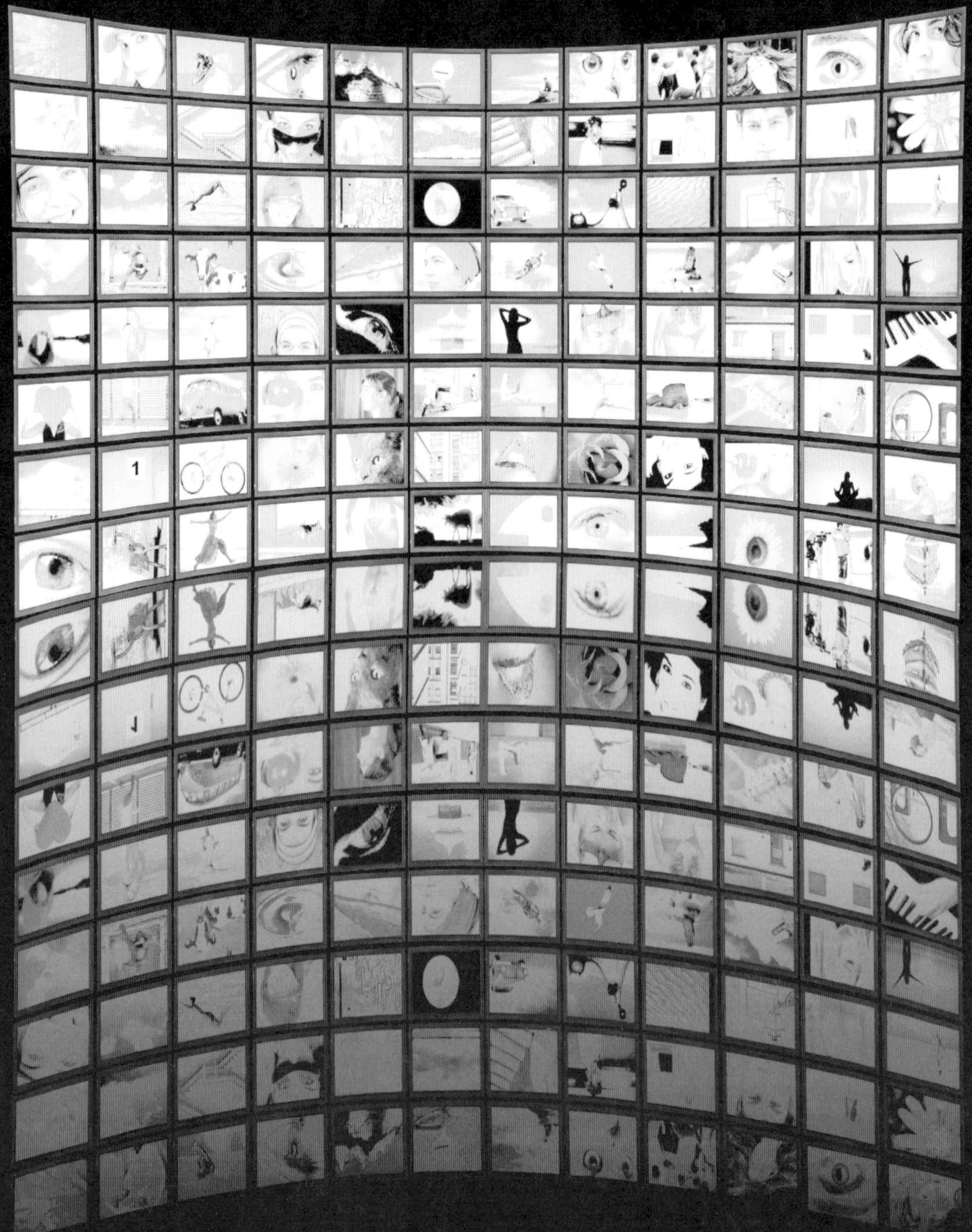

제8장

필름 매트릭스 만들기

1. 동일시 및 투사의 기제

1) 동일시Identification

- 타인을 자기의 대신이라고 보는 경우로서, 이를테면 자기를 마치 영화 속의 인물처럼 느끼는 것
- 타인의 목적이나 가치를 자기의 것으로 받아들여 그것이 자기의 가치나 목적인 것처럼 되는 것

영화를 감상했을 때 관객은 영화 속 캐릭터에게 동일시를 하며 그 과정에서 자신을 잘 인식하게 된다. 이러한 동일시를 통하여 카타르시스를 맛보게 되어 심리적인 해방감도 누리게 되는 것이다.

2) 투사Projection

- 스크린으로 이미지를 비추어 영화motion pictures를 상영하는 것
- 어떤 정신적 대상을 공간적으로 분별력 있게 객관적으로 인식하는 행위와 그렇게 인식되는 어떤 것

- 자신의 사고, 감정, 태도를 다른 사람이나 사물에 귀인하는 것

이러한 투사의 세 가지 의미는 영화치료와 관련이 있다. 첫 번째 의미의 차원에서 영화는 은막에 투영되는데, 그 이미지를 보는 모든 사람이 자신이 보는 것에 다양한 의미를 투사한다. 두 번째 의미의 차원에서 우리가 무엇을 어떻게 투사하는가는 우리의 세계관, 역사관과 인격에 달려 있다. 세 번째 의미의 차원에서 투사는 자신의 무의식적이거나 바람직하지 않은 특성을 타인에게로 향하는 방어기제의 하나로, 다양한 금지된 생각과 충돌이 자신이 아닌 타인의 탓이라 여기면서 불안을 막는 기제라고 정의할 수 있다. 그렇다면 영화치료와 투사의 방어기제는 어떻게 연관이 있을까?

자신의 무의식적이거나 바람직하지 않은 가치관을 타인에게 던지는 투사 방어기제에는 크게 긍정적 투사positive projection와 부정적 투사 negative projection가 존재한다. 예를 들면, '내가 그를 좋아한다.'는 욕망이 '그'에게 투사되면 투사 기제를 빈번히 사용하는 개인은 '그가 나를 좋아한다.'고 지각할 것이다(긍정적 투사). 반대로 '내가 그를 미워한다.'는 욕망이 '그'에게 투사되면 그 개인은 '그가 나를 싫어한다.'고 지각할 것이다(부정적 투사). 긍정적 투사를 할 경우 그 사람을 닮고 싶은 긍정적 동일시가 일어나게 되고, 부정적 투사를 할 경우 그 사람을 배척하고 그와 내가 매우 다른 사람이라고 지각하는 부정적 동일시가 일어나게 된다.

이렇게 자신의 투사와 동일시 방어기제를 이해할수록 자신의 인정되지 않은 부분을 알아가게 되는데, 이는 비자발적이고 바람직하지 않은

방식으로 행동화하는 것을 막는다. 투사와 동일시의 이해는 우리를 더욱 더 정서적 치유와 내적인 자유로 안내한다. 결국 부정적 투사와 부정적 동일시가 되는 우리 내면의 자아는 융에 의하면 우리의 '그림자shadow' 부분이다. 이런 그림자의 특징들을 인식하고 수용하는 것은 우리가 더 심미적이고 전인적인 존재가 될 수 있도록 내면의 감춰진 잠재력에 다가서는 것을 도와준다.

3) 영화 속 캐릭터에 대한 투사

영화 속 캐릭터에 대해서도 투사와 동일시의 방어기제가 일어날 수 있다. 뒤에서 다룰 필름 매트릭스는 이러한 영화 속 캐릭터에 대한 투사 방어기제를 활용하여 우리 내면의 자아와 성장 잠재력에 접근하는 것이다.

우리가 어떤 캐릭터나 그 행동을 아주 싫어한다면 자신의 아직 완전히 의식하지 못한 단점을 그들에게 투사한 것일 수 있다. 이러한 것을 의식적으로 알아가는 것은 미처 몰랐던 자신의 영혼의 부분에 다가가도록 해 준다. 캐릭터에 대한 투사는 일상에서 쓰이는 무의식적인 방어기제와는 달리 좀 더 의식화된 상태에서 우리의 투사 방어기제가 드러나도록 도와준다. 특정 캐릭터에게 긍정적인 투사를 할 경우, 우리는 흔히 그 캐릭터에게 찬탄하거나 이상화하면서 우리의 인정되지 않거나 잘 모르고 있는 장점을 캐릭터에게 투사한다. 반면에 유달리 싫어하고 비호감을 보이는 캐릭터의 경우, 그 캐릭터나 그들의 행동에서 보이는 부정적 특징은 자신의 억압된 '그림자'일 수도 있다. 따라서 영화 속 어떤 캐릭터에게 호감 혹은 비호감을 느끼는 이유는 우리 내면에 감추어진 장점과 단점을 인식하고 그 특성을 수용하거나 개발할 수 있도록 도와준다.

그렇다면 영화 속 캐릭터에게 투사와 동일시가 일어난다는 것을 어떻게 알 수 있을까? 일단 영화 속의 캐릭터를 우리 외부의 인물을 관찰하듯 조금 심리적 거리감을 두고 관찰해야 한다. 긍정적 동일시가 일어나는 주인공이나 장면일수록, '저 주인공은 정말 멋져.' 라든가 '이건 정말 내 인생과 똑같아.' '와우, 꼭 나처럼 생각하고 느끼잖아.' '저 사람이 왜 저러는지 100% 이해해.' 와 같은 생각이 들면서 깊은 호감이나 감동이 일어나게 마련이다. 반면, 부정적 동일시가 되는 캐릭터의 경우는 '나는 그가 정말 싫어.' '왜 저러는지 모르겠어.' '저런 삶은 정말 살고 싶지 않아.' '나와는 너무 달라.' 와 같은 생각과 그에 따른 혐오감이나 강렬한 부정적 감정이 수반될 수 있다. 우리가 캐릭터를 통해 어떤 감동이나 깊은 정서를 느끼면 우리 내면의 자아의 일부가 우리가 지각한 것에 공명을 일으킨다. 따라서 영화에서 보고 들은 것에 대해 어떻게 정서적으로 반응하는가를 이해하는 것은 내면세계의 거울을 들여다보는 것과 같다. 이러한 것을 이해하게 되면 자신의 장점은 키우고 단점은 성공적으로 극복하는 데 많은 도움이 된다.

2. 필름 매트릭스

1) 필름 매트릭스란

필름 매트릭스란 영화 속 캐릭터를 동일시와 투사 정도에 따라 평가 · 배치하는 것을 말한다. 우리는 특정한 영화를 본 직후나 기억나는 영화 모두를 다시 생각하면서 필름 매트릭스를 사용할 수 있다.

필름 매트릭스는 네 개 분면의 각 영역에 영화 속 가장 인상적이었던 인물을 선택하여 적는 것이다. 긍정적이든 부정적이든 자신에게 가장 인상적이었던 인물을 선택한다. 여러 가지 다른 영화에서 다양한 인물을 고르는 것이 더 쉽고 유익하다. 단지 한 영화를 보고 특정 인물에 대한 필름 매트릭스를 작성할 수도 있고, 더 많은 영화를 보고 여러 캐릭터에 대한 필름 매트릭스를 완성할 수도 있다. 물론 캐릭터가 많을수록 특정 캐릭터가 사분면의 어디에 위치해야 할지 더 많은 생각과 노력을 기울여야 한다.

2) 필름 매트릭스 사분면의 특징

① 사분면 I에는 특히 좋기도 하고 이해도 되는 인물을 적는다. (비르기트 볼츠의 원전에는 동일시라는 말을 쓰지만, 일반 내담자의 경우 동일시라는 용어보다 이해라는 평이한 말을 쓰는 것이 의사소통에 더 도움이 되는 것 같다.) 마치 자신이 행동하고 느끼고 세계를 바라보는 것 같은 인물을 적는 것이다. 그 인물은 자신과 다른 행동을 보일 수도 있지만, 그럴 경우 자신이 좋아했던 자기와 비슷한 측면에만 관심을 둔다. 여러 인물이 생각나면 가장 이해가 되고 좋아하는 사람을 고른다. 다 적은 후에는 그 캐릭터를 고른 이유를 짧게 적어 본다.

② 사분면 II에는 그럴 수 있겠다고 이해는 되지만 전반적으로 마음에 들지 않았던 인물을 골라 적는다. 그 캐릭터는 자신이 인정할

수 없는 방식의 성격을 가지고 있거나 인정할 수 없는 방식으로 행동하고 자신을 표현하고 있음에 틀림없다. 여러 인물이 생각나면 이해가 되지 않는 인물 중에서 가장 긍정적인 사람을 고른다.

③ 사분면 Ⅲ에는 이해는 되지 않지만 혹은 자기와는 맞지 않지만 캐릭터의 선천적 특질이나 타인과 관계를 맺는 방식 때문에 좋아하거나 존경하게 된 캐릭터를 쓰고 선택한 이유를 적는다. 여러 캐릭터가 생각나면 가장 긍정적으로 느껴지는 사람을 선택한다.

④ 사분면 Ⅳ에는 자신이 거의 이해할 수도 없고 부정적 감정을 느끼는 영화 속 캐릭터의 이름을 적는다. 보통은 영화를 보는 내내 그 캐릭터 때문에 마음이 불편하거나 스크린 속에 들어가 그에게 한 방 먹이고 싶은 인물일 수도 있다. 여러 캐릭터가 생각나면 가장 부정적으로 느껴지는 인물을 선택한다.

〈표 8-1〉 필름 매트릭스

캐릭터	가장 좋아하는	가장 싫어하는
완전히 또는 어느 정도 이해되는	Ⅰ	Ⅱ
전혀 또는 별로 이해되지 않는	Ⅲ	Ⅳ

3) 필름 매트릭스의 구체적인 사례

필자는 마흔 살가량 된 여성 내담자 A에게 영화치료를 하였다. 내담자가 상담을 하게 된 주요 이유는 혼자 지내는 것에 대한 외로움, 새로운 이성관계에 대한 필요성을 느낌에도 불구하고 지속적으로 남자들에게 수줍음과 부끄러움을 타는 것, 가족관계에서 어머니와 아버지 대신 자신이 동생에게 부모 역할을 함으로써 느끼는 부적절감과 구속감 등이었다. 이전 상담에서 내담자는 〈브리짓 존스의 일기Bridget Jones's Diary〉(2001)를 가장 많이 보고 인상 깊은 영화로 손꼽았다. 따라서 필자는 상담이 대략 5회기에 이르렀을 때 그와 유사한 내용인 〈로맨틱 홀리데이The Holiday〉(2006)라는 영화를 권유했고, 내담자는 그에 대한 필름 매트릭스를 작성하였다.

영화 〈로맨틱 홀리데이〉의 내용은 다음과 같다. LA에서 잘 나가는 영화예고편 제작회사 사장인 아만다(카메론 디아즈 분)는 아름다운 외모와 부유함, 인맥 등 누가 봐도 성공한 여성이다. 그러나 남자친구는 회사의 어린 직원과 바람이 났고, 그녀는 번번이 남성에게 상처를 입는다. 한편, 영국 전원의 예쁜 오두막집에 살면서 인기 웨딩 칼럼을 연재하는 아이리스(케이트 윈슬렛 분)는 수년 동안 좋아하는 남자 재스퍼가 있다. 그런데 재스퍼가 만인이 지켜보는 가운데 다른 여자와의 약혼을 발표하여 그녀는 크게 상심을 한다.

6천 마일이나 떨어진 곳에 살고 있던 두 여자는 온라인상에서 '홈 익스체인지 휴가'를 보낼 수 있는 사이트를 발견하고 2주의 크리스마스 휴가 동안 서로의 집을 바꿔 생활하기로 계획한다. 아만다에게 아이리스의 매력적인 오빠 그레이엄(주드 로 분)이 불쑥 찾아와 첫눈에 호기심을 느끼고, 반면 LA로 간 아이리스는 아만다의 친구이자 영화음악 작곡가인 마일스(잭 블랙 분)를 만나 서로의 감성을 조금씩 이해하게 된다.

영화 〈로맨틱 홀리데이〉에 나오는 캐릭터는 대략 6명으로 압축된다.

- 아만다: 모든 일에 자신감을 내 보이고 겉으로 성공했으나 실은 워커홀릭에 가깝다. 어렸을 적 부모가 이혼한 이후 단 한 번도 눈물을 흘리지 못할 정도로 감정적 억압이 심하다. 남자친구에게는 지나치게 자기주장적이고 즉흥적이기도 하다.
- 아이리스: 섬세하고 부드럽지만 소심하고 타인의 요구에 대해 거부하지 못한다. 짝사랑했던 재스퍼가 다시 돌아오자 마음이 흔들린다.
- 그레이엄: 로맨틱하고 감성적이며 가족에게 헌신적이며 상처받기 쉬운 여린 마음을 가졌다. 아내와 사별한 후 두 아이를 키우는 것을 아만다에게 고백하지 못하고 오랫동안 고민한다.
- 마일스: 위트 있고 재기 발랄하다. 늘 명랑하고 다른 사람에게도 행복을 주려고 노력한다. 작곡을 전공하며, 그 역시 여자친구에게 차인 상처를 아이리스와 공유한다.
- 재스퍼: 야심만만하고 성취 지향적이지만 아이리스와 약혼녀에게 양다리를 걸치는 등 관계의 욕심도 많다. 자신의 행동에 대한 합리화가 심하다.
- 마일스의 여자친구: 배우 출신으로 마일스를 속이고 다른 남자와 몰래 데이트를 하다 들통이 난다.

이 여섯 캐릭터 중 내담자가 선택하고 직접 작성한 필름 매트릭스는 〈표 8-2〉와 같다.

〈표 8-2〉 내담자 A의 영화 〈로맨틱 홀리데이〉 필름 매트릭스 예시

캐릭터	가장 좋아하는	가장 싫어하는
완전히 또는 어느 정도 이해되는	I. 아이리스 & 마일스 배려심, 사랑에 대한 감사함(아이리스), 위트, 명랑함(마일스)	II. 클레어 우유부단함, 합리화, 양다리
전혀 또는 별로 이해되지 않는	III. 아만다 즉흥적이고 솔직함, 자기주장적임	IV. 마일즈의 여자친구 다른 사람 이용, 자신이 좋아하는 것만 취함

3. 셀프 매트릭스

1) 셀프 매트릭스란

셀프 매트릭스란 필름 매트릭스를 바탕으로 자신이 가장 좋아하는 혹은 싫어하는 내면의 특성들을 작성하는 사분면들을 말한다. 즉, 영화의 캐릭터를 통한 자기 발견과 연관이 있는 매트릭스라 하겠다. 셀프 매트릭스를 완성하는 동안 우리가 해야 할 일은 필름 매트릭스 안의 인물과 대응하는 자기 인격 안의 어떤 태도와 특성을 확인하는 것이다. 필름 매트릭스가 내담자가 지각한 캐릭터에 대한 어떤 특성이었다면, 셀프 매트릭스는 그것을 토대로 내면에 투사된 자신의 여러 가지 자아를 확인하는 작업을 수행하는 것이다.

2) 셀프 매트릭스 사분면의 특징

(1) 셀프 매트릭스의 사분면 I: 지각된 장점

사분면 I은 자신이 가장 좋아하면서도 가장 잘 알고 있는 자신의 어떤 특성에 관한 것이다. 흔히 평소에도 잘 알고 있거나 잘 이해하고 있는 자신의 장점에 해당된다. 자신이 적어 낸 필름 매트릭스의 캐릭터를 떠올리면서 천천히 깊은 호흡을 한 다음 내면의 소리에 귀 기울여 보자. 이 사분면은 흔히 자신이 가장 많이 사용하는 '페르소나'의 자아나 '부모'의 역할을 하는 자아일 가능성이 높다. 아울러 이런 특성을 어떻게 사용했으며, 왜 좋아하는지 기술한다.

(2) 셀프 매트릭스의 사분면 II: 지각된 단점

사분면 II에는 흔히 잘 이해하고는 있지만 싫어하는 내면의 단점에 관한 것을 적어 넣는다. 그러나 이러한 단점은 실제 단점이 아니라 내담자가 '인식하고 있는' '알고 있는' '단점이라고 생각하는' 단점이라는 것이 중요하다. 이런 지각된 단점은 과거에 지나치게 높은 기대 수준을 가지고 있었거나, 어떤 중요한 타인의 지속적인 피드백으로 인해 스스로를 비판해 왔기 때문에 생겼을 가능성이 높다. 이것이 실제 단점인지 혹은 지각된 단점인지 구분하려면, '실제' 단점의 경우 자신이 신뢰하는 대부분의 사람에게 자신의 결점을 물어보면 된다. 주변 사람에게서 객관적으로 확인한 '실제' 단점과 내담자 스스로 단점이라고 생각하는 '지각된' 단점은 대부분 차이를 보인다.

(3) 셀프 매트릭스의 사분면 Ⅲ: 투사된 장점

사분면 Ⅲ은 영화의 캐릭터에게는 경탄하면서도 자신 안에서는 쉽게 지각하지 못하는 장점들을 보여 준다. 흔히 이를 '투사된 장점'이라고 하는데, 우리가 자신의 능력과 힘을 완전히 알지 못하면서 타인에게 투사할지도 모르기 때문이다. 따라서 이 투사된 장점을 지닌 인물과 실제 세계에서 접촉하면 지나치게 그 사람을 좋아하거나 이상화하거나 호감을 보이면서 데이트를 하려 들 수 있다. 이러한 매혹은 아직 온전히 발전시키지 못한 자신의 잠재된 장점에 대한 무의식적인 매혹과 비슷한 것이다.

(4) 셀프 매트릭스의 사분면 Ⅳ: 투사된 단점

사분면 Ⅳ에는 흔히 내담자가 가장 이해하기도 어렵고 싫어하는 어떤 내면의 속성을 적어 넣는다. 이 단계에서 '투사'라 함은 자신에게도 그러한 면이 있다는 것을 온전히 알아채지 못하고 외부의 인물과 캐릭터에게 향하기 때문이다. 이러한 '투사된 단점'의 특성과 연관되어 있는 내면의 자아를 흔히 '그림자' 자아라고 한다. 흔히 우리는 이 그림자 자아가 내면에 존재한다는 것을 용서하거나 용납하지 못할 수 있다. 따라서 처음에는 사분면 Ⅳ를 탐구하기가 약간 힘들 수도 있다. 그림자 자아를 의식화하는 것만으로도 분노, 우울, 슬픔 같은 강렬한 부정적 감정이 과

〈표 8-3〉 셀프 매트릭스

특징	가장 좋아하는	가장 싫어하는
자신이 잘 알고 있는	Ⅰ (지각된 장점)	Ⅱ (지각된 단점)
자신이 완전히 알지 못하는	Ⅲ (투사된 장점)	Ⅳ (투사된 단점)

부하되어 나타나거나, 아예 어떤 감정 또는 기억도 느끼거나 떠올릴 수 없을 만큼 심한 억압이 드러날 수도 있다.

3) 셀프 매트릭스의 구체적인 사례

앞서 필름 매트릭스를 작성했던 내담자 A는 필자에게 그 캐릭터들이 자신의 내면과 연관되어 있을 수 있다는 설명을 들은 후 의식의 초점을 자신의 특성에 맞추어 셀프 매트릭스를 작성할 수 있었다. 이어 내담자가 완성한 셀프 매트릭스를 토대로 상담자가 각 사분면에 대한 설명을 하였으며, 내담자는 특히 사분면 IV(투사된 단점)에 대한 설명을 가장 놀라워하였다. 즉, 내담자는 이제까지 자신의 내면에 '다른 사람을 이용하고 싶은' 마음이 전혀 없다고 거부해 왔는데, 자신에게 조카의 모자를 떠 달라고 요구하는 동생에게 분노를 느낀 것을 보면 자신에게도 그러한 욕망이 있을 수 있다는 것을 깨닫게 되었다고 하였다.

〈표 8-4〉 내담자 A의 셀프 매트릭스 예시

특징	가장 좋아하는	가장 싫어하는
자신이 잘 알고 있는	I. 지각된 장점 • 배려하는 마음 • 타인을 즐겁게 해 주려는 배려 • 여러 사람과 모두 어울리려는 개방성	II. 지각된 단점 • 모든 것을 다 갖추려는 무모함 • 길게 끌면서 결정을 내리지 못하는 우유부단함
자신이 완전히 알지 못하는	III. 투사된 장점 • 고민하지 않고 행동화함 • 잘못된 것을 빨리 인정함 • 감정을 솔직하게 표현함	IV. 투사된 단점 • 때로 상대방의 마음을 읽고 그것을 이용함 • 욕망하는 대로 실행함

4. 성장 매트릭스

1) 성장 매트릭스란

셀프 매트릭스 작업을 통해 영화 속 캐릭터가 상기시켜 주는 자신 안의 여러 면을 확인하였다면, 이제 치유와 성장에 대한 이런 새로운 이해를 어떻게 활용할 것인지 알아볼 수 있다. 성장 매트릭스란 필름 매트릭스를 바탕으로 자기 내면의 여러 가지 특성을 어떻게 성장시키고 잠재력을 발휘할지 생각해 보는 것과 연관된 매트릭스라 하겠다. 성장 매트릭스에서 사분면 I, III의 연습은 장점과 역량을 증진하는 데 도움이 되고, 사분면 II, IV의 연습은 단점을 보완하는 데 공통적으로 도움이 될 것이다.

2) 성장 매트릭스의 특징

(1) 성장 매트릭스의 사분면 I: 타인에게 준 영향 생각해 보기

셀프 매트릭스의 사분면 I과 성장 매트릭스의 사분면 I을 비교하면서 이러한 지각된 장점으로 인해 자기 인생과 타인들이 어떤 이익을 얻는지를 생각해 볼 수 있다. 더 나아가 자신이 알고 있는 장점과 역량이 무엇인지 자신의 인식된 장점의 목록을 확대하도록 노력할 수도 있다. 무엇보다도 셀프 매트릭스 사분면 I에 등장하는 자신의 장점을 스스로 어떻게 느끼는지 생각해 보고, 그 장점을 지닌 자신을 충분히 스스로 인정하고 지지하고 자랑스러워하는지 평가해 볼 수 있을 것이다.

(2) 성장 매트릭스의 사분면 II: 부정적 신념 해소하기

셀프 매트릭스의 사분면 II의 지각된 단점은 흔히 부정적 신념으로 고착되어 자신의 부정적 신념에 어떤 질문도 던지지 않는 상태에 놓여 있을 수 있다. 일단 잠깐 자신 안에 있는 지각된 단점의 기저에 있는 부정적 신념이 무엇인지 생각해 보자. 그리고 자신의 신념이 정말 절대적인 것인지 질문해 본다. 자신의 신념이 단지 지각된 것이라는 것을 알게 된다면, 부정적 신념은 누군가로부터 온 것이며 상대적인 가치 평가나 우선순위의 믿음이었다는 것을 깨닫게 될 것이다.

(3) 성장 매트릭스의 사분면 III: 내면의 지혜에 접근하기

셀프 매트릭스의 사분면 III이 항상 지각하지는 못하는 장점과 역량이며 그것을 타인에게서 구하려 애썼다는 것을 알게 되었다면, 이제 성장 매트릭스에서는 어떻게 그 특성을 개발할 것인지 생각해 볼 수 있다. 비르기트 볼츠는 명상을 통해 내면의 조언자(고차원적 자아)를 부르고, 이를 통해 자신의 내면의 지혜와 직관에 연결시킬 것을 권유하고 있다.

(4) 성장 매트릭스의 사분면 IV: 그림자 자아 인식하기, 용서하고 수용하기

셀프 매트릭스에서 발견한 특성에 대해 지나치게 저항하거나 비난만 한다면 진정한 변화를 위한 에너지와 동기가 떨어지게 될 수 있다. 따라서 일단 자신에게도 어떤 그림자 자아가 있음을 인식하고 그에 관한 자기혐오나 자기 거부를 떨쳐 버리는 것이 우선순위가 될 것이다. 그림자 자아를 용서하고 의식에서 잘 활용하게 되면 내담자에게 훨씬 많은 에너지와 삶의 생기를 줄 수 있다. 또한 내담자가 자신의 그림자 자아로 인해

〈표 8-5〉 성장 매트릭스

특징	어떻게 자신의 장점과 역량을 증진하고 강화합니까?	어떻게 자신의 단점과 그림자를 성장과 연관시킬 수 있습니까?
자신이 완전히 알고 있는	Ⅰ. 타인에게 준 영향 생각해 보기	Ⅱ. 부정적 신념 해소하기
자신이 완전히 알지 못하는	Ⅲ. 내면의 지혜에 접근하기	Ⅳ. 용서하고 수용하기

상처받은 사람에게 용서를 구할 수도 있을 것이다.

3) 성장 매트릭스의 구체적인 사례

앞서 셀프 매트릭스를 바탕으로 내담자 A는 필자와 함께 각 사분면에서 드러난 자신의 장점을 어떻게 강화하고 단점이 진짜 단점인지 함께 논의하였다. 특히 이 과정에서 내담자가 발견한 자신의 부정적 신념은 '남성에게 사랑을 고백해도 피드백이 오지 않을 것이다.' 그리고 '피드백이 오지 않으면 나를 싫어하는 것이다.' 라는 것이었다.

이후 성장 매트릭스는 자연스럽게 후속 회기의 상담과 연계되어 내담자의 부정적 신념을 새로운 각도에서 조망하고, 내담자의 숨겨진 욕망을 조금 더 적극적으로 표현하고 실제 사회적 기술과 함께 융합할 수 있는지 구체적으로 살펴보게 되었다.

〈표 8-6〉 내담자 A의 성장 매트릭스 예시

특징	어떻게 자신의 장점과 역량을 증진하고 강화합니까?	어떻게 자신의 단점과 그림자를 성장과 연관시킬 수 있습니까?
자신이 완전히 알고 있는	Ⅰ. 타인에게 준 영향 생각해 보기 타인에 대한 배려와 섬세함으로 인해 동생들이 제 짝을 만나는 데 기여했음	Ⅱ. 부정적 신념 해소하기 '내가 고백을 하면 남성들에게 피드백이 오지 않을 거야.' 그리고 '피드백이 오지 않으면 날 싫어하는 거야.'라는 부정적 신념 → 내담자의 애정 고백이 맥락을 벗어난 급작스러운 것이었음을 확인 → 사회기술 훈련과 병합, 상담자를 상대로 실습
자신이 완전히 알지 못하는	Ⅲ. 내면의 지혜에 접근하기 • 자기주장적이 되어 보기 • 적극적으로 이성에게 호감 표현하기	Ⅳ. 용서하고 수용하기 자신에게도 타인의 자원을 이용하고 자기 욕망대로 행동화하고 싶은 마음이 있음을 수용함. 이것이 부정적인 것만은 아니라는 것 깨달음

The Theory & Practice of Cinematherapy

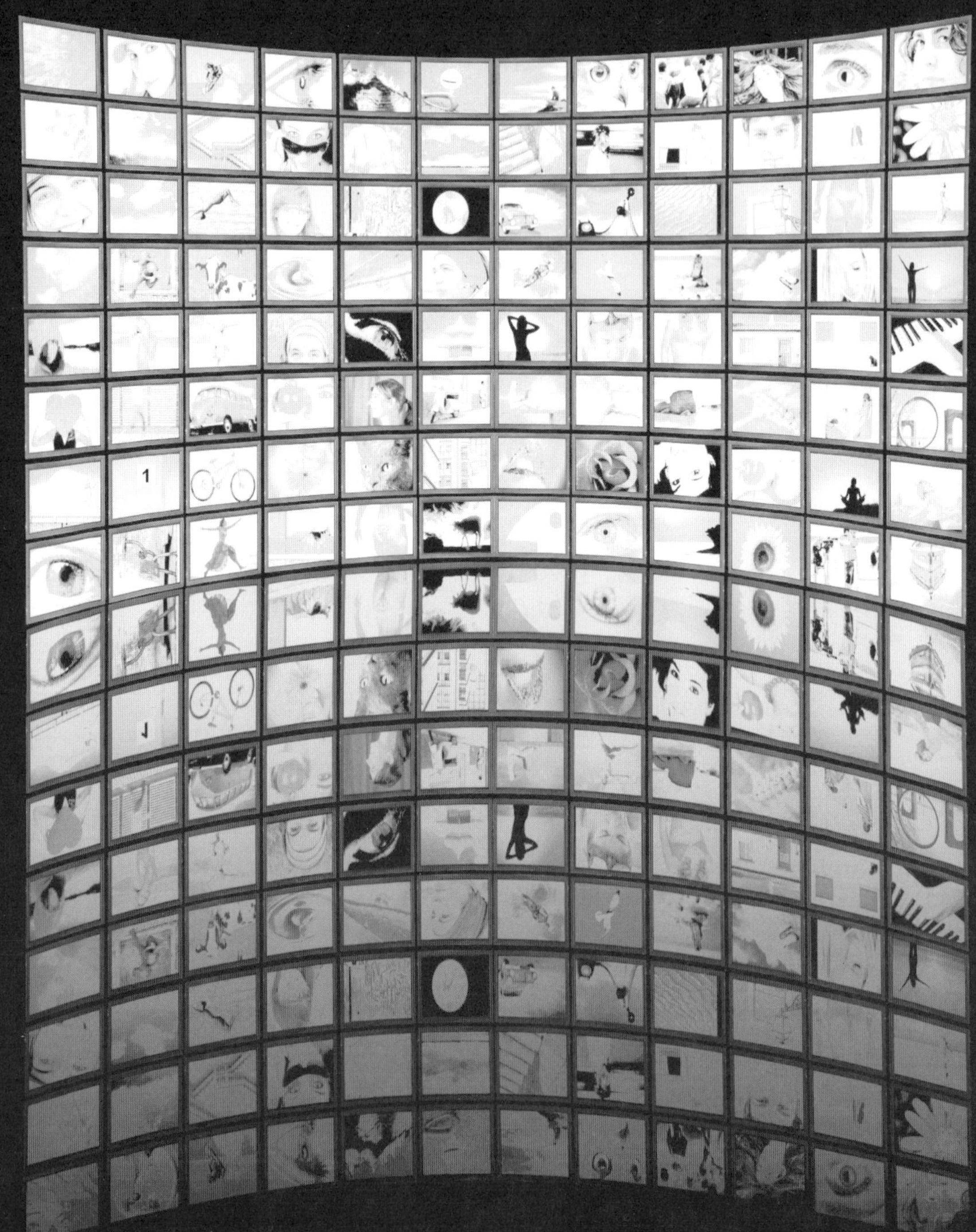

제9장

CIA 기법

1. 브레히트의 소격 효과

독일의 시인이자 소설가였던 베르톨트 브레히트Bertolt Brecht(1898~1956)는 아리스토텔레스 이래 유구한 전통을 지녔던 극적 연극에 반기를 들고, 그 단점을 보완하여 진일보된 연극적 기법을 찾아내려고 노력하였다. 그것이 바로 유명한 거리두기, 즉 소격 효과다. 여기서 거리두기란 연극에서 관객에게 친숙한 대상을 바라보게 하거나 그 대상을 새로운 방법으로 보도록 야기하는 요소들을 도입함으로써 관객이 전형적이고 으레 생각해 온 자신의 사고를 혼란에 빠뜨려 되돌아보게 하는 새로운 연극적인 방법이다. (이러한 형태의 연극을 브레히트 자신은 극적 연극에 대비하여 서사극이라 불렀다.) 브레히트가 사용한 이 용어는 흔히 영어로 소격 효과distancing effect, alienation effect(V효과, A효과라고도 불림)라 한다. 그의 이론은 이후 누벨바그를 위시한 무수한 영화와 연극에 지대한 영향을 주었다.

브레히트에 따르면 전통적인 카타르시스라는 심리적 작용은 관객들로 하여금 배우가 모방하는 등장인물들에게 너무나 동일시하게 만들어서, 감정이입을 하고 무대 위에서 그려지는 사건의 상황 속으로 전적으로 몰입하게 해 수동적이고 연극이 주는 이데올로기를 무비판적으로 받아들이게 한다는 것이다. 따라서 거리두기는 연기하는 배우와 일정한 거리를 두는 여러 장치를 둠으로써 관객들에게 비판적인 태도를 촉구하며, 그들이 이제까지 '당연한 것' 으로 받아들였던 생각에 대해 회의적인 비판을 불러일으켜 보다 적극적으로 확실한 결정을 내리도록 유도하려 하였다. 이러한 원칙에 따라 브레히트의 연극에서는 막 사이사이에 합창단을 등장시켜 연극의 내용을 객관적으로 노래하게 하거나 내용을 담은 현수막을 들고 있게 함으로써 관객들이 줄거리에 몰입하는 것을 방해하기도 하였다. 즉, 브레히트는 이야기를 이끌어 가면서 '결말' 에 의하기보다는 '결말에 정력을 기울인 관심' 을 찾으려 애썼다.

2. 누벨바그의 태동

브레히트 이론이 1950년 프랑스 연극계에 소개되면서 브레히트식 장치를 도입하려는 시도가 연극뿐만 아니라 영화에까지 미치게 되었다. 특히 대표적인 인물로 당시 영화잡지 《카이에 뒤 시네마Cashiers du Cinema》의 평론가였으며 후에 누벨바그를 선도한 감독 장 뤽 고다르Jean-Luc Godard를 들 수 있다.

영화를 조금이라도 아는 대부분의 사람들은 프랑스 누벨바그에 대해 익히 들었을 것이다. 프랑스어로 누벨바그는 새로운 물결이란 뜻이고, 흔히 누벨바그라 하면 영화사에서 기존의 감독들과는 대별되는 어떤 새로운 세대 교체를 의미하는 말이기도 하다. 여기서 새롭다는 것은 아마도 영화사적인 전통과 결별한 채 완전히 질적으로 다른 변혁을 도모한다는 뜻이기도 할 것이다.

누벨바그라는 명칭은 1958년 《렉스프레스》지의 편집장 프랑소와 지루Francois Giroud가 당시 새롭게 데뷔한 감독들을 새로운 물결nouvelle vague이라 지칭하면서 영화계에 등장한 용어다. 사실 누벨바그의 감독군에는 장뤽 고다르Jean-Luc Godard, 프랑수아 트뤼포Francois Truffaut, 클로드 샤브롤Claude Chabrol, 에릭 로메르Eric Rohmer, 자크 루이 리베트Pierre Louis Rivette뿐 아니라 넓게는 알랭 레네Alain Resnais, 아그네스 바르다Agnes Varda, 로제 바딤Roger Vadim, 루이 말Louis Malle 등 세느 좌안파 감독들[1)]까지 포함된다. 그러므로 누벨바그 영화들을 어떤 특유한 사조나 일관된 공통적인 요소로 묶는 것은 무리이겠지만, 아주 거칠게 뭉뚱그리자면 누벨바그의 특징은 다음과 같다.

먼저 누벨바그 감독들의 이야기 구조에는 당시 프랑스를 휩쓸던 실존주의 철학의 영향이 적지 않게 드러나 있다. 알베르 카뮈Albert Camus의 『이방인L'tranger』의 뫼르소처럼, 누벨바그 영화 속 주인공들은 동기가 누락된 상태에서 끝없이 방황하는 행동을 한다. 그들은 자신만의 논리도, 정의도, 질서도 없는 세계 속에서 자신의 모습으로 자신에게만 책임을 지며 살아가는 사람들이다. 타자와의 관계, 즉 사회와의 관계에 무감각함을 보여 주는 그들은 결국 무정부주의적인 모습마저 보인다. 고다르의 〈비

1) 세느 좌안파左岸派 감독은 〈카이에 뒤 시네마〉 출신의 누벨바그 감독들과 달리, 시네필적인 면모가 적고 영화를 특히 문학과 비슷하게 바라보았던 일군의 감독들을 지칭한다. 그러나 그들 역시 모더니즘을 실험하는 젊은 감독들이었다.

브르 사 비Vivre Sa Vie〉(1962)에서 여주인공의 표면상의 이유 없는 죽음, 그리고 트뤼포의 〈줄과 짐Jules Et Jim〉(1961)에서 까트린느와 줄의 자살, 〈네 멋대로 해라A Bout de Souffle〉(1959)에서 미셸(장 폴 벨몽도 분)이 저지르는 살해는 준비되어 있지도 않고 실질적으로 설명되지도 않는다.

이렇게 등장인물들은 우연적이거나 적어도 전통적인 종류의 동기가 부족한 것처럼 보이므로 누벨바그의 이야기 구조 역시 극적인 기승전결보다는 개방적이고 오히려 앞뒤 구별 없는 산만한 모습을 보이기까지 한다. 누벨바그의 감독들은 불쑥 하나의 이야기의 단초를 던져 놓은 후, 관객들로 하여금 영화가 끝나고 불이 들어오는 순간부터 그때까지 그들이 보아 왔던 무계획적이고 자의적인 영상들의 조합을 스스로 재해석하게 만든다.

서사의 자유로움은 필연적으로 시간적 순서를 구축하는 데 있어 논리성에 기반을 둔 것이라기보다, 오히려 연출가와 영화에 출연하는 배우들의 주관적인 감정의 측면에 따라 구성된다. 예를 들어, 알렝 레네는 〈히로시마 내 사랑Hiroshima, Mon Amour〉(1959)에서 한 일본 남자와 프랑스 여성의 내면을 쫓아가면서 수많은 회상과 몽환적인 꿈의 장면을 자유자재로 삽입하여 아물지 않는 사랑의 상처 속에 담긴 그들의 주관적인 시간과 공간의 느낌을 탐색하기도 한다.

또한 많은 누벨바그 감독들은 과거에 비평가로 일한 경험이 있기 때문에 영화라는 매체를 완전히 장악할 수 있다는 자신감을 느낄 수 있었다. 그들은 진정 영화를 영화로 사랑하는 시네필들이었고, 영화라는 매체에 대한 월등한 지식과 안정감을 바탕으로 카메라나 조명, 심지어 배우들조차 자유자재로 다룰 수 있었다. 잔느 모로, 장 폴 벨몽도 같은 배우에게 즉흥적인 연기를 장려했고, 스튜디오 안 작업에 따른 제약 조건으로부터 벗어나 자유로운 작업, 자유로운 영화를 만들어 내었던 것이다.

3. 고다르의 거리두기 기법

누벨바그의 감독 중 '영화란 무엇인가?' 란 물음을 화두로, 장 뤽 고다르는 브레히트의 거리두기 기법을 적극적으로 차용하여 영화매체 자체에 대한 탐구로 일관했다. 초창기 고다르 영화 속의 브레히트식 거리두기 장치는 다음과 같이 요약될 수 있다.

1) 영화의 정서적 맥락과 배치되는 음악의 사용

보통의 상업적 영화들은 시도 동기를 중심으로 해서 연속적 전개를 보이는 특징이 있다. 영화에서 음악을 활용하는 가장 바람직한 방법은 한 작품의 테마를 하나 또는 몇 개 설정하고 그것을 정경, 무드, 등장인물의 감정과 심리 등에 맞추어 반복 제시함으로써 관객에게 영상에서 받은 이미지에 어울리는 음악적 이미지를 전하는 것이다.

고다르는 음악이 영상의 독주 아래 수모를 겪고 있다고 생각하였다. 그러므로 둘이 동등한 관계가 되어야 한다고 보았다. 고다르는 심리적 인과관계나 내러티브의 정서와 이미지를 보강하는 음악 대신 종종 낭만파 이전의 고전주의 음악을 자주 도입함으로써 관객들로 하여금 영화 내용에 몰두하기 어렵게 만든다. 예를 들면, 〈네 멋대로 해라〉나 〈중국 여인La Chirois〉(1967)에서 때때로 영상과 무관한 모차르트의 클라리넷 협주곡을 들려준다.

2) 과다한 문자의 사용

고다르는 과다한 문자를 사용함으로써 영상의 집요한 설명에 거리두기를 시도하였다. 그는 문자가 주는 해석의 여지가 없는 냉혹함과 비인격성을 이용하여 진지한 장면을 코믹하게 만들기도 하고 영상이 주는 정서적 효과를 반감시키기도 하였다. 대개 이들 문자는 〈미치광이 삐에로Pierrot Le Fou〉(1965)에서의 일기 형태, 〈경멸Le Mepris〉(1963) 또는 〈비브르 사비Vivre Sa Vie〉(1962)에서의 광고 형태, 〈기관총부대Les Carabiniers〉(1963)에서의 엽서나 긴 자막 형태 등 다양한 형태로 나타난다.

구체적으로 〈기관총부대〉에서 주인공 병사가 쓴 우편엽서와 전쟁에서 공습에 의해 사람들이 죽고 건물이 파괴되는 장면들이 병렬적으로 제시되면서 인간의 비참함과 전쟁의 무익함을 드러내는 방식이 그 예다.

3) 영화 속 영화

흔히 영화 자체를 텍스트로 해서 다시 영화를 제작하는 기법인 영화 속 영화(영화에 대한 영화)는 영화란 무엇이며, 사람들이 왜 영화를 만들려고 하는가에 대하여 관객들이 생각해 보도록 하려는 의도를 내포하고 있다. 그 결과, 관객들은 '영화 속 영화'를 통해 관객이란 자신의 위치를 재인식하게 되며 자신이 영화를 '본다'는 자의식을 가지게 될 수 있다.

고다르의 영화 〈경멸〉에서는 영화를 제작하는 제작자에 대한 이야기가 전개되며, 〈리어왕 King Lear〉(1987)에서는 자신이 직접 출연하여 영화란 무엇인가에 대해 이야기하기도 한다.

4) 화면에 나타나지 않는 내레이션의 차용

내레이션narration이란 흔히 화면에 등장하지 않는 제3의 발화자를 통해 영화의 상황이나 심리적인 면을 이용하는 방식이라 할 수 있겠다. 이는 단순히 관객들에게 영화 스토리의 정보를 누출할 뿐만 아니라 관객 스스로 플롯을 토대로 스토리를 이해하는 데 안내자의 역할을 하게 한다. 〈작은 병사Little Soldat〉(2008)에서 고다르는 직접 발화자로 등장하여 관객과 화면 사이에 거리감을 유지하게 만든다. 〈경멸〉에서는 모든 영화 스태프들의 이름을 자신이 직접 구술하기도 하였다. 더 나아가 픽션 내에서 다큐멘터리의 성격을 부여하기 위해서 내레이션을 사용하게 되었다.

5) 관음성의 방해

고다르의 영화를 자세히 살펴보면 등장인물들이 자주 관객을 향해 이야기하는 경우를 볼 수 있다. 〈네 멋대로 해라〉나 〈미치광이 삐에로〉에서 주인공 미셸(장 폴 벨몽도 분)은 자동차를 운전하면서 카메라를 쳐다보기 위해서 뒤로 돌아 관객을 쳐다보며 이야기를 한다. 〈남성, 여성Masculin, Feminin〉(1966)에서는 인터뷰 형식을 빌어 관객을 향해 대사를 하기도 한다. 이렇듯 고다르는 관객이 영화를 바라보는 시선, 즉 관음성을 방해함으로써 등장인물과 관객 간의 동화를 방지하며, 또 메시지를 직접 전달하는 효과를 도모하였다. 동화가 방지된 관객은 주체로서 영화를 직시하게 되며 스스로 판단하고 비판하게 된다는 것이다.

6) 기타 기법

이 외에도 고다르는 일체의 편집 없이 '한 숏[2] = 한 시퀀스[3]'가 되게 하여 영화를 정지 화면에 의한 블록 구조로 만드는가 하면, 긴 수평 트래킹[4]이나 롱테이크[5]를 통해 피사체를 쫓고 영화와 관객을 봉합하려는 전통적인 영화적 연출방법에 반기를 들기도 하였다.

이러한 여러 거리두기 장치를 통해 고다르는 감정이입이 되지 않고도 영화를 보고 느낄 수 있으며, 그것을 바탕으로 관객이 영화란 무엇인지 사색하고, 영화를 재해석하여 새로운 시각으로 볼 수 있도록 독려하였다. 고다르의 영화는 일반적인 상업적 영화의 관점에서는 '형편없이 지루하고 못 만든' 영화일 수도 있다. 하지만 이제까지 으레 지켜온 전통적인 연출방식, 전통적인 영화 관람에서 탈피하여 영화사에 새로운 기운을 불어넣었다는 점에서 그의 시도는 지금도 영화사의 가장 중요하고 가치 있는 시도의 하나로 평가받고 있다.

2) 숏shot: 카메라를 한 번 켰다가 끌 때까지 찍히는 촬영의 단위. 이에 반해 컷(cut)은 영화에서 끊어지지 않고 이어지는 화면의 최소 단위를 말한다.
3) 시퀀스sequence: 영화에서 하나의 상황이 시작되고 끝날 때까지를 가리키는 단위다. 예를 들면, 자동차 추격 시퀀스. 하나의 신이나 여러 개의 신으로 이루어질 수 있다.
4) 트래킹tracking: 카메라가 피사체를 쫓아 이동하며 촬영하는 방식.
5) 롱테이크long take: 긴 시간, 대략 10초 이상 찍힌 숏.

4. 특수촬영

보통 인간의 시감각으로는 확인할 수 없는 세계를 표현하거나 일상적으로 체험하고 있는 시간성을 변화시켜 영화의 톤과 속도, 정서를 바꾸는 또 다른 방법으로는 특수 촬영술이 있다.

예를 들어, 이러한 촬영의 대표적인 방법으로 고속촬영과 저속촬영이 있는데, 보통 극영화 카메라가 1초에 24프레임을 찍을 경우 촬영된 것을 정속도로 영사하면 실제 촬영시간과 똑같은 시간성의 필름을 볼 수 있다.

1) 고속촬영

고속촬영은 1초에 24프레임 이상을 촬영하는 것을 의미한다. 영화 카메라는 기종에 따라 조금씩 차이가 있을 수는 있지만 대개 프레임 속도를 조작하는 것이 가능하다. 만약 1초에 24프레임 이상을 촬영해서 영사기에 정속도로 돌리면 피사체의 움직임은 촬영 프레임 수에 비례하여 느리게 움직이게 된다. 이를 다른 말로 슬로 모션 촬영이라고 부른다. 슬로 모션은 흔히 배우나 피사체의 동작에 신성함이나 장엄한 우아함을 불어넣는다.

2) 저속촬영

저속촬영의 경우 고속촬영의 반대인 패스트 모션의 효과를 얻을 수 있다. 슬로 모션이 피사체의 움직임을 느리게 하여 동작을 돋보이게 한다면, 패스트 모션은 피사체의 움직임에 경쾌함을 부여한다. 따라서 극영화 중에서도 주로 코미디 장르에서 많이 이용되곤 한다.

렌즈와 카메라에 의존하지 않는 특수촬영의 분야로는 현상과 인화 등의 합성에 의한 방법들이 있다. 그 대표적인 것이 스크린 프로세스와 트래블링 매트 등이다.

3) 스크린 프로세스

스크린 프로세스는 오늘날 쓰이는 많은 현란한 특수효과들의 조상쯤으로 생각하면 되겠다. 주로 쓰이는 예로는 고전 영화에서 흔히 등장하듯이 인물들이 자동차를 타고 가는 장면에서 배경을 스크린 프로세스로 처리하는 것이다. 스크린 프로세스란 스크린에 배경이 될 영상을 틀고는 그 앞에서 피사체를 두고 촬영하는 방법을 말한다.

4) 매트촬영

흔히 블루 매트 혹은 매트촬영이라고 불리는 트래블링 매트는 스크린 프로세스보다는 과정이 조금 더 까다롭다. 먼저 파랗게 칠한 판(블루 매트) 앞에서 피사체를 촬영한 후에 그것을 현상소에 보내어 하이 콘트라스트 포지티브 필름에 인화, 현상 작업을 해서 마스크라는 작업을 거친 다음, 미리 촬영한 배경 영상에 이중으로 인화하여 합성하는 것이다.

이 트래블링 매트 촬영은 현재 할리우드에서 이루어지는 대부분의 특수촬영들의 기본이 된다. 다만 현재는 블루 매트로 촬영한 피사체를 까다로운 현상, 인화 과정을 거치지 않고 컴퓨터로 마스킹한다는 점이 다를 뿐이다. 블루 매트 촬영에서 주의해야 할 점은 피사체에는 파란색을 쓰지 말아야 한다는 점이다. 최근에는 블루 매트 대신에 그린 매트를 사용하는 영화도 많이 늘었다.

5. CIA 기법

1) 무엇을 바꾸는가

앞서 설명했듯이, 영화치료에서 내면 영화란 어린 시절부터 비교적 오랫동안 자신과 세계에 대한 심상들이 연속적으로 마음속의 스크린에 영사된 개인적인 영화들을 의미한다. 이러한 내면 영화는 때로 매우 부정적이고 외상적이며, 스스로 의식하지 않아도 특정 상황이 되면 개인의 의식을 침범하여 영사되고 그것에 개인적인 의미가 부여된 것들이다.

예를 들어 보자. 32세의 한 남성 내담자는 의식적 자각하에 영화 보기(〈열세살, 수아〉(2007)라는 사춘기의 갈등을 그린 한국 영화를 보았다.)와 메타포 그리기를 통해 오랫동안 자신의 마음속 스크린에 영사되었던 내면의 영화를 끄집어내었다. 그 내용은 다음과 같았다.

"오래된 집입니다. 해 질 무렵이었어요. 당시 8세였던 저는 집 앞 아파트에서 어머니를 기다리고 있었습니다. 앉았다 일어섰다를 반복하면서 아무리 기다려도 어머니는 오시지 않았어요. 할 수 없이 해가 져서 까치발로 1층의 저의 집 베란다를 들여다보았습니다. 집은 어둡고 아무도 없었습니다. 식구들이 아무도 오지 않자, 저는 마지막 수단으로 돌을 던져 유리창을 깨고 베란다를 열어 간신히 집 안으로 들어갈 수 있었습니다. 텅빈 마루에서 혼자 있자니 어머니가 뭐라 하실지 몹시 겁이 났습니다. 또 혼자 있는 집에서 너무 외롭고 무서운 감정도 밀려왔습니다. 이상하게 그 후로는 불안하거나 외로울 때면 늘 이 짧은 단편영화 같은 영상이 마음속에서 떠오릅니다. 너무 생생해서 잘 떨쳐지지도 않고, 기억을 떠올리려 하지 않을수록 오히려 더 또렷이 머릿속에서 떠오르는 겁니다. 괴롭고 힘듭니다. 잊혀졌나 싶으면 나타나니 정말 미치겠습니다."

2) 부정적 내면 영화

CIA Correction of Innermovie with alienation effect 기법은 부정적인 내면 영화에 대해 전통적인 언어를 사용하는 치료가 아니라, 내면 영화의 영화적 성질을 역이용하여 다른 내면 영화로 대치하거나 그것의 청각적 · 시각적 성질을 바꾸는 방법을 통한 영화치료를 시도한다. 그 안에는 브레히트식 소격 효과를 적절히 이용했던 여러 감독들의 영화기법처럼 내면 영화를 문자나 말풍선을 넣어 희화화하거나, 내면 영화 속의 또 다른 내면 영화를 만들거나, 내면 영화에 새로운 내레이션을 차용하거나, 내면 영화 속의 등장인물, 사건, 배경, 시간 등을 변화시키기거나, 내면 영화의 속도를 바꾸어 보는 등 여러 가지 영화적 수단이 포함된다('CIA 기법의 실제 과정' 참조).

3) CIA 기법 시 주의점

CIA 기법을 쓸 때 가장 중요한 것은 일단 내담자와 영화치료자 간에

절적한 라포가 형성되어 있어야 한다는 것이다. 때로 많은 내담자들은 자신의 내면 영화들이 지나치게 비밀스럽고 오랫동안 혼자 간직해 온 것이기에 입 밖으로 소리 내어 언어화하기에 부적절하다고 느낀다. 즉, CIA 기법은 미리 내면 영화에 대해 충분히 다룬 후에야 효과적으로 적용 가능하다. 이때 내면 영화에 대한 충분한 자료가 수집되어야 하는데, 내면 영화의 세부사항, 그것이 현재에 미치는 영향, 내면 영화를 떠올릴 때의 감정이 조심스럽게 검토되고 재확인되어야 할 것이다.

또한 내면 영화는 대부분의 내담자에게 강렬한 정서적 경험에 휩싸이게 만든다. 내면 영화가 불러일으키는 부정적인 정서를 깊이 경험하고 있는 내담자라면 상담자의 급작스러운 CIA 기법을 적용하려는 시도가 오히려 내담자 자신의 마음 상태를 억지로 바꾸려 드는 외부 압력으로 느껴질 수 있다.

CIA 기법은 내면 영화에 대한 적절한 논의와 충분한 휴식을 거친 후, 내담자의 마음 상태가 다시 0점의 상태에서 충분히 진정된 후, 그러나 내면 영화를 생생히 떠올릴 수 있을 정도의 심리적 거리가 확보된 후 서서히 진행해야 최적의 효과를 얻을 수 있다. 영화치료자는 급작스럽게 CIA 기법을 적용하면 내담자의 무의식적인 거부와 당혹감을 불러일으킬 수도 있음을 충분히 명심하여야 할 것이다.

6. CIA 기법의 실제 과정

다음의 지시문을 따른다.

1) 신체 감각 유도하기

눈을 감고 편안하게 있으세요. 그 상태에서 실제로 바라보고 있는 것처럼 레몬을 생각해 보세요. 레몬이 어떻게 생겼나요? 무슨 색깔인가요? 표면은 어떤가요? 실제로 만져 보세요. 우둘투둘한가요? 냄새도 맡아 보세요. 냄새가 어떤가요? 약간 신 냄새가 나나요? 그 앞에 있는 레몬을 반으로 잘라 본다고 생각하세요. 보이나요? 거기서 나는 향기를 다시 한 번 맡아 보세요. 그것을 한 입 베어 문다고 상상하세요. 맛이 어떤가요?

이제는 손바닥 사이에 느껴지는 감각에 집중해 봅시다. 뭔가 따뜻하기도 하고, 뭔가가 흐르는 느낌이 나기도 합니다. 그 느낌을 느껴 보세요. 그 상태에서 손바닥 사이에 풍선이 있다고 생각해 보세요. 내가 숨을 내쉴 때마다 풍선에 바람이 들어가서 점점 커진다고 생각해 보세요. 바람이 쑥쑥 들어가면서 풍선이 커집니다.

풍선이 커짐에 따라 내 손이 밀려나는 느낌이 듭니다. 점점 커져서 수박보다 커지고 운동회 때 쓰는 공처럼 커집니다. 쑥쑥 늘어나 풍선이 양손을 밀어내는 느낌을 느껴 보세요. 느껴지시나요? 그럼 멈춥니다. 그 후에 풍선의 바람을 빼내 보겠습니다. 바람이 천천히 빠지며 쉭쉭 소리를 내는 동안 풍선을 따라 손이 가운데로 모아지는 것을 느끼실 겁니다.

쉭쉭. 아주 빨리 납작해집니다. 손바닥도 가운데로 모입니다.

2) 내면 영화 떠올리기

눈을 감고 점점 팔과 다리가 무거워지는 것을 느낍니다. 점점 무거워집니다. 점점 온몸이 모두 땅속으로 끌려 들어가는 것처럼 느껴집니다.

자, 이제 자신이 이 세상에서 가장 편안하게 느끼는 장소를 천천히 떠올려 보십시오. 동굴이어도 좋고, 바다여도 좋고, 산이어도, 자신의 방이어도 좋습니다. 천천히 그 장소에 있는 자신을 그려 봅니다.

그 안전한 장소에서 자신이 생각하기 싫거나 문제가 되거나 열등감을 느꼈던 부정적 상황을 떠올려 보세요. (이때 옆 사람과 말하지 않은 채 눈을 잠시 뜨고 관련 영화의 클립을 보면 더 효과적이다. 항시 편안한 상황에 놓여 있다는 점을 강조한다.)

(영화를 보고 연상되거나) 오래전부터 반복적으로 떠오르는 혹은 잊어버렸으면 하는 심상, 기억 또는 상황이 있다면 그것을 떠올려 보십시오. 자, 어떤 상황인가요? 어디에서 그 상황을 맞이했죠? 거기가 어디죠? 주변에 누가 있나요? 그 사람의 얼굴 표정은 어떻고, 내 표정은 어떤가요? 어떤 공기, 어떤 냄새, 어떤 색깔이 보이나요? 생생하게 그 속에 들어가 경험해 보세요.

3) 내면 영화를 이미지화하기

이제 그 내면 영화를 앞에 있는 도화지에 그대로 그려 보세요. 잘 그리거나 못 그리거나 하는 것은 상관없습니다. 다만 그 그림은 내면 영화의 상황을 더 구체적이고 선명하게 떠오르게 하고, 다른 사람들에게 자신의 내면 영화를 설명하기 위한 하나의 장치일 뿐입니다.

이번에는 자신의 영화에 걸맞은 제목이나 음악을 입혀 보세요. 아니면 원래부터 어떤 소리나 음악이 있었습니까? 이제 내면의 영화에 제목을 정해 봅시다. 나는 이 내면 영화의 제목을 무엇이라 부르겠습니까? (조별로 혹은 개별적으로 내면 영화를 발표해 본다. 잘 떠오르지 않을 때에는 상세한 기억을 떠올릴 수 있도록 상담자와의 작업이 필요하다. 그리고 충분히 작업한 후에는 잠시 휴식을 취하고 내담자의 정서적 환기를 유도한다.)

4) 내면 영화에 새로운 음악 입히기

이번에는 방금 떠올리고 설명했던 내면 영화와 서로 어울리지 않는 노래를 '주제가'로 골라 봅시다. 아마 내 기억은 매우 심각하고 무거울 수 있습니다. 그렇다면 서커스 음악이나 만화 음악, 경쾌한 음악을 골라 보십시오. 슬픈 색깔의 기억이라면 당당하고 유쾌하며 밝은 음악을 골라 보세요. 어떤 음악을 고르실지 모르겠다면 여기에 있는 음악 샘플(여러 가지 음악 샘플을 미리 준비해 놓는다.)을 간단히 들려 드릴 터이니 그중 하나를 골라 새롭게 덧붙여 보십시오. 그리고 음악을 골랐으면 아까 보았던 내면 영화를 다시 머릿속으로 떠올리면서 음악을 크게 울려 보세요. 이제 내면 영화는 어떠한 느낌으로 다가옵니까?

내면 영화의 색깔이 잘 바뀌지 않는다고 낙담하실 필요는 전혀 없습니다. 앞으로 여러 가지 내면 영화를 바꿀 수 있는 방법들을 배우고 나면 전혀 뜻밖의 새로운 내면 영화들이 만들어질 테니까요.

5) 내면 영화에 새로운 자막이나 말풍선 입히기

이제는 내면 영화에 지금까지 등장하지 않았던 새로운 문자를 넣어 봅시다. 마치 코미디나 오락 프로에서 자막을 넣듯이 말입니다. 우스꽝스러운 유머도 좋고, 단순히 상황을 설명할 수 있는 자막이나 간단한 시를 집어넣어도 좋습니다. 등장인물의 생각을 희화화한 말풍선도 넣어 봅시다. 자신을 힘들게 했던 내면 영화에 거리를 둘 수 있다면 어떤 문자나 말풍선도 상관없습니다.

자, 이제 내면 영화는 어떻게 변했습니까? (이전과 반대로) 자신의 내면 영화가 긍정적이고 낙관적인 정서를 불러일으킨다면 그것을 더욱 강화할 수 있는, 지지하고 멋있게 보이도록 만드는 새로운 자막이나 말풍선을 넣어 보세요. 이번에는 내면 영화가 어떻게 변했습니까?

6) 내면 영화에 새로운 내레이션 입히기

이제 내면 영화에 새로운 내레이션을 깔아 봅시다. 내레이션은 화면 안에서 나옵니까, 밖에서 나옵니까? 내레이션은 자신의 목소리입니까, 다른 사람의 목소리입니까? 변사처럼, 멋진 주인공처럼 내레이션을 입혀 봅시다.

자신의 내면 영화가 매우 부정적인 정서를 불러일으킨다면 그것을 몰아낼 수 있는 어떤 내레이션도 상관없습니다. (반대로) 자신의 내면 영화가 긍정적이고 낙관적인 정서를 불러일으킨다면 그것을 더욱 강화할 수 있는 감동적이고 심금을 울리도록, 멋있게 보이도록 만드는 새로운 내레이션을 넣어 봅시다.

7) 내면 영화에 새로운 등장인물, 새로운 배경, 새로운 시간 입히기: 새로운 장면의 인화

자, 이번에는 자신의 내면 영화에 새로운 등장인물, 새로운 배경, 새로운 시간 등을 입혀 봅시다. 과거의 이야기를 SF식 미래로 바꾸어도 좋고, 이제까지 자신을 괴롭혔던 인물을 희화화하거나 성격을 바꾸어도 좋습니다. 배경이나 색깔 등 여러 가지 화면의 요소를 마음대로 바꾸어 보세요. 마치 자기 자신이 감독이 되어 자신의 영화 속 화면을 이리저리 새로 인화하듯이 말입니다. 이제 내면 영화는 어떻게 변했습니까?

8) 내면 영화를 액자에 넣고 제3자처럼 지그시 쳐다보기

이제는 내면 영화를 마음속에 잡아 둔 채 그것을 어떤 종류의 액자에 넣고 싶은지 생각해 보십시오. 사각 액자나 원형 액자에 넣고 싶습니까? 아니면 타원형 액자에? 액자의 크기는 어느 정도면 좋을까요? 색깔은? 현대적인 금속제 액자를 고를 수도 있고, 파도 모양과 비둘기 장식이 들어간 오래된 황금색 액자를 고를 수도 있습니다.

액자를 골랐으면 마음속에 박물관을 상상하면서 액자에 조명을 비추어 봅시다. 어떻게 하면 그 장면을 예술적으로 보이게 할 수 있을까요? 잠시 머리를 비우고 심호흡을 해 보십시오. 이제 문제가 되었던 그 장면을 마치 제삼자처럼 쳐다보세요.

객관적인 거리를 두고 보니까 보이지 않던 것이 보이게 되었습니까? 혹은 느낌이 달라졌습니까? 그렇지 않다면 만족스러워질 때까지 다른 액자와 다른 예술적 방식을 이용해서 그 장면을 꾸며 봅시다.

9) 영화 속 영화 만들기 혹은 대안 영화 이어 붙이기

자, 어떻습니까? 내면 영화는 이제 어떤 모습으로 바뀌었습니까? 이번에는 눈을 감고 지금까지 작업한 것을 토대로 또 다른 내면 영화를 만들어 이어 붙입니다.

새로운 내면 영화는 이전 영화와는 아주 다른 장면이나 다른 결말 또는 반전을 가지고 있습니다. 원하신다면 앞에 있는 새로운 도화지에 내면 영화를 그려도 좋고, 머릿속에서 만들어도 좋습니다. 혹은 사진이나 비디오로 촬영할 수도 있습니다(사진 찍기나 촬영은 숙제로 내줄 수 있다.). 또는 영화 속에 또 다른 영화를 만들어도 좋습니다. 나는 지금 또 다른 카메라를 가지고 나의 내면 영화를 촬영하고 있는 것입니다.

방법과 형식에 구애받지 말고 새로운 대안 영화를 만들어 봅시다. 그리고 이제 바뀐 내면의 영화, 새로운 내면의 영화, 대안 영화를 마음속 스크린을 열고 영사해 보십시오.

자, 새로운 대안 영화의 제목은 무엇입니까? 어떤 음악이 흘러나오고, 어떤 자막이 깔리고, 어떤 결말로 바뀌었으며, 어떤 속도 감각과 어떤 분위기를 가지고 있나요?

▶ 이 기법은 15장의 '영화 만들기 치료'와 결합하여 변화된 내면 영화를 실제로 그림으로 그려 보거나 카메라와 인원을 동원하여 촬영해 볼 수 있다.

The Theory & Practice of Cinematherapy

3부 \ 영화치료와 다른 치료법의 통합

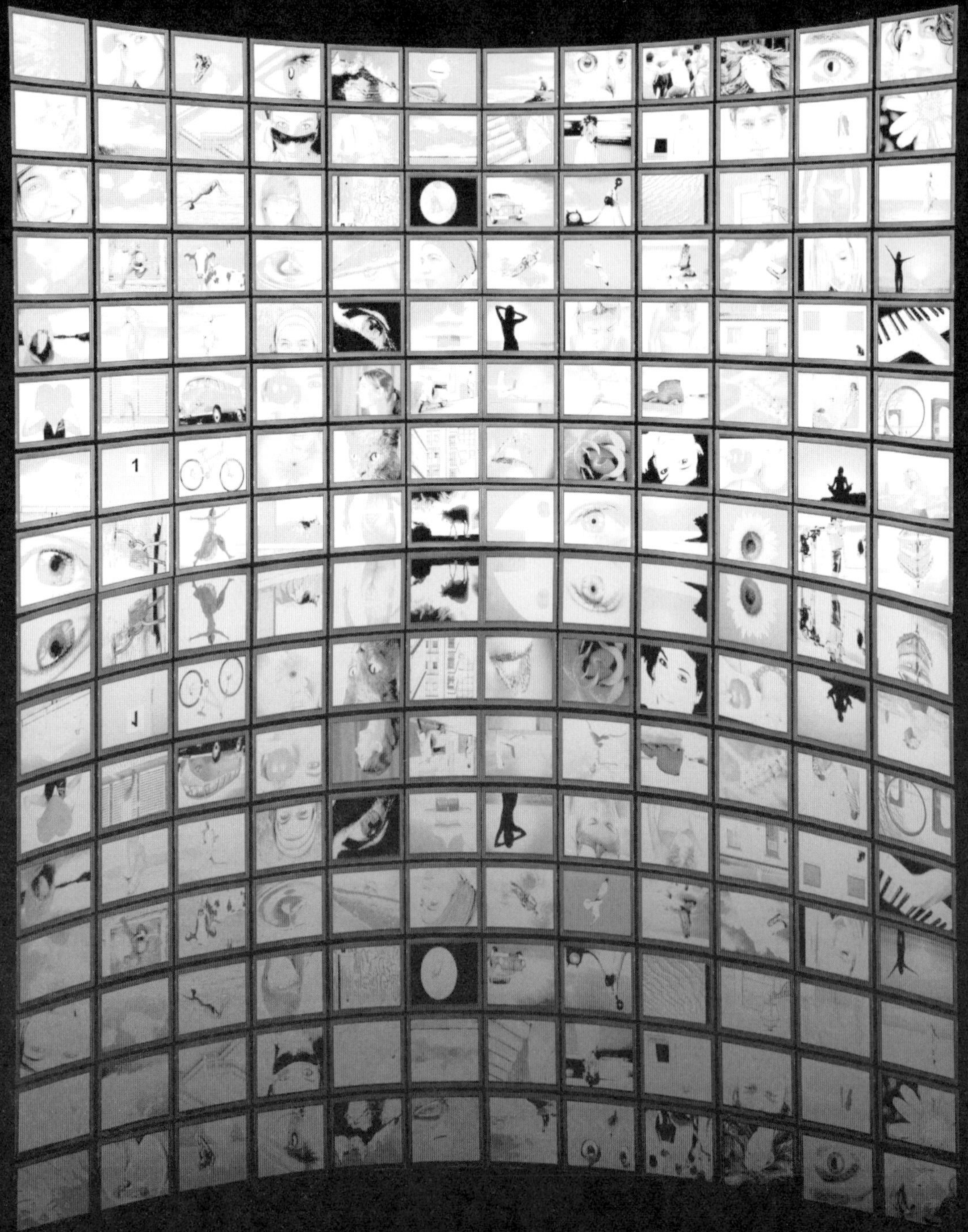

제10장

메타포를 활용한 영화치료

1. 메타포(은유)란 무엇인가

아리스토텔레스는 『시학Poetica』에서 메타포metaphor를 "전혀 닮지 않은 것들 속에서 닮은 점들을 직관적으로 느끼는 것" "한 사물에서 그 사물이 아닌 다른 사물에 속하는 명칭을 부여하는 것"으로 정의하였다. 그는 가장 위대한 것은 메타포의 대가가 되는 것이라고 보았다(정희자, 1998).

일반적으로 보통 사람들에게 메타포는 시적 상상력의 도구나 수사적 풍부성의 도구, 다시 말해 일상 언어의 문제라기보다 특수 언어의 문제로 여겨져 왔다. 나아가 메타포는 사고나 행위보다 말의 문제로 생각되어 왔다. 그러나 조지 레이코프George Lakoff와 마크 존슨Mark Johnson은 우리의 사고를 지배하는 개념들은 단순한 지성의 문제가 아닌 메타포라고 주장하였다. 메타포는 단지 언어의 문제가 아니라 인간의 인지 기능과 밀접한 관련을 지니고 있으며, 우리의 생리적 반응 및 신체적 활동과 경험을 통해 이루어지며, 우리의 일상 언어 안에서 늘 사용되고 있는 삶의 한 부분이다(최희순, 2005).

2. 메타포의 종류

레이코프와 존슨은 메타포를 구조적 메타포, 지향적 메타포, 존재론적 메타포로 나누었다.

1) 구조적 메타포

구조적 메타포란 하나의 개념이 다른 개념을 통해 메타포적으로 구조화되는 현상을 말한다. '인생은 여행이다.' 라는 개념적 메타포는 구조적 메타포의 한 예라 할 것이다.

> 숲 속에 두 갈래 길이 있었다고
> 나는 사람이 적게 간 길을 택하였다고
> 그리고 그것 때문에 모든 것이 달라졌다고
>
> – 프로스트R. Frost, '가지 않는 길'

여기서 프로스트가 말하는 숲 속으로 난 두 길은 인생의 선택을 메타포화한 구조적 메타포의 한 형태라 할 수 있다.

2) 지향적 메타포

지향적 메타포는 하나의 개념을 다른 개념을 통해 구조화하는 메타포와 달리, 개념들의 전체적인 상호관계 속에서 조직화하는 현상을 말한다. 이러한 개념적 메타포들의 대부분은 위–아래, 안–밖, 앞–뒤, 중심–

주변, 깊음–얕음, 접촉–분리 등의 공간적 지향성과 연관이 있다.

예 건강과 삶은 위, 질병과 죽음은 아래; 하계 → 지옥, 상계 → 하늘 등

3) 존재론적 메타포

존재론적 메타포란 사건, 활동, 감정, 아이디어 등과 같은 추상적인 것들을 물건이나 물질과 같은 실제 세계에 구체적으로 존재하고 손에 잡히는 것으로서 메타포적으로 개념화하는 것이다. 존재론적 메타포는 보통 의인화에 의해 이루어진다.

예 시야는 마음을 담는 그릇, 인플레이션은 우리의 적 등

이렇게 해서 메타포는 보통 다른 물체, 생각, 사람, 상황, 관계를 통해 상징화되는 문장, 이미지, 스토리 라인 전부를 말한다.

3. 메타포와 심리학

1) 기억과 메타포

기억이란 무엇인가? 기억은 덧없이 사라졌다가도 불현듯 되살아나고, 시간이 흐를수록 불완전하고 희미해지지만 생의 마지막 순간 과거의 기억들이 파노라마처럼 스쳐 지나가기도 한다. 이 불가해한 기억이 없다면 우리는 아무것도 할 수 없다. 기억 없이는 자신이 누구인지도 알 수 없고 합리적인 추론도 불가능하다. 심지어 벽에 못을 박는 간단한 일조차 해

낼 수 없다. 기억은 우리가 살아가는 데 필수불가결하다. 그런데 기억을 정의하기는 어렵다. 흥미롭게도 네덜란드 심리학자 다우베 드라이스마 Douwe Draaisma는 『기억의 메타포 Metaphors of Memory』란 책에서 기억, 아니 마음의 세계는 비유의 힘을 빌리지 않고는 설명할 수 없는 대상이라고 갈파한다.

실제로 기억이론의 역사는 곧 기억을 설명하기 위해 사용된 메타포의 역사이기도 했다.

- 플라톤 Platon → 새장
- 아우구스티누스 Augustinus → 동굴과 궁전
- 플러드 Fludd → 기억 극장
- 카루스 Carus → 미궁
- 프로이트 Freud → 신비스러운 글쓰기 판
- 드레이퍼 Draper → 사진
- 귀요 Guyau → 축음기
- 헤이르덴과 프리브람 Heirden & Pribram → 홀로그램
- 루멜하트 Rumelhart → 신경망

기억을 수식하고 심지어 대체하는 이러한 메타포들은 기억과 망각에 대한 인류의 생각을 반영한다.

수사학에서 메타포(은유)는 '원관념은 숨기고 보조관념만을 드러내어 표현하려는 대상을 설명하는 표현법' 을 말한다. 그런데 기억에 관한 메

타포의 역사에서 주목할 점은 메타포가 단순한 보조관념에 머물지 않는다는 데 있다. 말하자면 일종의 역전逆轉 현상이 나타난다. 원관념(기억)은 베일에 가려져 실체가 불분명하고 보조관념을 통해서만 그 원관념을 설명할 수 있다면 보조관념이 더 이상 '보조' 관념이 아닌 탓이다.

2) 치료적 도구로서의 메타포

심리학에서는 메타포를 통해 내담자가 느끼는 세상을 창조하고 내담자가 경험하는 것을 나누려는 시도를 끊임없이 해 왔다. 예를 들어, 독서치료에서 치료적 메타포는 상담자 및 스토리와 삼각관계를 이루고 있다. 헤스턴Heston과 코트먼Kottman은 메타포의 변환적인 힘이 스토리에 실어 나르고 있는 캐릭터와 사건과의 일체감을 통해 발달된다고 주장하였다. 메타포로 자신의 경험을 나누고 난 내담자는 고립감이나 외로움이 감소될 수 있다(Heston & Kottman, 1997).

스티븐 피어스Stephen S. Pearce는 치료적 메타포therapeutic metaphor가 얼마나 심오한가를 다음과 같이 설명했다.

> 이야기와 메타포는 내담자들에게 그들이 경험한 사건들로부터 심리적 거리를 둘 기회를 제공하고, 자신들의 삶의 이야기에서 주인공이 되게 한다. 메타포와 이야기는 내담자들이 통찰과 새로운 방향을 성취할 때까지 잠재적인 해결책을 연습하는 것을 가능하게 한다. 메타포는 사람들이 'what should be'와 'what is'의 차이를 연결할 수 있게 만든다.

치료적 메타포의 작업을 할 때, 상담자는 반드시 모호함과 드러남 사이에 균형을 이뤄야 한다. 관계, 자기를 상징하는 메타포들은 내담자의 개인적인 삶과 연결될 수 있을 정도로 충분히 뚜렷해야 하면서 동시에 내담자가 저항을 느끼지 않도록 충분히 모호해야 한다.

내담자와 상담자는 모두 의미 있는 메타포를 형성할 수 있어야 한다. 더 나아가 치료적 메타포는 다음 세 단계로 작용한다.

① 마음(의미)의 표면적 구조를 포함하는 단계: 구체적인 단어, 스토리, 이미지
② 의미의 더 깊은 단계와 연합된 메타포 단계: 연상, 아이디어, 보편적이기보다 내담자에게 특별한 정서
③ 깊숙한 의미의 회복 단계: 2단계는 3단계를 촉진함. 연상, 아이디어, 특별한 정서가 더 개인적인 깨달음을 얻게 함

4. 영화치료에서의 시각적 메타포 활용

1) 시각적 메타포와 언어적 메타포

메타포는 그 형태에 따라 크게 시각적 메타포와 언어적 메타포로 나누어진다. 영화치료에서는 주로 시각적 메타포를 더 많이 활용하는데, 무어Moore는 이러한 시각적 메타포가 개인에게 영성적인 수준에서 의미를 발견하고 인생을 더 가치 있고 충만한 것으로 경험하게 만든다고 보

았다(Hesley & Hesley, 2001: Schulenberg, 2003 재인용).

또한 시각적 메타포는 저항이 심한 내담자에게도 효과적인 치료 도구가 될 수 있다. 내담자들은 때로 상담자에 의해 주지화되고 개념화된 해석이나 특별한 메시지에 저항을 보일 수 있다. 그런데 시각적 메타포를 사용하게 되면 메타포가 의사소통의 덜 직접적인 도구가 되어 내담자들에게 즐거움을 주고 교육을 하며 새로운 태도를 촉진한다. 특히 시각적 메타포는 정서적으로 자신의 마음에 가 닿기 힘들어하는 내담자들에게 특별한 도움을 줄 수 있다.

2) 영화와 메타포

영화 역시 시각적 메타포를 통해 내담자의 관점과 상담자의 관점을 잇는 데 중요한 다리를 놓는다. 영화는 독서치료나 기타 가족치료의 메타포와 달리 시각적 메타포visual metaphor로 넘쳐나는 특징이 있다. 그런데 시각적 메타포는 활자화되는 메타포와 달리, 내담자들에게 어떻게 하라고 말하는 것이 아니라 보여 줌으로써 통찰을 준다not telling but showing.

특히 밀턴 에릭슨Milton Erickson은 메타포를 실어 나르는 영화가 마치 최면적인 효과가 있다고 보았다. 우리는 종종 영화를 보면서 시간의 흐름을 잃어버리거나 주변 환경을 잃어버릴 때가 있다고 보고한다. 이 점은 집에서 영화를 볼 때도 마찬가지인데, 우리는 하루하루의 문제를 잊어버리고 스트레스를 덜게 된다.

3) 영화치료에서의 시각적 메타포 활용 시 장점

(1) 저항을 뚫고 무의식 영역에 쉽게 접근

기존의 전통적 심리치료에 저항하는 내담자의 협조를 얻는 비결은 무엇인가? 저항이 심한 경우, 심지어 상담센터에 제 발로 찾아온 내담자도 "당신이 원하는 게 무엇이지요?"라고 상담자가 물으면 대다수가 "없어요."라고 대답할 가능성이 있다. 어떤 경우에는 저항이 아니라 자신이 무엇을 할 수 있는지, 무엇을 원하는지에 대해 의식 차원에서 인식하지 못해서 생기는 현상일 수도 있다. 심하게 저항하는 내담자일수록 그들의 의사소통은 간접적이다. 따라서 내담자가 저항할수록 상담자는 메타포적이면서도 시각적인 접근을 적용해야 생각이란 말과 생각(이 역시 내면의 언어로 이루어진)이라는 형태로 고착화된 내담자의 저항과 방어기제를 뚫을 수 있다. 영화치료에서 메타포를 활용하는 것은 내담자를 고착된 의식적 영역에서 유연한 무의식적 영역으로 옮겨 주는 역할을 한다.

예 별다른 문제가 없고 남편 및 시댁과의 좋은 관계를 강조하던 내담자가 시각적 메타포를 활용하여 자신을 표현할 때 노란색이 강조된 금붕어를 그린 후 '어항에 갇힌 물고기'로 자신의 처지를 비유함

(2) 내면의 감정을 가시화

상담자는 우선 공감적 이해를 통해 내담자의 부정적인 감정을 수용한다. 그러나 그 이후에는 내담자가 호소하는 부정적인 감정 안에서 어떤 '성장 동기'를 발견할 수 있어야 한다. 시각적 메타포를 활용하게 되면 감정을 가시화하고 재구조화하는 데 많은 도움이 될 수 있다. 자신도 모르게 솟구치는 내적인 부정적 감정은 메타포적으로 무엇을 변화시키라

는 신호일 뿐이다.

필자는 영화치료 도중 내담자의 감정을 재구조화하기 위해 내담자로 하여금 의자 위의 감정을 상징하는 옷감을 선택하게 하거나, 비어 있는 투명한 컵에 물을 담아 자신의 감정을 메타포로 표현하도록 하기도 한다. 이는 내담자로 하여금 자신의 감정을 이해하고 타인이 자신의 감정을 이해하도록 만드는 최선의 길 중 하나는 보이지도 잡을 수도 없는 내면의 감정과 자아의 상태를 시각적 메타포로 적절히 표현하는 길이라는 것을 깨닫도록 도와준다.

5. 영화치료 시 내담자가 선택한 시각적 메타포 이해하기

1) 메타포의 다양성과 영화의 영향력 이해

기존 상담에서도 내담자는 자신의 문제를 종종 언어화하여 메타포적으로 표현한다. "아내는 양의 가죽을 쓴 여우예요." "저는 감옥에 갇힌 삶을 사는 것과 같아요." "저에게는 의심의 그림자가 항상 따라다닙니다." 등등. 내담자는 이미 삶을 위한 한 가지 이상의 메타포를 가지고 있다. 충족되지 못할 상황에 있다면 삶을 전투나 전쟁이라고 부르며, 좋은 상태라면 삶을 선물이라고 생각할지도 모른다. 내담자는 자신이 활용하는 감각 양식에 따라 때때로 놀랍고도 독특한 이미지를 표현한다.

예 춤추는 바나나, 눈물을 흘리는 바위. 영화치료 중 어떤 내담자는 자신의 절제되고 억압된 감정 양식을 '커피 포트' 같다고 말했다. 어느 정도 끓는 점에 이르게 되면 자동으로 식어 버리는 감정에 대한 멋진 메타포 아닌가.

상담자는 영화치료에서 드러난 시각적 메타포가 내담자의 내면의 다양한 층위에서 나오고, 내담자에게 힘을 북돋아 주는 동시에 한계로 작용하기도 할 수 있다는 점을 인식해야 한다. 어떤 시각적 메타포는 피상적이고(특히 단색으로 여러 형태를 강조한 메타포들, 심지어 글이 들어간 메타포들) 어떤 시각적 메타포는 감정을 듬뿍 실어 나른다(형태 대신 특정 색깔을 진하게 강조한 메타포들).

특히 내담자가 끄집어낸 시각적 메타포는 그 직전 관람한 영화가 어떤 것이냐에 지대한 영향을 받는다. 영화가 주는 미묘한 뉘앙스와 감정의 진폭에 따라 꺼낸 시각적 메타포도 부정적일 수도 긍정적일 수도 있다. 특히 영화가 부정적 정서를 건드리는 것이라면 그것이 내담자의 내면에 투영되어 부정적 메타포가 의식의 표면에 나타날 가능성이 더 많아지며, 영화가 낙관적이고 내담자의 웃음과 희망을 핵심 정서로 삼았다면 상대적으로 더 긍정적인 메타포가 나타날 확률이 높아진다. 때론 영화의 어떤 요소들, 색감과 주인공의 대사, 정서 상태에 영향을 받기도 하고 영화와 비슷한 형태의 시각적 메타포를 꺼내기도 한다. 영화치료자는 이 점을 충분히 인식하고 있어야 한다. 즉, 영화치료의 어떤 맥락에서 시각적 메타포를 쓰는지 잘 이해하고, 주의 깊게 영화를 선택하며, 메타포를 내담자와 함께 해석할 때 영화의 영향을 잊어서는 안 된다.

2) 시각적 메타포에 대해 질문하기

영화치료에서 발견한 시각적 메타포를 그림이나 언어적으로 표현하게 한 다음, 상담자는 이제 시각적 메타포의 의미를 밝히는 질문을 하게 될 것이다.

- 내담자가 꺼낸 메타포의 장점은 무엇이고 단점은 무엇인가?
- 내담자가 사용하는 메타포는 어떤 결과를 가지고 오는가?

파괴적인 부정적 메타포를 사용하는 내담자—'두려움, 분노, 외로움'이 있는 이들—는 자신의 두려움을 전파하며, 때로는 타인이 스스로 잘못되었다는 확신까지 들게 한다. 그들은 타인과 친밀한 관계를 가지는 걸 불안하게 여기고, 자신의 준거 틀이 깨어질까 두렵기 때문에 상담에 응하지 않는다.

예 나에게는 사방에 온통 적만 있는 것 같아요. 바스락거리는 소리만 나도 총으로 갈겨 버리고 싶은 심정입니다.

이러한 부정적인 메타포를 가진 내담자의 경우, 상담자는 내담자의 인간관계와 관련된 메타포를 확인하면서 다음과 같은 사항을 검토하며 질문할 수 있다.

- 무엇이 내담자로 하여금 부정적인 메타포를 사용할 정도로 좌절하게 만드는가?
- 어떤 부정적인 메타포는 내담자의 고유한 성격을 반영한다기보다 외부에서 들어온 것이다. 내담자에게 영향을 주는 외부의 원천은 무엇인가?
- 의미 있는 타인이 내담자가 사용하는 것과 같은 메타포를 쓴다면

어떤 느낌이 들겠는가?

- 의미 있는 타인은 내담자가 사용하는 메타포에 대해서 어떤 느낌을 가질 것인가?
- 그들은 내담자가 메타포를 사용할 때 느끼는 부정적인 감정에 공감하는가?
- 내담자가 사용하는 메타포를 바꾸려면 당장 무엇부터 시작해야 하는가?
- 더 행복하고 자유로우며 더 많은 힘을 부여받기 위해 삶에 적용하고 싶은 새로운 메타포는 무엇인가?

Tip 영화치료에서의 메타포 활용 시 주의사항

영화치료에서 메타포를 사용하여 내담자의 문제를 개념화할 경우 내적 상징들이 생겨나는데, 메타포는 내담자들의 마음속에 오래 묵어 있는 욕구불만, 상처받은 영혼들을 몰아내거나 완화하거나 중립화할 것이다. 그러나 지나친 해석은 오히려 내담자의 방어를 가중시킬 위험이 있다. 영화를 본 후에 시각적 메타포에 대해 해석할 때는 어떤 정석적인 틀이나 방법이 있는 것이 아니며, 내담자 스스로 하도록 북돋아 준다.

6. 시각적 메타포를 치료적으로 다루기

1) 내담자의 메타포에 대해 메타포로 반응하기

상담자는 때로 내담자의 메타포에 메타포로 답할 수 있다.

예 썩은 새끼줄에 매달린 기분이에요. → 그럼 새 줄로 바꾸기 위해서 당신은 무엇을 할 수 있나요?

이때 메타포를 시각적으로 재구성하면 부정적인 메타포를 신속하게 바꿀 수 있다.

예 내 어깨 위에 온 짐을 다 얹어 놓은 것만 같은 기분입니다; 앞에 놓인 벽을 뚫고 나갈 수가 없어요. → 눈을 감고 그 짐을 당신 어깨에서 내려놓고 몽땅 부수는 상상을 해 보세요. 그렇게 하기 위해서 당신은 무엇을 할 수 있을까요?; 벽에 드릴을 파 보거나 구멍을 뚫거나 기어 올라가 보세요.

2) 영화를 통해 문제나 문제가 되는 대상 의인화하기

상담 초반부에 의식적 자각하에서 영화를 본 후, 상담자는 문제를 의인화할 수 있다.

- 당신의 심상을 그려 보세요. 어떤 이름을 붙이겠습니까?
- 이런 그림을 그릴 때 머릿속에 떠오르는 것이 있습니까?
- 당신은 ~만 보면 분노가 치민다고 하셨죠? 그럴 때 ~에게 간단한 이름을 붙인다면요?

반대로 상담 작업이 진행되는 중에도 똑같이 의식적 자각하에서 영화를 본 후, 상담자는 문제를 의인화할 수 있다.

- 당신을 괴롭히는 문제에 대항할 수 있는 새로운 이름을 무엇이라 부르겠습니까?
- ~와의 갈등을 해결하기 위해서 상대방에게 붙일 수 있는 별명은 무엇입니까?
- 당신을 괴롭히던 문제에 대해 ~같은 이름은 적당합니까?
- 그 새로운 이름을 붙인 인물이 무엇이라 이야기하나요? 가만히 귀 기울여 봅시다.

3) 8~10개의 원형이 담긴 영화를 제시한 후 원형과 연관된 내면의 메타포 이해하기

① 필레몬: – 현명한 노인, 초자연적인 개성
– 마법사나 의사, 교수, 성직자, 교사, 아버지 같은 권위 있는 모습으로 등장
– 우리를 한 단계 높은 수준으로 이끌거나 그 단계에서 멀어지게 함

예 〈스타워즈: 에피소드 4Star Wars〉(1997)에서 주인공 루크 스카이 워커를 지도하는 요다.

② 트릭스터: – 신의 원숭이, 음흉한 농담과 사악한 장난을 일삼음
– 어릿광대나 익살꾼
– 자아의 자만심 혹은 페르소나의 자만심을 조롱함

- 자아가 허영심 때문에 지나친 야망을 품거나 오판을 하는 위험한 상황에서 자주 등장

예 영화 〈배트맨Batman〉(1989)의 조커

③ 페르소나: - 가면, 외부 세계에 자신을 드러내는 방식, 성격과 통합
- 원래는 유용하나 진정한 자아로 착각하여 지나치게 페르소나에 동화될 경우 위험함
- 허수아비, 뜨내기, 황량한 풍경, 추방자, 벌거숭이가 되는 것 등으로 나타남

예 영화 〈반칙왕〉(2000)의 가면을 써야 진심을 고백하는 주인공, 영화 〈아이즈 와이드 셧Eyes Wide Shut〉(1999)에서 가면을 쓰고 혼음난교 파티에 가는 주인공

④ 그림자: - 자아의 원초적이고 본능적인 면
- 억압할수록 회귀하려는 힘으로 나타남
- 이기적이고 난폭하고 때로는 야만스러운 행동을 통해 자신의 모습을 드러냄
- 탐욕과 공포를 먹고 삼. 증오심의 형태로 외부로 투사됨
- 성이 같은 사람으로 나타나며 종종 협박을 가하는 악마, 강풍이나 총탄 앞에서 끄떡도 하지 않는 모습으로 나타나 모든 장애물을 추격함
- 강박관념이 강하고, 자율적이고 소유욕이 강함. 강한 두려움과 분노, 도덕적 격분을 유발시킴

예 영화 〈지킬 박사와 하이드 씨Dr. Jekyll And Mr. Hyde〉(1941), 영화 〈왓 라이즈 비니스What Lies Beneath〉(2000)에서 겉으로는 교수이지만 잔혹한 살인범인

주인공

⑤ 신성한 어린이: – 재생력의 원형

– 자아의 상징, 존재의 완전성에 대한 상징

– 대체로 아기나 유아 혹은 순진무구하지만 신성불가침한 존재로 나타남

– 이와 접촉함으로써 자신의 삶이 예전의 자기 모습으로부터, 한때 소망했던 미래의 자화상으로부터 얼마나 멀어졌는지 깨닫게 됨

예 영화 〈키드〉, 영화 〈이 가슴 가득한 사랑을A Heartful of Love〉(2005)의 어린이

⑥ 아니마와 아니무스

– 아니마: 남성이 가지고 있는 여성적인 분위기와 반응, 남자의 영혼, 비합리적 감정

미분화된 아니마는 우울한 기분, 끊임없는 불만, 예민함, 변덕, 어리광 부리거나 떼쓰는 행동 등

에로틱한 공상 등으로 나타남

– 아니무스: 여성이 지니고 있는 남성적인 분위기와 반응, 여자의 정신, 비합리적 의견

예외를 믿지 않는 거룩한 확신

미분화된 아니무스는 따지는 버릇, 궤변과 독선 등으로 나타남

– 아니마와 아니무스 모두 단계를 지니고 있음. 아니마는 이브 → 헬렌 → 성모 마리아 → 사피엔티아, 아니무스는 타잔 → 아폴로

→ 마틴 루터 킹 → 간디

– 아니마와 아니무스는 투사가 일어남. 첫눈에 반함, 스타에 대한 열광; 자동차, 돈과 술, 신흥 종교에 대한 투사

예 영화 〈프린스 앤드 프린세스Princess Et Princesses〉(1999)의 공주와 왕자

⑦ 위대한 어머니: – 성장과 번식을 소중히 하고 촉진하는 모든 것의 원형

– 지배하고 탐식하고 유혹하고 소유하는 모든 것의 원형

– 신성하고 영묘하고 순결한 동시에 원시적이고 신비하며 생산적임

– 고귀한 여왕으로도, 탐욕스러운 고르론이나 메두사의 모습으로도 나타남

예 영화 〈안토리아스 라인Antonia' s Line〉(1995)에서 가난하고 소외된 이웃까지 보듬는 따뜻한 마음씨의 소유자 안토리아스

이 외에도 다양한 '원형: 메타포'가 가능하다.

4) 감정 패턴의 재구조화와 메타포

상담자는 우선 공감적 이해를 통해 내담자의 부정적인 감정을 수용한다. 그러나 그 이후에는 내담자가 호소하는 부정적인 감정은 그 자신에게 이로울 수 있다는 것과 같이 부정적인 감정 안에서 어떤 '성장 동기'를 발견할 수 있어야 한다. 상담은 넓은 의미에서 내담자의 마음 안에서

의식의 부분과 적대적 관계를 유지하는 어떤 것과 대화를 나누는 일이다. 이는 우리가 소위 말하는 '부정적인 어떤 것'이다. 이것은 변화를 받아들이려고 하지 않는다. 그래서 이 부정적인 것을 어떻게 생각하고 내담자와의 관계에서 어떻게 이해하고 어떻게 반응하느냐에 따라 커다란 차이가 생긴다.

부정적인 내적 감정이 암시하는 선의의 의도를 파악하고 긍정적인 영역으로 초점을 옮겨 갈 때, 내담자는 도움이 안 되는 감정에 빠져 있다는 느낌에서 벗어난다. 부정적인 감정 속에서 찾아내는 긍정적인 부분은 좌절감을 축소시키고 변화하고자 하는 동기를 유발해 낸다.

시각적 메타포는 이러한 감정을 재구조화하는 데 많은 도움을 줄 수 있다. 자신도 모르게 솟구치는 내적인 부정적 감정은 메타포적으로 무엇을 변화시키라는 신호일 뿐이다. 시각적 메타포는 내담자의 정서를 가시화된 어떤 것으로 변환시켜서 제시할 수 있는 장점이 있다.

① 불안

→ 이유: 지금 상황이 원하는 방향으로 가지 못하고 있다는 생각이 가져온 결과

→ 대안: 사랑과 온정을 베푸는 행동, 나의 도움이 절실하게 필요로 하는 사람 찾기(불안을 실존으로)

② 두려움, 공포

→ 이유: 앞으로 일어날 일에 적절하게 대비할 수 없다는 느낌

→ 대안: 감사하는 행위. 이미 이루었거나 있는 것에 대한 감사. 무

의식에 귀 기울이고 감사하기(두려움을 만족감으로)

③ 분노, 상실감

→ 이유: 자신의 기대가 충족되지 못함

→ 대안: 호기심을 가지고 상황을 관찰하면서 경이로움을 보고 놀라움 가지기(분노의 에너지를 열정으로 승화)

④ 죄책감, 무력감

→ 이유: 가치 있는 기준을 어겼다고 스스로 판단할 때

→ 대안: 죄책감을 느끼는 대상을 상징화해서 돌봐 주지 못한 것에 용서 빌음

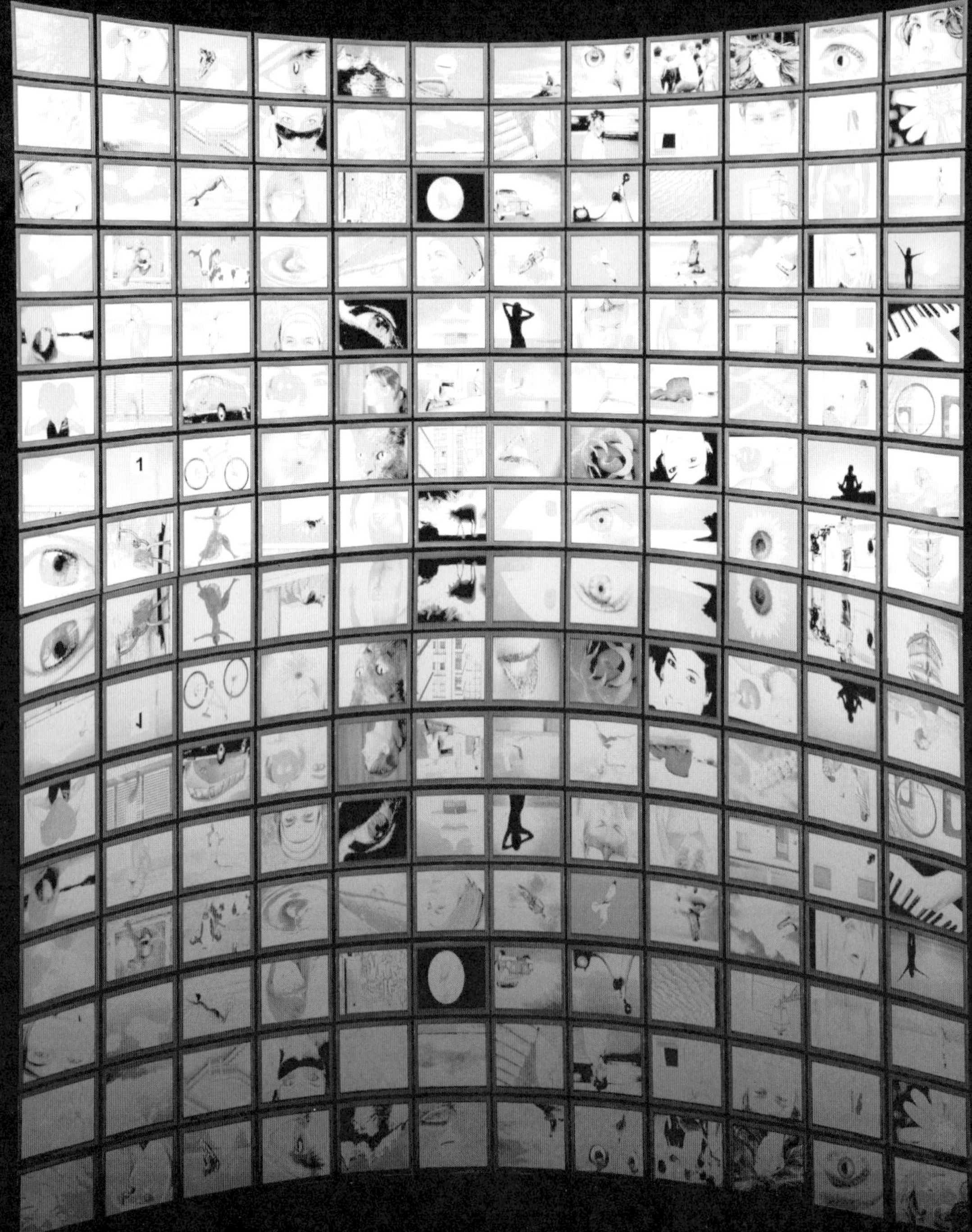
1

제11장

영화를 활용한 내면아이 치유

누구나

한 번쯤은 그랬을는지 모르겠지만

“만약 그렇게 될 수만 있다면 얼마나 좋을까.” 하고

마음속 깊이 소원하는 일이 내게도 있다.

이루어질 수 없는 줄 뻔히 알면서도

“혹시나 내게 이런 일이 정말 이루어질 수 있다면 얼마나 좋을까.” 하고

크리스마스 때면 마음속 깊이 소원하던 선물처럼

받고 싶은 선물이 내게도 꼭 하나 있다.

만약 이런 일이 내게 이루어질 수만 있다면 얼마나 좋을까…….

그런데 사실은

어느 누구도 이 선물을 내게 가져다줄 수 없다.

사람들은 아마

그런 일은 결코 이루어질 수도 없고, 또 말도 안 되는 일이라고 하겠지만…….

나는

지나간 나의 어린 시절을

되돌려 받고 싶다.

이것이

내가 가장 받고 싶은 선물이다.
이미 오래전에 떠나가 버린
지난 어린 시절의 아이,
그 아이가
지금도
당신과 내 안에 살고 있다.
그 아이가
지금도
당신과 내 안에 살고 있다.
그 아이는
당신과 나의 마음의 문 뒤에 서서
혹시라도 자신에게
무슨 멋진 일이 일어나지 않을까 하고
오랫동안 간절히 기다리고 있다.

– 로버트 펄험Robert Fulghum

1. 내면아이에 대한 이해

"누구든지 자신의 진정한 변화를 원한다면 반드시 자신의 어린 시절로 돌아가 거기서부터 다시 시작하지 않으면 안 된다. 그러나 우리가 다시 어린아이가 된다는 것은 불가능하다. 하지만 우리 안에 아직도 살고 있는 내면아이에게로 돌아갈 수는 있다."

– 존 브래드쇼John Bradshaw

심리학의 역사에서 자아의 다양성 가운데 가장 많이 논의된 것이 바로 내면아이inner child' 자아에 관한 것일 것이다. 우리 안의 내면아이에 대해 카를 융Carl Jung은 '놀라운 아이wonder child', 도널드 위니콧Donald Winnicott은 '참 자기true self', 그리고 에릭 번Eric Berne은 '있는 그대로의 선천적인 아이the spontaneous natural child' 라고 불렀다.

특히 브래드쇼(2004)는 내면아이를 '경이로운 내면아이the wonderful inner child' 와 '상처 입은 내면아이the wounded inner child' 로 구분하는데, '경이로운 내면아이' 를 진정한 자기true self로, '상처받은 내면아이'는 적응된 자기adapted self로 본다. '상처 입은 내면아이' 를 진정한 자기로 받아들일 때 인생의 여러 가지 비극이 계속된다고 한다.

1) 상처 입은 내면아이란

우리 모두는 각자의 어린 시절에서 각 발달시기에 따라 단계적으로 받아들여야만 했던 지극히 정상적이고 당연하며 의존적이고 발전적인 욕구들을 가지고 있다. 그러나 이러한 의존적인 욕구들이 충분히 채워지지 못했을 때, 불행하게도 대부분의 사람은 '상처 입은 내면아이'를 품은 채 어른이 된다. 이렇게 어린 시절에 아이로서 당연히 경험하고 받아보았어야 할 신뢰와 안전한 환경, 사랑과 관심을 제대로 받지 못하고 상처 입은 내면아이를 가슴에 품은 채 겉만 성장한 성인, 즉 '성인아이adult child' 로 살아간다.

Tip 내면아이는 어떻게 상처를 받게 되는가?(조안 부빈, 2005)

- 어린아이는 모든 것을 신기해하고 호기심이 많은데, 부모가 이것을 억압할 때 내면아이가 상처를 받게 된다.
- 어린아이들은 낙관적인 관점에서 사물을 경험하게 되는데, 아이를 돌보는 사람에 의해 이 낙관적인 태도가 지속되기도 하고 매몰되기도 한다. 아이가 학대를 받거나 수치심을 경험하게 되면 이러한 태도는 매장되고 개방성과 신뢰는 사라지고 만다.
- 어린아이는 순진하다. 아이들에게는 선과 악의 구별이 없으며 좋고 나쁜 것이 없다. 그러나 아이들의 이러한 순진성이 받아들여지지 않을 때 상처를 입게 된다.
- 내면아이는 성장하는 과정에 있기 때문에 의존적일 수밖에 없다. 그러나 의존적인 욕구가 적절하게 채워지지 않을 때 상처를 받게 된다.
- 아이들이 어떤 스트레스 요인에 대해 있는 그대로의 반응을 보이는 것이 정상적인 것인 데 반해, 상처 입은 내면아이는 길들여진 행동을 한다. 아이들의 감정이 차단될 때 상처를 받게 되는 것이다. 다시 말해서, 내면아이의 탄력성과 융통성이 성장과 자기실현에 사용되지 못하고 생존을 위해 길들여질 때 상처를 받게 된다.
- 아이들은 자유롭게 놀기를 좋아한다. 이것은 지극히 당연한 현상이며, 또한 미래의 삶에 기초가 되는 것이다. 그러나 이것이 차단될 때 상처를 입게 된다.
- 어린아이는 특별한 존재다. 자신이 특별한 존재임을 어린아이가 알

게 되는 것은 전적으로 양육자의 태도에 달려 있다. 그런데 양육자가 올바른 거울 역할을 해 주지 못할 때 아이는 상처를 받게 된다.

- 어린아이는 사랑하기 이전에 먼저 사랑을 받아야 한다. 그런데 사랑을 제대로 받지 못하면 상처를 받게 된다.
- 성적, 신체적, 감정적 학대와 문화적 충격, 영적인 학대 등으로도 내면아이가 상처를 받을 수 있다.

2) 상처 입은 내면아이의 문제

(1) 상처 입은 내면아이가 재연하는 과거의 감정

- 완벽주의: 더 잘하기 위해 노력해야 한다고 생각한다면
  → 물질적, 지적, 사회적 성취에 몰두
- 강압: 당신이 꾸물거리는 태도를 버리지 못한다면
  → 빈둥거리기, 공상, 늦장 부리기, 기타 반항들
- 유약: 당신이 요구가 많고 충동적인 사람이라면
  → 충동적인 행위, 타인에 대한 존중심 결여
- 방임: 당신이 지루해하고 진득하게 견뎌내지 못한다면
  → 불안, 고독, 친밀감에 대한 어려움
- 응징: 당신이 계속해서 과거사에 대해 보복하고자 한다면
  → 강한 복수심이 성인생활을 지배
- 거부: 당신이 애써 자신을 고립시키려 한다면
  → 대인관계에서 어려움 느낌

- 성적 자극: 당신이 성의 역할을 잘못 판단하는 것처럼 보인다면 → 성의 육체적 측면만 강조

(2) 상처 입은 내면아이는 인생을 어떻게 파멸시키는가

상처 입은 내면아이가 우리의 인생을 어떻게 파멸시키는지에 대해 구체적으로 다음과 같은 예를 나열할 수 있다. 상호 의존증, 폭력적 행동, 자기애적 인격장애, 신뢰의 문제, 표출적 행동과 내향적 행동, 마술적 믿음, 친밀감 장애, 무절제한 행동, 중독적/강박적 행동, 사고의 왜곡, 공허감/무관심/우울 등

3) 상처 입은 내면아이의 치유

(1) 각 발달시기로 퇴행한다

'상처 입은 내면아이'는 우리가 갖고 있는 가치체계와 믿음체계의 가장 핵심에 자리 잡고 있다. 따라서 상처받은 내면아이를 계속 품고서 숨기면 숨길수록 상처 입은 내면아이는 자신을 알아주고 받아들여 주지 않는 사실에 대항하여 온갖 발작을 하며 울거나, 어떤 것에 대해 지나치게 반응·반항하거나, 계속해서 다른 사람과의 인간관계에서 고통스럽고 상처를 주고받는 관계를 형성하게 된다. 즉, 가족관계(부모, 형제자매, 부부, 자녀와의 관계 등)에서 극단적이고 고집이 센 병적인 부모 역할이나 사람 의존 중독 혹은 다른 종류의 중독(알코올, 섹스, 일, 종교, 스포츠, 인터넷, 도박, 분노 중독 등) 증세 등을 나타낸다. 따라서 상처 입은 내면아이의 치유를 위해서는 먼저 각 발달시기로 퇴행하는 것이 필요하다.

(2) 상처를 입었던 나의 내면아이를 발견한다

내면아이 치료과정에서 가장 중요하게 다루어져야만 하고, 많은 시간을 쏟아야 할 핵심적인 일은 각자가 어린 시절부터 성장한 지금까지 단계별로 당연히 받아들여야만 했던 '발전적이며 의존적인 욕구들이 거절된 것을 슬퍼할 수 있도록 돕는 일' 이다.

(3) 내면아이를 발견한 후 막혔던 슬픔을 쏟아내고 대화하고 안아 주는 작업을 한다

자신이 어린 시절에 받아보지 못한 관심과 사랑 때문에 좌절했던 것을 억눌러 온 슬픔을 진정으로 슬퍼하게 되면 오랫동안 얼음처럼 얼어붙었던 슬픔이 녹아내리게 된다. 내면아이의 치유 작업의 승패는 참석자 자신이 그 치유과정을 통해서 얼마만큼 자신의 내면아이의 슬픔을 진정으로 슬퍼하였는가의 '내면아이의 슬픔과의 동일성 여부' 에 달려 있는 것이다.

(4) 자신의 믿음체계의 핵심을 직접적으로 치유하여 변화를 가져오도록 한다

'진정한 의미의 치유' 란 내담자 스스로가 자기 자신의 성숙한 힘을 사용하여 자신의 내면아이를 돌보고 치유할 수 있도록 돕는 데에 있다. 다시 말해서, 나 자신이 나의 내면아이와 직접 접촉하고 발견하며 돌보고 양육시킬 최고의 치료자인 것이다. 진정한 변화와 치유를 원한다면 나 스스로 해야만 한다.

그러므로 치유의 성공 여부는 온전히 나 자신에게 달려 있다. 내 속에 있는 '성인 부분' 을 일깨우며, 그것을 십분 활용하여 나 자신이 지금 어디에 있으며 무엇을 하고 있는지 확실하게 알아야만 한다. 나 자신 속에 있는 성인으로 하여금 나의 내면아이가 끝내지 못했던 중요한 작업을 마칠 수 있도록 돕고 보호해 주고 후원해 주는 일은 치유과정에서 가장 결정적인 것이다.

(5) 자신의 내면아이에게 새로운 부모 역할을 한다

내면아이 치료 작업의 마지막 단계에서 참석자에게 기대되는 것은 참석자 스스로가 자신의 '내면아이를 끌어안게' 되고 돌볼 수 있게 되는 것이다. 다시 말해서, 내면아이 치료를 통해 참석자는 자신의 어린 시절에 한 번도 경험해 보지 못했던 부모 역할을 시도하는 것이다. 참석자가 이 새로운 부모 역할을 배우게 되면, 이제는 더 이상 어렸을 때 부모가 해주지 못했던 부모 역할을 다른 사람에게 기대하고 바라며 대리 욕구를 채우려 했던 모든 과거의 일들을 중단하게 될 것이다. 내면아이 치료는 한두 번으로 끝날 수 있는 작업이 아니며 계속되어야 하고, 가장 권장할 만한 방법은 각자가 하루 중 얼마의 시간을 내어서 자신의 '내면아이와의 대화'를 계속하고 돌보는 것이다. 다시 말해서, 자신의 내면의 상처를 바라볼 수 있고 스스로 돌볼 수 있는 훈련이 필요하다. 이러한 훈련은 하루아침에 이루어지는 것이 아니라 꾸준히 지속적인 노력을 통해서 가능한 것이며, 나름대로 기본적인 목표를 두고 수행할 필요가 있다.

- 자신의 어린 시절의 발달단계에서 건강하게 성장하기 위해서 필요했던 것이 무엇인지 먼저 이해하라.
- 그 특정 시기와 단계에서 당신의 내면아이의 욕구가 얼마만큼 충

족되었는지를 발견하라. 즉, 각 연령 시기와 발달단계에서 아이였던 당신을 발견하라.

- 구체적이고 정확하며 실제적인 방법으로 당신의 내면아이가 성장하고 양육하도록 도와라.
- 당신의 내면아이의 욕구를 들어주기 위한 건강한 방법들을 배워라.
- 내면아이를 보호해 줄 수 있는 경계선을 세워라.

내면아이 치료를 어느 정도 경험한 이후에도 내면아이에 대한 지속적인 후원과 지지가 필요하다. 그렇지 않으면 주위 사람들, 특히 원가족에게 돌아가는 경우에 금세 동화되어 치료 이전 상태로 돌아갈 수도 있다. 내면아이는 아직 미숙하기 때문에 계속적이고 충분한 지지와 적절한 보호가 필요하다. 새로운 경계선을 확립하고 교정적 학습 경험이 생활로 옮겨질 수 있도록 도와주어야 한다.

Tip 내면아이를 돌보는 구체적인 방법들(존 브래드쇼, 2004)

- 자기 고유 영역 확보하기
- 과거 분노 표현하기
- 직면 연습/나-전달법I-Message 활용하기
- 대극적인 사고 연습하기
- 신체적 경계선 정하기
- 질문 많이 하기/의사소통 연습하기
- 자기 감정 알아차리기

- 감정적 경계선 설정하기
- 성적 경계선 설정하기
- 마음대로 상상하기
- 마술적 기대에 도전하기 등

2. 내면아이를 활용한 영화치료

힐링 시네마 분야에서는 다양한 내면아이를 다룬 영화들이 존재한다. 〈키드Kid〉(2000), 〈앤트원 피셔Antwone Fisher〉(2002), 〈천국의 아이들Bacheha-Ye aseman〉(1997), 〈연을 쫓는 아이The Kite Runner〉(2007) 같은 영화들은 성인이 되어서도 사라지지 않고 계속해서 자신을 괴롭히고 대인관계에 문제를 일으키는 내면아이, 혹은 치유되지 못한 내면아이가 어떻게 성인에게 심리

내면아이를 다룬 대표적인 영화들

적 영향을 주는지를 다루고 있다. 이러한 내면아이를 다룬 힐링 시네마를 상담에 활용할 경우, 영화는 내담자 어린 시절의 기억을 떠올리고, 퇴행하며, 그 감정과 기억을 찾고 아동기의 감정 양식을 재현하는 데 매우 효과적으로 작용한다.

1) 감상하기

당신의 상처받은 내면아이를 치료하기 위한 첫 번째 단계는 '감상하기' 라고 불리는 과정이다. 내면아이는 오랫동안 표현되지 못하고 해결되지 못한 감정을 당신 안에 억압해 둔 것이다. 내면아이가 무엇을 느끼는가를 아는 것조차 금지되었다. 따라서 내면아이를 만나는 경험은 어려운 일이다.

내면아이를 치유하기 위해서는 먼저 마음의 상처가 어디에서 오는지, 당신 안의 상처 입은 내면아이를 찾을 필요가 있다. 내면아이를 다루고 있는 영화를 보는 것은 내면아이에 대한 객관적인 인식의 기반을 확립해 줌과 동시에 영화 속 주인공과의 동일시 과정을 통해 그동안 억압되어 알아차릴 수 없었던 당신 안의 어린아이에 대한 통찰력을 얻게 해 준다.

내면아이를 다룬 영화들: 보통 내면아이를 다룬 영화들은 성인이 되어서도 사라지지 않는 내면아이의 상처와 내면아이가 어떻게 성인에게 심리적 영향을 주는지를 다루고 있다.

2) 보고하기

두 번째 단계인 '보고하기'는 영화를 보고 떠오르는 당신의 어린 시절에 대한 초기 고통의 작업을 시작하는 방법이다. 먼저 당신의 가족체계에 대해 당신이 얻을 수 있는 모든 정보를 수집한다. 예를 들어, 당신이 태어났을 때 어떤 일이 있었는지, 어머니나 아버지는 어떤 가정에서 자랐는지, 그들이 성인아이였는지 등 각각의 발달단계에 따라 최대한 정확하게 이런 정보들에 대해 적어 놓는 것이 좋다. 아마 이렇게 적다 보면 어떤 아픔을 느끼게 될지도 모른다. 그렇지만 여기서는 당신의 어린 시절에 있었던 사실들에 대해서 가능한 한 분명하게 알아내는 데 초점을 맞춘다.

3) 내면아이에 대해 나누기

당신의 어린 시절에 대해 알고 있는 만큼 충분히 적었다면 이제 다른 사람에게 이야기하고 큰 소리로 읽어 줄 수 있다. 영화 속의 내면아이와 자신의 내면아이를 동일시해 보고, 비교도 해 본다. 중요한 것은 누군가가 당신의 이야기를 들어주고, 당신이 겪은 어린 시절의 아픔을 이해해 주는 일이다. 그 사람은 어린아이인 당신의 존재를 반영하고 보여 주어야 한다.

4) 감정 느끼기

당신이 '잃어버린 아이'라면 아마도 아이 때의 어떤 감정들을 아직 지니고 있을 것이다. 아이 때의 모습이 찍힌 사진이 있다면 그 사진을 오랫동안 쳐다보는 것도 좋은 방법이 될 수 있다. 영화를 보면서 내면아이와 연관된 역할극을 진행할 수도 있다. 그러나 어떤 방법이든 상관없다. 단지 그 아이의 '생에 대한 에너지'에 주목해 본다. 여기 자신의 운명에서 살아남기를 원하는 진정 순수하고 놀라운 한 아이가 있다. 이 아이는 태어나게 해 달라고 하지 않았다. 그저 아이로서 성장하고 자라기 위해 필요한 음식이나 사랑과 같은 양육을 원했을 뿐이다. 이렇게 소중한 어린아이를 세상에 태어나게 해 놓고서는 그 아이를 원치 않는다고 상상해 보라!

5) 돌보기

이 단계에서 당신은 현명하고 부드러운 어른이 되어 상처 입은 내면아이의 새로운 부모가 되어 준다. 부모가 되고 싶어 하는 당신의 마음을 그 아이에게 편지로 써 줄 수 있다. 비록 아이가 글을 읽을 줄 모르고 편지를 길게 쓸 필요도 없지만 글을 쓰는 일은 아주 중요하다.

> 사랑하는 어린 영이에게
> 네가 태어나서 정말 기쁘단다.
> 널 정말로 사랑하고, 네가 언제나 나와 함께 있기를 바란단다.
> 네가 여자 아이라서 얼마나 기쁜지 모르겠다.
> 네가 성장하는 데 내가 많이 도와줄게.
> 네가 나에게 얼마나 소중한 존재인지 네가 알았으면 좋겠구나.
>
> – 너를 사랑하는 어른 영이로부터

또는 내면아이에게 긍정적인 메시지를 준다. 긍정적이고 확신에 찬 말은 우리의 존재를 강하게 해 주고 내면의 상처를 치유할 수 있다.

이와 같은 과정은 혼자 진행할 수도 있지만 파트너와 함께 진행할 수도 있다. 이때 두 사람 모두 아주 특별한 방식으로 상대를 위해 있어 줄 필요가 있다. 상대방을 위해서 뭔가를 하거나 그를 변화시키거나 치료하려고 할 필요는 없다. 그저 서로를 위해서 옆에 있어 주기만 하면 된다. 한 사람은 이야기하고 다른 한 사람은 선언문을 읽어 주는 역할을 담당할 수 있다(오제은, 2006).

Tip 내면아이 영화감상 후, 자신의 내면아이에게 주는 선언문

- 신생아기: 세상에 온 것을 환영한다……. 네가 아들(딸)이라 기쁘구나……. 너의 욕구들이 충족되는 데 필요한 시간을 모두 가질 수 있단다.
- 유아기: '아니.' 라고 말해도 괜찮아……. 화를 내도 괜찮단다……. 네가 화를 내도 나는 여전히 여기에 있을 거란다……. 호기심을 가지거나 사물을 보고 만지고 맛보는 것도 괜찮단다……. 네가 안전하게 탐험할 수 있는 장소를 만들어 줄게.
- 유치원 시기: 성적인 호기심을 가져도 괜찮단다……. 혼자 생각하는 것도 괜찮단다……. 다른 사람들이랑 달라도 괜찮아……. 네가 원하는 걸 요구할 수 있단다……. 그리고 궁금한 것이 있다면 질문해도 된단다.
- 학령기: 실수해도 괜찮아……. 항상 완벽하거나 또 바로 할 필요는 없단다……. 왜냐하면 나는 있는 그대로의 너를 사랑하기 때문이지.

The Theory & Practice of Cinematherapy

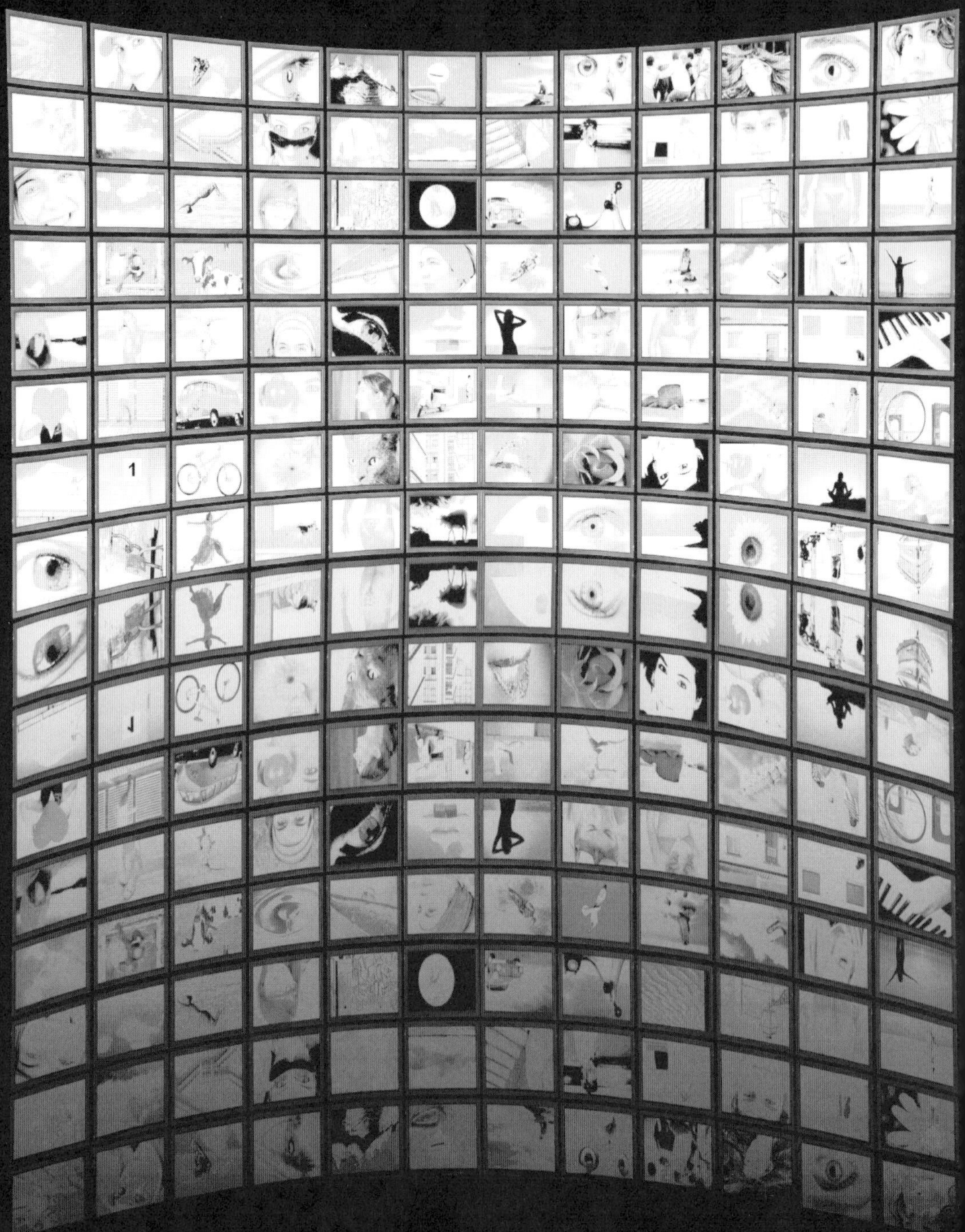

제12장

역할극을 활용한 영화치료

1. 역할극의 이론적 배경

1) 의의

역할극 상담이란 역할극을 활용해 내담자가 자신의 문제를 스스로 해결하도록 돕는 상담기법이며 문제 해결, 교육, 예방 발달, 훈련 등의 목적으로 활용된다. 역할극의 가장 큰 의의는 현실 속에서 표현하지 못했던 것을 마음껏 표현하는 데 있다. 인간은 누구나 현실의 제약을 받으며 살아간다. 현실세계에서는 자신이 하고 싶은 대로 마음껏 행동하며 산다는 것이 불가능하다.

자신의 생각이나 감정을 모두 표현하지 않고 살아가는 것은 타인을 배려하고 서로 원만한 관계를 유지하는 데 도움이 된다. 하지만 너무 많은 억압은 때로는 부작용을 낳기도 한다. 또한 자신의 생각과 감정을 표현하지 않고 살아가면 자신의 잠재된 능력을 발휘할 기회가 사라지기 때문에 능력을 향상시키는 것에도 많은 제한을 받게 된다.

우리는 알게 모르게 주변의 요구나 기대 그리고 자신의 가치관 등으로 행동의 제약을 받으며 살아간다. 그러다 보니 자신이 가진 능력을 마음껏 발휘하지 못하고 살아가기 때문에 이러한 제약을 벗어나 자신의 능력을 마음껏 발휘할 수 있는 공간이 필요하다. 이러한 제한된 환경에서 벗어나 자유로운 공간에서 자신을 마음껏 표현하고 자신의 잠재된 능력을 되찾고 삶에서 겪는 문제들을 해결하도록 만들어진 것이 역할극이다. 역할극의 기본적 원리는 드라마에서 나온다. 드라마 세계는 현실세계의 위험이 없는 자유로운 공간이다. 역할극은 무대에서 이루어지는데, 이 무대라는 공간은 현실에서의 제약이 모두 사라지고 무엇이든지 가능하게 해 주는 공간이다. 드라마에서 자신의 감정과 생각을 마음껏 표현한다고 해서 현실의 인물들이 영향을 받거나 불이익을 당하는 것은 아니다. 하지만 드라마를 통해 자신의 마음의 세계를 마음껏 표현해 봄으로써 그동안 모르고 있었던 자신의 잠재력을 발견하게 되고 문제해결 능력을 찾게 된다.

인간이 다양한 역할을 할 수 있는 배경은 상상력에 있다. 상상은 우리의 현실을 변화시킨다. 또한 상상의 세계는 몸과 마음 그리고 삶을 변화시킨다. 상상의 세계에 몰입하면 학교 교실이 옛날에 살던 집이 되고 병원이 되고 놀이터가 될 수 있다. 또한 다양한 역할을 하면서 자신이 다른 사람이 된 것처럼 그 역할을 경험해 볼 수 있다.

가장 생생하게 상상력이 발휘되는 분야는 꿈이라고 할 수 있다. 꿈을 꾸어 본 사람이라면 꿈에서의 경험이 현실처럼 느껴지는 것을 알 수 있다. 분명히 현실이 아니지만 꿈속에서의 경험은 현실과 같아서, 때로는 가위에 눌리기도 하고 즐거움을 느끼기도 하며 상상력을 통해 다양한 경험을 하게 된다. 이러한 상상력을 활용해서 사람을 변화시키는 것이 역할극이다.

역할극이 효과적인 이유는 체험을 통해 변화를 가져다주기 때문이며, 변화를 위해서는 아는 것보다 감정이 변하는 것이 필요하다. 그런데 감정은 단지 배우는 것에서 얻어지기보다 체험을 통해서 주어지는 것이다. 그래서 역할극은 역할을 체험해 보는 것을 중요시 여기는 것이다. 무대 위에서의 성공적인 체험은 내담자에게 삶 속에서 새로운 성공을 낳을 수 있도록 해 주는 토대가 된다.

2) 역할극의 특성

역할극은 다음과 같은 특성이 있다.

- 역할극은 체험을 중요시 여긴다. 왜냐하면 체험은 사고, 감정, 행동의 변화를 동시에 가져오기 때문이다.
- 역할극은 참여자들의 자발적인 참여로 이루어진다. 스스로 참여해서 스스로 문제를 해결하는 방법이다.
- 역할극은 행위를 통해 이루어지기 때문에 지적인 면이나 언어 표현에 어려움을 느끼는 참여자들에게 자신의 감정을 표현하고 갈등과 문제를 해결해 나갈 수 있도록 해 주는 데 효과적인 도움을 준다.
- 역할극은 즐거움과 웃음이 있다. 요즘 청소년들의 경우 지루함을 참지 못하는데, 역할극은 재미있게 진행할 수 있다는 점에서 청소년들의 욕구에 맞는 기법이라고 할 수 있다.
- 역할극은 문제 해결 이외에도 인간의 잠재력을 향상시키는 데 도

움이 된다. 무대라는 공간에서 자신이 가지고 있던 상상력과 창의성을 마음껏 발휘해 보고 실험해 봄으로써 잠재 능력을 개발할 수 있다.

3) 역할극의 목표

역할극에서는 체험을 통해 사고 · 감정 · 행동의 통합적인 변화를 추구한다. 정서적인 측면에서 정화를 일으키고, 인지적인 측면에서 통찰을 일으키고, 신체적인 측면에서 역할 유연성을 길러 준다. 이러한 정화, 통찰, 역할 유연성은 한 가지만으로도 커다란 도움을 줄 수 있다. 하지만 행동 변화를 위해서는 한 가지만으로 충분하지 않은 경우가 있으며 세 가지 목표 모두를 행위 단계에서 얻는 것이 필요할 수도 있다. 상담자는 내담자의 욕구를 평가하고, 과정 중에 내담자가 그 목표를 달성하도록 도와주어야 한다. 역할극에서는 참여자에게 다음과 같은 과정을 통해 변화를 돕는다.

(1) 정화

표현하지 않았던 감정을 표현하고 이를 통해 그 감정을 씻어 내는 것을 말한다. 감정이 표현되지 않고 남아 있는 경우, 세상에 대한 시각을 올바르게 갖기가 어려우며 삶을 살아가는 데 장애가 되고 잠재 능력을 발휘할 수 없게 된다. 그러므로 감정을 충분히 표현하여 정화시킴으로써 이러한 장애를 없애고 객관적인 시각을 가질 수 있는 계기를 마련할 수 있다.

감정은 크게 부정적인 감정과 긍정적인 감정으로 나눌 수 있다. 표면에는 부정적인 감정이 있지만 그 밑에는 긍정적인 감정이 있다. 죽고 싶다고 말하는 사람이 그 밑에 간절히 살고 싶어 하는 마음을 가진 것처럼 말이다. 감정은 마치 맥주병의 거품과 같다. 올라오는 거품을 손으로 누르면 압력이 더 강해지듯이, 감정은 누를수록 더욱 강해진다. 하지만 막은 손을 놓고 나오도록 하면 압력이 줄어들 듯이, 감정도 풀어 놓으면 그로부터 자유로워질 수 있다.

부정적인 감정을 역할극 상담에서 시원스레 표현하면 그 감정들로부터 자유로워질 수 있고 또한 긍정적인 감정을 경험하게 된다. 하지만 감정을 억압하는 경우 세상을 보는 시각이 왜곡되기 때문에 감정의 해소가 필요하다.

역할극은 행위를 통해서 감정을 표현하기 때문에 매우 짧은 시간에 효과적으로 감정을 표현하여 그로부터 자유로워질 수 있도록 도와준다.

(2) 통찰

정화를 통해 부정적인 감정이 해소되고 나면 새롭게 세상을 바라보고 문제를 객관적으로 바라보는 시각이 생긴다. 이런 상태에서 어떤 문제나 사실에 대해서 새롭게 깨닫게 되는 것을 통찰이라고 한다. 역할극에서의 통찰은 행위 속에서 이루어지기 때문에 일반적인 상담에서 이루어지는 통찰보다 강렬한 효과를 발휘한다.

인간의 행동 패턴은 경험을 통해 형성된다. 경험을 통해 자동적으로 형성된 것이 우리를 움직이는 프로그램이며, 이것이 신념이 될 수 있고 성격이 될 수 있다. 이러한 프로그램은 새로운 경험을 통해 변화할 수 있기 때문에 역할극에서는 새로운 경험을 통해 과거의 비합리적인 프로그램에서 벗어나 보다 긍정적인 프로그램을 갖도록 도와준다.

(3) 역할 유연성

많은 상담 전문가는 심리적으로 건강하다는 기준을 융통성이 얼마나 있는가로 본다. 매 상황에 맞게 적절한 행동을 할 수 있는 융통성이 있다면 보다 행동이 자유롭고 생산적으로 행동할 수 있다. 하지만 프로그램이 많이 형성되다 보면 그러한 자유로움보다는 제한을 많이 받게 된다. 하지만 사람은 자신이 해 보지 않았던 역할에 대해서 불편해하고 어색해하기 때문에 새로운 역할을 하는 것을 어려워하고 그 틀에서 빠져나가는 것을 불편해한다. 그래서 직접 해 보고 좋은 것을 느끼고 새로운 역할에 익숙해지는 것이 필요하다. 그래서 역할극에서는 필요한 역할을 다양하게 체험해 볼 수 있도록 도와준다. 남에게 잘 거절하지 못하는 내담자의 경우 상황을 만들어 놓고 피드백을 받아 가며 어떻게 하면 효과적인 자기주장을 할 수 있는지를 연습하고 훈련할 수 있다. 이러한 훈련을 통해 내담자는 현실 속에서 보다 적절한 행동을 할 수 있는 역할 유연성을 갖게 된다.

정화가 통찰을 촉진시켜 주지만 반드시 정화를 통해 통찰이 일어나는 것은 아니다. 또한 통찰이 문제 해결을 촉진시켜 주지만 반드시 문제가 해결되도록 이끌지는 않는다. 정화와 통찰이 실질적인 변화를 일으키도록 하기 위해 특별한 역할훈련(예 주장훈련, 이완훈련, 사회기술훈련 등)을 통해서 역할 유연성을 키워 주는 것이 필요할 때가 있다.

4) 구성 요소

대부분의 상담에서는 내담자와 상담자만으로 상담이 이루어지지만, 역할극에서는 역할극을 활용하기 때문에 내담자와 상담자뿐만 아니라 보조자, 참여자, 무대 등의 구성 요소가 필요하다. 이들 구성 요소에 대해서 살펴보면 다음과 같다.

(1) 주인공

일반적인 상담에서는 내담자라고 표현하지만 역할극을 진행할 때는 주인공이라는 표현을 사용한다. 주인공 역할은 한 명이 될 수도 있고, 때로는 참여자 전체가 주인공이 되기도 한다. 참여자 모두가 주인공이 되는 경우에는 대표해서 역할을 맡기도 한다. 개인이 주인공이 되는 경우에는 그 주인공이 내담자가 되어 자신의 문제를 표현하고 스스로 역할극을 통해 문제를 해결하게 된다. 주인공은 집단원 중에서 자발성이 높은 사람 중에서 선정한다.

(2) 보조자

내담자나 참여자들을 돕기 위해 다양한 역할을 수행하는 사람을 말한다. 주로 참여자들 중에서 선정하며 전문적인 훈련을 받은 사람이 역할을 수행하기도 한다. 내담자의 선택이나 자발적인 참여 또는 상담자의 지시에 의해 무대에 나오게 되며, 실제 인물이나 상상 속의 인물 또는 소품이나 마음 등 다양한 역할을 맡아 역할극이 더욱 생생하게 진행되도록 도와준다. 보조자는 역할을 제대로 수행하기 위해 자신의 개인적인 정서나 생각을 역할에 개입시키지 않도록 노력해야 하고 상황을 제대로 이해하는 것이 필요하다.

(3) 관객

역할극에 직접 참여하지 않고 관람하는 사람을 말한다. 참여자들 중에서 내담자가 되고 싶은 사람은 내담자가 될 수 있고, 보조자가 되고 싶은 사람은 보조자가 될 수 있다. 때로는 참여자 전체가 역할극에 참여하기도 한다. 참여자들은 역할극이 끝난 후 마무리 시간에 자신의 경험을 함께 나눌 수 있는 기회를 갖게 된다.

(4) 무대

역할극이 행해지는 장소를 말한다. 역할극 무대는 무엇이든지 수용되고 무엇이든지 가능한 공간이다. 무대에서 내담자는 자신의 자발성과 창조성을 살려 자신이 원하는 세상을 만들 수 있고 마음껏 변화시킬 수 있다. 이러한 행위들이 가능하도록 무대는 편안하고 공간은 넓어야 한다. 조명장치나 음향장치로 극적인 분위기를 연출하여 내담자가 몰입할 수 있도록 도와줄 수 있지만, 학교 교실이나 놀이터 등 모여서 역할극을 할 수 있는 공간이라면 어느 곳이라도 무대로 활용 가능하다.

5) 상담자의 역할

역할극에서 상담자는 집단을 이끌고 내담자의 변화를 이끌어 내는 역할을 수행한다.

(1) 집단 지도자

역할극 상담은 개인상담에서 활용하는 경우도 있지만 대부분 참여자들과 함께 이루어지기 때문에 상담자가 집단 지도자의 역할을 수행하는 것이 요구된다. 집단 지도자에게 필요한 역할은 다음과 같다.

- 집단 구조화하기(시간, 구성, 장소)
- 집단 규범 설정하기(비밀 보장, 상호 존중)
- 집단 응집력을 형성하고, 집단의 긴장 수준을 조절하고, 집단의 목표에 대한 관심 키워 주기
- 모든 집단 구성원의 적극적인 참여 격려하기, 그들 사이의 상호작용과 의사소통을 촉진하여 관계의 향상 돕기
- 참여자들의 상호 협력을 방해하는 장애물을 찾아 제거하기

(2) 보조자

보조자의 핵심적인 역할은 내담자를 돕는 것이다. 참여자들이 역할극에 참가하여 변화를 이룰 수 있도록 돕는 것이 역할극의 목적이기 때문이다. 변화를 이루기 위해서 상담자는 먼저 자신을 비우는 작업이 필요하고, 역할극에 몰입할 수 있는 자발성이 필요하다. 또한 상담자는 변화의 원리를 정확히 알고 있어야 한다. 물론 가장 수준 높은 상담자는 참여자들이 전혀 상담자의 도움을 받는다는 느낌 없이 스스로 자신들의 문제를 해결했다고 느낄 수 있도록 해 주는 상담자다. 그래서 상담자는 먼저 자신의 능력을 키우고, 자신을 믿기보다 참여자들의 능력을 믿고 그들

스스로 문제를 해결하고 변화할 수 있는 능력이 있다는 믿음을 갖는 것이 중요하다.

역할극 세계에서는 어떤 평가나 판단도 허용하지 않는다. 그러므로 상담자가 참여자들을 평가하거나 그들의 문제를 분석하는 것은 참여자들의 자발성을 감소시키는 부작용을 낳게 되기 때문에 조심해야 한다.

상담자는 참여자들의 자발성을 살려 주어 그들이 좀 더 자신의 세계를 마음껏 표현하고 자신들의 문제에 대한 답을 스스로 찾도록 도와주어야 한다. 그리고 한 인간으로서 참여자들과 경험을 나눌 수 있어야 한다.

(3) 연출자

역할극은 무대에서 이루어지고 관객들에게 보이는 면이 있다. 따라서 상담자는 무대를 활용하고 관객이 내담자의 정서와 무대에 몰입할 수 있도록 해 주는 것이 필요하다. 또한 음악이나 소품, 조명 등을 활용하여 내담자가 역할극에 몰입하는 데 많은 도움을 줄 수 있다.

상담자는 무대 위에서 역할을 맡은 사람들이 관객을 향하도록 지시하고 좀 더 큰 목소리로 표현함으로써 관객이 몰입할 수 있도록 해 준다.

2. 역할극 상담의 과정

역할극의 과정을 요약하면 다음과 같다. 먼저 내담자가 원하는 것이 무엇인지를 찾는다. 그다음 원하는 것을 막는 것이 무엇인지를 구체적인 상황 속에서 찾아내고 그것을 여러 가지 기법을 활용해 극복한 후 내담자가 원하는 것을 마음껏 해 보고 현실에서 활용할 수 있는 유용한 방법을 찾아본다.

전체 과정은 준비 단계, 행위 단계, 나누기 단계로 나누어 볼 수 있다.

1) 준비 단계

(1) 워밍업의 가치

준비가 안 된 상태에서 갑자기 어떤 역할을 맡아 보라고 시키면 누구나 저항을 하게 되고 부담을 가지게 된다. 또한 자신을 표현하는 것도 마찬가지다. 역할극이 무엇인지도 모르는 참여자들에게 역할극이 좋다고 무조건 해 보라는 것도 부담을 주기 때문에 준비 작업이 필요하다. 역할극은 현실과는 다른 색다른 세계이기 때문에 마음의 준비를 해야 하고 일정한 절차를 밟아야 편해진다. 일정한 절차라는 것은 워밍업을 말한다. 그래서 준비 단계에서는 본격적인 역할극에 몰입할 수 있도록 참여자들을 준비시키는 작업을 하게 된다.

준비 단계에서 주로 하는 것은 워밍업이다. 워밍업이란 참여자들이 역할극에 몰입할 수 있도록 신체적 · 정서적으로 준비시키는 것을 말하며, 다양한 활동을 통해 이루어진다. 워밍업이 잘되느냐의 여부에 따라 역할극의 성패가 달라질 수 있기 때문에 상담자는 항상 참여자들에게 충분한 워밍업을 시키는 것이 필요하다. 상담자는 어떤 집단을 만나든지 미리 여러 가지 워밍업을 준비해야 한다.

Tip 워밍업 시 주의사항

- 워밍업은 가벼운 톤에서 무거운 톤으로 실시한다.
- 집단의 특성을 고려하여 실시 여부를 결정한다.
- 시간 계산을 잘 해서 상담시간을 너무 초과하지 않도록 한다.
- 집단의 응집력을 촉진하는 방법으로 실시한다.
- 몰입의 수준을 높여 가는 방향으로 실시한다.

예 소리 지르기의 경우, 약한 소리 지르기 → 강한 소리 지르기

상담자가 언어와 태도를 통해 참여자들에게 역할극에서는 무엇이든지 수용 가능하고 위험 없이 마음껏 표현할 수 있고, 비밀 보장이 유지된다는 것을 알려 주어 참여자들에게 역할극에 대한 워밍업을 시키는 것도 필요하다.

(2) 워밍업의 종류

역할극을 실시하기에 앞서 그에 대한 오리엔테이션이 이루어져야 한다. 역할극을 접해 보지 못한 학생들은 역할극이 무엇을 하는 것인지, 어떤 의미가 있는지, 그리고 어떻게 참여하는지에 대해서 잘 모르고 있다. 따라서 동기부여를 위해 역할극의 의의나 목적 등에 대한 설명이 필요하다. 또한 역할극에서 가장 중요한 규칙으로서 비밀 보장과 허용적인 태도를 강조하는 것이 필요하다.

① 몸을 활용한 워밍업: 신체 활동을 통해 참여자들의 긴장된 마음을

이완시키고 자발성과 친밀감을 향상시켜 준다. 혼자 하는 활동보다 짝지어 하는 활동이 친밀감 형성에 도움이 된다.

- 안마해 주기: 두드리기, 등을 맞대고 안마해 주기
- 몸 풀기: 숨쉬기, 두드리기, 얼굴 근육 늘이기, 등 뒤로 손잡기, 기지개 켜기, 엉덩이 돌리기, 정리하기
- 시선 맞추기: 둘씩 짝지어 한 사람이 바라보는 사물의 위치에서 눈을 마주쳐서 정확히 맞추면 서로 이동한다.
- 사슬 풀기: 손을 꼬이게 잡고 서로 풀도록 한다.
- 조각하기: 참여자들끼리 모여 몸을 가지고 조각품을 만들도록 한다.
- 인간 도미노: 한 사람의 행동을 연달아 따라 한다.
- 물건 전달하기: 상상의 물건을 전달한다.
- 게임: 이웃을 사랑하십니까, 달라진 점 찾기, 활주로 게임

② 언어 활동을 통한 워밍업: 자기 노출을 통해 참여자들 간의 신뢰감과 친밀감을 형성시키는 것이 목적이며, 신체 활동을 함께함으로써 집단원들이 편안하게 자기 표현을 할 수 있도록 한다. 촉진자는 참여자들이 점진적으로 몰입할 수 있도록 진행해야 한다.

- 자기소개하기: 역할 바꾸어 자기소개하기
- 짝과 함께 이야기 나누기: 눈을 감고 걸어다니다가 가장 가까이 있는 짝과 만나서 이야기 나누기(오기 전의 기분, 좋아하는 음식, 일주일 동안 어떻게 지냈는가)
- 역할극에의 자발적인 참여를 어렵게 하는 요소에 대해 서로 이

야기하기

- 자신의 장점을 찾아 소개하기

신뢰감과 친밀감 형성을 위한 워밍업이 끝나면 주인공이나 주제를 선정하기 위한 워밍업이 이어져야 한다.

③ 주인공 선정을 위한 워밍업: 참여자들 중에서 주인공으로 자원해서 나올 수 있도록 동기를 부여해 주고 주인공을 선정하는 워밍업이다. 역할극은 무엇이든지 가능하다는 것을 강조하고 다양한 기법을 활용하여 주인공을 선정한다.

- 수정구슬: 소원을 이루게 해 주는 수정구슬을 무대에 마련해 놓고 참여자들에게 소원을 빌게 한다. 모두가 소원을 떠올리게 한 후 참여자들 중에서 역할극을 통해 소원을 이루고 싶은 사람을 무대 위로 나오게 한다.
- 마술가게: 마술가게를 만들어 소원을 이루게 하는 기법

2) 행위 단계

준비 단계에서 역할극에 대한 준비가 이루어지면, 상담자는 참여자들이 역할극을 통해 자신의 문제를 개선하거나 변화를 추구할 수 있도록 촉진시켜 주어야 한다. 역할극에서는 무엇이든지 가능하다는 것을 이해시키고 자신을 변화시킬 수 있는 계기를 만들어 준다. 준비 단계를 거치며 마지막 부분에서는 궁극적으로는 주인공이나 주제를 선정하게 된다.

행위 단계는 내담자가 자신의 삶의 다양한 측면을 무대 위에서 장면을 통해 점진적으로 탐색하고 새로운 통찰을 얻고 새로운 행동을 시도해

보는 상담 단계다. 먼저 주제가 탐색되어 문제가 규명되고 그 문제가 발생하는 장면이 설정된 후, 그 장면 속에서 현실에서는 해 보지 못했지만 해 보고 싶었던 역할을 마음껏 표현한다. 그리고 감정이 해소되면 그 문제의 걸림돌이 무엇인지를 찾아보고 그 문제를 해결하기 위해서 여러 가지 새로운 방법을 찾아서 시도해 보아, 궁극적으로 현실에서 활용할 수 있는 대안을 찾는 과정을 경험하게 된다.

준비 단계가 끝나고 내담자가 선정되면 상담자는 다음과 같은 과정을 거치며 내담자를 촉진하게 된다.

① 원하는 것 찾기: 내담자가 관심을 갖거나 해결하고 싶어 하는 문제가 주제로 선정된다. 집단의 문제를 다루는 경우에는 참여자들이 공통적으로 관심을 갖는 주제를 선정한다. 참여자들의 공통적인 관심사나 전체 집단원이 만족하는 주제를 찾기가 어려운 경우에는 다수결로 주제를 정하기도 한다. 내담자나 참여자들이 자신들의 삶 속에서 가장 도움을 받고 싶어 하는 주제가 선정되는 것이 가장 좋으며, 단순한 호기심을 가진 주제는 참여자들의 자발성을 높이거나 참여를 유도하기가 어렵다.

② 장애물 찾기: 내담자나 참여자들이 원하는 것이나 주제가 결정되면 그 주제나 문제가 발생하는 장면을 무대 위에 설정한다. 내담자나 참여자들의 문제와 관련된 특정한 장면이 선정되면 내담자에게 그 장면을 무대 위에 만들도록 한다. 그 장면 속에서 상담자는 내담자가 원하는 것을 하고 싶은데 그것을 막는 것이 무엇인지를 찾

아보게 한다.

③ 하고 싶은 것 해 보기: 내담자가 자신이 하고 싶은 것을 가로막는 장애물을 극복하고 가장 하고 싶었던 것을 마음껏 할 수 있도록 해 준다. 이때 내담자가 하고 싶은 것을 미련 없이 해 보는 것이 중요하다. 내담자는 하고 싶은 것을 마음껏 해 봄으로써 미해결된 감정에서 벗어날 수 있다. 내담자가 하고 싶은 것을 마음껏 해 보며 장애를 극복해야 하는데, 이때 저항이 생길 수 있다. 저항을 처리하는 구체적인 방법은 다음과 같다.

Tip 역할극이 잘 안 될 경우의 문제해결 방법

- 억제하는 경우: 억압을 표현해 보고, 억압자의 역할이 되어 보고, 억압된 감정을 다루어 본다.
- 위축된 경우: 힘을 찾아본다.
- 해결을 찾는 경우: 다양한 선택 상황의 결과를 살펴본다.
- 아이디어가 없는 경우: 주인공의 환상세계를 찾아본다.
- 잘못되어 가고 있는 경우: 되돌아가서 다시 해 본다.
- 저항하는 경우: 이중자아를 불러내거나 보조자아의 역할을 맡게 한다.
- 갈등이 있는 경우: 갈등을 표현하고 직면한다.
- 혼란스러운 경우: 자신의 이중자아가 되어 본다.
- 지금은 해결되지 않는 경우: 나중이라고 생각하고 풀어 본다.
- 판단이 필요한 경우: 거울기법을 활용한다.
- 과격한 행동인 경우: 슬로 모션을 쓴다.

- 무기력한 경우: 누가 도울 수 있는지를 찾아본다.
- 움직이지 못하게 된 경우: 움직임을 얻게 한다.
- 여러 가지 문제가 있는 경우: 각각에 대해서 의자를 사용하고 하나를 선택한다.
- 생각이 너무 많은 경우: 느낌을 표현하는 이중자아를 활용한다.
- 침묵하는 경우: 말하는 이중자아를 활용한다.
- 말이 많은 경우: 몇 명의 행동하는 보조자아를 쓴다.
- 막힌 경우: 장애물이 되어 보고 그 장애물을 다룬다.
- 치료적인 것이 있는 경우: 혼자 정리할 시간을 준다.

④ 적절한 것 실행해 보기: 내담자가 하고 싶은 것을 마음껏 해 보고 나면 현실에서 보다 나은 역할을 통해 효율적으로 살 수 있도록 도와주어야 한다. 이때 내담자는 다양한 역할을 통해서 스스로 자신에게 가장 적합한 역할을 찾아보는 것이 필요하다.

3) 나누기 단계

보조자들은 자신이 했던 역할에서 벗어나 자신으로 돌아오고, 관객은 내담자와 유사한 경험이나 느낌을 함께 나누게 된다. 내담자는 무대 위에서 자신의 모습을 솔직하게 보여 주었기 때문에 역할극이 끝난 후 타인의 시선에 대해서 민감해질 수 있다. 그러므로 내담자를 비평하거나 분석하는 것은 허용되지 않으며 관객이 내담자와 함께 자신의 비슷한 경험을 함께 나눔으로써 내담자에게 도움을 줄 수 있다. 상담자도 이때 내담자와 비슷한 경험을 함께 나눌 수 있다.

나누기 단계에서 참여자들의 경험과 느낌 나누기는 참여자들에게 보편성과 정화라는 치료적 요인을 경험하게 하며 집단 응집력을 높여준다.

3. 역할극 상담의 진행원리

1) 지금-여기

역할극 상담에서는 항상 '지금-여기'를 강조한다. 시간과 공간이 과거와 미래 그리고 여러 장소를 다니지만, 항상 무대에서 일어나고 있는 일은 지금-여기에서 일어나는 일이다. 상담자는 내담자가 항상 지금-여기에서 일어나고 있는 일로 경험할 수 있도록 도와주어야 한다. 이러한 경험을 통해 내담자는 역할극을 현실로 받아들이고 역할극에서의 경험을 통해 변화할 수 있게 된다.

지금-여기에서 일어나는 일로 경험하게 하기 위하여 상담자는 다양한 기법을 활용하고, 역할을 바꾸거나 인터뷰를 통해 주인공이 역할에 몰입하거나 시간과 공간에 몰입하도록 돕는다.

2) 상징화/구체화

상담자는 마음을 상징화할 수 있어야 한다. 일반 상담에서는 마음을 언어로 표현하지만 역할극에서는 마음을 소품이나 사람을 통해서 상징화한다. 이렇게 상징화한 표현을 구체화하는 것도 중요하다. 마음이 무겁다고 하면 얼마나 무거운지 다른 사람이 내담자를 무거운 느낌만큼 누르게 함으로써 주인공의 마음을 객관적으로 보고 주인공이 자신의 감정을 더더욱 생생하게 느끼게 해 주는 것이다. 이러한 상징화/구체화를 통해 내담자는 자신의 마음을 보다 강렬하게 느끼고 행위화를 통해 벗어날 수 있다.

3) 행위화

역할극은 행위를 강조한다. 상담자는 내담자의 말에 따라서 판단하거나 결정을 내리는 것이 아니라 비언어적인 단서에도 유의하면서 진행해야 한다. 내담자의 행위가 변화되었을 때 진정한 변화가 되었다고 확인할 수 있는 것이다. 따라서 상담자는 마음을 상징화/구체화해서 내담자가 실제로 자신의 마음의 힘을 물리적인 힘을 통해 벗어나게 한다. 몸과 마음이 같다는 원리를 활용하는 것이다.

4) 기법의 활용

역할극을 진행하기 위해서 알아두어야 할 기본적인 기법이 있다. 이러한 기법을 활용하면 역할극을 보다 효율적으로 진행할 수 있다. 기본적인 기법을 살펴보면 다음과 같다.

(1) 역할 교대

참가자들이 상대방과 역할을 바꾸는 것을 의미한다. 역할교대의 목적은 정보의 제공, 지각상의 변화 유발, 사고 · 행동의 교정과 확장, 주인공이 자신을 어떻게 보고 있는가의 확인, 내면의 또 다른 자아와의 불균형 해소, 질문에 대한 대답, 장면의 강도 조정, 행동에 대한 즉각적인 피드백 등을 위하여 사용한다. 역할교대가 필요한 상황은 모델링이 필요하거나 정보가 필요한 때, 저항을 감소시킬 때, 상호 역할놀이가 강화되어야 할 필요가 있을 때, 그리고 상대방의 입장에 서 보는 것이 필요할 때다. 하지만 사이코드라마의 진행이 자연스럽고 개방적으로 흐르고 있거나, 주인공이 보조자에 의해 위협당하고 있거나, 권위자 역할을 하는 것이 가능하지만 그것을 받아들이는 것을 싫어하는 사람의 경우 등에는 사용하지 않는 것이 좋다.

역할교대를 제대로 하기 위해서는 역할을 바꾸어 서로 역할이 제대로 바뀌었는지 확인하고 그렇지 않은 경우 역할을 준비시키는 것이 필요하다. 역할을 바꾼 사람은 상대방이 했던 마지막 말을 반복함으로써 말을 꺼내고 상대방이 말하고자 하는 요점만을 강조하면 된다.

(2) 속마음

주인공의 표현하지 않은 내면의 생각, 감정 등을 표현하는 역할을 맡는 기법을 말한다. 속마음은 감정을 극대화시켜 주인공의 감정을 명료화하는 경우, 주인공의 비언어적인 면을 언어로 표현하는 경우, 주인공의 마음을 신체적으로 표현하는 경우, 주인공의 감정을 지지해 주는 경우, 주인공의 태도에 의문을 품고 주인공에게 질문하는 경우, 주인공에게 보충설명을 유도하거나 주인공 내면의 감정과 상반된 느낌이 들 때 주인공의 감정을 부정하는 경우 등에 활용된다. 속마음이 되는 방법은 먼저 주인공의 비언어적인 면에 관심을 두고 그 안에서 주인공이 느끼는 감정의 실마리를 찾는 것이다. 주인공의 자세, 표현방식, 몸짓과 음성을 흉내 냄으로써 주인공의 느낌을 알아내는 데 도움을 얻을 수 있다. 그러고 나서 주인공이 말하는 중심적 단어를 반복하고 표현하지 못한 의미를 찾아서 표현하면 된다.

(3) 거울기법

주인공이 보여 주었던 역할을 보조자아가 다시 보여 주고 주인공은 그 모습을 지켜보는 것을 말한다. 이 기법의 목적은 주인공 자신이 남에게 어떻게 보이는가를 보여 주는 것에 있다. 주인공이 갈등 상황에서 결정하는 데 어려움이 있을 때 자신의 모습을 객관적으로 바라보는 것이 필요한 경우 활용한다. 주인공은 밖에서 객관적으로 자신의 모습을 보고 통찰을 얻게 된다.

(4) 미래여행

주인공이 소망하거나 걱정했던 혹은 계획했던 행위를 시도해 볼 수 있도록 미래 장면을 설정하는 기법이다. 미래여행은 만약 어떤 일에 대한 결과가 기대한 대로 이루어진다면 주인공이 그 상황에서 어떻게 반응할 것인지 볼 수 있는 기회를 제공해 준다.

먼저 타임머신이나 시간을 움직일 수 있는 기계를 만든 다음, 그 기계를 타고 주인공이 원하는 시간으로 가서 구체적으로 장면을 구성하고 주인공이 미래에 와 있는 것처럼 진행해 나간다.

Tip 역할극을 활용한 영화치료 시 주의사항

- 역할극의 전문가일 필요는 없다. 영화 속의 한 장면을 그저 따라 하는 것만으로도 상담에 새로운 에너지와 활력을 줄 수 있다.
- 역할극을 위주로 하고 영화를 연상적으로 활용하여 역할극의 소재를 끄집어낼지, 반대로 영화치료를 위주로 단지 영화 속 장면을 그대로 따라 하는 수준의 역할극을 할지 결정한다.
- 간단한 역할극으로 영화 속 장면을 따라 하면서 모든 사람에게 기회를 준다.
- 이때 다양한 반응과 소감을 상담에 활용한다.
- 영화 속의 주인공을 가시화하고 모델링할 때는 역할극과 결합시키면 더욱 효과적이다.

4. 영화와 역할극

1) 역할극 실습준비 단계: 신뢰감 형성과 집단 응집력 향상

(1) 타인소개 기법

① 진행방법에 대해 설명하고 마무리 멘트를 함께 정한다.

- 타인소개를 끝내고 할 마무리 멘트를 정한다(예 부~탁~해요~).

② 어떤 방식으로 소개할 것인지 각자 생각한다.

- 가능한 한 평상시 자신의 모습과는 다르게 연기하듯 소개한다.

TV에서 흔히 접할 수 있는 특정 인물의 모습을 흉내 내거나, 어린 아이가 책을 또박또박 읽듯이, 1960~1970년대 영화배우들처럼, 부끄러움이 많은 사람처럼, 또는 아나운서처럼 소개할 수 있다.

- 연기하듯 소개하기가 어려우면 평소 말투로 할 수도 있다.

③ 한 사람씩 타인 소개와 마무리 멘트를 한다.

- 마무리 멘트를 하면서 누군가를 가리키면 그 사람이 타인소개를 이어 가는 식으로 다음 사람을 자연스럽게 정할 수 있다.
- 타인소개를 할 때는 자발적으로 하고 싶은 사람 우선으로 하면서, 앉아 있는 순서대로 할 수도 있고 방금 소개를 마친 사람이 누군가를 지정해 자기소개를 시작할 수도 있다.

(2) 포스터 뒤에서 이야기하기

① 포스터를 나누어 주고 좋아하는 영화 장면, 기억에 남는 영화 장면에 대해 이야기를 나눈다.

- 다른 사람과 내용이 겹쳐도 된다는 것을 미리 알려 준다.
- 여기에서 제시한 내용이 좋은 참고가 될 것이다.

② 두 사람씩 짝을 이루어 영화의 한 장면을 정해 연습한 후 발표한다.

③ 포스터에 등장한 인물 뒤에서 연기한다.

- 서로 의논하고 연습해서 발표 준비를 할 수 있도록 한다.

④ 자신과 다른 참가자들이 보여 준 연기에 대한 소감을 나눈다.

- 연기해 본 소감을 나누면서 좀 더 적극적인 참여 분위기를 조성한다.

– 자신의 연기에 대한 평가, 다른 사람의 연기에 대한 지지와 격려의 피드백을 하도록 한다.

2) 행동화 단계: 영화 속 주인공 따라 하기

준비된 영화 클립clip을 감상하고 주인공protagonist이 정해지면, 행동화 단계로 들어가 연기가 이루어진다. 역할극을 활용한 영화치료의 경우는 영화 속 주인공 따라 하기가 주를 이룬다.

- 영화 클립을 보고 등장인물의 행동을 그대로 따라 해 본다.
- 따라 하는 동안 '~을 할 수 있다' 등 두 가지 이상을 큰 소리로 외치거나 주인공과 비슷한 복장 또는 제스처를 취해 본다.
- 주인공이 아닌 사람들은 영화 속 다른 인물 역할을 하고, 주인공의 행동화에 도움을 준다.
- 자신의 경험에 대한 소감을 나눈다.

예 영화명: 〈죽은 시인의 사회Dead Poets Society〉

· 영화 정보

1) 제작국 & 제작 연도: 미국, 1990년
2) 상영시간: 127분
3) 감독: 피터 위어
4) 주연: 로빈 윌리엄스, 에단 호크
5) 줄거리: 백파이프 연주를 앞세우고 교기를 든 학생들이 강당에 들어서면서 1859년에 창립된 명문 웰튼 고등학교의 새 학기 개강식이 시작된다. 이 학교에 새로 전학 온 토드 앤더슨(에단 호크 분)은 어린 신입생들과 마찬가지로 두근거리는 가슴을 숨길 수 없다. 이 학교 출신인 존 키팅 선생(로빈 윌리엄스 분)이 영어 교사로 부임한다. 그는 첫 시간부터 파격적인 수업방식으로 학생들에게 '오늘을 살라.' 고 역설하며 참다운 인생의 눈을 뜨게 한

다. 닐 페리(로버트 숀 레너드 분), 녹스 오버스트리트(조시 찰스 분), 토드 앤더슨 등 7명은 키팅으로부터 '죽은 시인의 사회'라는 서클에 관한 이야기를 듣고 자신들이 그 서클을 이어가기로 한다. 그들은 학교 뒷산 동굴에서 모임을 갖고, 짓눌렸던 자신들을 발산한다. 그러면서 닐은 정말로 하고 싶었던 연극에의 동경을 실행하고, 녹스는 크리스라는 소녀와의 사랑을 이루어 간다. 그러나 닐의 아버지는 의사의 꿈을 이루어 주리라 믿었던 닐의 연극을 보자 군사학교로의 전학을 선언한다.

▶ 행동화에 필요한 장면

- 키팅 선생이 책상 위에 올라가 세상을 다르게 보라고 주문하는 장면
- 학생들과 함께 걸으면서 각자 걷는 스타일을 느끼며 걸어 보라고 권유하는 장면

3) 통합 단계: 행동연습, 나눔 및 마무리

통합 단계에는 문제에 대한 능력감을 발전시키는 것, 집단의 지지를 받는 것, 그리고 외부 세계의 현실적 도전에 다시 뛰어들 준비를 하는 것이 포함된다.

(1) 행동연습

- 박수 쳐서 행동화 지지하기
- 실수를 해도 안전한 장면 만들기
- 시도한 행동의 효율성과 관련된 피드백

- 어느 정도 만족스러워질 때까지 반복적으로 시도할 기회 주기

(2) 나눔과 공유

역할극에 참여한 모든 참여자들이 자기 감정을 환기시킬 수 있는 기회를 제공하는 것으로, 참여자들도 주인공만큼이나 이를 필요로 한다. 집단은 나눔의 시간을 갖고 나서야 비로소 인간 감정의 공통된 유대를 깨달으면서 극에서 이루어진 정화를 확산 재경험하고 강점을 누그러뜨리게 된다.

▶ 〈죽은 시인의 사회〉 역할극의 경우

- 책상 위에 올라갈 때 필요한 용기
- 책상 위에 올라가서 외치는 구호는 무엇이었나?
- 책상 위에 올라갔을 때 기분은 어떠했는가?
- 책상 위에서 바라본 세상은 기존의 세상과 어떻게 달랐는가?

(3) 마무리

- 배운 것 확인(되돌아가기)
- 중요 메시지 요약
- 지지
- 미해결 과제 다루어 보기
- 다음 회기 계획
- 마무리

The Theory & Practice of Cinematherapy

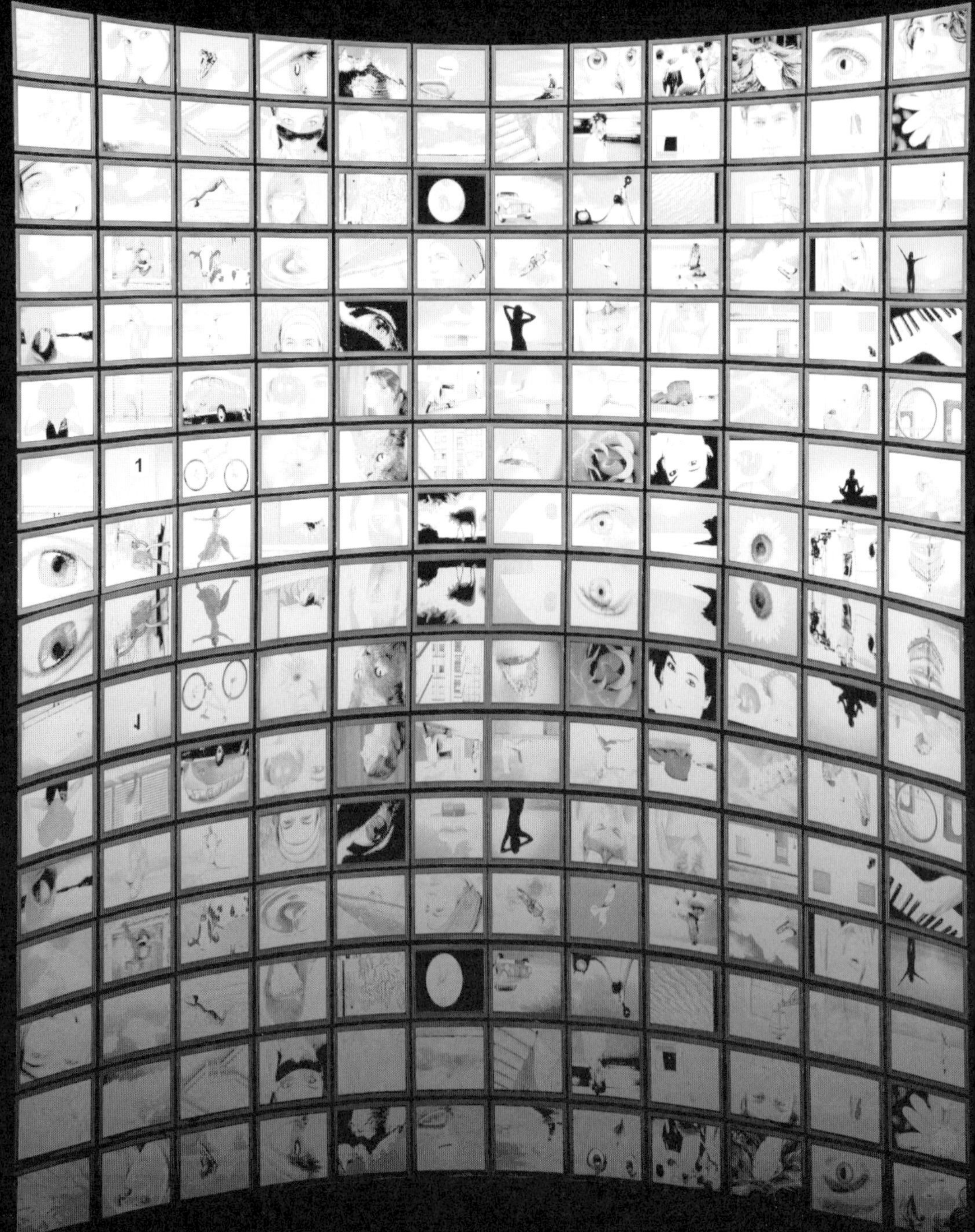

제13장

스토리텔링을 활용한 영화치료

1. 서사란? 태초에 이야기가 있었다

서사敍事란 사전적 의미에서 “사건을 기술하는 것”이다. 그러나 깊은 의미에서 탐구하자면 서사란 결코 간단한 말은 아니다. 사건事件을 놓고 생각해 볼 때 이치가 명확해진다. 사건 속에는 사건을 저지르거나 당한 주체가 있고 시간과 공간이 있으며 시대적 배경이 있다. 그 사건을 인과적으로 엮어 내면 소설이 된다. 그렇기 때문에 하나의 사건은 아무리 작을지라도 하나의 우주라고 할 수 있다. 넓은 의미에서 서사는 우주를 인간이 소통communication할 수 있는 말로 바꾸어 또 다른 사람에게 전달하는 행위 · 내용 · 전략을 모두 아우르는 개념이다. 때문에 어떤 사람은 ‘태초에 이야기가 있었다.’ 고 말하고 싶어 할 것이다. 성경에 따르면 하나님의 이야기(창세기에 아담과 하와를 만들기 전에 삼위일체이신 하나님의 이야기가 먼저 등장하는 점에 주의하여 보라.)가 먼저 있고 세상이 다음이다.

2. 서사의 기능

1) 이야기는 인간을 구성하는 본질적 요소다

서사의 어떤 면 때문에 각계각층의 사람들이 주목하는 것일까? 먼저 서사는 인간의 존재를 구성하는 본질적 요소 가운데 하나다. '내가 누구인가?' 에 대한 대답을 정체성이라고 하자. '이 아무개' 는 음성이나 문자 기호로 나를 지시하는 것이요, '사장님' '선생님' 혹은 '아무개 씨의 아내나 남편' 은 사회적 역할과 지위로 나를 규정하는 정체성이다. '책을 좋아하는 사람' '친구 사귀기를 즐겨 하는 사람' 등 자신의 인간적 측면으로 '나' 를 규정할 수도 있다. 그러나 그 공통점은 모두 '나' 라는 존재의 횡단면橫斷面을 보여 주는 것이다. 다시 말해, 끊임없이 변화되고 있는 과정의 나를 규정하는 것이 아니라 시간이 정지된 한 단면을 '나' 로 표현하고 있다.

이야기는 본질적으로 시간 속에서 펼쳐지는 속성이 있다. 비록 책이나 비디오 같은 동영상 속에서도 시간 속에서 펼쳐지는 실체이기에 한 사람의 종적인 정체성을 담아 낼 수 있는 것이다. 그렇기 때문에 당신이 누구인지 말해 보라면 반드시 자신의 삶의 이야기narrative를 꺼낼 것이다. 말로써 풀어내지 못한 상처들, 삶의 경험이 사연이 되어 한 사람과 한 가족을 지배한다. 이야기하기는 세상과 우주와 자신의 경험에 대해 해석하는 행위요, 그 과정을 통해 우주 안에 자신의 자리를 찾아 우주의 미아가 되지 않는 것이다.

2) 이야기는 교훈과 가치를 전달하는 강력한 수레다

이야기의 교육적 기능에 대해서는 인류가 오래전부터 익히 알고 사용해 왔다. 어린아이들은 부모님이나 할머니 할아버지 품에서 옛날이야기를 듣고 자란다. 들었던 이야기를 수도 없이 듣지만 또 듣고 싶은 것이 이야기다. 이야기 속에는 그 시대의 가치관과 우주관이 담겨 있다.

'청개구리' 라는 전래동화가 있다. 어머니 말씀에 꼭 반대로만 하는 아들 청개구리가 있었는데 아무래도 그의 반항기를 고칠 수가 없었다. 어머니 청개구리는 죽으면서 자신이 산에 묻히지 못하고 냇가에 묻힐까 두려웠다. 그래서 "나를 산에 묻지 말고 냇가에다 묻어다오."라고 유언하였다. 어머니 생각에 반대로만 하는 아들이기에 그렇게 유언하면 산에 묻힐 것이라고 계산한 것이다. 그러나 아들 청개구리는 어머니가 돌아가시는 모습을 보고 그때야 비로소 크게 뉘우쳐 마지막 어머니의 유언을 들어드린다. 그래서 비만 오면 어머니의 무덤이 떠내려갈 것을 걱정하여 운다는 것이다. 이 동화 속에는 효를 기본 가치관으로 한 유교적 세계관과 가치관이 탁월하게 전달되고 있다.

3) 이야기는 사람을 치료하는 힘이 있다

'임금님 귀는 당나귀 귀' 라는 전래동화가 있다. 어느 나라의 임금님이 당나귀 귀를 가졌는데 그 사실을 숨기기 위해 늘 터번 같은 모자를 쓰고 다녔다. 그렇지만 이발할 때는 어쩔 수 없이 모자를 벗어야 했다. 한 이발사가 임금님에게 불려가 이발을 하게 되었다. 모자를 벗는 순간, 그는 너무나 놀라 기절할 뻔했다. 임금님은 이 사실을 누구에게든 알리면 곧 죽게 될 것이라고 엄포를 놓았다. 많은 수고비를 받았지만 이발사는 이 충격적인 사실을 자기만 알고 있기에 너무나 괴로웠다. 결국 그는 시름시름 앓기 시작했다. 견디다 못한 그는 아무도 없는 곳에 가서 이 사실을 말하리라 생각하고 동네 대나무 밭에 몰래 들어가 소리쳤다. “임금님 귀는 당나귀 귀, 임금님 귀는 당나귀 귀…….” 이렇게 소리치고 나니 가슴이 후련해지면서 살 것 같았다. 그런데 얼마 후 바람이 불 때마다 대나무 밭에서 이상한 소리가 들려오는 것을 동네사람들이 들었다. 그 소리는 이러했다. “임금님 귀는 당나귀 귀~이…….”

사람은 자신이 당한 충격적인 경험을 충분히 말로 표현할 수 없을 때 가슴의 병이 되곤 한다. 분노와 좌절 그리고 깊은 슬픔을 자신의 언어로 정확하게 표현하면 신기하게도 그 감정의 지배로부터 벗어날 수 있게 된다. 이를 카타르시스라 해도 좋다. 어쨌든 사람은 사연을 말로 풀어내지 않으면 병이 든다는 것이다.

이야기의 치료하는 힘을 응용하여 문제 해결을 돕고자 하는 상담 분야가 이야기치료narrative therapy다. 이야기치료에서는 기본적으로 존재와 문제가 되는 이야기를 구별한다. 문제가 되는 이야기가 곧 그 사람 자체는 아니다. 사람은 저마다 자신의 자서전의 주인공으로 살고 있다. 매일 삶으로 자서전을 쓰고 있는 셈이다. 그런데 그 자서전이 소통될 수 있는 이야기narrative라면 얼마든지 다르게 쓸 수 있는 가능성이 열리게 된다. 따라서 이야기치료 상담자는 먼저 문제가 되는 이야기와 내담자 존재 자체를 구별할 수 있도록 돕는 데서부터 출발한다. 문제가 되는 이야기와 자신을 구별할 수 있게 되면 대안적 이야기를 개발하도록 돕는 방식으로 이야기를 치료에 응용한다.

사실 모든 상담은 내담자의 이야기를 주의 깊게 경청하는 것을 기본으로 한다. 내담자는 상담자라는 거울에 자신의 이야기를 비추어 보면서 자아를 통합해 가는 것이다.

4) 이야기는 아름답다

서사는 작가가 지은 작은 우주다. 작가는 인물을 창조하고 서사적 공간과 시간을 창조하여 거기에 인물들이 살도록 한다. 하나님이 아담과 하와를 창조하고 에덴동산을 만든 다음 그곳에 살면서 동물을 다스리도록 하신 것처럼 말이다. 이처럼 작가는 서사 속에 맥락脈絡을 설정하고 창조한 인물이 살도록 하기 때문에, 서사 분석의 기초가 그 맥락을 입체적으로 이해하는 데서 출발점을 삼아야 하는 것은 너무나 당연한 이치다.

특히 이야기는 심미적 기능이 있기 때문에 사람의 깊은 정서를 건드린다. 여기에 치료와 서사가 접목되는 점이 있기도 하다. 사람은 단순히 정보만 습득한다고 변화되는 것은 아니다. 감정이라는 동력을 공급받아야 행동으로 옮길 수 있다. 아름다운 이야기는 사람들을 감동시켜 가슴에 불을 지르는 역할을 하는 것이다.

5) 이야기는 즐거움을 준다

이야기의 오락적 기능은 현대에 들어와 대단히 중요한 대목이 되었다. 스티븐 스필버그Steven Spielberg는 영화 한 편을 만들어 유통시켜서 현대자동차 수십만 대를 만들어 벌어들이는 것보다 더 많은 돈을 번다고 한다. 이야기를 실어 나르는 매체는 과거 구전口傳에서 문자와 책, 그리고 공중파 매체들(라디오, 텔레비전), 전화라는 진화의 단계를 거쳐서 영화와 비디오 그리고 인터넷으로 확장되었다. 지구 한켠에서 탄생된 이야기는 빛의 속도로 지구를 돌아다니며 소통되고 있다. 이런 매체의 눈부신 발전에 힘입어 재미를 주는 이야기는 고부가가치 산업으로 자리매김하였다. 그 원동력은 무엇일까? 이야기는 즐거움을 준다는 것이다.

이야기의 오락적 기능은 다른 모든 기능의 바탕이 된다. 벌거벗은 진리는 사람들에게 환영받지 못한다. 논문을 읽고 눈물을 흘리는 사람은 없다. 이야기가 재미있기에 교육적 · 치료적 · 산업적 기능을 효과적으로 수행할 수 있는 것이다. 사람들은 재미있는 이야기 듣기를 즐긴다. 경청해 줄 누군가만 있다면 자신의 이야기를 며칠 밤을 지새우면서 할 용의가 있다. 사람들은 이야기를 짓는 것 또한 즐긴다. 작가가 이야기 짓는 것이 재미없다면 어찌 그 일을 할 수 있겠는가?

3. 이야기와 플롯의 차이

이야기 혹은 스토리story는 전달되는 모든 사건, 또는 무엇이 일어났는지 추론하는 모든 것을 의미한다. 반면 플롯plot은 그 사건을 특정한 구조로 체계화하는 배열 또는 구성을 의미한다. 로널드 토비아스Ronald Tobias가 편찬한 『인간의 마음을 사로잡는 스무 가지 플롯20 Master Plots: and how to build them』(2001)에서는 플롯을 "그것에 의존해서 이야기가 구축되는 사건의 틀

frame of incidents"이라고 설명하고 있다.

예 영화 〈메멘토 Memento〉(2000)는 이야기의 구성상 주인공의 현재부터 과거까지 이야기가 역으로 올라가는 D → C → B → A 구조를 가지고 있지만, 관객은 영화 관람 행위를 통해 이야기, 즉 스토리 A → B → C → D로 만들어서 머릿속에 저장한다.

4. 좋은 플롯의 원칙

플롯은 헤아릴 수 없이 많지만 기본적으로 두 가지 큰 흐름이 있다. 즉, 몸의 플롯과 마음의 플롯이다. 전자는 사건과 등장인물의 행동에 초점을 맞추고, 후자는 내면세계에 초점을 맞춘다. 등장인물과 행동은 동전의 양면과 같지만 어느 쪽에 보다 강조점을 두는가에 따라 플롯의 성격과 방향이 결정된다.

좋은 플롯이 되려면 그것의 심연의 구조를 꿰뚫고 있어야 한다. 이야기를 끝까지 밀고 나갈 수 있는 깊은 차원의 갈등과 동기가 확보되어야 한다.

플롯과 등장인물이 밀접한 관련이 있음은 물론이다. 세 명 정도의 등장인물이 개입할 때 좋은 플롯을 구성할 수 있는데, 그들 간의 관계가 제대로 펼쳐져 있어야 한다. 두 명일 경우 너무 관계가 단조롭고, 네 명 이상이면 매우 복잡하여 관계를 펼쳐 내기가 쉽지 않다. 행동 없이 인물 없고 인물이 없다면 플롯도 없다. 플롯은 작품의 방향을 잡아 주는 나침반과 같은 역할을 한다.

토비아스(1997)가 말하는 플롯의 여덟 가지 원칙은 다음과 같다.

- 전제는 기존의 전형적 플롯의 틀을 깨고 싶으면 먼저 철저히 공부하라는 것이다. 법칙을 깨려는 사람은 먼저 법칙을 배워야 한다.
- 긴장이 없으면 플롯은 없다. 플롯은 갈등 위에 건축된다. 나와 나 자신의 갈등, 나와 타인의 갈등, 나와 공동체/사회의 갈등, 인간과 환경의 갈등, 공동체와 공동체의 갈등(문화적 대립) 등이 있다.
- 대립하는 세력을 키워 긴장을 고조시켜라. 갈등에 발전이 없다면 독자들의 흥미를 붙잡아 둘 수 없을 것이다.
- 등장인물의 성격은 변해야 한다. 같은 환경이라도 등장인물의 성격의 변화는 갈등의 요인이면서 해결의 실마리로서 플롯의 원동력이 된다.
- 모든 사건은 중요한 사건이 되게 하라. 어떤 이야기를 넣을 것인가 뺄 것인가는 플롯의 기여도에 근거하여 결정해야 한다. 이야기의 홍수 속에서 독자들이 길을 잃게 해서는 안 된다. 등장인물이 플롯에서 약간 일탈하는 것은 양념으로 유용하지만, 너무 느슨하게 통제하면 그들이 작가를 지배하고 말 것이다.
- 결정적인 것을 사소하게 보이도록 하라. 플롯이 작품의 근간이기는 하지만 처음부터 너무나 선명하면 곤란하다. 결정적인 단서를 처음에는 사소하게 보이도록 숨기는 데 플롯의 묘미가 있다. 사소하게 보이는 것을 중요한 것으로 드러나도록 하는 기법은 작가의 예술을 감추는 기술이다.

- 복권에 당첨될 기회는 남겨 두어라. 작가가 창조한 허구의 세계라고 작가 마음대로 할 수 있는 것은 아니다. 한번 창조된 세계는 허구의 세계이지만 질서와 규칙이 있고, 등장인물은 그러한 규칙과 질서의 지배를 받게 된다. 하지만 너무 치밀한 플롯은 인위적으로 보이기 쉽다. 사실 인간사는 수학공식과 같은 것이 아니라 항상 예외가 존재한다. 특히 인물을 중심으로 전개되는 글일 경우 그렇다. 인과관계에서 벗어난 약간의 운도 플롯에 기여할 수 있다.
- 클라이맥스에서는 주인공이 중심적인 역할을 하게 하라.

5. 흥미와 박진감을 높여 주는 19가지 플롯(Tobias, 1997 발췌)

1) 모험의 나라

(1) 추구형 플롯

돈키호테는 사랑을 얻을 것인가? 추구형 플롯은 찾고 떠나고 추적하는 스타일의 플롯이다. 즉, 주인공이 장소나 사물을 찾아 헤맨다. 찾으려고 하는 대상과 찾는 사람의 동기와 의도 사이에 팽팽한 긴장관계가 발전된다. 주인공이 수많은 사람과 장소를 찾아다니도록 만들지만 막연히 바람 부는 대로 떠돌아다니도록 하는 것은 좋은 플롯이 아니다. 원인과 결과의 관계에 의해서 움직임이 정해져야 한다.

추구형 플롯에서 실제 여행의 목적은 내적인 동기에 있다. 즉, 지혜의 추구, 성숙의 추구, 자기의 발견, 삶의 목적 추구, 진리의 탐구 등이다.

(2) 모험형 플롯

여행에 초점을 맞추어라. 모험형 플롯은 추구형 플롯과 닮았지만, 후자는 마음의 플롯이고 전자는 행동의 플롯, 즉 몸의 플롯이다. 모험형 플롯은 전래동화에서 흔하게 발견할 수 있는 유형이다. 작품의 초점은 여행을 하는 사람보다 여행 자체에 있다. 세상에 진출한 등장인물은 새롭고 이상한 장소와 사건을 경험한다. 주인공은 집 안에서 결코 발견할 수 없는 행운을 찾아 나선다. 그는 누군가에 의해서 또는 무엇인가에 의해서 여행을 시작해야 하는 동기를 부여받는다. 작품의 각 막에서 나타나는 사건의 인과적 연관성은 주인공에게 동기를 부여하는 첫 번째 사건에서 발견할 수 있는 인과적 연관성과 일치해야 한다. 추구형 플롯과는 달리, 주인공은 작품의 끝에 가서 의미 있는 변화를 겪지 않아도 된다. 재미를 더하기 위하여 모험에는 종종 로맨스가 동반되기도 한다.

(3) 추적형 플롯

도망자의 길은 좁을수록 좋다. 추적 자체가 등장인물보다 더 중요하다. 추적하는 사람들은 정말로 위험한 상황에 처하게 된다. 쫓기는 사람은 쫓는 사람을 붙잡을 적당한 기회가 있어야 한다. 어느 일정한 기간 동안 잡아 둔다.

이야기와 등장인물은 자극적이고 적극적이고 독특해야 한다. 진부한 장면을 피하기 위하여 등장인물과 상황은 고정된 인물상을 벗어나야 한다. 가능하면 추적사건을 지리적으로 고착시킨다. 추적하는 장소가 좁을

수록 긴장은 고조된다.

술래는 무슨 수를 써서라도 도망치는 사람을 잡으러 다녀야 한다. 둘이 막다른 골목에 도달했다면 술래가 가까이 다가올수록 긴장은 고조된다. 도망치던 사람은 더는 도망가기를 포기한 듯 보인다. 술래의 긴장은 최고조에 다다른다. 그러다 갑자기 도망자가 꾀를 내어 위기 상황에서 벗어나고 추적 게임은 또다시 시작된다. 추적을 흥미롭게 만드는 열쇠는 추적을 예측하지 못하게 만드는 것이다.

(4) 구출형 플롯

구출형 플롯은 등장인물의 성격의 발전보다는 행동에 의존한다. 등장인물의 삼각관계는 주인공-악역-희생자로 구성된다. 주인공은 악역으로부터 희생자를 구출한다. 구출형 플롯은 도덕적 흑백논리를 지니고 있다. 이야기의 초점은 주인공이 안타고니스트를 쫓아가는 것이다. 안타고니스트는 끊임없이 주인공이 가는 길을 방해한다. 희생자는 인물 삼각관계 중에서 가장 약한 존재의 역을 맞는다. 그리고 안타고니스트와 맞서는 장치로 쓰인다. 이 플롯은 이별, 추적, 대결과 상봉이라는 세 단계 국면을 적절히 사용하여 구성한다.

(5) 탈출형 플롯

두 번 실패한 다음 성공하라. 탈출은 항상 문자 그대로 탈출이어야 한다. 주인공은 자신의 의지와 상관없이 종종 부당하게 억류되어 있어야 한다. 그리고 탈출하려 해야 한다. 플롯의 도덕적 논리는 흑백논리다. 대개 주인공은 희생자인데, 이는 구출형 플롯과 반대다.

첫 대목에서는 주인공이 갇히게 되는 과정을 다루고 주인공의 첫 탈출 시도는 좌절된다. 두 번째 대목에서는 잘 짜인 탈출 계획을 다룬다. 그러나 이 계획 또한 언제나 좌절된다. 세 번째 대목에서는 성공하는 탈출이 그려진다. 첫 번째, 두 번째 탈출에서는 안타고니스트가 주인공을 조절하지만 마지막 대목에 이르면 주인공이 조절 능력을 발휘한다.

(6) 수수께끼형 플롯

가장 중요한 단서는 감추지 않는다. 핵심은 영리함에 있다. 평범한 빛으로 수수께끼의 단서를 감춘다. 수수께끼의 긴장은 실제로 일어나는 것과 일어나야만 하는 것 사이의 갈등에서 온다. 그것을 주인공이 풀기 전에 독자가 풀도록 도전거리를 제공한다. 수수께끼의 답, 즉 다이아몬드는 평범한 돌 밑에 숨겨야 한다.

(7) 게임형 플롯

죄는 미워하되 사람은 미워하지 말라. 게임형 플롯은 대부분 도적이나 사기 같은 반사회적 인물의 모험담을 담고 있다. 주인공의 게임 시작은 충분히 타당한 이유가 있어야 하고, 관객이 그의 게임의 한판 승부에 스릴을 느낄 수 있도록 충분히 동일시되어야 한다. 특히 게임의 승부 안에는 반전과 노림수의 계단이 점증되어야 관객이 호기심을 유지할 수 있다.

2) 사랑의 나라

(1) 사랑형 플롯

시련이 클수록 꽃도 화려하다. 사랑의 대상은 항상 중요한 장애 요소와 함께 만난다. 등장인물은 상대를 원하지만 어떤 이유에서든지 함께할 수 없다. 적어도 지금 당장은! 연인들은 어떤 면에서 서로 어울리지 않는 면이 있다. 서로 신분이 다르다거나 신체적으로 평등하지 않다. 이를 테면 평강 공주와 바보 온달, 로미오와 줄리엣의 결합 등이다. 장애 요소를 극복하려는 첫 번째 노력은 항상 무산된다. 성공은 쉽게 오지 않는다. 사랑은 헌신과 끈질김으로 입증되어야 한다.

러브 스토리는 해피엔딩으로 끝날 필요가 없다. 당연하지도 않은 해피엔딩을 만들면 관객은 이를 거절한다. 할리우드는 해피엔딩을 좋아하지만 잘 만들어진 작품 중에는 슬픈 결말도 많다. 〈안나 카레니나Anna Karenina〉(2000), 〈보바리 부인Madame Bovary〉(1933), 〈닥터 지바고Doctor Zhivago〉(1965) 등이 그렇다.

주인공을 매력 있고 설득력 있게 만들어라. 상투적인 관계의 연인은 흥미를 끌지 못한다. 주인공과 상황을 아주 독특하고 흥미 있게 만들어야 한다. 정서는 사랑에 대한 글쓰기에서 중요한 부분이다. 설득력이 있어야 할 뿐 아니라 정서의 여러 측면인 두려움, 싫증, 혐오, 권태, 매력, 실망, 그리움, 양가감정 등을 적절하고 섬세하게 다루어야 한다. 주인공을 사랑의 고행의 나락으로 떨어뜨려라. 연인들은 시험당하고 마침내 그들이 찾고 있는 사랑을 받을 만큼 받는다. 사랑은 수고하여 얻는 것이기 때문이다. 시험받지 않은 사랑은 진정한 사랑이 아니다.

(2) 금지된 사랑형 플롯

빗나간 열정은 죽음으로 빚을 갚는다. 금지된 사랑은 사회의 관습에서 어긋나는 사랑이다. 그래서 연인에 대하여 눈에 보이거나 보이지 않는 반대 세력이 있다. 연인들은 사회적 관습을 무시하고 열정을 좇아간다. 결국 비극적인 결과가 따른다. 간통은 가장 흔한 금지된 사랑이다. 간통하는 자는 이야기의 흐름에 따라서 프로타고니스트이거나 안타고니스트가 된다. 배반당한 배우자도 마찬가지다.

그들이 위반한 금기는 무엇인지, 그들은 그것을 어떻게 다루려 하는지, 그리고 주변 인물들은 그것을 어떻게 다루는지가 플롯의 동기들이다. 그다음에는 사랑하는 연인들은 이상적인 관계를 시작하지만 사회적 · 심리적 압박을 받아 둘의 관계는 해체될 수밖에 없는 위기를 맞는다. 마지막으로 연인들은 여러 가지를 희생하고 도덕적 문제를 해결한 단계에 다다른다. 연인들은 보통 죽음, 압력, 추방 등에 의하여 헤어진다.

(3) 희생적(구원적) 사랑형 플롯

운명의 열쇠가 도덕적 난관을 맞는다. 운명은 희생적 사랑 외에 다른 문제해결 방법이 없는 상황으로 주인공을 몰아가야 한다. 한마디로 고통의 비등점이 끓어 넘치게 해야 하며, 희생은 주인공의 목숨, 삶 같은 위대한 대가를 요구한다. 이를 통해 프로타고니스트에게는 영혼의 구원이 이루어진다. 프로타고니스트는 이야기가 진행되는 동안 낮은 도덕적 차원에서 숭고한 차원으로 중요한 변화를 겪는다. 그러다 어떤 사건이 주인공에게 결단을 촉구한다.

(4) 유혹적 사랑형 플롯

복잡한 인물이 유혹적 사랑에 빠지고 상대를 유혹한다. 유혹에는 치명적인 대가가 따르며, 관객은 유혹에 빠진 인물을 동정한다. 유혹의 플롯은 유혹자의 복합성과 매력도에 승패가 달려 있다. 즉, 인간의 성격, 동기, 필요, 충동 등을 골고루 유혹자 안에 집어넣어야 한다. 또한 유혹자와 유혹의 매력은 뱀처럼 주인공의 마음에 파고들어서 도저히 물리칠 수 없어야 한다. 이야기의 끝에 가서 주인공은 유혹에 빠진 대가로 혹독한 시련을 치르고, 여기서 얻은 깨달음으로 인하여 도덕적으로 높은 경지까지 올라간다. 이야기는 참회와 화해, 용서로 끝이 난다.

3) 성공의 나라

(1) 라이벌형 플롯

사자와 여우의 대결보다 사자와 사자의 대결이 더 흥미롭다. 경쟁자는 상대방을 이용한다. 갈등의 원천은 대결을 피할 수 없는 세력이 물러서지 않는 대상을 만난 결과로 나타난다. 라이벌 간의 갈등의 본질은 세력 투쟁이다. 양자의 적대감은 '대등하게' 맞붙어야 한다. 그들의 세력이 똑같지 않아도 라이벌은 서로 상대방을 대적할 만한, 보상할 만한 힘을 가지도록 설정한다.

(2) 복수와 음모형 플롯

눈에는 눈! 이에는 이! 음모와 복수는 충분히 타당성 있게 잔혹하고 계획적이고 치밀하고 대담해야 한다. 주인공이 범죄를 목격하게 구성하면 효과가 더 커진다. 범죄가 끔찍할수록 복수는 호응을 얻는다. 범죄로 시작하여 복수 계획과 추적이 따라서 나오며 마지막으로 극적 대결 단계에 이른다. 가끔 주인공의 복수 계획은 수포로 돌아가 더욱더 철저한 계획을 세워야 한다. 음모에 빠진 주인공은 천신만고 끝에 자신의 과업을 달성한다.

문제를 해결해야 할 기관이 적절하게 나서지 못할 때는 평범한 남자나 여자가 스스로 사건을 맡아서 직접 정의를 실현한다. 주인공은 복수나 음모 해결에 대한 도덕적 정당성을 가진다. 복수는 성공할 수도 실패할 수도 있으나, 음모에 빠진 주인공은 반드시 성공해야 독자가 카타르시스에 이른다.

(3) 상승과 몰락형 플롯

주인공의 카리스마가 이야기의 자석이 되게 하라. 이야기는 한 명의 주인공에 초점을 맞춘다. 등장인물은 강한 의지, 카리스마를 가지고 있으며 독특하게 보여야 한다. 사소한 성격 결함이 몰락을 부른다. 등장인물의 성격적 결함에 초점을 맞춘다. 이 플롯의 관건은 주인공이 진짜 살아 있는 인물이며 동정을 느낄 만한 가치가 있는 인물이라는 설득력에 달려 있다.

사건의 결과로써 등장인물이 계속해서 변하는 발전과정을 보여 주어라. 끔찍한 환경을 극복한 등장인물에 관한 이야기라면 그런 상황에서 계속 고통을 받는 동안 등장인물의 본질을 보여 준다. 그다음에 이야기 과정에서 사건이 등장인물의 본질에 미친 변화를 보여 준다. 등장인물은 한 상태에서 다른 상태로 건너뛰어서는 안 된다. 그렇게 할 때는 분명한 동기와 의도가 있어야 한다.

등장인물의 성공에 관한 작품이라면 성공의 이유는 등장인물의 결과이지 환경 때문이 아니다. 출세의 이유는 우호적인 환경이어도 된다. 복권으로 수억 원을 받게 만들 수 있다. 그러나 환경이 몰락이나 성공의 이유여서는 곤란하다. 난관을 극복하는 등장인물의 능력에 관한 이유도 등장인물의 성격 탓이지 꾸며 낸 일 때문이 아니다.

직선적인 출세와 몰락은 피하도록 한다. 등장인물의 삶에 다양한 환경이 있다. 출세와 몰락의 경로를 그린다. 등장인물을 로켓에 태워 올려 보내자마자 터져 버리게 만들지 않는다. 사건의 강약도 다양하다. 등장인물은 잠시 동안 비극적 결함을 극복한 것처럼 보일지도 모른다. 그러나 실은 그리 길게 가지 않는다. 또 그와 반대다. 여러 차례 몰락한 등장인물은 마침내 떨치고 일어난다. 이는 등장인물의 끈기, 용기, 믿음의 결과다.

(4) 역전형 플롯

역전은 실제로 정반대의 것을 성취하려는 시도다. 이것은 아이러니의 형식이다. 뒤로 물러나라는 비명이 낭떠러지에 침착하게 있는 아이들을 놀라게 하여 오히려 떨어지게 만드는 것이다. 주인공의 운명의 뒤바뀜 역시 놀라운 역전을 준비한다. 거지가 왕자가 되고, 왕자가 거지가 된다.

역전은 철저해야 하며, 심지어 〈페이스 오프Face / OFF〉(1997)에서 처럼 직업, 아내, 친구뿐 아니라 얼굴까지도 역전될 준비가 되어 있어야 한다.

(5) 희생자형 플롯

주인공의 정서 수준을 낮게 하라. 그들의 재난은 크게 하라. 혜성이든 유성이든 배의 침몰이든, 주인공을 희생자로 만드는 무엇은 스케일이 클수록 독자들이 흥미를 느낀다. 또한 주인공의 정서적 꿋꿋함을 강조하여 그에 대한 동정심을 유발한다. 희생자형 플롯이 라이벌형 플롯과 유사하나 프로타고니스트는 안타고니스트와 대등한 상대가 되지 않는다는 점에서 다르다. 극적 단계의 전개과정은 라이벌형 플롯과 비슷하다. 희생자는 보통 적대 세력을 극복한다. 마지막에 주인공이 모든 난관을 극복했을 때 관객도 주인공과 같은 승리감을 느끼게 한다.

4) 가족의 나라

(1) 성장 및 성숙형 플롯

서리를 맞아야 맛이 깊어진다. 주인공은 자라면서 기대한 것에 비해 진실이 사라지고 환상이 깨어짐을 깨닫는다. 사라진 환상이야말로 모든 소설과 영화의 감춰진 제목이다. 성장기 절정에 있는 주인공을 창조하라. 그의 목적은 아직 확실치 않거나 애매모호하다. 변화가 시작되는 사건이 일어나기 전에 관객에게 등장인물이 누구이며 어떻게 느끼고 생각하며 살고 있는지를 알게 하라. 주인공의 어린 시절의 순진한 삶과 보호받지 못하는 어른의 삶을 대비시킨다. 이야기를 주인공의 도덕적 · 심리적 성장에 집중시켜라.

주인공의 변화의 과정을 점진적으로 보여 준다. 어린 주인공을 믿을 만한 인물로 만들어라. 주인공이 준비가 되기 전에 어른의 가치와 인식을 심어 주면 안 된다. 성장의 교훈이 가져올 심리적 비용을 결정하라. 그리고 주인공이 감당할 만한 방법을 설정하라. 이야기 속에 모든 선악을 담으려 하지 말라. 순간을 조심스럽게 선택하라. 인생처럼 이야기에서도 선택이 일어나게 하라. 사소하게 보이는 일에서도 의미를 얻도록 하라. 어린아이의 시선으로 세상을 바라보고, 거기서 작가가 살았던 세상과 현실을 맞닥뜨리게 하라.

(2) 변신 및 변모형 플롯

변신이든 변모든 변화는 파격적이어야 한다. 변신하는 인물에는 미스터리가 있다. 변신은 보통 저주의 결과인데, 치료는 일반적으로 사랑이다. 사랑의 형식은 부모와 자식, 남녀, 인간에 대한 사랑, 신에 대한 사랑 등으로 설정할 수 있다. 변신은 보통 주인공에게 나타난다. 변신형 플롯의 핵심은 주인공이 변신의 과정을 거치며 인간의 모습으로 돌아온다는 데 있다. 변신은 인물 플롯이다. 결과적으로 관객은 주인공의 행동보다는 마음의 본성에 관심을 더 기울인다. 주인공은 천성적으로 슬픈 인물로 설정된다. 주인공의 생활은 보통 금기사항과 거부할 수 없는 운명의 저주로 묶여 있다.

반면, 변모형 플롯은 주인공이 인생의 여러 단계를 여행하면서 겪는 변화를 다루어야 한다. 이야기는 인격 변화의 본질에 집중해야 하고 경험의 시작에서부터 마지막까지 주인공에게 어떻게 영향을 끼쳤는지 보여 주어야 한다. 보통 프로타고니스트를 위기에 빠뜨리는 사건이 일어나고 변화가 시작된다. 두 번째 단계에서 변화의 영향을 묘사한다. 이 플롯은 인물에 관한 플롯이기 때문에 스토리는 주인공의 성찰에 집중되어 있다. 세 번째 극적 단계는 모든 것이 밝혀지는 사건을 담고 있어야 한다. 이는 변화의 마지막 단계다. 등장인물은 경험의 본질과 경험이 자신에게 끼친 영향을 이해한다. 일반적으로 이 대목에서 진정한 성장과 이해가 이루어진다. 종종 지혜의 대가로 슬픔을 치르기도 한다.

(3) 갈등과 화해형 플롯

사랑의 나라 플롯과 함께 전 세계인들이 가장 좋아하는 플롯 중 하나일 것이다. 갈등을 일으키는 인물은 주로 친족이나 가족 같은 아주 밀접한 관계에서 일어난다. 서로가 서로를 너무 잘 알고 있어서 더는 발견할 것이 없다고 생각한다. 그러나 갈등은 필연적으로 있게 마련이고, 아주 사소한 것에서 시작한 애증의 갈등일 가능성이 높다.

이 플롯에서는 주인공의 과거에 대한 설명이 반드시 필요하다. 그의 애착, 집착, 대인관계 패턴이 특유한 성격과 함께 적절히 설명되어야 한다.

등장인물을 가능한 한 빨리 위기, 즉 현재와 과거의 충돌 속에 처하게 하라. 과거와 현재의 긴장을 이야기의 기본적 긴장으로 유지하도록 한다. 쉽게 멜로드라마의 자장에 빠지지 말고 구태의연한 신파는 피한다.

작가의 메시지를 전달하기 위하여 등장인물에게 강요하거나 훈계하지 않는다. 등장인물과 그들의 상황이 스스로 말을 하게 만든다. 결국 화해의 선택은 독자와 관객이 사건으로부터 스스로 판단하게 만든다.

6. 영화와 내러티브

1) 이야기와 무의식

실제로 영화는 진화하고 있는 신화의 중요한 부분으로 취급할 수 있다. 카를 융Carl G. Jung은 정신을 진화과정으로 보았다. 그의 이론에 따르면 우리는 육체가 그런 것처럼 집단 무의식, 진화에 의해 미리 형성된 마음의 부분을 인간성의 일부로 물려받게 된다. 융은 또한 신화의 줄거리는 공동의 '꿈'을 보상해 준다고 말한다. 신화는 집단 무의식의 한 종류로 볼 수 있는데, 이런 신화의 형태는 동화, 소설, 연극, 시나리오에서 수없이 나타난다.

영화에 대한 반응은 심층의 무의식으로부터의 인식을 나타낸다. 영화는 신화처럼 집단 무의식의 패턴을 차용한다. 영화 줄거리는 의식의 저항을 피해 우리의 마음과 영혼에 직접 말하기 때문에 우리에게 그만큼 큰 영향력을 가진다. 그렇게 함으로써 영화는 우리의 치유와 전환 과정에 도움을 준다.

만약 우리가 다음을 가정한다면,

- 삶의 도전을 받아들이고 함께함으로써 성장과 변화를 위해 노력하

는 것이 인간 본성의 일부라는 것

- 때때로 이러한 자극과 건강한 방식으로 자극에 반응하는 수용력이 타협에 이른다는 것
- 집단 무의식의 산물인 신화가 모델링을 통해 수용력에 재접근할 수 있도록 돕는다는 것
- 영화가 우리의 발달 신화를 표현한다는 것
- 많은 전형적인 시나리오가 실제 삶의 변화를 반영하고 신화와 비슷하게 구조화되어 있다는 것

2) 영화 속 스토리텔링

영화 속 스토리텔링을 통해 정신의 성장과 변화를 도와줄 수 있다. 『신화, 영웅 그리고 시나리오 쓰기Writer's Journey』에서 크리스토퍼 보글러Christoper Vogler는 신화에 삽입된 아이디어들은 조지프 캠벨Joseph Campbell이 『천의 얼굴을 가진 영웅The Hero With a Thousand Faces』에서 밝혀냈듯이 거의 모든 인간의 문제 이해에 적용할 수 있다고 강조했다. 영웅의 여정은 단지 물리적인 행위와 모험뿐만 아니라 로맨스, 코미디, 스릴러 등 모든 종류의 이야기에서 나타날 수 있다. "모든 이야기의 주인공은 그 여정의 영웅이었습니다. 심지어 그 길이 자기 내면으로의 여행이거나 관계 영역으로 이끌어 갈 때에도 말입니다."

『오즈의 마법사The Wizaard of Oz』에서 도로시의 여정은 어떻게 영화 주인공의 이야기가 종종 영웅과 비슷한지를 보여 준다. 여행 중에 그녀는 주저하기도 하고, 두려움을 느끼기도 하며, 멘토를 만나기도 한다. 다시 돌

아갈 수 없음을 깨닫고, 고난과 역경에 부딪힌다. 두려움에 맞서고 새로운 인식을 얻고, 내적 변화를 경험한다. 예를 들면, 그녀는 가정에 대한 새로운 생각, '자기'에 대한 새로운 개념을 가지고 돌아오게 된다.

『정서를 일깨우는 영화 안내서The Laugh & Cry Movie Guide』에서 캐시 글렌 스터드번트Cathie Glenn Sturdevant는 현대적인 시나리오 작법에 따라서 전형적인 플롯 전개를 설명한다. 주인공은 갑작스럽게 순수함을 상실하고 도전을 받아들이는 것에 대한 내적 갈등의 국면을 겪은 후 돌아올 수 없는 지점에 이른다. 그러면 영화의 영웅은 두려움에 맞서고, 때때로 현실적인 목표로 계획을 수정하기도 하며, 새로운 인식을 통해 문제를 해결하면서 애초의 여정은 끝을 맺게 된다.

이러한 유사성은 많은 영화 각색의 형태가 우리 신화에 반영되었던 집단 무의식의 측면에서 나온 것이라는 가정을 뒷받침한다. 관객은 작가와 같은 무의식 세계에 빨려들고, 양쪽 모두 다음과 같은 지혜의 문을 두드리게 된다. 고통의 해독제는 우리의 부름에 대한 저항을 중단하고 최악의 공포에 직면하는 용기를 발견하여 궁극적으로 우리의 가능성을 확장시키는 데에 있다는 것이다.

특별히 우리가 삶의 변화를 경험할 때, 이런 종류의 전형적인 시나리오로 만들어진 영화는 우리가 과거에 얽매여 있던 고통과 미래에 투사된 공포와 불안을 풀어낼 수 있는 용기와 만나도록 돕는다. 우리는 주인공이 이런 것들과 결별하는 과정을 따르고, 명확성을 가지고 행동할 수 있는 현재 시점으로 이동하는 것을 배운다.

7. 영화를 활용한 스토리텔링 치료

1) 스토리텔링 준비 단계

영화를 본 후 내담자에게 본 영화를 바탕으로 스토리텔링을 할 때는 다음과 같은 점을 주지시킨다.

- 내담자들에게 스토리텔링에는 정답이 없다는 것을 강조한다.
- 스토리가 생각나지 않는 사람은 앞서 소개한 열아홉 가지 흥미로운 플롯을 차용하거나 그중 한두 가지를 조합해서 살을 붙일 것을 권유한다.
- 어떤 플롯을 만들든 단순하고, '나의 이야기와 유사' 하고, '치유적 함의나 문제 해결책'이 들어가 있는 플롯을 만들어 볼 것을 권유한다.
- 스토리 작성이 어려운 경우에는 그림으로 그린 후 설명 가능하다고 말해 준다.

2) 영화를 활용한 스토리텔링의 종류

- 내가 영화 속 주인공이라면 영화 보고 나의 선택을 스토리텔링 하기
- 영화에서 지운 대사에 상상하여 대사 덧입히기
- 영화 클립을 감상한 후 새로운 결말 만들기
- 영화에 가상의 주인공을 덧붙여 새로운 이야기 만들기

3) 영화를 활용한 스토리텔링 시 주의사항

(1) 영화를 활용해 내담자의 문제와 유사한 매끄러운 이야기를 끌어내라

내담자가 이야기를 자신의 것으로 받아들이느냐 마느냐 하는 문제는 내담자가 그것을 어떻게 받아들이느냐에 달려 있다. 그러나 이를 위해서 영화 속 이야기는 매끄러운 구조를 가져야 한다. 매끄러운 구조란 그럴듯함, 이야기 속의 인물이 유사한 문제를 어떻게 해결했는지, 효율적인 은유를 썼는지 등이 포함된다. 내담자는 자기 상황에 가장 적합하고 유용한 수준에서 듣고 이해할 수 있을 때 이야기 안에 포함된 더욱 깊은 수준의 메시지를 받아들이게 된다.

예 옛날 옛적에 따뜻한 목장에 어린 말(아동이 좋아하는 동물, 식물, 놀이기구 등)이 살고 있었단다. 그 어린 말은 자기 목장에서 엄마, 아빠 말과 함께 행복하게 살았거든. 그 어린 말은 목장을 달리고 풀 씹기를 좋아했어. 너무나도 행복했지. 그런데 어느 날……(이야기 속 갈등과 유사한 상황을 만든다.)

감동적인 영화 속 이야기는 감정적인 반응이 외부에서 불어오게 하는 깊고 쉽게 기억할 수 있는 통로를 제공한다.

뚱뚱하고 키가 작다는 이유로 학교 가기를 거부하는 여학생이 있다.

예 저기에 있는 배추를 보세요. 한쪽은 벌레를 전혀 먹지 않은 깨끗한 배추들이고 다른 쪽은 벌레가 먹어 버린 흔적이 있죠? 얼핏 보기에 깨끗한 배추가 마음에 들 거예요. 하지만 사람들은 벌레가 먹은 배추를 더 좋아합니다. 보기에는 형편없지만 농약을 쓰지 않았기 때문에 우리 몸에 해롭지 않죠. 어떤 배추가 되고 싶으세요? 나는 이 배추들을 보면서 세상의 모든 것이 하나의 의미로만 존재하지 않는다는 것을 새삼스럽게 느끼곤 합니다. 슬픔이나 고통까지도.

(2) 치료적 암시가 들어 있는 이야기를 만들도록 하라

기본적인 구성 요소를 포함한 스토리텔링은 치료적인 암시를 여기저기 깃들이는 과정을 통해 내담자에게 전달할 때 그 효과를 발휘한다. 해결책을 위한 영화를 활용한 이야기는 점차적으로 해결의 계기가 되어 가는 은유적인 위기가 제시되고, 동일시에 대한 새로운 감각을 발달시키며, 해결책을 지지함으로써 절정을 이루는 과정을 거치게 된다.

예 어떤 여가수가 무대 공포증을 가지고 있었습니다. 그런데 그녀에게는 인형을 수집하는 취미가 있었습니다. 이 사실을 알게 된 상담자는 그녀에게 가장 마음에 드는 인형 하나를 그녀의 핸드백 속에 넣고 다니며 무대에 나갈 때마다 그 인형을 꺼내어 가슴에 안고 쓰다듬으면서, "차분히 노래 부르고 올게. 그러니 너도 차분히 있어."라고 이야기를 건넨 후 무대로 나가 보라고 제안했습니다. 그녀는 그렇게 하고 나서부터는 무대에 나가면 마음이 차분해지고 노래를 잘 부를 수 있게 되었습니다.

이야기가 내담자의 무의식 수준에 알맞게 제공되면, 그들은 자신의 지각을 바꾸는 새로운 내적 경험을 만들어 내고, 그다음 좀 더 생산적인 행동을 선택하게 된다. 내담자를 자유롭게 해 주는 은유적인 우화는 실제 임상 장면에서 크게 도움이 된다.

제가 아는 30세의 미혼인 남성 내담자는 좋아하는 여성이 있지만 거절당하면 어쩌나 하는 두려움 때문에 데이트 신청을 못하고 있었습니다. 그는 좋아하는 여성에게 자신의 감정을 표현하고 싶었지만 기회가 없었습니다. 그는 그녀의 생일을 알아내고 그날 데이트를 신청하기로 결심했습니다. 하지만 감히 전화를 걸거나 찾아갈 만한 용기가 나지 않았습니다.

그는 흥분된 기대와 거절당할지 모른다는 두려움 사이에서 어쩔 줄 몰라 하는 사춘기의 소년과 같았습니다. 그녀가 자신을 싫어할지도 모른다는 부정적인 목소리가 마음 한구석에서 속삭였습니다. 하지만 그녀와 함께 있고 싶은 마음이 너무 강해 결국에는 전화를 했습니다. 그러나 그녀는 데이트 신청을 해 주어 고맙긴 하지만 이미 선약이 있다며 거절했습니다.

그는 한방 얻어맞은 기분이었습니다. 전화를 걸지 말라고 충고했던 그 목소리가 더 창피를 당하기 전에 어서 포기하라고 재촉했습니다. 하지만 그는 그녀에게 끌리고 있었으므로 그 느낌을 표현하고 싶었습니다.

그는 백화점에 가서 그녀에게 줄 예쁜 생일 카드를 샀습니다. 그러고는 카드에 생일을 축하한다는 글귀를 적어 그녀에게로 향했습니다. 또 다시 부정적인 목소리가 그를 엄습했습니다. 한 번 거절당한 것으로 충분하지 왜 또 창피를 당하려고 하느냐는 것이었습니다.

그는 용기를 내서 어떤 결과도 바라지 않고 단순히 자신의 마음을 전달해야겠다는 다짐을 하면서 그녀에게 카드를 건넸습니다. 그녀는 특별히 감동받은 것 같지는 않았습니다. 그녀는 단순히 고맙다고 말하고는 카드를 열어 보지도 않은 채 옆에다 내려놓았습니다. 다시 거부당한 느낌이 그를 엄습했습니다. 아니, 거절하는 것보다 아무런 반응이 없는 것이 더 비참하다는 생각이 들었습니다.

그러나 작별인사를 하고 밖으로 나오는 순간 갑자기 두려움을 떨쳐내고 드디어 자신이 원하는 것을 해냈다는 어떤 만족감이 그를 감쌌습니다. 어떤 보상과 결과에 집착하지 않고 그녀에게 자신의 마음을 전달할 수 있었다는 자부심을 느낄 수 있었습니다.

그는 자신에 대한 성취감과 평화로 인해 창피스러움이 사라져 버렸음을 느꼈습니다. 무엇보다 자기 자신이 자랑스러웠습니다. 그 여성과 관계에서는 진전된 것이 없었지만, 그 경험은 그를 크게 변화시켰고 강하게 만들었습니다. 그는 사랑을 받지 못할 때 상처받는 것이 아니라, 상처를 주지 못할 때 고통이 찾아온다는 것을 깨닫게 되었습니다.

우리의 행복은 결과에 관계없이 내가 원하는 것을 하느냐에 달려 있습니다. 이 이야기가 어떻게 들리세요? 만약 당신이 원하는 미래에 도달하는 것이 실패하더라도 대신 더 소중한 무엇을 얻을 수 있을까요?

(3) 스토리텔링 시 촉진 도구를 활용하라

인형, 예술적인 물건, 모래 접시, 동물 인형, 사진 등 일정한 형태를 갖춘 것과 조개, 돌멩이, 막대기, 나뭇잎과 같은 무의식적인 변화를 도울 수 있는 도구들은 스토리텔링의 촉진을 돕는다. 촉진 도구를 활용하면서 내담자가 동일시한 것의 기분을 물어보고 역할극을 함께 도입할 수 있다.

예 지금 생쥐의 기분은 어떨 것 같니? 여기서부터 생쥐의 역할을 해 보겠니?

상담자는 촉진 도구에의 몰입 상태에 이른 듯 보이는 시점에서 하나씩 다른 인형의 눈을 감겨 주고 이완시키면서 최면 상태를 유도할 수 있다. 예를 들어, 아무리 노력해도 자신은 성공할 수 없을 것 같다는 패배의식에 사로잡힌 청소년에게 가장 자신 같은 인형을 하나 선택하게 한 후 간단한 자기 이야기를 이끌어 내고 새로운 성공 스토리를 만들어 내게 할 수도 있다.

Tip 스토리텔링을 활용한 영화치료 시 주의사항

- 가급적 영화를 활용하여 스토리텔링을 해야 한다. 영화 없는 스토리텔링 과제는 내담자에게 막막하고 답답한 어려운 과제가 되기 쉽다. 그게 설사 자신의 이야기를 쓰는 자서전이라도 마찬가지다.
- 영화를 활용할 때는 영화를 마치 문장 완성 검사처럼 사용하는 것이 좋다. 특정 영화의 일부분을 보여 준 후 그 뒤의 이야기를 내담자에게 만들어 보도록 한다.

- 영화를 끊을 때는 대개 영화의 클라이맥스나 어려운 선택 지점에서, 혹은 윤리적 고민을 하는 이야기를 만든 후 뒷이야기를 만들어 보도록 하는 것이 좋다. 이 경우 내담자의 가치관과 세계관, 이제까지 사용해 왔던 문제 해결책이 드러난다.
- 같은 영화로 스토리텔링을 했을 경우, 내담자에게 자신의 가치관과 문제 해결책을 다른 내담자와 비교해 볼 수 있는 또 다른 기회를 주는 장점이 있다.

이 외에도 여러 가지 응용이 가능하다. 대사를 지우고 대사 넣어 보기, 가상의 주인공 만들어 다른 결말 만들기, 대안적 결말 만들어 보기, 대사를 지운 영화를 본 후 새로운 이야기 만들기 등이 있다. 영화가 모호할수록 오히려 내담자의 내면이 투사된 흥미로운 스토리가 탄생할 가능성이 높아진다.

8. 스토리텔링 공개, 나눔 및 후속 상담

1) 스토리텔링 공개

- 각각의 사람들이 만들어 낸 스토리텔링이나 그림을 공개한다.
- 이러한 스토리텔링을 한 이유에 대해서 의견을 나눈다.

2) 나눔과 공유

- 스토리텔링의 어떤 부분에서 강한 감정이 일어났는지 살펴본다.
- 스토리텔링의 어떤 부분이 나의 모습이나 관계와 비슷한지 살펴본다.
- 스토리텔링 안에 반영되어 있는 나의 가치관과 세계관을 찾아본다.
- 스토리텔링 안에 반영되어 있는 나의 문제 해결책은 무엇인지 찾아본다.

3) 후속 상담

- 똑같은 영화를 보았지만 서로 다른 스토리텔링을 통해 가치관과 세계관의 차이가 절대평가될 수 없음을 강조한다.
- 스토리텔링과 내담자의 자기 이야기 브리징
- 스토리텔링과 브리징된 내담자의 자기 이야기를 심리적으로 지지해 준다.
- 내담자가 스토리텔링에서 다룬 것 외에 해결되지 않은 미해결 과제는 무엇인지 생각해 보도록 한다.
- 다음 회기를 계획한다.
- 내담자들과 소감을 나누고, 상담을 마무리한다.

4부 \ 표현 영화치료

제14장 비디오 다이어리

제15장 영화 만들기 치료

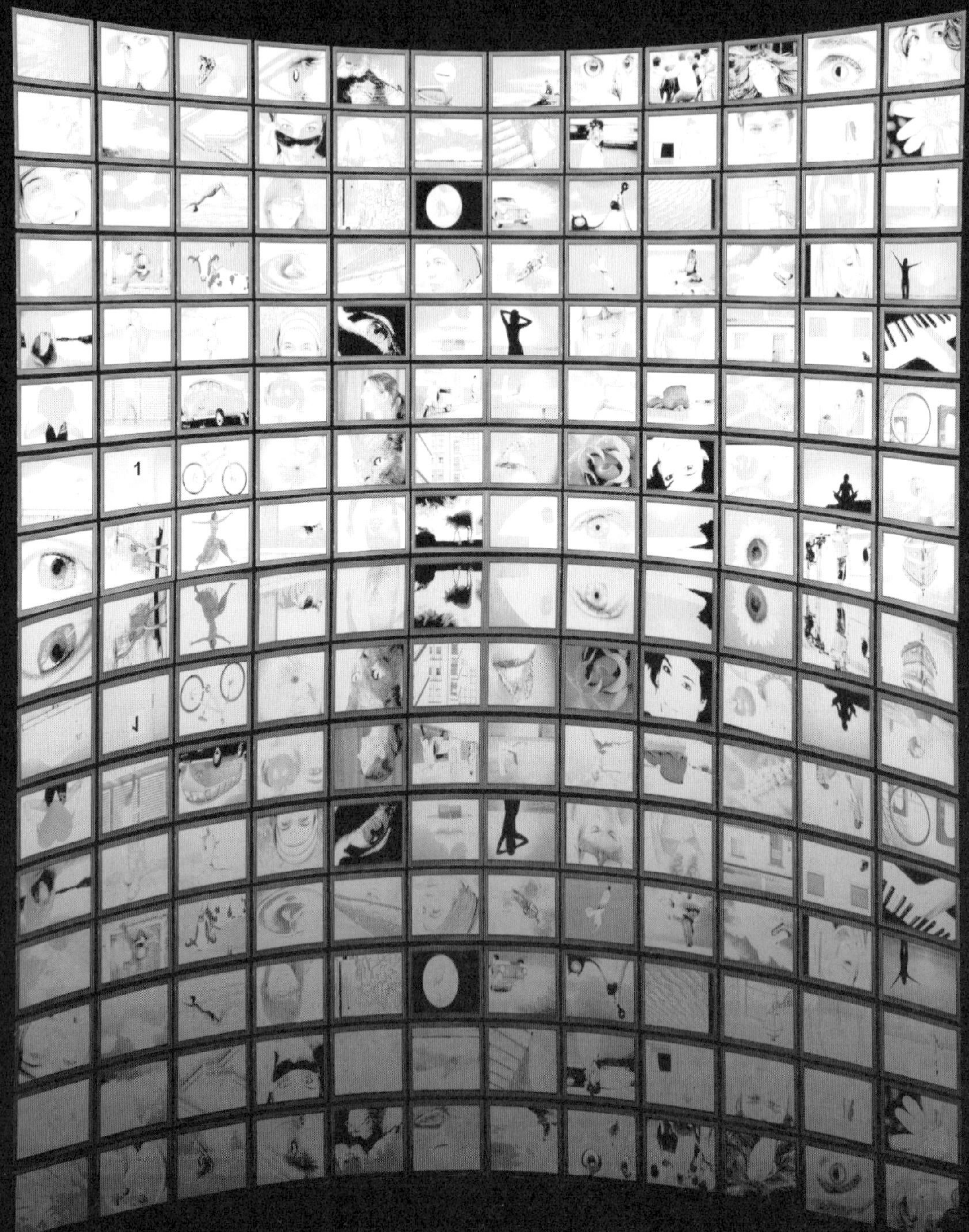

제14장

비디오 다이어리

1. 사적 다큐멘터리의 정의와 역사

1) 사적 다큐멘터리

우리는 범람하는 이미지, 그것도 스스로가 스스로를 찍는 '셀카'라는 이미지가 범람하는 디지털 시대에서 살고 있다. 연예인이 자신의 셀카를 인터넷 홈페이지에 올려 두거나 일반인들이 스스로 찍은 셀카 사진을 자신의 미니홈피에 올리는 일은 더 이상 신기한 행동이 아니다. 디지털 테크놀로지의 발전으로 자신이 자신에 대해 이야기하고 재현하는 방식이 점점 다양화되고 자연스러워지고 있는 것이다

사적 다큐멘터리autobiographical documentary는 제작자 자신을 포함하여 제작자의 가족, 그리고 제작자와 일상적으로 밀접한 관계를 맺고 있는 대상이 화면 내에 존재하며, 그들을 개별 혹은 통합 형태의 주제로 하여 주관적으로 제작되는 다큐멘터리를 일컫는다.

흔히 사적 다큐멘터리는 사회적 · 정치적인 공적 이슈를 다루는 사회적 다큐멘터리와 대립되어 사용되기도 한다. 다큐멘터리 연구자들은 셀프 다큐멘터리를 포스트 다큐멘터리에 속하는 분야로 보고 있으며, 비디

오 다이어리video diary, 일기 영화diary film 등도 사적인 다큐멘터리와 비슷한 개념으로 사용되어 왔다.

이미 문학이나 회화에서는 '자기 이야기' 라는 문학적 형태와 '자기 이미지' 라는 회화적 양식을 가지면서 다양한 자의식의 발전을 담아 왔다. 문학에서 자서전이라 하면 흔히 개인의 일생을 사적 중심으로 적은 기록을 말한다. 그러나 *The Autobiographical Documentary in America* (2002)의 저자 짐 레인Jim Lane은 문학과 달리 자전적 다큐멘터리가 삶 전체를 조명하는 것이 아니라 삶의 어떤 순간들, 한 시기나 기간을 다루는 것이기 때문에 완전한 의미의 자전적 다큐멘터리는 불가능하다고 말한다.

따라서 이 장에서는 사적 다큐멘터리를 '나' 혹은 '나와 연관된 사람을 찍는다.' 는 개념이 들어간 다큐멘터리를 총칭하는 것으로 지시하겠다. 그리고 대부분의 영어 원문에서 '사적' 이라는 용어와 '자전적' 이라는 용어가 혼용되고 있으므로 이 책에서는 사적 다큐멘터리와 자전적 다큐멘터리 모두를 사적 다큐멘터리로 두고 따로 구분하지 않을 것이다.

Tip 포스트 다큐멘터리란

포스트 다큐멘터리는 고전적 다큐멘터리 이후의 다큐멘터리란 뜻을 가진다. 흔히 그 특징은 다큐멘터리의 글쓰기 스타일에서 작가 개개인의 개성이 드러나고, 증언과 관찰의 다양화로 기존 고전 다큐멘터리에서 볼 수 없었던 수사법이 많이 개입된다는 것이다. 작가는 자신의 퍼포먼스를 다큐멘터리 영상에 자주 보임으로써 자연스럽게 관객을 개입시키거나, 자신의 모습을 미장센 안에 포함시켜 더 강렬하게 자신의 의지를 피력하기도 한다. 더불어 타 장르(극영화, 뮤직비디오, 애니메이션, 광고 등)에서 쓰이는 수사법의 차용은 물론, 기존 다큐멘터리가 가지고 있던 다큐멘터리의 형식적 권위를 약화시키는 특징이 있다.

2) 사적 다큐멘터리의 역사

'개인적인 것은 정치적인 것이다.' 라는 슬로건에 걸맞게, 미국에서 사적 다큐멘터리가 등장하게 된 배경에는 1950, 1960년대의 민권운동, 흑백 갈등, 반전운동 등 정치 · 사회적 상황과 관련이 있다. 급진적 · 집단적 사고체계에 속했던 사람들은 1970년대가 되면서 사회 개혁이라는 거창한 목표 대신, 개인의 구원이나 개발 등으로 관심을 옮겨 갔다. 영화사로 보자면 일찍이 유럽의 자기 반영적 실험영화 작가들인 장 루쉬Jean Rouch, 장 뤽 고다르Jean-Luc Godard 등 감독의 영향도 있다.

이러한 사회적 맥락에서 할리우드 상업영화의 속박에서 자유로운 아방가르드 독립영화 운동이 나타나기 시작했으며, 이 아방가르드 독립영화 운동에서 미국의 사적 다큐멘터리의 근원을 찾아볼 수 있다. 제롬 힐Jerome Hill, 브루스 코너Bruce Connor, 스탠 브래키지Stan Brakhage, 요나스 메카스Jonas Mekas 등은 상업영화에 맞서기 위한 대안 양식으로 최소 인원 내지 1인 제작(촬영, 편집) 체제로 자신의 일상을 가벼워진 녹음 장비와 카메라로 기록하기 시작했다. 짐 레인이 주장한 미국의 사적 다큐멘터리의 뿌리는 크게 다음의 세 가지 힘에 바탕을 둔다.

① 1950년대 영상과 자신의 본질을 찾고 순수예술로 접근한 아방가르

드 영화의 사적 · 자전적 주제의 등장

② 1960년대 시네마 베리테와 다이렉트 시네마 사이에서의 갈등

③ 성찰적 다큐멘터리(카메라를 향해 직접 말을 한다든지, 영화의 제작과정을 그대로 화면에 담는 자기 반영성이 있는 다큐)의 특징

3) 한국에서의 사적 다큐멘터리

남인영은 자신의 박사학위논문인 「한국독립다큐멘터리 영화의 재현 양식 연구」(2004)에서 한국의 사적 다큐멘터리의 근원을 독립 다큐멘터리의 역사 안에서 찾는다. 그녀는 크게 한국 독립 다큐멘터리를 대략 세 시기로 나누어 보고 있다.

첫 번째 시기는 1982년 서울 영화 집단의 출범을 위시하여 이른바 충무로 상업 영화권 외부에서 영화 제작과 소통을 시도했던 영화 소집단을 중심으로 다큐멘터리의 실천이 이루어지는 때다. 그들은 당시 대중 투쟁의 핵심이었던 노동 운동과 연대를 모색하면서 발전하였고, 교육 선전 및 대중 선동의 수단으로 다큐멘터리를 제작하였다. 이 시기의 다큐멘터리 영화는 대부분 노동자나 도시 빈민층이 대상이었고, 대중 투쟁의 현실을 기록한다는 점에 집중되어 있었다. 또한 당시에는 상황과 주제 전달을 위해 권위적인 3인칭 내레이션을 많이 차용한 설명적 다큐멘터리가 주를 이루었다. 이 시기의 주요한 영화 운동 단체로는 민족영화연구소, 바리터, 노동자 뉴스단, 서울영상집단, 장산곶매 등이 있다.

두 번째 시기는 푸른 영상을 위시하여 다큐멘터리 제작 및 배급을 전문으로 하는 제작 단체들의 출범과 함께 시작된 1990년대 초반에서 중

반에 이르는 시기다. 1990년대 이후 동구권 사회주의 국가의 몰락과 1993년 문민정부의 출범 등으로 민주화 운동이 전개되면서, 이 시기의 작가들은 영화 운동 정체성에 대해 자문하고, 기존의 영화 운동에서 벗어나 다큐멘터리라는 장르 자체에 대해 고민하게 되었다. 즉, 다큐멘터리 재현 양식에 대한 자의식이 싹트고 다양한 양식의 실험이 시도되었다. 영화 형식적으로도 권위적인 3인칭 화자 내레이션 대신 등장인물이나 감독 자신이 내레이션을 하거나 직접적이고 공적인 발언 대신 제작 대상의 일상적인 모습을 담기 시작하였다. 이 시기의 주요 작품으로는 다큐멘터리 작가 회의의 〈옥포만에 울려 퍼질 우리들의 노래를 위하여〉(1991), 서영집의 〈54일, 그 여름의 기록〉(홍형숙, 홍효숙, 1993), 〈두밀리 새로운 학교가 열린다〉(홍형숙, 1995), 푸른 영상의 〈낮은 목소리 1〉(변영주, 1995) 등이 있다.

세 번째 시기는 바로 사적 다큐멘터리가 시작된 1990년 후반 이후다. 이 시기에는 다큐멘터리 속에 '나'라는 존재가 등장하기 시작했고, 제작 집단에 속하지 않은 개인적인 작업자들이 생겨나기 시작했다. 작품 크레딧에 감독의 이름이 등장하는 것도 일반화된다. 사회 · 정치적으로 이슈가 되었던 공적인 사건뿐 아니라 일상적이고 사적인 소재들이 관심의 대상이 되었고, 제작자는 자신의 목소리와 몸을 이미지 속에 등장시켜 사건에 개입하고 자신의 가족과 주변을 담기 시작한다. 이 시기의 작품들로는 김진아의 〈김진아의 비디오 일기〉(2001), 김이진의 〈주마등〉(2001), 조윤경의 〈가족 프로젝트-아버지의 집〉(2002) 등이 있다.

사적 다큐멘터리가 출현한 시기를 독립 다큐멘터리의 발전과정에서 찾는다면, 앞의 시기별 구분 중 세 번째 시기인 1990년대 후반부터 제작자가 제작 집단에 속하지 않으면서 개인적으로 일상적이고 사적인 소재들을 대상으로 자신의 일상을 담기 시작하였다고 할 수 있을 것이다.

2. 비디오 매체의 고유한 특징

우리는 여기서 비디오 워크의 주체가 되는 비디오에 주목할 필요가 있다. 비디오 매체의 특징이 상당 부분 '왜 사적 다큐멘터리가 심리적 장치이며, 때로는 치유적인가?' 하는 질문에 실마리를 던져 주기 때문이다. 비디오는 영상을 제작 · 제공한다는 점에서 영화 카메라와 유사한 장치로 비교되었다. 그러나 비디오를 단순히 영화와 TV에 비교하는 데서 멈추어서는 안 된다. 마샬 맥루한Marshall McLuhan이 "메시지는 마사지다."라고 선언한 것처럼, 매체(미디어) 자체는 하나의 메시지로서 중립적이지 않기 때문이다.

그렇다면 비디오 매체가 가지는 고유한 특징은 무엇일까? 일단 비디오 자체의 몇 가지 특징을 나열해 본다면 물리적 크기의 소형화, 모니터와 카메라가 일체형인 순환적 장치, 전기 · 기계적인 장치라는 점이다.

첫째, 비디오의 전기 · 기계적 장치라는 것은 무엇을 의미하는가? 비디오의 전기 · 기계적 재현은 재현 자체에 있어서 인간의 개입, 카리스마 등을 최소화시킨다. 즉, 회화나 영화가 주는 어떤 환상성이 부재한다. 다시 말해, 비디오의 이미지는 기존의 이미지가 가지고 있는 '아우라'를 획득하지 못한다고 볼 수 있다. 게다가 사진과 달리 어떤 순간, 즉 기록 당시의 시간이 아닌 끊임없이 흘러가고 생성되는 '현재의 시간'을 만들어 낸다. 즉, 비디오에서는 화학매체를 통해 사라지는 순간 자체를 기록하고 고착하던 사진과 달리 끊임없이 흘러가는 현재를 담아내고 그것을 피부로 느끼고 직접 관찰할 수 있다.

따라서 비디오는 내담자들에게 매우 '친밀'하게, '아우라'가 있는 이미지를 생산하는 데에 대한 부담을 던 상태에서, 그리고 경제적으로 값싸게 자신의 현재 삶과 시간을 확보하는 손쉬운 매체로 이용될 수 있다.

둘째, 비디오는 소형화되어 제작과 편집이 편리하다. 즉, '활동성'과 '즉흥성'을 가지고 있다. 영화가 산업적이고 대규모의 스태프와 기획이 필요한 것에 비해서, 비디오는 독자적이고 단독으로 그리고 즉흥적으로 이미지를 기록하고 재현 가능하다. 이렇게 소형화된 장비는 대상과의 관계에서 불가피하게 생길 수밖에 없는 폭력적인 권력관계를 완화시켜 준다. 필자의 경험으로 보자면 대형 카메라 앞에서는 인터뷰를 꺼리던 일반인들이 소형 카메라 앞에서는 더 자유스럽게 자신의 의견을 피력하는 현상을 자주 관찰하게 된다. 결국 비디오는 대중적이고 일상적인 차원으로 소재를 끌어내리면서 민주적인 사용을 가능하게 해 준다.

이러한 가능성은 일반인들이 자신과 주변의 사건들을 영상으로 담을 수 있게 해 준다는 점에서 일종의 스펙터클로서의 영상이 아닌, 자신이 직접 생산해 내고 주변을 담을 수 있는 '거울'로서의 영상이 작동할 수 있게 되는 단초가 된다.

셋째, 비디오는 내적인 시스템(즉, 순환적이고 폐쇄적인 시스템)을 가지고 있다. 앞서 논의한 물리적인 특성과 더불어, 비디오의 핵심적 속성은 바로 그것이 심리적 장치라는 점이다. 초기 비디오 장치는 카메라와 그것의 결과물이 나타나는 모니터가 함께 장착된 일체형으로 개발되었다. 따라서 투사(카메라)와 반사(모니터)가 동시에 이루어졌다. 즉, 전기적 순환관계이자 폐쇄적인 회로라고 볼 수 있다. 이는 즉각적으로 자기를 볼 수 있는 거울 효과를 만들어 낸다는 점에서 자기 이미지에 대한 리비도의 집중이라고 볼 수 있다.

프로이트에 따르면 나르시시즘은 대상 리비도가 회귀해서 자기 자신을 향하는 것을 뜻한다. 비디오 장치를 통해서 주체는 끊임없이 자신의 이미지를 대상화시키면서 외부 대상, 즉 타자에게 주어졌던 관심을 자아에게 돌리고 바라보게 된다. 그러한 면에서 비디오는 나르시시즘적이면서 동시에 성찰적인 매체가 될 수 있다(성용희, 2007 재인용).

3. 사적 다큐멘터리의 특징과 치유성

이렇게 비디오로 촬영한 사적 다큐멘터리의 특징과 치유성은 크게 다음의 다섯 가지로 구분할 수 있다.

1) 외부화를 통한 관찰

사적 다큐멘터리는 내담자-감독의 일상을 대상으로 하기 때문에 필연적으로 내담자-감독, 즉 주체의 입장이 다큐멘터리의 대상과 동일화된다. 또한 사적 다큐멘터리는 찍는 순간부터 가족 서로 간의 애정과 원망, 숨겨 두었던 셀프 이미지, 자신이 보지 못했던 심리적 맹점 등이 적나라하게 드러난다. 그리고 내담자는 그것을 스크린상에서 바라보면서 또 다른 자신을 만나는 기이한 경험과 동시에 '자신이 자신을 관찰하는' 드문 순간을 맞이하게 된다.

흔히 사적 다큐멘터리를 찍을 때 그 대상이 되는 카메라에 대한 내담자들의 반응은 자기혐오, 심리적 위축부터 매혹까지 다양하다. 이러한 반응들은 거꾸로 상담자나 내담자 모두에게 카메라라는 가상의 타자를 통해 내담자가 어떻게 자신과 새롭게 관계를 맺는지를 탐색하는 기회가 될 수 있다. 또한 가족 내 타자를 비추면서 동시에 자신의 이미지를 가족을 통해 살펴보는 참여 관찰도 가능하다. (필자는 이를 **자기 외부화**라고 명명하겠다.) 즉, 이제까지 늘 자신의 몸과 마음속에서 내부화되어서 잘 보이지 않았던 것들이 자신의 밖으로 '외부화' 되는 것이다. 특히 혈연과의 관계를 담은 클립들은 기억을 공유하고, 물리적 유사성과 기질이 있다는 것을 깨닫게 하며, 가족이 강요하는 행동 또는 태도가 존재한다는 것을 보여 준다. 내담자-감독은 이러한 가족의 역동을 관찰함으로써 이제까지 보지 못했던 사실을 수용한다.

2) 관찰을 통한 직면

결국 자기 외부화와 관찰은 내담자의 심리적 맹점과 모순을 한눈에 직면하게끔 한다. 내담자는 그것을 수용할 수는 있어도 도망칠 수 없다. 때로 셀프 다큐멘터리는 상담자와의 협업으로 가장 정직한 직면의 도구로 사용될 수 있다.

일례로 상담 장면에서 자신이 매우 순하고 자기주장성이 부족하다고 고백했던 한 내담자는 셀프 다큐멘터리 속의 탁구시합 장면에서는 매우 긴장되고 공격적인 자세를 취하고 있는 자신을 발견하였다. 이러한 자기 모순을 발견한 내담자는 즉각적으로 자신의 방어와 내면 사이에서 오는 긴장과 갈등을 직관적으로 이해하게 되었다.

3) 주관성을 통한 소통과 지지

다큐멘터리의 특성이 비록 객관적인 기록성에 있다고 하여도, 사적인 다큐멘터리는 결코 객관적이라고 보기는 힘든 면이 있다. 오히려 내담자-감독이 선택한 현실은 개인적 의미와 자의식이 들어간 현상의 재해석에 가까울 것이다. 다큐멘터리는 만드는 사람들에 따라 같은 주제라도 얼마든지 다르게 표현될 수 있고, 다양한 시각이 그 안에 들어 있기 마련이다. 어떤 사실을 어떤 기준으로 선택하고 어떻게 나열하느냐에 따라 다큐멘터리는 제작과정에서 새롭게 창조되어 태어나는 것이다.

그래서 *Documentary in a Post-Documentary Culture?*를 쓴 존 코너John Connor는 사적인 다큐멘터리가 "주관적인 면이 강조되고, 스타일이 과도하다."는 비판을 하기도 한다. 한편으로는 그렇기에 치유적인 관점에서 보자면 오히려 구성상의 자유로움과 내담자의 내면을 탐색할 심리적 틈이 생겨나는 것이다. 예를 들어, 가족사에 관한 회상 장면을 삽입할 때는 컬러와 흑백을 교차하기도 하고 반복해서 편집된 상태로 두기도 한다. 이론가 필립 스톡스Philip Stokes는 "마음에 구슬처럼 꿰어져 있는 시간의 샘플들은 바로 기억이다."라고 정의했다.

특히 사적인 다큐멘터리는 개인과 관련된 이야기를 할 때 그 개인의 위기가 갈등을 풀려고 하기보다 그렇게 될 수밖에 없었던 이유를 보여줌으로써 암묵적으로 내담자를 지지하는 입장을 취하기도 한다. 과거의 나쁜 기억이 외상으로 남아 있을 때는 다큐멘터리를 만드는 과정이 치유의 과정이 될 수 있는데, 이런 것들은 아주 주관적이라고 할 수 있다.

예를 들어, 〈끔찍하게 정상적인Awful Normal〉(2004)에서 주인공이자 감독인 셀레스타 데이비스Celesta Davis는 25년 전 아버지의 절친한 친구이자 자기와 언니를 성추행한 가해자인 알렌을 만나러 떠난다. 25년간 아버지는 성추행 사실에 대해 없는 것처럼 둘러대었고, 그것은 자매가 성장한 이후에 지독한 상처로 자리 잡고 있다. 가해자인 알렌의 입으로 스스로의 행위에 대한 이야기를 듣기까지의 과정에서 자매와 어머니는 알렌을 찾으러 가는 차 안에서 끊임없이 서로를 보듬고 위로하며 대화한다. 대하기 불편하고 두려운 알렌을 직면하고 그가 스스로 자신의 행위를 말하게 함으로써 그 일에 대한 책임을 그에게 되돌리는 행위 자체가 지니는 해소의 힘 이상으로, 다큐를 만드는 과정에서 이루어진 그녀들 간의 끊임없는 '말하기'가 지닌 치유의 힘은 강력해 보인다.

Tip 치유 사례

식이장애를 갖고 있던 임우정 감독은 다큐-픽션이라 부르는 〈49〉를 제작했다. 그리고 그 느낌을 자신의 논문 「여성의 자전적 다큐멘터리와 여성주의 문화실천에 관한 연구」(2005)에서 다음과 같이 밝히고 있다.

> 내가 했던 일상의 행위들이지만 혐오했던 것들을 다시 한 번 카메라 앞에서 벌인다는 것은 어떤 의미를 가질까? 시나리오를 쓰거나 연기를 하는 동안은 실제 나의 생활이 그랬듯이 이 비디오를 만든다는 것이 무척 고통스러운 경험이었다. 그런데 신기하게도 하나의 굿판을 벌이듯 순서대로 일을 벌여 나간 후 테이프를 들고 비디오 편집실에 앉았을 때, 고통의 감정은 어디론가 달아나 버리고 나는 생경하게 느껴지는 모니터 속의 나를 바라보고 있었다. 나의 경험을 '재현'한다는 것은 온전하게 '나'를 그려낼 수 있는 것인가라는 의문과 함께, 오히려 그것이 '픽션'을 전제로 한 '연기'일 뿐이라는 자기 위안이자 기만이 나의 병증을 비디오테이프 안에 가두고 현실의 나는 병에서 빠져나오는 그런 경험을 하게 만들었다.

4) 즉흥성을 통한 공감

사적 다큐멘터리는 만드는 이와 밀착성이 뛰어난 대상을 소재로 삼기 때문에 시간과 공간의 구애를 받지 않고, 자유롭게 촬영을 하면서 기록하고 상호작용을 하는 것이 그 어떤 영화나 다큐보다도 용이하다. 즉, 감독과 대상이 서로 어떠한 경계나 긴장감을 갖지 않고 편하게 일상을 이어 간다. 그래서 관객은 종종 다른 영화나 다큐멘터리에서 잡아내지 못하는 순간을 포착한 장면을 사적인 다큐멘터리에서 보게 된다. 일례로 안산의 다문화가정 부부상담을 했을 때, 한 내담자는 심지어 자신과 남편의 부부싸움을 아주 생생하게 촬영해 왔다. 물론 카메라는 숨겨져 있는 상태였는데, 심지어 남편의 고함과 구타로 화면이 흔들거릴 정도였다. 그러나 종종 이전에도 남편의 구타가 있었다는 내담자는 오직 '내가 이렇게 사는 것을 세상에 보여 주고 싶다.'는 일념으로 폭력의 피해 현장에서 대상이었던 자신을 포착할 수 있었다.

결국 관객은 일반 영화나 다큐멘터리에서는 잡아내지 못하는, 그리고 대부분 공감하거나 깊은 연민 또는 감정적 동요를 일으키는 장면을 함께 볼 수 있다. 이는 화면 속에서 내담자-감독이 경험했던 것과 같은 유사한 기억을 불러일으키기도 하고, 내담자의 처지에 대해 깊이 공감할 수 있게 되기도 한다. 이것이 곧 개인의 기록이 보편성을 획득하는 한 원인이기도 하다.

5) 자기 반사를 통한 성찰

사적 다큐멘터리나 비디오 워크는 자기 반사성self reflection을 지니고 있다. 로잘린드 크라우스Rosalind Krauss는 「비디오: 나르시시즘의 미학Video: the Aesthetics of Narcissism」(1978)에서 자기 반사성을 "외부로 향하던 시각과 인식을 자기 자신에게 돌려 자신을 대상화시키면서 스스로를 인식 · 탐구하고 그것을 구체적인 모습으로 인격화시키는 것을 의미한다."라고 주장한다. 다시 말해, 특정한 표현방식 안에서 작자 자신이 자신의 모습을 구체적인 형태로 그려냄으로써 자신에 대한 어떤 성찰과 자신을 이 세계 속에서 어떻게 위치 짓는지를 상담자의 도움으로 혹은 스스로 깨달을 수 있다.

여기서 우리는 자기 반사성과 구별되는 자기 반영성self reflexivity에 대해서 알 필요가 있을 것 같다. 자기 반영성이란 특정 매체가 매체 자신에 대한 고민을 하려는 태도를 의미한다. 예를 들어, 감독이나 작가가 영화에 관한 영화라든가 문학에 관한 문학의 소재를 통해 영화가 무엇인지 혹은 문학이 무엇인지를 고민하려는 태도를 포함한다. 일례로 영화 현장에서 벌어지는 일을 찍은 1973년작 〈아메리카의 밤〉에서 프랑수아 트뤼포Francois Truffaut가 평생 영화광으로 살았던 자신의 삶을 반추하고, 자기 반사성에서 '자기self'가 작가 자신, 즉 행위의 주체를 의미한다면, 자기 반영성에서 '자기'는 행위 주체일 수도 있지만 자기를 포함하여 매체 자체, 방법론, 언어, 예술, 재현 같은 큰 범주의 자기라고 할 수 있다.

사적인 다큐멘터리에서 드러나는 자기 성찰의 태도와 구체적인 내용은 뒤의 분석과정에서 더 자세히 논의하겠다.

4. 셀프 다큐멘터리의 제작: 무엇을 어떻게 표현할 것인가

내담자는 셀프 다큐멘터리를 제작하면서 무엇을 어떻게 찍을 것인가를 고민하기 시작한다. 보통의 내담자의 경우 이 무엇과 어떻게는 구체적인 심사숙고 없이 아주 직관적이고 즉흥적인 방식으로 이루어지는 경우가 대부분이다. 그리고 그러한 즉흥성이 내담자의 세계관과 그 자신을 이 우주에서 어떻게 위치 짓는가 하는 것을 무의식적으로 드러내기 때문에 더욱 흥미롭다. 상담자는 대개 내담자에게 셀프 다큐멘터리의 구체적인 지침이나 기술을 가르쳐 줄 필요는 없다. 물론 상담자는 일반적인 캠코더를 작동하는 법 정도는 알고 있어야 한다. 그러나 영화치료를 위한 사적 다큐멘터리는 일반적인 다큐멘터리와 달리 미학적인 고려나 예술적인 야심을 가지고 행해지는 것은 아니다. 다만 아래의 경우를 고려할 수는 있다.

마이클 래비거Michael Rabiger는 『다큐멘터리Directing The Documentary』란 책의 '5분 다이제스트'란 부분에서 다큐멘터리를 만들 때 사전 작업, 촬영 작업, 후반 작업에서 저자가 중요하다고 생각하는 것을 짤막하게 정리하고 있다. 상담자는 내담자에게 다음의 지침을 주는 것만으로도 충분하다.

1) 제작 준비과정

(1) 준비과정 시 일반적인 주의사항

- 영상을 만들어 낸다는 것은 때로 시간이 걸리고 속도가 느린 작업이다. 그러므로 열의가 식을 때를 대비하라.
- 사람들의 관계가 좋을수록 좋은 다큐멘터리 작품이 나온다.
- 대부분의 사람들은 조명과 카메라 그리고 공감을 주는 말 한마디 앞에서 활기를 띤다.
- 자신이 원래 가졌던 견해를 보충하거나 수정할 준비가 되어 있어야 한다.

(2) 주제를 찾아냈을 때 스스로에게 물어볼 사항

- 나는 진정으로 이 주제에 관한 영화를 만들고 싶은가?
- 내가 이미 알고 있고 확신도 갖고 있는 주제가 또 있지는 않는가?
- 나는 이 주제에 정서적인 친밀감을 강하게 느끼고 있는가?
- 나는 이 주제를 공정하게 다룰 준비가 되어 있는가?
- 나는 이 주제에 대해 더 배우고자 하는 욕구를 갖고 있는가?

- 나에게 이 주제가 갖는 진정한 중요성은 무엇인가?
- 이 주제에서 일상적이지 않으면서 흥미를 끄는 부분은 무엇인가?
- 이 주제를 구체적으로 시각화할 수 있는 곳은 어디인가?
- 이 주제에서 얼마나 시야를 좁혀서 집중할 수 있는가?
- 나는 무엇을 보여 줄 수 있는가?

(3) 인터뷰를 할 사람(자신을 포함하여)과 이야기할 때

- 특별한 호기심을 갖고 질문을 할 권리가 있다는 태도를 취하라.
- 당신의 생각을 묻는다면 대화의 방향을 돌려서 그들의 생각을 알아보도록 노력하라.
- 인터뷰어의 속도에 맞춰 진행하라.
- 인터뷰어가 스스로를 교사의 역할로 볼 수 있도록 고무시키기 위해 '인생을 배우는 학생'의 태도를 취하라.
- 위험한 부분을 건드릴 때는 당신의 견해를 내비치지 말고 '악마의 대변인' 역할을 활용하라.
- 인맥을 이용하라. 사적으로 소개받는 사람은 항상 도움을 준다.

2) 촬영 작업

(1) 인터뷰를 진행할 때

- 만일의 경우에 대비해서 메모지에 질문을 적어 가지고 있어라.
- 인터뷰 상대가 말하는 동안 표정을 이용해 반응을 보여라.
- 첫 번째 답변이 자연스럽지만 서툴거나 너무 길 때는 다시 한 번

답변을 얻어내라.

- 이야기할 것이 더 있다고 생각되면 침묵을 지켜라.

(2) 인터뷰를 할 때 해서는 안 되는 일

- 동작이 시작되기 전에 적어도 10초간 카메라 예비 작동시간을 갖는 것을 잊어서는 안 된다.
- 한 번에 하나 이상의 질문을 해서는 안 된다.
- 각 인터뷰 장소의 현장감을 살릴 수 있도록 장소를 촬영해 두는 것을 잊지 말라.

(3) 일반적으로 촬영할 때

- 카메라 바로 옆에 서서 카메라가 보는 것과 대충 비슷하게 볼 수 있도록 하라.
- 자주 카메라를 들여다보고 프레이밍과 구도, 영상의 크기를 점검하라.
- 인터뷰어의 시선 변화에 반응해서 촬영을 하고 그 시선을 따라갈 준비를 하라.

(4) 사교술

- 식사시간을 지키고 사람들을 과로하게끔 부려먹지 말라.
- 촬영 장소를 처음과 똑같은 상태로 되돌려 놓아라.

3) 후반 작업

(1) 편집을 할 때

- 편집이란 어떤 일에 몰두하고 있는 관찰자의 의식을 묘사하는 것이라고 생각하라.
- 영화는 관객들이 등장인물의 변화하는 의식을 공유할 수 있도록 의식적인 측면을 재창조한다.
- 영화의 구조와 창작자의 목소리는 편집과정에서 계속 다듬어진다.
- 편집자는 인내력과 조직적 사고, 실험정신, 외교적 수완을 발휘해야 한다.

(2) 러시 필름(작업용 필름) 시사를 할 때

- 러시 노트에 새로운 아이디어나 스쳐 지나가는 순간적인 인상들을 모두 적어 놓아라.
- 처음에 가졌던 의도는 모두 한편으로 치워 두자. 러시 필름에 찍히지 않은 것은 이제 당신이 만드는 영화와 아무런 상관도 없다.

(3) 가편집을 할 때

- 세밀하게 편집하기 전에 전체 필름을 함께 붙여서 느슨한 편집본을 만든다.

(4) 해설을 쓸 때

- 해설 없이도 영화가 스스로 이야기하도록 만들기 위해 노력하라.
- 해설은 모든 영화 언어와 마찬가지로 관객들이 처음 들었을 때 이

해할 수 있어야만 한다.

- 해설은 간결하고 직접적인 구어체 문장이어야 한다.
- 화면에 보이는 것을 설명하려고 하면 안 된다.

(5) 본편집을 할 때

- 짧은 길이 속에서 많은 것을 이야기하는 것을 목표로 하라.

(6) 타이틀을 작성할 때

- 철자, 특히 사람의 이름과 계약상의 특별한 문구에 대해서는 여러 번 확인하라.
- 타이틀은 짧고 매력적으로 만들어라.
- 만일을 대비해서 타이틀은 세 배 정도 많이 촬영해 두어라.
- 절대로 단시간에 타이틀을 만들 수 있다고 생각하지 말라.

4) 사적 다큐멘터리 작업 시 주의할 점(필자의 경험에 근거)

- 다큐멘터리를 찍자고 하면 카메라 작동법을 몰라 매우 불안해하는 내담자들이 있다. 구체적으로 카메라 작동법을 내담자의 눈앞에서 시범 보이고, 헤어드라이어를 끄고 켤 수 있다면 누구나 캠코더를 만질 수 있다고 설득하는 것이 필요하다.
- 사적 다큐멘터리에 정해진 형식이 없음을 강조하라. 자신을 찍어도 좋고, 자신을 은유하는 상징이 들어가 있어도 좋고, 자신을 아는 사람들을 인터뷰해도 좋다. 지나친 형식에 대한 강조는 오히려 내담자가 자기 자신을 스크린 안에서 어떻게 위치 짓고 재현하는

지에 대한 귀중한 정보를 누락시킬 수 있다.

- 절대로 자기 자신을 찍지 않겠다고 고집을 부리는 내담자들이 있다. 이 경우 자신을 은유하는 것을 찍어도 되고, 자신은 거울을 본 채 카메라를 자기 뒤에 두어 간접적인 방법으로 찍을 수도 있음을 알려 준다.
- 본격적인 셀프 다큐멘터리와 달리, 통상적으로 상담 현장에서 셀프 다큐멘터리를 찍는 시간은 일주일 정도를 넘기지 않는다. (그렇다고 정해진 시간이 있는 것은 아니다.)
- 보통 셀프 다큐멘터리를 찍는 것은 숙제로 내준다.
- 비디오를 그저 세워 두는 것만으로도 다큐의 힘이 생긴다. 더 방어적이거나 더 솔직하지 않을 수도 있지만, 더 감동적이거나 더 감성적이거나 더 진솔한 이야기가 나올 수 있다.
- 비디오는 소형일수록 좋다. 카메라가 크면 카메라가 내담자와 인터뷰 대상에 위협이 된다.
- 찍히는 사람과의 관계가 중요하다. 미리 관계가 진척되어 있으면 이야기의 밀도가 높아진다.
- 인터뷰를 하든 자신을 찍든 카메라의 세팅 시간을 너무 잡지 말라. 즉흥성이 떨어진다.
- 항상 삼각대를 갖고 다니자. 자신을 촬영할 때 아주 유용하게 쓰인다.
- 텅 빈 화면도 의미가 있다. 진정한 다큐는 감독(내담자) 혹은 인터뷰 대상이 자리에 앉기 전부터 시작하여 끝나고 나서까지 지속되어야 한다. 카메라는 항상 인터뷰 대상보다 한 발 먼저 켜진 상태에서

한 발 늦게 꺼진다.

- 찍는 작업만큼 편집과정도 중요하다. 프리 프로덕션 단계만큼 포스트 프로덕션에서 자신을 보면서 통찰을 얻는 것이 많기 때문이다. 셀프 다큐멘터리를 찍은 많은 내담자들은 자기 성찰의 조용한 시간이 편집과정에서 이루어진다고 입을 모은다.
- 물론 내담자가 편집에 대해 전혀 모를 때는 상담자나 상담의 조력자들이 편집을 대신해 줄 수 있다. 이 경우 편집의 선택권은 반드시 내담자에게 주어진다.
- 편집이 힘들 경우에는 대략 전편을 틀면서 내담자가 생각하기에 상담에서 내놓고 싶은 중요한 장면을 내담자가 선택하여 그 장면만 집중적으로 감상할 수 있다.

5. 사적 다큐멘터리의 분석

사적 다큐멘터리를 해석하고 상담에 활용할 때, 상담자는 크게 내용적인 측면과 형식적인 측면에서 사적 다큐멘터리를 고려해 볼 수 있다. 그런데 그것이 내용적인 측면이든 형식적인 측면이든 사적 다큐멘터리를 구성하는 가장 중요한 요소는 형식적인 주체인 '나(내포 작가)' 와 다양한 내적 주체인 '나(재현된 대상 이미지들)' 가 어떻게 관계를 맺고 있는가를 성찰하는 것이다. 상담자는 내담자가 미처 눈치채지 못한 이 두 자아 간의 갈등과 존재론적인 관련을 맺고 있는 양식을 세밀하게 파악하는 눈을 가지고 있어야 한다.

1) 내용적인 측면

사적 다큐멘터리의 내용을 볼 때, 상담자가 가장 중요시해야 할 것은 자기 자신에 대한 내담자의 자기 이미지와 그것이 스크린을 통해 반사되었을 때 어떤 정서적 반응을 하는가다. 상담자는 다음과 같은 질문을 하면서 내담자의 자기상에 대한 가설을 세우는 것이 좋다.

- 내담자는 자기 자신을 담아낼 수 있는가, 아니면 담기를 꺼리거나 파편화된 방식으로 재현하는가? 일례로 한 내담자는 모자를 푹 눌러 쓴 채 뒤로 물러나 화면에서 전혀 자신의 얼굴을 식별할 수 없게끔 자신을 찍어 왔다.
- 내담자는 자기 자신을 무엇으로 보는가? 혹은 무엇으로 보이고 싶어 하는가?
- 내담자가 담아내는 공간은 어떤 공간이고 어떤 의미를 지니고 있는가?
- 내담자는 자신의 정체성에 대해 어떤 태도를 지니는가? 자기 자신이 스크린에 담겨져 있는 것을 즐기는 편인가? 극도의 혐오로 반응하는가? 혹은 수줍어하는가?
- 내담자가 자신의 정체성을 찾는 과정에서 보이는 감정은 무엇인가? 다소 과대망상적인 나르시시즘적인 도취인가? 실존적 불안감이 있는가? 혹은 분노나 스스로에 대한 가학 · 피학적 태도가 있는가?

- 자기 이미지에 변형이 가해졌는가? 가해졌다면 무엇으로 은유되고, 어떤 의미를 부여하고 있는가?
- 혹 자기 이미지에 어떤 심리적 외상성이 있는가? 죽은 꽃, 마른 샘, 상처 입은 사자 등 무기력하고 죽어 있는 상징들을 부여하지는 않는가? 왜 내담자는 자신의 이미지에 이러한 외상성을 부여하는가?
- 타자나 가족을 통해 자신의 정체성을 찾으려는 시도가 있는가?
- 편집과정에서 누락시킨 것이 있다면 무엇이고, 왜 누락시켰는가?
- 내담자의 가족이나 기타 인터뷰어에 대한 태도는 어떠한가? 중립적인가? 지나치게 감정적인가?
- 시선: 카메라를 직접 바라볼 수 있는가?
- 행동: 큰 행위보다는 작고 사소한 선택이나 행동/비언어적인 행동이 중요하다.
- 목소리: 단어의 선택과 강세, 음조, 휴지 등의 패턴을 통해서 진심과 태도, 정서 등이 드러나는가?
- 내담자가 담아내는 일상은 무엇인가? 왜 그 행동 혹은 상황을 택했는가?
- 가족이나 기타 인터뷰어들에게 내담자는 어떤 사람으로 비추어지는가?
- 내담자가 가지고 있는 개인적인 삶의 테마, 스스로 고백하는 숨겨둔 진실, 드러내고 싶어 하는 한 등은 무엇인가?
- 카메라 속 '내담자'와 실제 '내담자'를 비교할 때 모순점이 있는가?
- 스크린 속 내담자는 혼자 있을 때와 타인과 있을 때 차이가 나는가?

- 내담자의 정서나 내면, 말 이면의 은밀한 생각, 악몽, 영감, 기억, 공포감, 공상은 무엇이며, 어떤 양식으로 드러나는가?

2) 형식적인 측면

- 기본 가정: 스크린은 세상의 중심/내면의 투사막
- 보통 내담자 자신을 얼마만한 크기로 찍었는가?
- 보통 카메라라는 가상 타자와 내담자 자신에게 얼마간의 거리를 두었는가?
- 내담자를 스크린의 어디에 위치 혹은 배치시켰는가?
- 카메라를 어떻게 취급하는가? (또 다른 나, 타인, 친구, 가족 등)
- 편집을 한다면, 그것도 갑작스러운 편집이나 암전을 한다면 그 이유는 무엇인가?
- 음악을 깔았는가? 음악은 어떤 종류인가? 그것이 내담자의 기분과 정서에 암시하는 바가 있는가?
- 카메라를 정지시켜 두는가 혹은 활발하게 움직이는가?
- 스크린의 중심에 무엇을 두는가?
- 내담자가 가장 보고 싶어 하거나 보여 주고 싶어 하는 장면이 있는가? 그 이유는 무엇인가?
- 내담자를 찍은 각도는 어떠한가? 혹 눈높이에서 벗어나는 숏이 있다면 그 이유는 무엇인가?

6. 사적 다큐멘터리에서 드러나는 자기 반사성

'나'에 대한 인식	기록된 '나'	이상화된 '나'	은유되는 '나'	동일시되는 '나'	나 없는 (불가피한) '나'	파편화된 '나'
재현 태도	기록, 관찰	과시, 도취, 자랑	은유, 환유	다른 인물과의 동일시/치환	자기 이미지 간극/결핍	자기 이미지 대상화/분해

나는 나를 '표현' ←→ 나는 나를 '이용'

대상의 분리 ←→ 대상의 융합

1) 기록된 '나'

- 자기 자신을 직접적인 대상으로 해서 자신에 관한 이야기를 하고 자의식을 표출함
- 이때 카메라는 자신을 비춰서 자신의 모습을 이미지화해 주는 매체이면서 동시에 자신과 대화하는 직접적인 대상임. 카메라는 곧 관찰자, 감시자, 심지어 처벌자임
- 주인공의 시점 화면이 삽입되는 경우가 많음. 따라서 카메라의 반대편 혹은 건너편에서 보는 시선(즉, 대타자의 시선)
- 드러나는 내적 주체로서의 '나'는 진실된 '나' 혹은 꾸미지 않은 나

예 김진아의 〈비디오 다이어리〉

2) 이상화된 '나'

- 자아에 리비도와 에너지가 집중되어 있음(카메라에 몰두, 카메라를 즐

김 등)

- 주체의 결핍이 타자에서의 환상으로 채워짐(그러나 카메라 = 타자 상정)
- 따라서 이 둘을 결합하면 자신의 시각과 더불어 타자의 위치에서 자신을 바라보는 '이상적인 이미지' 로 그려내고 그 모습을 관조하는 나르시시즘이 나타남

(1) 신체 재구성

- 좀 더 매력적, 포토샵 처리, 얼짱 각도 등
- 자기 지시(기표)의, 그리고 아름답고 관습적인 이미지(도상)의 양가적 특성 드러남

(2) 새로운 생활양식 표출

- 특정한 장소나 음식을 배경으로 그것을 소비하는 자신을 부각시킴

(3) 특정한 역할 강조

- 기타를 치는 모습, 자신의 업적물을 비추어 주거나 자신의 공간을 소개함
- 이때 카메라는 자신의 모습을 이상화시켜 주는 도구 혹은 자신을 바라보는 외부인, 카메라는 곧 예찬자, 관심과 시선을 주는 자, 외부의 시선을 주는 타자임
- 드러나는 내적 주체로서의 '나' 는 아름다운 나, 만족스러운 나, 수용하는 나

예 싸이월드의 무수한 얼짱 각도 셀카, 유투브에서 현란한 기타 솜씨를 뽐내는 주인공

3) 은유되는 '나'

- 자신의 이미지는 사라지고 대신 자신을 지시하는 상징물이 자신이 됨. 다른 이미지를 통해 변형되어 표출. 얼터 에고alter-ego가 등장함
- 카메라는 흔히 영화 촬영감독이라는 자신의 역할에 대한 매개물로 쓰임
- 드러나는 내적 주체로서의 '나'는 새로운 나, 몇 마디로 설명될 수 없는 나, 직면하기 힘든 나

예 자신 대신 길가의 꽃을 무수히 찍은 가정폭력 피해 여성

4) 동일시되는 '나'

- 자신을 대신한 특정한 상상적 존재를 이용함. 얼터 에고가 분명하게 드러남
- 자기 자신을 다른 사람으로 치환함. 다른 사람이 등장하고 그것을 '나'라고 봄
- 카메라는 역시 영화 촬영감독이라는 자신의 역할에 대한 매개물로 쓰임
- 드러나는 내적 주체로서의 '나'는 모델과 상징적으로 동일시되는 나

예 김종국의 셀프 다큐 〈카사블랑카〉
(특정한 주인공이 등장해서 '나는 영화감독이다.'를 외친다. '나는 단편영화 감독이 되고 싶다.' '나는 단편영화 감독이다.' '나는 꿈이 없다.'고 외치고 사라진다.)

5) 나 없는 '나'

- 이미지가 분절되거나 사라짐. '내'가 있어도 그것이 이미지라는 자의식 충만
- 나를 그림이나 사진으로 현상하거나 자신의 이미지를 분절화함
- 이미지에 대한 자의식이 강렬함. 이는 주체성에 대한 부정으로 이어짐
- 진짜 '나'는 표현될 수 없다는 메시지
- 카메라는 이미지를 투사하는 기계일 뿐, 카메라에 대한 판타지가 없음
- 드러나는 내적 주체로서의 '나'는 내가 아닌 나

예 유지숙의 〈10년의 초상〉
(1999년 7월 1일에 시작된다. 아침에 일어나자마자 하루에 사진 한 장씩 찍는 것. 결국 한 프레임이 하루의 사진이 되어 2분 동안 10년의 시간이 쉴 새 없이 지나간다. 그 이미지는 약간씩 변하지만 매일 비슷한 것 같고, 또 매우 낯선 것 같지만 매일 조금씩 달라진다.)

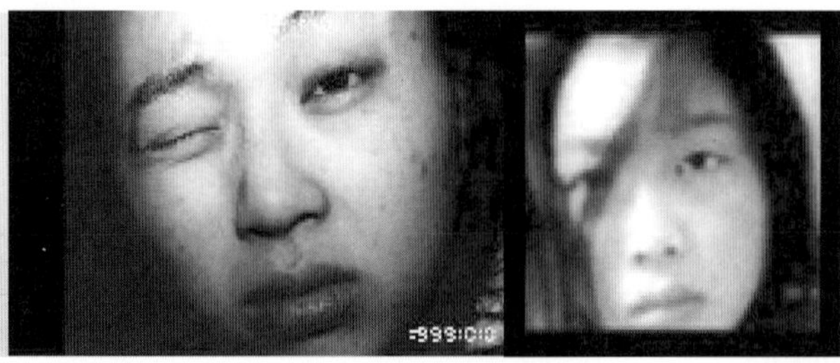

6) 파편화된 '나'

- 이미지의 변조가 일어남
- 나 없는 나의 경우 내가 나에게 소외되는 것, 간극을 가지는 것이 강조되지만, 이 경우는 내가 완전히 파편화된 대상으로 이야기될 뿐임
- 나의 이미지는 페티시되고 쾌락의 대상으로 이용됨
- 실제 내포 작가와 주인공의 상태가 융합되어 관계가 모호해짐
- 카메라 역시 이러한 파편화된 신체나 자기 이미지를 찍는 기계 그 이상도 그 이하도 아님. 나와 나 아닌 것의 경계가 모호해짐
- 드러나는 내적 주체로의 '나' 는 대상화, 놀이화된 나

예 성용희의 〈놀다〉
(파편화된 이미지로 자신의 머리카락, 눈, 발 등을 익스트림 클로즈업하여 하나의 기표로 만들어 낸다.)

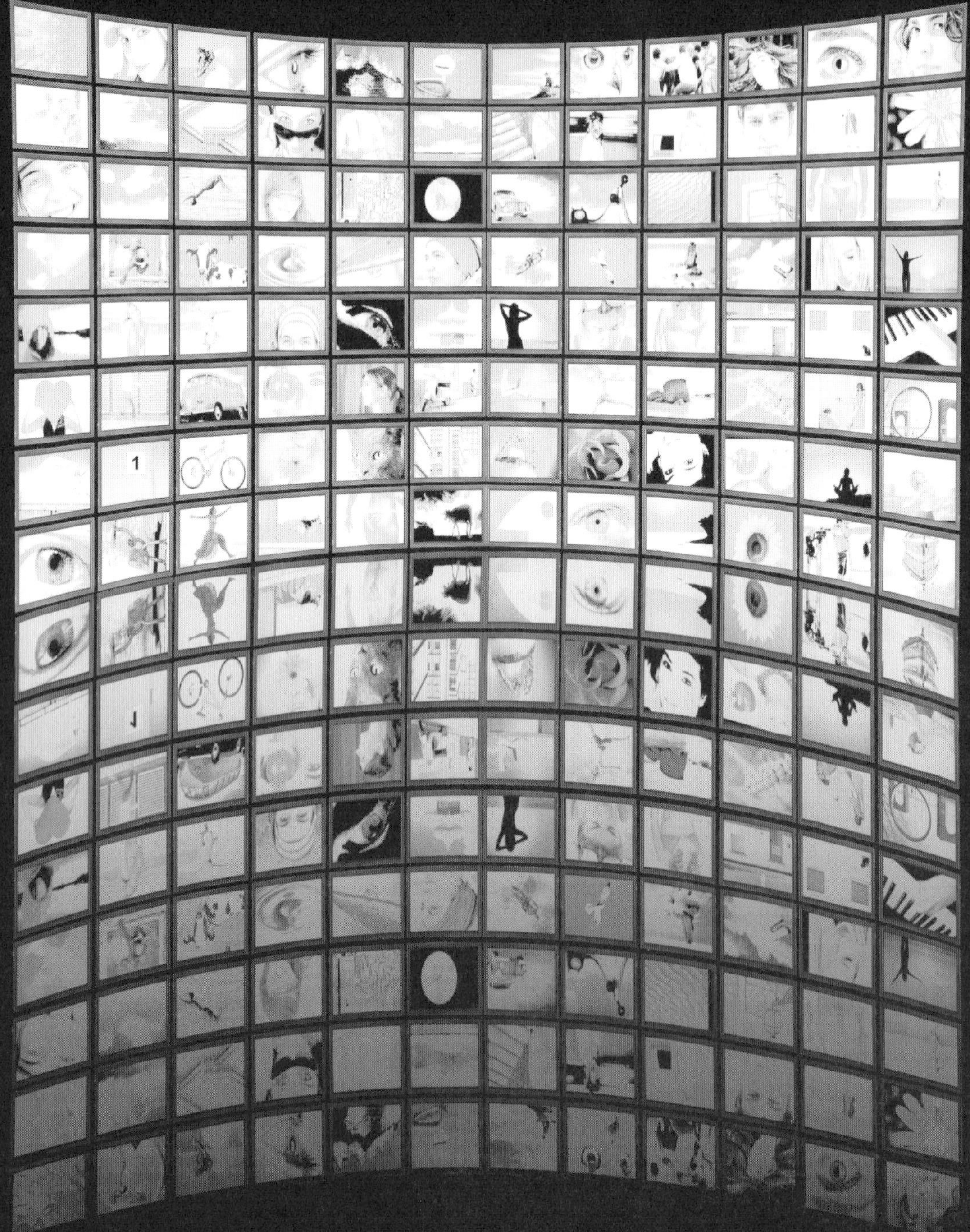

제15장

영화 만들기 치료

1. 영화 만들기 치료란

폴 웰터Paul Welter 박사는 아이젠버그(Eisenberg, 1985)의 "만약 당신의 삶을 영화로 만든다면 그 제목은 무엇이 될까요?"라는 질문에서 착안하여 영화 만들기 치료과정을 개발하였으며, 로버트 후첼Robert Hutzell 박사(Welter, 1995)는 영화를 상영하는 것을 과정에 포함시켰다. 의미요법 훈련을 받은 웰터와 후첼은 첫 번째 영화 만들기 치료 단계에서는 인본주의적 실존치료 과정으로 개발하였지만 내담자가 어떤 목적이나 정체성의 문제로 고통받는 경우 이론적 방향성과 상관없이 적용하였고, 정신분열증 환자의 경우에는 중요한 과거의 경험과 향후 목표를 위한 수단으로 활용하였다. 첫 번째 영화 만들기 치료의 목표는 현재까지 삶의 과정과 경험을 강조하였고, 두 번째 영화 만들기 치료 목표는 1단계를 실시한 이후 앞으로 의미 있는 삶을 살도록 계획을 세우는 데 도움을 주는 것이었다.

1) 영화 만들기 치료 지침(Welter, 1995)

(1) 1단계

- 내담자에게 그들의 삶에 관한 영화를 개발할 기회를 제공한다.
- 영화를 만드는 데 사용할 예산을 생각해 보도록 한다.
- 삶의 경험을 근거로 하여 영화 장르를 결정한다(서부, 코끼리, 로맨스, 호러, 공상과학, 액션/모험).
- 그들을 이끌어 갈 역할(내담자 역할)을 연기할 배우를 선택한다. 일반적으로 내담자의 요청으로 친구나 가족 중에서 선택한다.
- 내담자는 자신의 삶을 촬영하여 영화를 제작한다.
- 극장에서 상영할 영화의 제목을 선택한다.

(2) 2단계

두 번째 영화실습은 약 6개월 후에 실시한다. 이것은 첫 번째 영화 만들기 치료의 후속 조건으로 1단계에서 만든 영화가 박스오피스에서 상당히 성공했다고 내담자에게 말하고 속편은 현재 시점 이후로부터 내담자의 삶을 다루도록 한다. 대본을 쓸 것인지 감독을 할 것인지는 장래에 내담자가 중요하다고 생각하는 사건과 관계를 근거로 하여 내담자가 결정한다.

- 어떤 목표를 내담자가 성취하길 좋아하는가?
- 어떤 장애가 극복되어야 하는가?
- 내담자는 예산, 영화 장르, 주요 역할을 할 배우와 같은 추가사항

을 결정한다.

- 1단계와 마찬가지로 내담자는 영화의 제목을 정한다.

2) 적용 사례

(1) 집단치료

- 약물 남용
- 중독
- 성적 공격성과 성 도착증
- 발달장애

(2) 개인

- 정체성 장애
- 대인관계
- 인지적 왜곡
- 삶의 의미
- 목표 설정

3) 치료적 효과

- 내담자에게 그들의 삶을 이야기할 수 있는 대안적 수단 제공
- 자존감 향상
- 장래에 대한 우선순위 확립
- 치료에 집중하는 능력 강화

- 신뢰관계 구축 연습
- 자신에 대한 통찰에 도달할 수 있는 가치 있는 수단 제공
- 정서적 경험

4) 상담 세션에서의 동영상 활용기법

- 전 주에 찍은 동영상의 결과물을 가지고 온다.
- 내담자가 만든 동영상을 TV나 컴퓨터에 연결하여 본다.
- 내담자가 찍어 온 동영상에 대한 제목을 붙이도록 한다.
- 동영상을 찍은 이유에 대해 설명하도록 한다.
- 특별히 동영상에서 대상이나 주인공을 선택한 이유에 대해서 설명하도록 한다.
- 동영상과 내담자의 문제에 관련하여 질문한다.
  - 내담자는 누구를 혹은 어떤 것을 동영상의 중심으로 삼았는가?
  - 동영상의 이야기에는 내담자의 어떤 마음이 투사되었는가?
  - 분노나 두려움 같은 개인적인 정서인가?
  - 내담자의 숨겨진 욕망은 무엇인가?
  - 동영상의 중심 대상에 대한 각도와 거리는 어떠한가?
  - 필요 이상으로 대상에 대해 클로즈업을 하지는 않았는가?
  - 롱 숏이 위주인가? (대상에서 멀어질수록 객관적이고 심리적으로 떨어져 관찰하려는 내담자의 마음을, 반대의 경우는 지나친 동일시와 친밀감을 표현하는 경우가 많다.)
  - 동영상에 어떤 동작이 들어가 있는가? 정지된 동작인가? (활동

성, 상상력, 적성 부분)

– 특별히 선호하는 색깔이 있는가? (정서성과 연관된 부분)

– 혹 자기 자신을 찍은 경우는 있는가?

▶ 중요한 것은 동영상을 찍어서 동영상에서 내담자의 과거 외상이나 현재의 심리적 결핍감뿐만 아니라 자신의 미래 자아상을 담아내는 것 자체가 매우 치료적이고 이를 목표로 해야 한다. 질문은 내담자의 마음을 이해하고 표현하고 또한 내담자 스스로가 자신을 이해하고 통찰을 주도록 하는 데 사용한다. 지나치게 직접적인 심리적 해석은 도움이 되지 않을 수도 있다.

2. 영화 만들기 치료의 종류

1) 자신만의 영화 만들기

자신의 소망, 결핍, 대안적 해결책이 들어 있는 영화를 만든다.

2) CF 만들기

남들에게 소개할 자신의 장점과 자신이 들어 있는 CF를 만든다.

3) 애니메이션 만들기

영화 만들기가 여의치 않은 집단의 경우 간단한 종이 작업이나 미술 작업으로 영화 만들기를 대치하고, 이 과정을 촬영할 수도 있다.

3. 영화 만들기

1) 필요조건

나만의 화법으로 나의 이야기를 담은 영화를 만든다는 것이 과연 무엇일까? 보통 한 편의 영화는 그 영화를 만든 감독의 거울이 되는 경우가 많다. 감독이 무슨 생각을 하고 이 영화를 만들었는지, 무엇을 말하고 싶은지, 이 영화나 이 주제에 대해서 얼마나 고민을 했는지가 놀라우리만큼 비쳐진다. 감독의 사상이나 세상을 바라보는 태도 같은 것이 고스란히 드러난다는 것이다.

우리가 보는 영화 속에서 우리는 무의식적으로 영화의 모든 것을 배운다. 화면을 구성하는 방식이나, 편집을 하는 방법이나, 사운드를 어떻게 하고, 이야기를 어떻게 이끌어 나가고 등 우리가 보는 영화는 우리가 알아야 하는 영화 만들기의 모든 과정을 포함해서 나온 결과물이다. 영화를 만들고 싶다면 자신이 좋아하는 영화를 여러 번 보는 것이 많은 도움이 된다. 첫 번째 볼 때는 이야기가 보이고, 두 번째 볼 때는 화면이 보이며, 세 번째 볼 때는 편집이 보이는 등 보면 볼수록 영화를 만들기 위해 나에게 필요한 지식들이 눈에 보이게 된다.

(1) 감독에게 필요한 것

① 상상력

영화는 철저하게 인간의 상상으로부터 출발한다. 실제 있었던 이야기를 극화하거나 심지어 다큐멘터리를 찍을 때에도 상상력은 가장 필요한 요소 중의 하나다. 영화는 아무것도 없는 상태에서 모든 것을 만들어 낸 후 그중 가장 적합한 것을 골라 결정하는 과정으로 만들어진다. 이야기를 상상해 내고 그 이야기를 어떻게 표현할 것인지를 상상하며 어떤 화면 앵글로 찍을 것인지, 소리는 어떻게 입힐 것인지 등의 모든 것을 상상해야 하고, 그중 가장 좋은 것이 바로 영화로 만들어진다. 상상력은 어떻게 길러질까? 상상력은 모든 것에 대한 다양한 관심에서부터 출발한다.

② 통찰력

이야기를 어떻게 구성해 나가느냐를 결정하는 데는 그 이야기를 전체적으로 파악하고 적재적소에 배치하는 통찰력과 구성 능력이 필요하다. 통찰력이 뛰어날수록 영화를 만들 때 나무가 아닌 숲을 봄으로써 에피소드가 나열되는 이야기가 아닌 커다란 하나의 틀을 가진 멋진 영화를 만들 수 있다.

(2) 가장 기본적인 영화 연출

영화를 연출한다는 것은 첫째, 화면에 따라 숏shot의 크기와 움직임moving 그리고 각도angle를 결정하는 화면 구성이며, 둘째, 이 영화를 어떻게 끌고 나갈 것인지 이야기의 시점과 방향을 정하는 것이며, 셋째, 배우들의 연기를 의도한 방향으로 지도하는 것이며, 마지막으로 원하는 것을 스태프에게 정확하고 원활하게 요구하는 것이다. 내가 원하는 대로 결정하면 그것이 나의 스타일이 되는 것이다. 상상력과 통찰력을 발휘해서 독창적인 연출을 하면 그것이 바로 나의 영화가 되는 것이다.

① 화면 구성

화면 구성의 가장 큰 원칙은 의미 없는 것은 화면에 두지 않는다는 것이다. 사각형 프레임 안에 찍혀 있는 모든 것은 특별한, 아니 작은 의미라도 지니고 있어야 한다. 화면 사이즈와 앵글 그리고 무빙이다. 하나의 컷을 구성하는 데는 기본적인 특수촬영이라든지, 컴퓨터그래픽이라든지, 애니메이션 · 조명 · 음악까지 포함한다. 내가 어떤 화면을 찍기 위해 결정하는 요소들은 자기 나름대로 의미가 있어야 한다.

② 화면 사이즈와 화면 앵글

장면을 보여 주기 위한 여러 가지 숏과 앵글 그리고 익스트림 클로즈업도 가능하다.

③ 무빙

두 개의 컷을 하나로 묶을 수도 있고, 화면이 움직이면서 생기는 동적인 효과를 얻을 수도 있는 방법이다.

④ 미장센Mise-en-scéne

영화를 만들 때 가장 많이 신경 써야 하는 부분으로, 화면을 구성함에 있어 가장 필요한 능력은 바로 상상력과 통찰력이다. 풍부한 상상력으로 만들어 내는 새로운 화면 구성은 그 영화의 생명이며, 그 컷이 전체 영화 내용과 조화를 잘 이루는 것을 예측해 내는 능력이 바로 통찰력이다. 한 컷의 시간이 길고 짧음까지도 화면 구성의 중요한 요인이 되므로 화면을 구성할 때 표현할 방법이 없다거나 쉽게 구성한다면 비난받아 마땅하다. 좋은 화면 구성을 위해 항상 염두에 두어야 할 세 가지가 있는데, 바

로 헌팅과 오프 프레임off-frame 그리고 사운드를 잘 쓰는 것이다. 대부분의 영화는 배우의 연기와 대사로 이루어진다. 배경은 제2의 대사이며 연기다. 상상력의 가장 많은 부분을 차지하는 것은 시각적인 부분이 아닌 청각적인 부분이다.

⑤ 시점의 선택: 영화가 나아갈 방향

1인칭 시점, 3인칭 시점 그리고 전지적 작가 시점처럼 영화를 어떤 방식으로 풀어 나갈 것인지는 참으로 중요하다. 어떤 방식을 택하느냐에 따라 똑같은 이야기라도 전혀 다르게 보일 수 있기 때문이다.

2) 영화 만들기 과정

(1) 프리 프로덕션

영화를 만드는 과정은 준비하는 과정인 프리 프로덕션과 준비된 것을 바탕으로 완성품의 소스를 준비하는 과정인 프로덕션, 즉 촬영, 완성품으로 만드는 과정인 편집과 녹음 같은 포스트 프로덕션으로 나누어진다.

① 시놉시스

영화를 만들기 위해 우리가 해야 할 첫 번째 작업은 시놉시스Synopsis를 쓰는 것이다. 영화를 간단하고 명료하게 짧게는 열 줄에서 아주 길어야 A4 용지 한 장을 넘기지 않게 쓴 큰 개념의 줄거리와 같다. 영화의 전체적인 구성이나 이야기의 주제를 선명하게 밝힐 수 있기 때문이다. 시놉시스에서 가장 중요한 것은 ㉠ 주절주절 설명하지 말고 ㉡ 간단명료하게 ㉢ 핵심을 짧게 쓰는 것이다. 등장인물과 전체적인 배경, 상황, 그리고 이야기의 줄거리를 파악할 수 있는 정도로 기승전결에 맞추어 열 줄에서 A4 용지 한 장 정도의 분량으로 하고 싶은 이야기의 시놉시스를 쓴다.

② 시나리오

시놉시스를 다 썼다면 그것을 바탕으로 시나리오를 쓴다. 시나리오는 영화가 만들어지기 이전에 영화를 떠올릴 수 있는, 즉 글로 쓴 '읽는 영화'와 같다. 사실 시나리오를 쓰는 데 정해진 규칙은 없다. 쓰는 사람 마음대로 쓸 수도 있지만 시나리오를 쓰는 데 도움이 되는 몇 가지 규칙이 있고 그것을 지키는 것이 좋다. 시나리오는 시놉시스에서 생각했던 이야기를 몇 분짜리 영화로 만들 것인지를 고려해서 쓴다.

③ 신(S#)-시퀀스

시나리오를 이루는 기본 단위로 S#1, S#2…… 식으로 쓰는 신은 영화 속에서 공간과 시간의 변경을 표시한다. 시나리오를 쓸 때 신 번호 옆에 꼭 시간을, 아니면 낮과 밤 정도는 표시해야 하며 그곳이 어디인지를 써야만 읽는 사람이 혼동을 일으키지 않는다. 하나의 사건이나 상황을 말하거나 보여 주기 위해 쓰인 신이 여러 개 이어져 모인 것을 시퀀스라고 한다. 영화는 보통 여러 개의 시퀀스가 모여 커다란 이야기가 이루어지는데 시퀀스를 잘 살펴보면 영화의 구성이나 이야기의 진행 방향을 알 수 있다.

④ 상황 설명, 지문 및 대사

시나리오를 읽는 사람들에게 내용과 원하는 장면과 상황을 말로 정확하게 설명하는 것이 가장 중요하다. 지문은 배우의 연기에 대한 간단한 설명이다.

⑤ 각색

만약 만들고 싶은 이야기가 원작이 있다면 영화로 만들기 위해 시나리오 형태로 바꾸는 작업이다. 오리지널 시나리오를 영화로 만들기 위해 이런저런 모든 것을 빼고 철저하게 동작과 대사만으로 이루어진 시나리오로 다시 쓰는 것도 각색이라 할 수 있다.

⑥ 구성

기-승-전-결의 뼈대에 어떻게 살을 붙여야 하는지는 철저하게 고민해야 한다. 시나리오는 그 영화를 만들기 위해 일하는 모든 사람들에게 제공하는 영화 설계도이자 영화에 대한 당신의 생각을 공유하게 하는 지도와도 같다.

⑦ 스토리보드

스토리보드는 글로 쓰인 시나리오를 자신이 생각했던 영상으로 구성하는 것이다. 스토리보드를 보면 영화가 어떤 방향으로 어떻게 촬영될 것인지 상상이 아닌 직접적인 그림으로 볼 수 있게 된다. 스토리보드는 보통 상상 속에서 그려지는데, 감독이 생각했던 장면들을 다양하게 구성해 보고 그것이 영상으로 꾸며졌을 때 무리 없이 연결되는지를 확인할 수 있다. 화면 사이즈와 앵글, 무빙은 물론, 페이드인, 페이드아웃 같은 효과와 사운드 오버sound-over, 내레이션도 표시하여 간략하게 정리한 한 편의 영화와 같아야 한다. 스토리보드는 시나리오를 바탕으로 그린다. 스토리보드는 콘티와는 달리 이야기의 흐름을 나타내는 것이 주목적인 데 우리가 일반적으로 보는 만화와 비슷하다. 스토리보드는 상상으로, 콘티는 헌팅을 바탕으로 해서 사실적으로 만드는 것이다.

⑧ 헌팅

시나리오 분위기와 모습이 흡사한 장소를 찾아내는 것으로, 어떤 영화든지 처음에 눈에 들어오는 것은 화면이며 그 속에 있는 모든 것은 단순히 배경이 아닌 여러 가지 다양한 의미를 가진다. 헌팅을 다니는 목적은 내가 찾은 장소에서 영화를 찍을 수 있는지 조사하고 과연 그 장면이 멋있게 나올 수 있는지를 알아보는 것이다.

⑨ 캐스팅, 리허설

이야기를 제대로 연기해 내는 배우들의 중요성은 아무리 강조해도 부족하지 않다. 시나리오를 쓸 때 그 배역의 캐릭터를 가급적이면 상세하고 뚜렷하게 써야 하는데, 배우의 캐릭터가 선명하게 밝혀지면 그 역할을 하게 될 배우가 이해할 수 있는 폭이 넓어지고 성격에 대한 이야기를 풀어 나가는 데 훨씬 수월하다. 리허설을 할 때 감독은 배우들에게 원하는 것이 무엇인지 정확하게 말해야 하고 그러기 위해서 표현할 수 있는 모든 것을 동원해야 한다.

⑩ 스태프와 제작 사양의 결정

단편영화를 만드는 경우에는 감독 혼자서 시나리오도 쓰고 연출도 하며 촬영하고 편집하고 모든 것을 할 수 있다.

⑪ 콘티뉴이티

콘티뉴이티Continuity는 지금까지 진행한 프로덕션의 결과를 가지고 해야 하는 작업으로, 우리가 만들려고 하는 영화를 꼼꼼하고 자세하게 한 컷 한 컷 글과 그림으로 표현하는 작업이다. 이는 종이 위에 그림으로 영화를 만드는 것과 같다. 때문에 콘티뉴이티에는 영화를 만들기 위해 필요한 정보들이 담기게 된다. 콘티뉴이티를 꼭 이렇게 만들어야 한다는 규칙은 없다. 많은 감독이 자신이 편하고 필요한 것들과 자신에게 중요하다고 생각되는 것을 많이 쓰기 위해 자기 마음대로 만들어서 사용한다. 콘티뉴이티를 만들 때 고려해야 하는 것은 한 신에서 컷을 어떻게 나눌 것인지, 화면은 어떤 식으로 구성할 것인지, 대사나 음악, 효과 등은 어떻게 배치할 것인지 등이며, 영화의 내용상, 감정상 흐름에 따라 무리 없이 부드럽게 보이는지도 검증해야 한다.

콘티뉴이티는 편집까지 고려해서 작업해야 한다. 모든 컷의 사이즈와 이동 그리고 순서가 결정되고 편집과정에서 콘티뉴이티대로 편집되기 때문이다. 앞 컷과 다음 컷이 연결되는 부분이라면 콘티뉴이티상에는 처음부터 끝까지 카메라 포지션을 바꾼 채 두 번 촬영해야 하는 것으로 표시해야 하는데, 그것이 편집에서 컷 전환점을 잡을 때 유리하기 때문이다. 시나리오에서는 신이 분할되어 있지만 콘티뉴이티에서는 컷의 개념으로 나누어야 한다. 신이 하나의 상황이나 사건을 표현한다면 컷은 그 신을 구성하는 요소다. 컷이 짧을수록 화면은 역동적이고, 컷이 길수록 화면은 정적이 된다.

⑫ 콘티뉴이티 만들기

S#　C#　　　　　　　　　　　　　　　　　　　　　　　　　date　.　.

S/L/OS, d/n	지문	대사	사운드	Take No.	
				time	ok
의상/소품					1
					2
					3
					4
					5
					6
shot, angle					7
					8
					9
					10

camera position	start	end

⑬ 촬영계획표 – 촬영 일정, 촬영 순서

촬영계획표

촬영 회차:　　　　　　　　　　　　　　　　　　　촬영　년　월　일(　)
촬영 장소:　　　　　　　　　　　　　　　　　　　촬영 시작시간

S#	C#	장면	장면 설명	등장인물	비고

〈歸… 돌아갈 귀〉 촬영계획표

촬영 회차: 3차　　　　　　　　　　　촬영: 2000년 1월 23일(일)
촬영 장소: 양수리 서울종합촬영소 5 studio　　촬영 시작시간:

S#	C#	장면	장면 설명	등장인물	비고
3−2	2	신당(저승)−여인	여인 등장	여인 1, 2/귀신들	보조 출연자
	5		여인 1, 2 대사	일화/여인 1, 2	황색 벽
3−4	1	신당(저승)−외팔이	외팔이 출연, 대사	외팔이/귀신들	보조 출연자
	3		누워 있다 일어나는 외팔이 대사	외팔이/귀신들	보조 출연자
	6		대사하다 무언가에 맞는 외팔이	외팔이/귀신들	
	7		돌아보는 외팔이	외팔이	
3−5	1	신당(저승)−몸주	몸주 등장	몸주/외팔이/귀신들	보조 출연자/crane
	5		몸주에게 절하는 모두들	일화/여인 1, 2/몸주/외팔이/귀신들	보조 출연자/crane
3−6	6	신당(저승)−강재	몸주에게 절하는 일화와 일어나는 강재	일화/여인 1, 3/몸주/강재	황색 벽
3−7	2	신당(이승+저승)	문이 열리자 보이는 신딸과 그 뒤로 외톨이의 귀신들	일화/여인 1, 2/몸주/강재/신딸/외팔이/귀신들	보조 출연자
	5		어둠 속으로 사라지는 일화, 여인 1, 2, 외팔이, 여인, 강재, 몸주와 귀신	일화/여인 1, 2/몸주/강재/신딸/외팔이/귀신들	보조 출연자

⑭ 의상, 소품표

촬영계획표대로 촬영을 하면 영화 속의 시간과 장소는 뒤죽박죽이 되어 버린다.

● 제작예산: 상황 따른 예산 편성

(2) 촬영

① 촬영에 대해 알아야 하는 수많은 것들 중에 몇 가지

- 레코딩 버튼을 누르면 찍힌다. 그렇다면 어떤 카메라로 찍어야 할까? 촬영의 원리는 아주 간단하다. 누르면 찍히기 때문이다. 하지만 누르기 전에 얼마만큼 준비가 되어 있느냐에 따라 찍힌 화면은 좋고 나쁨의 굉장한 차이를 보인다.
- 카메라의 기본적인 조작
  - 필터 선택
  - 화이트 밸런스 맞추기
  - 초점 맞추기
  - 렌즈의 선택: 기본적인 줌 렌즈와 확대 비율, 그리고 피사계 심도

② 촬영할 때 절대로 잊지 말아야 하는 작은 것들

클립보드, 즉 슬레이트를 치고 스크립트 페이퍼를 반드시 쓰자. 감독의 레디고 사인과 함께 행해지는 슬레이트, 클립보드를 치는 것이다. 슬레이트에는 영화 제목, 날짜, 신과 컷의 번호, 감독과 촬영감독의 이름 등을 적어야 한다. 카메라가 돌아갔을 때 맨 앞에 슬레이트를 찍어 두면 나중에 편집할 때 화면을 찾기가 쉬울 뿐만 아니라 외부 녹음기를 이용할 경우 화면과 소리를 맞추는 기준을 슬레이트를 치는 것으로 맞출 수 있다. 디지털카메라의 경우 소리까지 동시에 녹음되기 때문에 굳이 슬레이트를 칠 필요는 없지만 기록 차원에서 슬레이트를 찍어 두는 것이 좋다.

③ 조명에 대해 알아야 하는 수많은 것들 중에 몇 가지

대부분 착각하기 쉬운 것은 우리 눈에 보이는 그대로 카메라에 찍힐 것이라는 것이다. 우리가 꼭 염두에 두어야 할 것은 바로 '빛이 있어야 보인다'는 것이다. 빛이 비치지 않는 부분은 어둡게 보이지만 화면에는 검게 찍힌다. 시공간, 감각적인 눈과는 달리 기계적인 카메라는 빛이 없으면 그 자체를 검은색으로 인식한다. 조명기술은 기본적으로 굉장히 어렵기 때문에 만약 조명에 대해 관심이 있다면 아주 많은 공부를 해야 한다. 디지털카메라는 빛에 대한 관용도가 넓기 때문에 별다른 조명 장치 없이도 화면에 찍히지만 빛이 부족할수록 상대적으로 화면의 질감은 거칠어 눈에 거슬리는 것만은 사실이다.

④ 노출

필름 면에 사물이 선명하고 정확하게 찍히게 하기 위해 필요한 광량을 수치로 환산하여 나타낸 것이다.

- 자연 조명 - 태양빛을 자유자재로 사용: 화면은 보기 좋게 잘 찍는 것이 중요하다. 그러기 위해서는 최고의 효과를 내는 반사판을 이용할 수 있다.

▶ 반사판 제작법

1. 원하는 크기의 널빤지나 쓰지 않는 패널을 구한다. (유리 액자는 무겁고 깨질 위험이 있어서 좋지 않다.)
2. 알루미늄 호일을 구김 없이, 여백이 생기지 않게 하기 위해 조금

겹쳐서 붙인다.

3. 붙인 호일이 떨어지지 않게 주변을 청테이프로 붙인다.
4. 하얀색 스티로폼 보드의 경우 가볍고 크기 조절이 용이해서 훌륭한 반사판이 되지만 알루미늄 호일에 비해 빛 반사가 적다.

- 인공조명-형광등에서 태양빛이 나는 HMI까지: 태양빛과 인공조명의 빛이 가지고 있는 색온도는 다르다. 색온도는 딱 떨어지게 정해져 있는 것은 아니고 0캘빈에서 3만 캘빈까지 다양한 스펙트럼을 가지고 있으며 우리 눈에만 백색광으로 보일 뿐이다. 필름 카메라의 경우 한 가지 광원만을 이용하는 것이 아니기에 다양한 색온도의 빛의 균형을 잡기 위해 수없이 많은 필터를 사용하지만, 디지털카메라에는 화이트 밸런스 기능이 균형을 잡아 주는 역할을 해서 별도의 필터는 필요 없다.
- 활용할 수 있는 조명: 디지털카메라로 찍는 우리의 영화에서 활용할 수 있는 조명은 20W짜리 전구에서부터 형광등 그리고 전문적인 조명 기기까지 다양하며, 야외 촬영에서는 반사판(리플렉터)만 용도에 맞추어 여러 개를 준비한다.

⑤ 녹음에 대해 알아야 하는 수많은 것들 중에 몇 가지

영화에서 소리의 역할은 화면 못지않게 중요하다. 영화를 만들 때 녹음이라 함은 현장에서 녹음하는 동시녹음과 후반 작업과정에 있는 효과나 음악, 또는 대사의 후시녹음을 포함한 믹싱을 말한다. 디지털카메라의 또 하나의 장점은 바로 화면과 함께 소리가 담긴다는 것이다.

(3) 후반작업

① 편집: 편집은 무엇으로 하는가

- 리니어, 논리니어 편집 시스템: 리니어 시스템은 앞에서부터 차례로 컷을 붙이는 편집 시스템이고, 논리니어 시스템은 순서대로 작업하지 않아도 되는 편집 시스템이다. 요즘은 논리니어 시스템 방식의 편집 프로그램을 개인용 컴퓨터에 설치하면 편집이 가능하기 때문에 작업이 쉬워지고 그 완성도도 기존에 비해 좋아졌다.
- 논리니어 편집의 몇 가지 장점: ㉠ 작업 속도가 빠르고 원하는 대로 정확한 편집을 할 수 있고, ㉡ 여러 가지 효과를 실시간으로 작업하고 확인할 수 있으며, ㉢ 편집기 안에서 음향 편집이 가능하기 때문에 작업 자체가 쉽다. 논리니어 편집의 가장 큰 장점은 이렇게 저렇게 여러 가지 버전으로 영화를 만들어 볼 수 있다는 점이다.
- 편집 규칙: 편집은 두 개의 컷을 이어 붙이는 것에 불과하다. 중요한 것은 편집을 하더라도 내용은 연속적으로 이어져야 한다는 것이다. 가장 좋은 편집은 관객이 편집을 했다는 느낌을 안 받는 것이다.
- 편집 도구: 편집 도구는 세 가지뿐이다. ㉠ 화면과 화면을 붙이는 컷, ㉡ 화면의 시작과 끝을 암시하는 페이드인과 페이드아웃, ㉢ 두 개의 화면이 서로 겹쳐서 전환되는 디졸브dissolve와 고의적으로 컷을 튀게 만드는 점프 컷(컷의 속성을 뒤집은 것)이 그것이다. 페이드는 시작과 끝을 정확하게 전달하기 때문에 쓸 수 있는 범위가 한정되어 있지만 그 효과는 언제나 기대를 충족시킨다. 일반적으로는 익

숙한 검은 화면으로 어둡게 되거나 검은 화면에서 밝아지지만 의도적으로 바탕을 흰색으로 쓰기도 한다. 부드럽게 영화가 시작되기 위해서는 페이드인을, 부드럽게 이야기를 마무리짓고 싶다면 페이드아웃을 하며, 꼭 영화의 시작과 끝이 아니더라도 영화 중간에 한 이야기가 마무리되거나 시간의 경과라든지 장소의 변화를 표현할 때 페이드인, 페이드아웃을 쓸 수도 있다. 디졸브는 가장 노골적으로 편집했다는 것을 드러내는 것이다. 두 개의 화면이 서로 교차되는 모습이 시각적으로 확인되는 형태의 편집기법인 디졸브는 페이드인, 페이드아웃과 마찬가지로 영화적으로 시간이 많이 지났거나 또는 천천히 흐르고 있거나 아니면 공간이 전환되었다든지 할 때 사용되는데, 차이점이라면 앞뒤 컷이 서로 단절된 느낌이 덜하게 느껴지는 것이다.

- 편집 포인트: 편집 포인트를 어떻게 잡느냐에 따라 영화의 느낌은 달라진다. 일반적으로 컷의 길이가 짧다면, 즉 한 컷의 시간이 짧을수록 화면이 빨리빨리 변하게 됨으로써 영화가 화려하면서 역동적으로 느껴진다. 반대로 컷의 시간이 길다면? 대개 드라마는 컷의 길이를 길게 가는데 관객으로 하여금 귀를 기울이게 하는 방법이기 때문이다. 길이뿐만 아니라 내용의 변화나 장소에 변화에 따라 편집을 해야 하고 어떤 지점에서 컷을 편집하는 것이 부드럽고 눈에 거슬리지 않는지를 결정해야 한다. 편집 포인트는 ㉠ 한 신 안에서 시간이나 내용이 달라지면 당연히 편집을 해야 하기 때문에 포인트를 잡아야 한다. ㉡ 앞 컷이 다음 컷을 불러오는 동기가 될

때에도 사용한다. ㉢ 화면의 구도나 사이즈가 달라지는 것도 편집 포인트를 잡는 중요한 요소다. ㉣ 소리는 편집 포인트를 잡는 데 다양함을 제공하는데, 화면 속에서 소리의 변화에 따라 컷을 바꾸는 것은 영상이 매끄럽게 편집이 되기에 좋은 방법이다. 즉, 편집 포인트는 컷이 바뀌는 이유가 있어야 한다는 것이다.

- 편집과정 순서: 보통 1차 편집은 러프하게 전체 시간을 고려하며 내용의 흐름을 중심으로 하고, 2차 편집에서는 각각의 컷 포인트에 세세한 기술적인 효과를 사용하는 방식으로 진행한다. 3차 편집에서는 극장에서 영화를 보듯이 처음부터 끝까지 보면서 눈에 거슬리거나 부족해 보이는 부분을 손보는 정도로 진행한다. 하지만 반드시 이런 방식을 따를 필요는 없다.

② 사운드

사운드는 영화 속에서 크게 세 가지로 사용되는 대사와 효과 그리고 음악이다. 첫째, 대사는 배우들의 연기와 함께 촬영 단계에서 녹음되지만 잘 들리지 않거나 더욱더 효과적인 사용을 위해 후반 작업과정에서 새롭게 녹음할 수 있다. 둘째, 대사를 제외한 모든 소리를 효과라고 하는데, 이 또한 현장에서 대부분 동시에 녹음되지만 종종 실제 소리보다 만든 소리가 더 사실적이고 효과적일 수 있기 때문에 특별히 만들어 쓰기도 한다. 음파와 주파수와 혼합으로 상상 속의 소리를 만들어 내기도 한다. 셋째, 영화의 극적인 느낌을 증폭시키거나 감정을 풍부하게 만드는 음악은 잘 쓰면 오히려 대사보다 더욱더 효과적일 수 있다.

- 싱크, 사운드 편집: 디지털의 경우 촬영 테이프에 소리까지 같이 녹음되기 때문에 싱크sync의 개념이 익숙하지 않겠지만, 좋은 소리를 녹음하기 위해 외부 녹음기를 사용했다면 화면과 소리를 서로 맞추는 싱크가 사운드 편집의 첫 번째 단계가 된다.
- 음악: 음악은 영화를 받쳐 주기도 하고 대사 대신 감정을 전달해 주기도 하며 영화를 풀어 나가는 길잡이가 되기도 한다. 음악을 사용하는 데 있어 꼭 지켜야 할 몇 가지가 있다. 먼저 자신이 사용하고 싶은 곡을 찾았다면 꼭 화면과 함께 틀어 보고 원하는 느낌이 나는지 객관적으로 판단해야 한다. 영화에 사용할 음악을 선택할 때에는 음악 위주가 아닌 화면 위주로 골라야 한다.

3) 감상

영화는 관객에게 보일 때 비로소 생명을 얻는다. 영화를 왜 만들었는지 생각해 보라. 당신의 세계관과 하고 싶은 이야기를 영상으로, 이야기로 전달하기 위해서 만든 것이 아니었던가? 영화를 사람들 앞에서 상영하고 사람들이 보여 주는 반응 속에서 자기 자신의 성찰과 반성, 그리고 새롭게 만들 영화에 대한 계기와 의욕, 용기를 얻는 것까지 포함된다.

부록
기초적인 영화언어의 이해

1. 영화 만들기 이해

1) 움직이는 이미지

자신이 겪은 일이나 감정, 소망을 기록해 남겨 두려는 인간의 노력은 오랫동안 이어져 왔다. 문자가 발생하기 전, 이러한 노력은 주로 이미지를 통해 현실로 나타났다. 최초의 영화를 촬영한 기계는 시네마토그래프 cinematograph라고 하는데, 프랑스의 뤼미에르 형제가 제작한 것으로 알려져 있다. 가장 대표적인 장치가 바로 소마트로프thaumatrope와 조이트로프 zoetrope다. 이것은 잔상 효과와 간헐운동이라는 인간의 두 가지 시각적 특징을 이용해서 만든 장치다.

(1) 잔상 효과

영화는 보통 1초 동안에 24장의 그림이 일정한 속도로 움직이는데, 이 그림들을 인식하는 데 있어 앞 그림이 지나가면서 뒷 그림에 이미지가 짧게 남게 되는 것을 잔상 효과라 한다. 이 잔상 효과를 통해서 영화의 정지된 이미지가 연속적인 것으로 인식된다.

(2) 간헐운동

영사기가 돌아감으로써 그림이 한 장씩 움직이게 된다. 영화는 1초에 24장의 그림이 필요하다. 따라서 1초에 24장의 이미지가 일정한 속도로 움직이게 되는데 이 간헐운동을 통해서 잔상 효과가 가능하다.

2) 연속적인 이미지

영화가 보여 주는 이미지의 가장 큰 특징은 여러 개의 이미지가 잔상 효과와 간헐운동에 의해서 마치 움직이는 이미지처럼 나타난다는 것이다. 따라서 영화의 이미지도 사실은 사진과 같이 정지된 이미지의 연속일 뿐이다. 이러한 원리를 더욱 확장한 것이 바로 플립북flipbook이다. 플립북은 여러 장의 종이에 움직임을 세밀하게 나누어 그려 완성한 그림책을 가리키는 개념이다. 이러한 원리는 셀 애니메이션cell animation 영화에 사용한다.

2. 이야기 만들기

1) 경험과 주변 이야기에서 아이디어 얻기

시나리오 쓰기의 첫 단계는 아이디어를 찾는 것이다. 아이디어는 개인적인 체험에서 나오지만 이 단계에서는 작품의 기본적인 구상, 즉 무엇을 쓰고 싶은지를 미리 확실하게 세우고 이미지화할 필요가 있다. 우리는 어디에서 아이디어를 얻을 수 있을까? 첫째, 어린 시절의 추억이나 주변 사람들과의 대화, 감명 깊게 읽은 소설이나 영화에 대한 느낌 등 자신의 경험, 둘째, 신문이나 잡지의 기사 내용, 주변 사람들의 경험담, 역사적 사실 등 주변의 실제 이야기, 셋째, 상상해서 만들어 낸 이야기가 있을 수 있다. 인상 깊은 기억은 우리의 정서와 강하게 연결되고 어떤 종류든 진실을 포함하고 있기 때문에 좋은 아이디어가 된다.

(1) 경험 떠올리기

자기가 겪은 일 중에서 가장 인상 깊었던 사건이 무엇이었는지에 대해 생각해 본다.

(2) 주변 이야기 찾아보기

주변에서 영화의 소재가 될 만한 흥미로운 인물이나 사건

(3) 상상력을 통해 아이디어 만들어 내기

- 끝말잇기 놀이
- 기발한 아이디어와 영감을 주는 도서출판물 등을 찾아본다.
- 만약에 이런 일이 생긴다면?

시나리오를 처음 구상할 때 결정하는 '왜, 무엇을, 어떻게 쓸 것인가'를 콘셉트라고 하자. 이것은 영화의 핵심적인 내용을 아주 짧은 스토리

로 요약한 것이다. 영화를 기획하는 단계에서 전체 스토리를 아주 간단하게 요약하여 다른 사람들에게 이야기해 줄 수 있을 때 좋은 콘셉트가 나올 수 있다.

3. 등장인물 만들기(관찰과 추리를 통해 등장인물 만들기)

등장인물을 창조할 때는 무엇을 고려해야 하는가? 첫째, 영화 속의 인물은 평범하지 않은 특별한 면을 가지고 있어야 한다. 둘째, 영화 속의 인물은 실제로 있을 법해서 누구나 공감할 수 있어야 한다. 셋째, 매력적인 개성과 생생한 생명력이 있어야 한다. 넷째, 일관성이 있어야 하며, 성격의 변화가 있을 때에는 앞뒤 부분을 미루어 그럼직해야 한다. 또한 영화에서 인물은 반드시 행동으로 표현되고 영상으로 말해져야 한다는 것을 잊지 말아야 한다.

4. 이야기를 구성하고 대사 써 보기

1) 이야기 구성방식 익히기

아이디어를 발견하고 인물을 창조한 후에는 자신이 하고자 하는 이야기를 어떻게 풀어 나갈지 생각해 보아야 한다. 이것을 구성이라고 한다. 시나리오 구성에서 중요한 것은 사건의 창조와 연결이다.

2) 대사 쓰기의 원리 알아보기

첫째, 현실감이 있어야 한다. 둘째, 스토리를 진전시키고 정보를 제공해야 한다. 셋째, 인물의 성격, 심리, 감정이 잘 표현되어 있어야 한다. 넷째, 명확하고 간결해야 한다. 다섯째, 간접적이거나 비유를 통한 의미 전달이 바람직해야 한다. 여섯째, 우화나 속담을 활용한다. 일곱째, 재치와 유머가 담기는 게 좋다.

- 대사 속에는 표면적인 내용보다는 숨은 뜻이 잘 담겨 있어야 한다.
- 대사를 통해 인물의 성격과 의도, 상황과 배경을 드러내는 동시에 긴장을 유발시켜야 한다.
- 긴장감이 있으려면 무의미하거나 불필요한 대사는 생략해야 한다.
- 문어체보다는 구어체를 쓴다.
- 짧지만 곱씹어 보게 되는 대사는 감정적인 여운을 남기고 인구에 회자된다.

예 〈이보다 더 좋을 순 없다As Good As It Gets〉(1997) "당신은 날 더 낳은 사람으로 만들어."

5. 이야기를 영상으로 표현하기

1) 카메라 움직여 보기

- 카메라와 표현 대상 간의 거리

1

2

3

● 카메라의 위치와 각도에 따른 대상물의 느낌

1

2

3

● 안정감

1

2

3

2) 프레임 나누기

프레임 2

1
왼손

2
오른손

- 카메라 사용법
  - 안정된 자세로 카메라 잡기

– 배터리 장착하기

– 실내에서 배터리가 없을 때 전원에 연결해 사용하기

– 테이프 끼우기

– 줌인, 줌아웃 배우기

– 액정과 화면의 밝기 조절하기

– 녹화하기, 대기하기

– 테이프 꺼내기

– 테이프 보호하기

– 배터리 충전하기

3) 카메라 워크

● 고정된 촬영과 인물 따라 좌우로 움직이기(패닝)

고정시켜 촬영하기

좌우로 움직여 촬영하기
(panning)

● 고정된 촬영과 인물에 따라 위아래로 움직이기(틸트)

고정시켜 촬영하기

상하로 움직여 촬영하기
(tilt down)

● 촬영자가 움직이기와 렌즈 줌아웃으로 촬영하기(줌아웃)

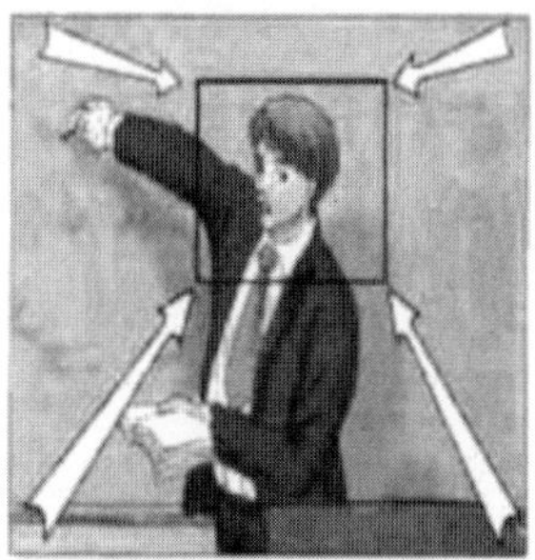

화면 크기가 변하기 전의 장면

화면 크기가 변한 후의 장면

● 앵글

● 촬영

6. 스토리보드 만들기

1) 영화의 제작과정

(1) 영화는 어떻게 만들어지는가

영화 제작은 일단 어떤 영화를 어떻게 만들 것인가에 대한 아이디어에서부터 시작된다. 이러한 아이디어에서 영화의 성격이 정해지고 이를 바탕으로 시나리오 작업에 들어가게 된다. 계속된 시나리오 수정 작업과 동시에 촬영 준비 작업이 진행된다. 장소의 선정, 소품, 영상에 대한 전략, 연기연습, 스토리보드story board 제작 등 철저한 촬영 준비 작업은 촬영 과정에서 발생할 수 있는 여러 가지 문제점을 미리 방지할 수 있게 해준다.

(2) 그림으로 표현하기

촬영에 앞서 영화의 모든 요소가 완성된 영상에서 어떻게 보일 것인지를 미리 그림으로 표현해 볼 수 있다. 이렇게 하면 영화 만들기는 좀 더 효율적으로 진행된다. 이러한 방법으로는 세트를 미리 지어서 살펴보는 방법, 컴퓨터그래픽으로 만들어 보는 방법, 사진을 찍는 방법이 있는데, 일반적으로 스토리보드를 만드는 방법이 많이 쓰인다. 스토리보드를 만들 때에는 다음과 같은 사항을 이해하여야 한다.

① 시나리오의 이해

시나리오에서 말하고자 하는 주제와 극적 맥락, 인물에 대해서 정확히 이해하고 있어야 한다.

② 개별적인 요소에 대한 설정

인물, 촬영 장소, 소품 등에 대한 구체적인 설정이 필요하다. 각 장면별로 인물의 심리 상태를 기준으로 하여 인물의 표정, 주변 공간과의 관계, 주요 소품 및 극적 맥락에 따른 공간의 설정이 필요하다.

③ 요소의 배치

개별 요소의 설정이 끝났으면 프레임 속에 요소의 배치가 이루어진다. 숏 크기의 결정, 앵글의 설정이 이 단계에서 계획되며 조명과 색감의 선택 또한 결정된다.

④ 구성

스토리보드 작업에서 최종적으로 각각의 숏이 연결되어서 만들어 낼 수 있는 의미를 파악하고, 시나리오 원안에서 나타내고 있는 주제를 중심으로 극에서 전달하려고 하는 정서가 제대로 전달되는지 확인하여야 한다.

(3) 스토리보드 만들기

스토리보드는 작게는 한 신scene에서 연기가 어떻게 이루어지는가를 일련의 그림으로 만들어 놓은 것으로, 영화 제작에 참여하는 스태프의 지침서 역할을 하기도 하며 시나리오의 문제를 수정하여 지속적인 아이디어를 이끌어 내는 역할을 하기도 한다.

7. 촬영

1) 촬영 목표 세우기

촬영 목표는 다음의 세 가지 원칙에 따라 설정한다. 첫째, 무엇을 만들 것인가? 둘째, 왜 이것을 만드는가? 셋째, 어떻게 표현할 것인가? 이 세 가지 원칙을 가지고 모둠별로 토론하여 촬영 목표를 결정한다.

2) 촬영계획표 만들기

계획표는 한마디로 모둠별 계획에 맞추어 촬영을 잘하기 위한 계획이다. 촬영계획표는 어디에서, 무엇을, 어떻게 해야 하는지를 한눈에 알아볼 수 있도록 만들어야 한다. ① 촬영 장소를 결정한다. ② 장소별로 촬영 순서를 정한다. ③ 촬영 장소에 등장하는 출연자들이 누구인지 파악한다. ④ 출연자들이 준비할 소품과 의상 등을 결정한다. ⑤ 촬영 장비인 카메라, 삼각대, 조명기 등의 관리자를 결정한다.

3) 촬영 장소를 찾아 밑그림 그려 보기

장소가 결정되면 가장 먼저 촬영 장소의 모습을 그려 본다.

8. 마무리

1) 편집

(1) 골라내서 순서 정하기

① 알맞은 장면 고르기

촬영한 장면을 처음으로 돌려서 보자. 촬영한 재료를 보면서 사용할 수 없거나 불필요한 장면을 골라내는 작업을 하게 된다.

② 순서 정하기

촬영한 순서와 시나리오상의 이야기 순서는 다를 수 있다. 따라서 촬영한 재료들은 이야기 순서와 달리 뒤섞여 있을 것이다. 마무리 단계에서는 우선 사용할 장면들을 골라낸 후 만들고자 하는 이야기의 흐름에 따라 대강의 이야기를 구성해야 한다. 주어진 장면을 가지고 어떤 순서로 배열하는가에 따라 전혀 다른 내용의 이야기를 만들 수도 있다.

③ 자연스럽게 연결하기

- 꼭 필요한 영상만으로도 충분하다. 시나리오의 순서대로 대강의 이야기를 구성하고 나면 구체적으로 각 장면 간의 연결을 어떻게 할 것인지 결정한다. 영화 속에서 시간과 공간을 연결하는 표현은 너무도 다양하다. 한 장면의 내용이 제대로 전달되지 않았는데 뒤의 장면을 연결하거나, 다음에 이어질 장면에서의 행동에 대한 설명 없이 연결하는 것은 이야기의 흐름을 부자연스럽게 만들 수 있다.

- 조금만 생각해 보면 어렵지 않다. 어떤 영화의 장면에서 등장인물이 특징 방향의 무엇인가를 보고 있다면, 그다음 장면은 그가 보고 있는 바로 그 대상이 된다. 보통 두 사람이 대화를 하는 모습에서 각각 촬영된 두 사람의 시선은 서로를 바라보게끔 연결된다.

④ 시간 조절하기

- 시간 줄이기: 영화 〈시네마천국Cinema Paradiso〉(1988)에서 보면, 주인공 알프레드도 할아버지가 꼬마 토토의 얼굴에 손을 가져다 대고 다음 장면으로 넘어가서 손을 떼면 토토의 얼굴이 청년으로 변해 있다. 이렇게 영화는 길고 긴 현실의 시간을 단 몇 초로 압축해서 보여 주는 마술을 부리곤 한다.
- 시간 늘리기: 영화는 시간을 압축해서 보여 줄 수도 있지만, 반대로 컷수를 늘리면 시간을 길게 늘려 보여 줄 수도 있다. 실제보다 시간을 늘리면 내용이 강조되거나 그 장면에 긴장감이 부여된다. 시간 늘리기는 때로 등장인물의 마음을 표현하는 데도 사용된다.

2) 음성 및 음악 넣기

(1) 소리 넣어 연결하기

시각적으로 이질적인 컷도 한 음악으로 연결하면 일정한 틀이나 정서를 유지할 수 있게 된다. 영화 속 음악은 관객으로 하여금 특정 정서를 유발하게 만드는 강력한 장치다.

(2) 내 영화에 어울리는 음악 찾기

한 편의 영화에는 같은 음악이 반복해서 나오곤 한다. 이것은 작품 전체의 분위기를 드러내기 위해서 쓰이는 주제 음악이다.

(3) 영화에 필요한 자막 만들기

자막은 크게 세 가지로 나눌 수 있다. 영화의 제목, 출연자와 감독의 이름을 소개하는 오프닝opening 자막과 영화가 끝난 뒤 참여한 모든 사람들의 역할과 이름, 제작에 도움을 준 사람들의 이름 등이 정리되어 나오는 엔딩ending 자막, 그리고 작품 중간에 내용의 이해를 돕기 위한 시간 · 장소 · 연도 등을 표시하는 서브sub가 있다.

참고문헌

강인순(2005). 디지털 영상자료를 통한 미적 체험활동이 창의적 표현능력 및 미술과 태도에 미치는 영향. 전북대학교 교육대학원 석사학위논문.

금명자 외(1999). **청소년 상담의 기초.** 서울: 한국청소년상담원.

김건(1993). 누벨바그를 통해 본 '초기' 장 뤽 고다르 영화관에 관한 연구. 전북대학교 대학원 석사학위논문.

김선화(2006). NLP 집단 상담 프로그램이 초등학생의 발표 불안에 미치는 효과. 고려대학교 교육대학원 석사학위논문.

김수지(2005). 대인관계 향상을 위한 상호작용적 영화치료의 효과. 고려대학교 대학원 박사학위논문.

김순혜(2001). **아동상담.** 서울: 학지사.

김정석(2004). 보호조치 된 피학대아동의 가족 복귀를 위한 영화치료 적용 사례 연구. 우석대학교 대학원 석사학위논문.

김종운(2002). NLP 집단 상담이 ADHD 아동의 학교 적응 및 행동변화에 미치는 효과. 동아대학교 교육대학원 박사학위논문.

김춘경, 문혁준, 신유림, 심미경, 옥경희, 위영희, 이경희, 이정희, 정계숙, 정현숙, 제경숙, 조성연, 천희영(2002). **아동학개론.** 서울: 학지사.

김춘일(1988). **미술교육론.** 서울: 기린원.

나경범(1999). 아름다운 가족. **버지니어 사티어의 가족치료 리포트.** 서울: 창조문화.

남인영(2004). 한국독립다큐멘터리 영화의 재현양식 연구. 중앙대학교 첨단영상대학원 박사학위논문.

데이비드 폰태너(1998). **꿈의 비밀.** 원재길 역. 파주: 문학동네.

로널드 B. 토비아스(1997). **인간의 마음을 사로잡는 스무 가지 플롯.** 김석만 역. 풀빛:

서울.

로버트 플루칙(2004). **정서 심리학.** 박권생 역. 서울: 학지사.

리즈 호가드(2006). **행복.** 이경아 역. 경기: 예담 출판사.

문화관광부(2005). **교육프로그램 교안. "영화".** 심영섭 외. 문화관광부.

박시성(2007). **정신분석의 은밀한 시선(라깡의 카우치에서 영화를 보다).** 파주: 효형 출판사.

배안나(2007). 한국 독립 다큐멘터리 영화의 일상성과 주관성 연구. 중앙대학교 첨단영상대학원 석사학위논문.

백상빈(2007). 영화체험과 정신분석. **경희의학, 23**(2), 132-139.

비르기트 볼츠(2005). **시네마테라피.** 심영섭, 김준형, 김은하 공역. 서울: 을유문화사.

빌 콜린스(2005). **다큐멘터리 입문.** 이선화 역. 서울: 한울 아카데미.

서정임(2006). 영상자료를 활용한 집단상담이 중학생의 자아정체감 형성에 미치는 영향. 창원대학교 교육대학원 석사학위논문.

성용희(2007). 비디오 매체에서의 자기 반사성(self-reflection)에 관한 연구. 연세대학교 영상대학원 석사학위논문.

송성자(2001). **한국문화와 가족치료.** 서울: 법문사.

송정아(1999). **가족치료 이론과 기법.** 서울: 도서출판 하우.

스티브 안드레아스, 찰스 포크너(2003). **NLP 무한 성취의 법칙.** 윤영화 역. 파주: 김영사.

심영섭(2007). **영화치료 워크샵 2단계.** 심영출판사: 서울.

안영진, 장선철(2001). **아동상담.** 서울: 동문사.

오제은(2006). **영성수련과 내적 치유 워크북.** 가족치유 연구

유계숙, 최성일, 장보현, 안재희, 전영주(2005). **영화로 배우는 가족학.** 서울: 신정.

이도음(2006). 현대 사회의 문화론. **인간연구 11.** 가톨릭대학교 인간학연구소.

이부영(1978). **분석 심리학.** 서울: 일조각.

이상금, 장영희(2001). **유아문학론.** 서울: 교문사.

이숙, 정미자, 최진아, 유우명, 김미란(2004). **아동상담.** 서울: 양서원.

이영분, 신영화, 권진숙, 박태영, 최선영, 최현미(2008). **가족치료-모델과 사례.** 서울: 학지사.

이옥형(1997). **아동발달.** 서울: 집문당.

이용범(2006). 발달론적 상담이론에 근거한 아동상담 사례연구. 광주교육대학교 교육대학원 석사학위논문 .

이창재(2003). **프로이트와의 대화.** 서울: 민음사.

이창호(2005). **청소년 상담 백서.** 서울: 한국청소년상담원.

이혜경(2002). 청소년 인성교육에 있어 영화상담 적용방법 연구. 중앙대학교 예술대학원 석사학위논문.

이호준(2005). **청소년 상담의 특징.** 서울: 한국청소년상담원.

이화여자대학교 사회사업학과 편(1995). **가족치료 총론.** 서울: 동인.

전경원(2005). **동서양의 하모니를 위한 창의학.** 서울: 학문사.

정문자, 정혜정, 이선혜, 전영주(2007). **가족치료의 이해.** 서울: 학지사.

정옥분(2002). **아동발달의 이해.** 서울: 학지사.

정희자(1998). 은유(Metaphor)의 해석에 대하여. **외대논총.** 부산외국어대학교.

제레미 테일러(2006). **꿈으로 들어가 다시 살아나라.** 고혜경 역. 서울: 성바오로 출판사.

조안 부빈(2005). **착한아이 콤플렉스.** 김선아 역. 서울: 샨티.

조셉 캠벨, 빌 모이어스(1992). **신화의 힘.** 이윤기 역. 고려원.

조혜령(2006). NLP기법을 사용한 청각 자극이 청소년 자아개념에 미치는 효과. 대진대학교 보건스포츠대학원 석사학위논문.

존 브래드쇼(2004). **상처받은 내면아이 치유.** 오제은 역. 서울: 학지사.

주은선(2002). 포커싱 체험 상담의 이해와 적용. **상담학연구, 3**(2). 한국상담학회.

진 쿠퍼(1977). **그림으로 보는 세계 문화 상징 사전.** 이윤기 역. 서울: 까치.

최명선(2004). 영화치료가 병사들의 지각된 스트레스 및 스트레스 대처방식 변화에 미치는 영향. 가톨릭대학교 심리상담대학원 석사학위논문.

최영희(2008). 영화를 활용한 분노조절 프로그램이 중학교 남학생의 공격성에 미치는 효과. 연세대학교 교육대학원 석사학위논문.

최영희(2009). **아동상담.** 서울: 창지사.

최희모(2005). 인간의 정서 은유에 관한 연구: 사랑은유에 관하여. 전북대학교 대학원 석사학위논문.

최희순(2005). 인간의 정서은유에 관한 연구: 사랑 은유에 관하여. 전북대학교 대학원 석사학위논문.

칼 구스타프 융(1983). **인간과 무의식의 상징.** 이부영 역. 서울: 집문당.

크리스토퍼 볼라스(2005). **자유연상.** 최정우 역. 서울: 이제이북스.

폴 애크먼(2006). **얼굴의 심리학.** 이민아 역. 서울: 바다출판사.

프랑수아 를로르, 크리스토퍼 앙드레(2008). **내 감정 사용법.** 배영란 역. 경기: 위즈덤하우스.

버지니아 사티어(2000). **사티어 모델.** 한국 버지니아 사티어 연구회 역. 서울: 김영애 가족치료연구소.

Achenbach, T. M. (1982). *Developmental Psychopathology*. New York: Wiley and Sons.

Alden, L. E., Wiggins, J. S., & Pincus, A. L. (1990). Construction of circumflex scales for the inventory of interpersonal problems. *Journal of Personality Assessment, 55*(3), 521-536.

Anderson, C. (1997). Effects of violent movies and trait hostility on hostile feelings and aggressive thoughts. *Aggressive Behavior, 23*(1), 161-178.

Anderson, D. D. (1992). Using feature films as tools for analysis in a psychology and law course. *Teaching of Psychology, 19*(3), 155-158.

Berg-Cross, L., Jennings, P., & Baruch, R. (1990). Cinematherapy: Theory and application. *Psychotherapy in Private Practice, 8*(1), 135-156.

Berzon, B., Pious, C., & Farson, R. (1963), The therapeutic event in group psychotherapy: A study of subject reports by group members. *Journal of Individual Psychotherapy, 19*, 204-212.

Bloch, S., & Crouch, E. (1985). *Therapeutic factor in group psychotherapy*. New York, Oxford: Oxford University Press.

Braudy, L., & Cohen, M. (1999). *Film theory and criticism* (5th ed.). New York, Oxford: Oxford University Press.

Brown, L. S. (1994). *Subversive dialogues: Theory in feminist theory*. New York: Basic Books.

Brown, S. R. (1980). *Political subjectivity*. New Haven: Yale University Press.

Christie, M., & McGrath, M. (1987). Taking up the challenge: Film as a therapeutic metaphor and action ritual. *Australian and New Zealand Journal of Family Therapy, 8*(4), 193-199.

Corey, G. (2003). **심리상담과 치료의 이론과 실제.** 조현춘, 조현재 역. 서울: 시그마프레스.

Corsini, R., & Rosenberg, B. (1955). Mechanism of group psychotherapy: Process and dynamics. *Journal of Abnormal and Social Psychology, 51*, 406-411.

Creed, B. (2008). **여성 괴물.** 손희정 역. 서울: 여이연.

Dermer, S. B., & Hutchings, J. B. (2000). Utilizing movies in family therapy: Applications for individuals, couples, and families. *The American Journal Of Family Therapy, 29*, 163-180.

Doll, B., & Doll, C. (1997). *Bibliotherapy with young people*. Englewood: Libraries Unlimited.

Duncan, K., Beck, D., & Granum, R. (1986). Ordinary people: Using a popular film in grouptherapy. *Journal of Counseling and Development, 65*(1), 50-51.

Elliott, R., & James, E. (1989). Varieties of client experience in psychotherapy: An analysis of the literature. *Clinical Psychology Review, 9*, 443-467.

English, F. W., & Steffy, B. E. (1997). Using film to teach leadership in educational administration. *Educational Administration Quarterly, 33*(1), 107-115.

Enns, C. Z. (1997). *Feminist theories and feminist psychotherapies.* New York: The Haworth Press, Inc.

Ford, M. R., & Widiger, T. A. (1989). Sex bias in the diagnosis of histrionic and antisocial personality disorders. *Journal of Consulting and Clinical Psychology, 57*(2), 301-305.

Forney, D. (2004). Introduction to entertainment media use. *New Directions for Student Services, 108*(1), 1-11.

Fruech, B. C. (1995). Self-administerd exposure therapy by a vietnam veteran with PTSD. *The American Journal of Psychiatry, 152*(12), 1831-1832.

Fuhriman, A., & Burligame, G. M. (1990). A comparative analysis of individual and group process variables. *The Counseling Psychologists, 18*(1), 6-63.

Gabbard, G., & Gabbard, K. (1999). *Psychiatry and the cinema* (2nd ed.). Washington, DC: American Psychiatric Press, Inc.

Gibbos, M. B. C. (2004). The role of interpersonal relationships in the process of psychotherapy. *Psychotherapy Research, 14*(4), 401-414.

Glasser, W. (1998). *Choice theory: A new psychology of personal freedom.* New York: Harper Perennial.

Glasser, W. (2000). *Reality theory in action.* New York: Harper Collins.

Goulding, M. M. (1993). **재결단치료.** 우재현 역. 한국교류분석협회.

Greenberg, R. H. (2000). A field guide to cinematherapy: On celluloid psychoanalysis and it' s practitioners. *The American Journal of Psychoanalysis, 60*(4), 329-339.

Greenspan, M. (1983). *A new approach to woman and theory.* New York: McGraw-

Hill.

Gurein, P. J., Fogarty, T. F., Fay, L. F., & Kautto, J. G. (1996). *Working with relationship triangles: The one-two-three of psychotherapy.* Guilford Publications

Haidt, J. (2003). Elevation and Positive psychology of morality. *Flourishing: Positive psychology and the life well-lived.* APA. Washington.

Halprin, D. (2003). *The expressive body in life, art and therapy-working with movement, metaphor and meaning.* Philadelphia: Jessica Kingsley Publishers.

Haynes-Clements, L. A. (1980). *A communication skills training program for adolescents.* Louisiana: Tech University.

Heppner, P. P., & Anderson, W. P. (1985). The relationship between problem solving self appraisal and psychological adjustment. *Cognitive Therapy and Research, 9,* 415-427.

Hesley, J. W., & Hesley, J. G. (2001). *Rent two films and let's talk in the morning: Using popular movies in psychotherapy.* New York: Wiley.

Heston, M. L., & Kottman, T. (1997). Movies as metaphors: A counseling intervention. *Journal of Humanistic Education and Development, 36,* 92-99.

Horowitz, L. M., Rosenberg, S. E., Baer, B. A., Ureno, G., & Villasenor, V. S. (1988). Inventory of interpersonal problems: Psychometric properties and clinical application. *Journal of Counseling and Clinical Psychology, 56,* 885-892.

Johnson, D. W. (1990). *Reaching out: Interpersonal effectiveness and self actualization* (4th ed.). Englewood Cliffs: Prentice-Hall.

Johnson, J. H., Rasbury, W. C., & Siegel, L. J. (1986). *Approaches to Child Treatment.* New York: Pergamon.

Kimball, H. C., & Cundick, B. F. (1997). Emotional impact of videotape and reenacted feedback on subjects with high and low defenses. *Journal of Counseling Psychology, 24*(5), 377-382.

Kivlighan, D. M., Multon, K. D., & Brossart, D. F. (1996). Helpful impacts in group counseling of multidimensional rating system. *Journal of Counseling Psychology, 43*(3), 347-355.

Knill, P. J. (1999). *Foundations of expressive arts therapy-theoretical and clinical perspectives.* Philadelphia: Jessica Kingsley Publishers.

Koch, G., & Dollarhide, C. T. (2000). Using a popular film in counselor education. *Counselor Education and Supervision, 39*(3), 203-210.

Kramer, E. (1998). *Childhood and art therapy* (2nd ed.). Chicago: Magnolia Street Publishers.

Lacan, J. (1977). *Ecrits: A selection* (translation by Alan Sheridan). New York: Norton.

Lappin (1997). *Two thump up: A supervisor' s guide to the use of films.* Boston: Allyn and Bacon.

Lepicard, E., & Fridman, K. (2003). Medicine, cinema and culture: A workshop in medical humanities for clinical years. *Medical Education, 37*(11), 1039.

McCullough, L., & Osborn, K. A. R. (2004). Short term psychotherapy goes to Hollywood: The treatment of performance anxiety in cinema. *Journal of Clinical Psychology, 60*(8), 841-852.

Menninger, W. C. (1937). Bibliotherapy. *The Menninger Clinic Bulletin, 1*(8), 263-274.

Moore, C. (1998). The Use of visible metaphor in logotherapy. *The International Forum for Logotherapy, 21*, 85-90.

Nichols, M. P., & Schwartz, R. C. (1998). *Family therapy: Concepts and methods.* Boston: Allyn and Bacon.

Niemiec, R. M., & Wedding, D. (2008). *Positive Psychology at the Movies.* Hogrefe & Huber Washington.

Pardeck, J. T., & Pardeck, J. A. (1993). *Bibliotherapy: A clinical approach for helping children.* New York: Gorden & Breach Science.

Pilkonis, P. A., Kim, Y., Proietti, J. M., & Barkham, M. (1996). Scales for personality disorders developed from the inventory of interpersonal problems. *Journal of Personality Disorders, 10*, 355-369.

Ratigan, B., & Aveline, M (1988). *Group therapy in Britain.* Milton Keynes: Open University Press.

Rothbaum, F., & Weisz, J. R. (1989). *Child Psychopathology and the Quest for Control.* Newbury Park, CA: Sage Publications

Rubin, R. J. (1978). *Using bibliotherapy: A guide to theory and practice.* Phoenix: Oryx Press.

Schneider, I. (1987). Theory and practice of movie psychiatry. *American Journal of Psychiatry, 144*(8), 996-1102.

Schulenberg, S. E. (2003). Psychotherapy and movies: On using films in clinical practice. *Journal of Contemporary Psychotherapy, 33*(1), 35-48.

Sharp, C., Smith, J. V., & Cole, A. (2002). Cinematherapy: Metaphorically promoting therapeutic change: Counselling in action. *Counseling Psychology Quarterly, 15*(3), 269-276.

Solomon, G. (1995). *The Motion picture prescription: Watch this movies and call me in the morning.* Santa Rosa: Aslan Publishing.

Sternberg, R. H., & Dobson, M. D. (1987). Resolving interpersonal conflicts: An analysis of stylistic consistency. *Journal of Personality and Social Psychology, 52*(4), 794-812.

Turley, J. M., & Dreyden, A. P. (1990). Use of a horror film in psychotherapy. *Journal of American Academy Child and Adolescent Psychiatry, 29*(6), 942-945.

Waller, D. (1999). *Group interactive art therapy.* Hove and New York: Brunner-Routledge.

Wedding, D., & Boyd, M. A. (1997). *Movies and mental illness: Using films to under-*

stand psychopathology. Boston: McGraw-Hill College.

Wedding, D., & Niemiec, R. M. (2003). The clinical use of films in psychotherapy. *Journal of Clinical Psychology, 59*(2), 207-215.

Welter, P. R. (1995). *Logotherapy-Intermediate "A": Franklian psychology and logotherapy*. Abiliene, Texas.

West, B., & Peske, N. (1999). *Cinematherapy: The girl's guide to movies for every mood*. LA: Dell Publisher.

Winnicott, D. (1971). *Playing and reality*. Sussex, Philadelphia: Routledge.

Wormstall, H., Gunthner, A., Balg, S., & Schwarzler, F. (2000). Video technology-a medium for milieu therapy? *Psychiatrische Praxis, 27*(5), 235-238.

Yalom, I. D. (1985). *The theory and practice of group psychotherapy* (3rd ed.). New York: Basic Books.

잡 지

정여울(2003). 내 인생의 영화. 〈허공에의 질주〉 막다른 골목에서 만나는 축제. **씨네 21**, 428호.

최수임(2003). 카메라로 치유해가는 거식증의 기록. 〈김진아의 비디오 일기〉. **씨네 21**, 349호.

Mangin, Daniel (1999). *Cinematherapy*. Salon.com.

Shrieves, Linda (2001). *Movies as therapy gets reel serious treatment*. Freep.com.

Nisbet, Robert (1999). *Therapy through the movies*. BBC News.

찾아보기

인 명

내 용

저자 소개

심영섭

서강대학교 생명공학과를 거쳐 고려대학교에서 심리학으로 석사, 박사 학위를 취득했다. 백병원 신경정신과에서 임상심리학으로 레지던트 과정을 이수했고, 박사과정 중이던 1998년 〈씨네 21〉에서 영화평론상을 수상한 이후 영화평론가로 활동하고 있다.

저 · 역서에는 『영화, 내 영혼의 순례』 『심영섭의 시네마 싸이콜로지』 『대한민국에서 여성 평론가로 산다는 것』 『시네마테라피』(역)가 있으며, 2003년 〈공연과 리뷰〉지의 올해의 평론가상, 2007년과 2009년에 대구사이버대학교 우수 교수자상을 수상했다.

현재 한국영상응용연구소(KIFA) 소장 및 상담센터 소장이자 대구사이버대학교 상담심리학과 교수로 활동하고 있으며, 한국영상영화치료학회(KOSIC) 초대 회장직을 역임하였다.

영화치료의 이론과 실제
The Theory & Practice of Cinematherapy

2011년 3월 30일 1판 1쇄 발행
2019년 8월 30일 1판 6쇄 발행

지은이 • 심영섭
펴낸이 • 김진환
펴낸곳 • (주) 학지사
121-837 서울특별시 마포구 서교동 352-29 마인드월드빌딩 5층
대표전화 • 02)330-5114 팩스 • 02)324-2345
등록번호 • 제313-2006-000265호

홈페이지 • http://www.hakjisa.co.kr
페이스북 • https://www.facebook.com/hakjisa

ISBN 978-89-6330-200-3 93180

정가 20,000원

한국영상응용연구소(KIFA)

1. 한국영상응용연구소(KIFA)는

한국영상응용연구소(KIFA)는 영상, 영화, 비디오, 사진 등 다매체를 응용한 심리치료, 기업연수, 일반인 교육을 시행하는 곳입니다. 한국영상응용연구소의 업무는 크게 치료교육 파트와 기업연수 파트로 나누어져 있습니다.

치료교육 파트의 경우는 영화치료 전문강사(Healing Cinema, HC 전문강사) 프로그램과 사진치료(Photo Therapy, PT 전문강사) 프로그램으로 나누어져 있으며, 치료자들을 위한 각 5단계 20개의 강의가 준비되어 있습니다. 영화치료 및 사진치료 전문강사 과정은 1년 코스로, 지난 6년간 80여 명의 전문강사들이 연구소를 통해 배출되었습니다.

또한 기업연수 파트의 경우 비전 시네마(vision cinema)란 프로그램으로 조직 내 커뮤니케이션, 리더십, 여성심리 등 영화를 활용한 기업교육을 시행해 왔고, 삼성 · SK · 포스코 · 동양증권 · 현대 · 한화 등의 기업들과 같이 일을 하고 있습니다.

2. 영화치료 및 사진치료 전문강사 자격증 과정

1) 자격 취득 과정

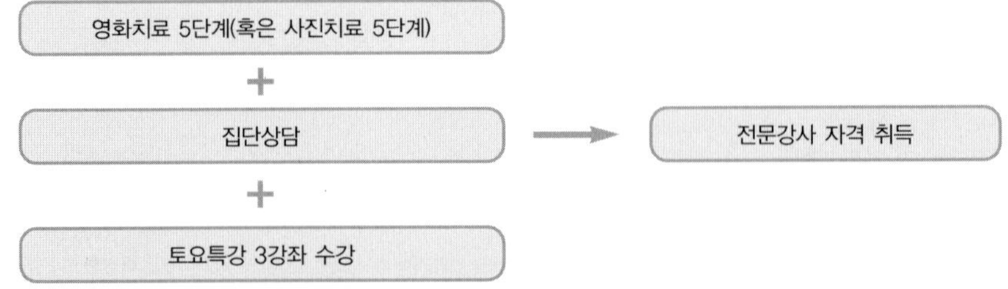

2) 워크숍 참가 시 특전

① 한국임상심리학회 연수평점 인정

② 한국영상영화치료학회 연수평점 인정

③ 한국영상응용연구소 수료증 발급

④ 영화치료 관련 각종서적 20% 할인 구매

⑤ On line, Off line 힐링시네마 모임 참여(영상 사이: http://cafe.daum.net/hcpt)

3) 전문강사 자격 취득 후 전망

① 유치원, 초 · 중 · 고등학교, 대학, 사회교육기관, 사회복지기관, 상담센터 등 관련 분야의 상담프로그램 진행 및 영화치료 전문 강사로 활동

② 한국영상응용연구소와 협업하여 1단계 영화치료 개최 자격 부여

③ 개인 영화치료 상담실 운영(상담분야 석사 이상 전공, 한국영상영화치료학회에서 1급, 2급, 수퍼바이저 자격 취득 후)

3. 문 의

교육일정 및 교육장소, 접수기간, 영화목록 활용집 구입 등에 관한 문의는 한국영상응용연구소(http://www.healingcinema.co.kr)로 하시기 바랍니다.

TEL: 02-6402-4255 / E-maill: kifa21@naver.com

4. HC 전문강사 자격증 과정(총 80시간)

영화치료(Healing Cinema, HC) 전문강사 자격증 과정	
1 & 2단계 영화치료 기초과정 (3일 24시간)	1. 영화치료의 개요 2. 치유적 관람 실습 3. 영화치료의 일반과정 및 기초 기술 4. Big 4 CT 기술 실습(셀렉팅, 브리징, 포커싱, 커넥팅) 5. 영화치료-지시적 접근 6. 영화치료-연상적 접근 7. 영화치료-정화적 접근
3 & 4단계 영화치료 심화과정 (3일 24시간)	1. 의식적 자각하에서 영화보기 2. 영화수첩 만들기 3. 영화와 메타포 4. 영화 목록 200% 활용하기 5. 영화를 활용한 내면아이 치유 6. 필름 매트릭스 7. 부정적 신념 다루기 8. 영화와 역할극
5단계 영화치료의 고급기술 (2박 3일 24시간)	1. 영화의 이해 2. 영화와 스토리텔링 3. 집단 영화치료 4. 치료 영화 만들기 강의 1 5. 치료 영화 만들기 실습 2 6. 치료 영화 만들기 미러링 3 7. 비디오 다이어리
토요 특강-택 2 (한 강좌 4시간)	1. 동영상 편집 기술 2. CIA 기법 3. 아동 영화치료의 실제 4. 청소년 영화치료의 실제 5. 여성주의 영화치료의 실제 6. 영화를 활용한 가족상담 7. 영화와 심리검사 8. 영화를 활용한 프로그램 만들기

* 총 연수 80시간(상담학회 및 한국영상영화치료학회 연수시간 인정)

5. PT 전문강사 자격증 과정(총 80시간)

사진치료(Photo Therapy, PT) 전문강사 자격증 과정	
1 & 2단계 사진치료 기초과정 (3일 24시간)	1. 사진치료의 이해 2. 주디 와이저의 투사적 사진치료 1 3. 사진치료의 기초적 기법들 1 4. 사진치료의 기초적 기법들 2 5. 내가 모으거나 수집한 사진-우주 정거장 연습 6. 상징적 사진치료 및 워커 비주얼 7. 사진으로 자기 소개하기
3 & 4단계 사진치료 심화과정 (3일 24시간)	1. 사진론-작가주의의 이해 2. 포토 몽타주 3. 시스템으로 가족 이해하기 가계도 그리기 4. 가족 앨범을 활용한 상담 5. 기타 기법 (고리, 기법, one to One, Portrait Sitting/Taking) 6. 자화상 및 초상화 사진 이론 7. 내면 사진 실습 8. 내면 사진 미러링
5단계 사진치료의 고급기술 (2박 3일 24시간)	1. 사진의 이해 2. 포토샵 활용하기 3. 포토샵을 활용한 임파워링 메소드(나, 가족) 4. 재연치료 5. 재연치료 미러링 6. 사진과 스토리텔링(디지털 스토리텔링) 7. 사진과 스토리텔링 미러링
토요 특강 - 택 2 이상 - 강의당 4시간	1. 사진과 오행 심리학 2. 색채 심리학 3. 사진과 미술 4. 사진과 영화 5. 사진과 심리

* 총 연수 80시간(상담학회 및 한국영상영화치료학회 연수시간 인정)